Marielle & Mike Schäfer

Love & Money

Geldfragen zählen zu den häufigsten Konfliktherden bei Paaren. Mit gezieltem Vermögensaufbau und strukturierter Finanzplanung wirken die Beziehungsinvestoren Marielle und Mike dem entgegen. Von Kommunikationshilfen über Geld und Lebensplanung bis hin zu konkreten Geldverwaltungs- und Anlagestrategien bieten sie in diesem Buch alles, was ihr dazu braucht.

Der erste Finanzratgeber für Paare beleuchtet die typischen Meilensteine einer Beziehung – vom ersten Date, der ersten gemeinsamen Wohnung über die Hochzeit zum Baby – aus finanzieller Sicht und gibt praktische Tipps mit an die Hand, wie Geldgespräche einfacher werden und gemeinsamer Vermögensaufbau auf Augenhöhe gelingt.

Marielle & Mike Schäfer sind die Expert*innen für Finanzen in Beziehungen. Seit 2016 haben sie als Beziehungsinvestor*innen mit Blog, Instagram und Podcast eine stetig wachsende Community. Die beiden haben in dreizehn Jahren Beziehung selbst bereits das durchlebt, was ihre Leser*innen noch vor sich haben: zusammenziehen, heiraten, Immobilienkauf und Kinderkriegen. Marielle Schäfer ist Betriebswirtin und arbeitete zuletzt als Personalentwicklerin im Finanzsektor, Mike Schäfer ist Psychologe.

Marielle & Mike Schäfer

LOVE & MONEY

Gemeinsam Finanzen zukunftssicher und erfolgreich gestalten

dtv

MIX
Papier aus verantwortungsvollen Quellen
FSC® C019821

Originalausgabe 2023
2. Auflage 2023

Umschlaggestaltung: www.buerosued.de unter Verwendung eines Fotos von Moritz Reich
Satz: Fotosatz Amann, Memmingen
Gesetzt aus der Minion
Druck und Bindung: Druckerei C.H.Beck, Nördlingen
Printed in Germany · ISBN 978-3-423-35201-7

INHALT

VOM ERSTEN KUSS ZUR ERSTEN MILLION

Hast du Lust, mit uns auf eine romantische, aufregende und erlebnisreiche Reise zu gehen? Mit diesem Buch laden wir dich ein, Liebe und Geld neu zu entdecken, um keinen finanziellen Einzelkampf zu betreiben, sondern gemeinsam mit deinem Lieblingsmenschen eure Beziehung nach *euren* Wünschen zu gestalten. Denn Liebe und Geld gehen Hand in Hand. Sie beeinflussen sich gegenseitig. Eure Liebe kann euer Vermögen und euer Vermögen kann eure Liebe wachsen lassen. *Hä?! Wie soll das denn gehen? Liebe ist doch Liebe, etwas Romantisches, mit Schmetterlingen im Bauch, umgeben von Vertrauen und Geborgenheit. Geld ist etwas Kapitalistisches, mit lauter Verträgen und einer Schneller-höher-weiter-Mentalität. Das passt so gar nicht zur Liebe.*

Bist du dir sicher? Lies noch ein bisschen weiter und wir können sicherlich deine Neugier wecken. Also Love and Money: Liebe und Geld gehören zusammen. Es beginnt schon vor dem ersten Date. Denn wo hast du deinen Lieblingsmenschen kennengelernt? Im Studium? Die Studiengebühren hast du jedes Semester aufs Neue überwiesen. Auf der Arbeit? Na klar, dort verdienst du dein Geld. Beim Handballspielen? Handball, Hallenschuhe und Mitgliedsbeitrag im Verein kosten ebenfalls Geld. Selbst wenn ihr euch über eine Dating-App kennengelernt habt, hast du Geld für dein Smartphone und Internet ausgegeben. Ohne Geld hätte es zumindest in unserer Gesellschaft keine Möglichkeit gegeben, dass du deinen Lieblingsmenschen getroffen hättest. Wieso dann also Geld aus der Beziehung ausklammern? Weil es romantischer ist und du eure Liebe nicht gefährden möchtest?

Ist das wirklich so? Gefährdest du mit dem Thema Geld eure Liebe? Bis zum Ende des Buches gehen wir neun finanzielle Meilensteine einer Beziehung durch. Diese neun Meilensteine sind in drei Abschnitte kategorisiert. Im ersten Abschnitt lernst du die Grundlagen und füllst deine Beziehung mit reichlich Gesprächsstoff über Geld. Zusammen mit deinem Lieblingsmenschen legst du während des ersten Dates, des Kennenlernens und eurer ersten Wohnung die Basis für eure weitere Zukunft. Wollt ihr heiraten, Kinder kriegen oder ein Eigenheim kaufen, geht es im zweiten Abschnitt ins Detail: Von Eheverträgen über Elternzeitrechner bis hin zum Hausbau kalkulieren wir, wie du finanzielle Stolpersteine erkennst und umgehst, damit du und dein Lieblingsmensch lange glücklich und zufrieden in eurer Beziehung seid. Im letzten Abschnitt blickt ihr gemeinsam in die Zukunft. Als Erstes sichert ihr euch dabei vor Krankheit und Tod ab, danach nehmt ihr eure Altersrente selbst in die Hand, bevor ihr wohl zum schönsten Abschluss eines Buches kommt: eurer gemeinsamen Beziehungsvision!

Los geht's mit dem ersten Date (Kapitel 1). Wusstest du, dass Männer Frauen einladen, weil Frauen bis vor 50 Jahren kaum ein eigenes Einkommen hatten und somit nicht in der Lage waren, Männer einzuladen? Dass etwa jeder fünfte Mann bei einer Einladung zum ersten Date im Gegenzug sexuelle Aktivitäten erwartet? Und dass über die Hälfte sich wünscht, die Rechnung aufzuteilen, es aber kaum jemand tut? Damit werden nicht nur die Rollenbilder der Fünfziger- und Sechzigerjahre gelebt, sondern es wird geprobt für den weiteren Verlauf eurer Beziehung. Wir sprechen darüber, wie du schon zu Beginn klar über Geld kommunizieren kannst, und warum das so wichtig für eine gelingende Beziehung ist.

Seid ihr endlich zusammen, ergeben sich neue Fragen: Gemeinsame Urlaube wollen bezahlt werden, auch im Alltag wollt ihr euch immer öfter sehen. Wie sieht es aus, wenn ihr euch großteils bei dir oder deinem Lieblingsmenschen trefft? Hier ein Essen, da eine

Dusche, dort eine extra Wäscheladung – und die Ausgaben summieren sich. Wir rechnen im zweiten Kapitel aus, was eine Beziehung kostet, und wie ihr aufeinander zugehen könnt, um mit gemeinsamen Vorstellungen so richtig in eure Beziehung einzutauchen.

Und schon steht der nächste Meilenstein an: Wie sieht es finanziell mit dem Zusammenziehen (Kapitel 3) aus? Hast du vorher auf Geldgespräche verzichtet – spätestens zu diesem Zeitpunkt kommt ihr um das Thema nicht mehr herum. Um das neue Wohnungsglück zu genießen und ab jetzt abends täglich mit deinem Lieblingsmenschen einzuschlafen und morgens aufzuwachen, sind ein paar Finanzfragen zu klären: Miete, Einrichtung und Alltagsausgaben wollen abgestimmt sein. So weit, so einfach. Was ist aber, wenn du deutlich mehr oder weniger als dein Lieblingsmensch verdienst? Macht ihr dann trotzdem fifty-fifty? Wer mietet die Wohnung, wenn dein Lieblingsmensch zu dir zieht? Was ist, wenn ihr euch nicht einigen könnt, wie hoch die Miete sein darf? Wir zeigen versteckte Kostenfallen und Strategien auf, wie ihr gleichberechtigt in euren neuen Lebensabschnitt starten könnt.

In den ersten drei Meilensteinen eurer Beziehung findest du heraus, ob eure Werte und Vorstellungen zusammenpassen beziehungsweise ob ihr bereit seid, euch bei einigen Werten anzugleichen. Denn mit Geld gehen Aspekte wie Sicherheit, Risiko, Sparsamkeit oder Freiheit einher. Das ist eure Grundlage für die nächsten Beziehungsmeilensteine, deren Auswirkungen du noch bis an dein Lebensende spüren kannst. Dramatisch, nicht wahr?

Bei einem Buch kommt man nicht umhin, eine Entscheidung zu treffen, was weiter vorne und was weiter hinten steht. Während die ersten drei Meilensteine eine logische Reihenfolge bieten – die wenigsten ziehen wohl schon vor dem ersten Date zusammen -, gibt es bei den nächsten drei Meilensteinen – Heiraten, Kinderkriegen und Eigenheim – eine inhaltliche Reihenfolge. In Wirklichkeit finden sie aber bunt gemischt statt. Sieh es bitte daher nicht als Wertung an, dass in diesem Buch erst das eine und dann das andere erfolgt. Auch ist es allein eure Entscheidung, ob ihr überhaupt einen dieser Meilensteine angehen wollt. Aber so fällt es uns leichter, die Geschichte vom ersten Kuss bis zur ersten Million zu erzählen.

Weiter geht's daher mit der Hochzeit (Kapitel 4). Wusstest du, dass jedes Paar, das in Deutschland heiratet, einen Ehevertrag besitzt? Dieser steht im Bürgerlichen Gesetzbuch zum Nachlesen. Manchmal wird bei der standesamtlichen Hochzeit auch darauf hingewiesen, dass nun bestimmte gesetzliche Vorteile und Pflichten entstehen, an die sich die neuen Eheleute fortan zu halten haben. Der Vertrag wird jedoch nicht feierlich übergeben; auch nicht per Post nachgeschickt. Geschlossen wird er jedoch mit zwei einfachen »Ja.«. Wie siehst du das? Bist du Team »Heiraten nur aus Liebe« und der Vertrag ist egal – oder ist es bei der Hochzeit auch wichtig, darüber nachzudenken, wie ihr nach einer Trennung weiter miteinander umgehen wollt? Schließlich heißt es: Bis dass der Tod euch scheidet. Auch über die finanziellen Konsequenzen bei einer Scheidung schreiben wir in diesem Kapitel, ebenso über die großen Vorteile einer Eheschließung. Da die meisten ihre Liebe auch gebührend feiern wollen, gibt es einen Exkurs, in dem ihr erfahrt, wie ihr mit euren finanziellen Mitteln eure Traumhochzeit umsetzen könnt.

Und schon sind wir beim größten Meilenstein angelangt, wenn ihr euch für Kinder entscheidet. Trotz großem Babyglück ist Eltern zu werden aktuell das größte finanzielle Risiko in einer Beziehung, da es bis an dein Lebensende spürbar und bereits vor der Geburt des Wunschkindes sichtbar wird. Falls du mit deinem Lieblingsmenschen diesen Meilenstein gehen möchtest oder ihn bereits gegangen bist, laden wir dich ein, das Kapitel 5 mit besonderer Offenheit und Neugier zu lesen. Dort findest du eine Schritt-für-Schritt-Anleitung, wie ihr mit allen Herausforderungen umgehen und so für eure Familie eine sichere, glückliche Zukunft schaffen könnt.

Nun möchten wir euch noch helfen, dem großen Traum des Eigenheims (Kapitel 6) einen Schritt näher zu kommen. Klar, das Eigenheim stellt ebenfalls eine hohe finanzielle Verpflichtung dar, vor allem aber, wenn es Hand in Hand mit der Kinderplanung geht. Die Risiken begünstigen sich gegenseitig, weshalb wir auf diesen Meilenstein auch keinesfalls verzichten wollten. Gemeinsam wägen wir ab, ob es finanziell klüger ist, ein Eigenheim zu kaufen oder doch lieber zur Miete im gewünschten Haus zu wohnen – und welche Ideen es gibt, das eine oder andere finanziell aufzuwerten. Steht ihr gerade vor der Entscheidung, euch ein Eigenheim zu kaufen? Wie geht ihr mit unterschiedlicher Vermögensgrundlage um? Und wie mit unterschiedlichen Gehältern? Zu welchen Teilen lasst ihr euch ins Grundbuch eintragen? Was darf euer Haus kosten, damit es euch auch weiterhin finanziell gut geht? All das erfährst du im sechsten Kapitel.

Im dritten Abschnitt befassen wir uns mit den Tabuthemen Krankheit und Tod (Kapitel 7). Ähnlich wie bei der Hochzeit beschäftigst du dich hier ausführlich mit dem »Danach«. Wie sichert ihr euch gegenseitig finanziell ab, solltest du oder dein Lieblingsmensch dauerhaft erkranken oder gar versterben? Falls ihr Kinder habt oder bekommen wollt: Wie könnt ihr euren Nachwuchs ebenfalls finanziell absichern? Hier schon ein erster Perspektivwechsel, um leichter in das Kapitel zu starten: Wir werden uns nicht über deine Verletzbarkeit oder Sterblichkeit oder die deines Lieblingsmenschen unterhalten, sondern wie du es schaffst, zu Lebzeiten sicherzustellen, dass es deinen liebsten Menschen auch nach deinem Lebensende gut geht. Bist du dabei?

Weil wir dir wünschen, dass du lange munter und gesund bist, sprechen wir direkt im Anschluss über deine und eure Rente. Hast du dir schon mal deinen Rentenbescheid angeschaut? Wenn ja, weißt du, was er bedeutet? Übersetzt steht da in etwa: »Später musst du mal mit der Hälfte deines heutigen Einkommens über die Runden kommen.« Hast du heute eine Sparquote von mindestens 50 Prozent? Und selbst wenn – habt ihr sie als Paar? Wenn du nicht weißt, was das alles für dein Alter bedeutet, kannst du zurückspringen und in Kapitel 3 die Antwort finden. Du erfährst im Kapitel zur Altersrente, was du heute tun kannst, damit es dir und deinem Lieblingsmenschen im Alter finanziell gut geht. Das Kapitel 8 lohnt sich für dich, egal welches Alter heute in deinem Ausweis steht.

Nach Tod und Rente kommen wir zum schönsten Kapitel des Buches (Kapitel 9). Ohne Zahlenakrobatik, ohne Abgründe, dafür mit sehr viel Liebe finden wir euren ganz eigenen Weg ins Glück – und zur ersten Million. Hier schließt sich der Kreis zum Beginn des Buches. Du gestaltest mit deinem Lieblingsmenschen eure Beziehungsvision nach euren Wünschen, nach euren Zielen, nach euren Bedürfnissen. Perfekt zu *euch* passend. Die ersten acht Kapitel sind einzelne Bausteine, damit ihr in diesem finalen Kapitel genügend Inspiration und Handwerkszeug habt, um eure Beziehungsvision zu erstellen und sie zu leben. Denn so gelingt es, was wir zu Beginn versprochen haben: aus Liebe mehr Vermögen zu machen und mit Vermögen mehr Möglichkeiten für eine erfüllte Beziehung zu schaffen.

Konnten wir dich etwas neugierig machen? Hast du Lust weiterzulesen? Oder fragst du dich, wer dir das hier alles erzählen will? Marielle. Mike. Noch nie gehört? Dann lass uns das mal ändern. Wir stellen uns kurz vor, damit du beurteilen kannst, ob du uns all die Themen zutraust und von uns lernen willst.

Das sind wir, die Beziehungsinvestor*innen

Wir sind Marielle und Mike. Eltern von zwei Söhnen. Reiselustig. Gerade in Elternzeit. Im Theater anzutreffen. Und seit 13 Jahren ein Paar. Unsere Geschichte begann im Jahr 2010 an einem Wintertag, als wir uns zufällig im Internet begegneten. Zwei Monate später folgte das erste persönliche Treffen. Daraus wurden zwei. Dann drei. Dann vier. Bevor wir uns versahen, besuchten wir zusammen München, verbrachten Weihnachten zusammen, zogen in dieselbe Wohnung, heirateten, bekamen zwei Kinder, kauften zwei Wohnungen und sitzen nun am Laptop, um über all das zu schreiben. Stets aus der Perspektive »Love and Money«. Denn bei unserem ersten Date sprachen wir zwar kurz über Geld. Jedoch führte der erste gemeinsame Urlaub zur ersten größeren Beziehungskrise und der Zusammenzug lief so gar nicht finanziell gleichberechtigt ab. Doch als wir endlich begannen, tiefgehend über Geld miteinander zu sprechen, gelang es uns endlich, unsere gleichberechtigte Beziehung auch in Gelddingen auf Augenhöhe zu leben.

»Herzlichen Glückwunsch«, könntest du jetzt sagen: »Aber was befähigt euch, so ein Buch über Liebe und Geld zu schreiben? Oder ist das nur eine persönliche Geschichte?« Berechtigte Frage. Schließlich empfiehlt es sich stets zu prüfen, von wem du einen Tipp annehmen möchtest. Wir stellen uns dabei zwei Fragen:

»Ist die Person schon da, wo ich hinkommen will?«

Sieben der neun Meilensteine haben wir bereits selbst erlebt. Lediglich bei Krankheit und Tod sowie dem Renteneintritt können wir nur auf indirekte Erfahrungen durch unsere Eltern zurückgreifen, die uns an der Stelle tatkräftig unterstützt haben und sofort offen dafür waren, dass wir über Todesfälle und deren Herausforderungen in unserer Familie in diesem Buch sprechen möchten.

Stehst du mit deinem Lieblingsmenschen gerade vor dem nächsten Meilenstein und ihr wollt zusammenziehen, heiraten, Eltern werden, ein Eigenheim kaufen oder habt euch gerade zum ersten Date verabredet und lernt euch gerade kennen, dann waren wir da schon überall und teilen sehr offen unsere Herausforderungen und unsere Lösungsansätze, sodass du auf jeden Fall etwas für dich mitnehmen kannst.

»Hat die Person das nötige Hintergrundwissen, um die eigenen Erfahrungen einzuordnen?«

Bei Geld und Liebe geht es um Fakten, um Gefühle und darum, beides in Einklang zu bringen. Fakten bei Geld sind einleuchtend: Gibst du mehr aus, als du einnimmst, hast du am Ende des Monats ein geringeres Vermögen. Da Liebe bereits selbst ein Gefühl ist, ist auch das leicht nachvollziehbar. Doch auch beim Geld geht es um Gefühle. Beispielsweise, wenn du das Gefühl hast, ständig mehr zu zahlen und stets draufzulegen, weil dein Lieblingsmensch es mit dem Geld nicht »so eng« sieht. Dann bleiben Bedürfnisse unerfüllt oder Werte werden verletzt. Auch die Liebe kann aus Fakten bestehen. Kümmert ihr euch nicht um eure Liebe, wird sie verschwinden und ihr trefft irgendwann die Aussage: »Wir haben uns auseinandergelebt.«

Wir bringen beide Welten zusammen. Marielle als Betriebswirtin (M. A. Corporate Management & Governance) und Mike als Psychologe (M. Sc. Psychologie). Als Paar kombinieren wir unsere beiden Expertisen und haben in diesem Buch das wichtigste Basiswissen über Geld in der Beziehung, in den genannten Meilensteinen, zusammengetragen. Gemeinsam sind wir die Beziehungsinvestor*innen und coachen online Paare und Einzelpersonen bei ihren gemeinsamen Finanzen.

In diesem Buch wirst du noch vieles über uns erfahren, denn zu jedem Beziehungsmeilenstein teilen wir unsere persönliche Geldgeschichte mit euch. Und weil es sich voneinander am besten lernen lässt, haben wir noch vier andere Paare interviewt, die sich gerade in unterschiedlichen Lebensphasen wiederfinden. Diese Geldgeschichten findet ihr im QR-Code am Ende des Buches: Jenny und Tobias sind frisch verheiratet und stehen vor der Familiengründung. Fiona und Dominik haben sich gegen das Eigenheim und die riesige Hochzeitsfeier und stattdessen für gemeinsame Immobilieninvestitionen entschieden. Pina und Caro haben 50 000 Euro für ihren Kinderwunsch ausgegeben und meisterten dafür ihr Leben in der teuren Schweiz monatelang mit nur einem Gehalt. Und bei Dani und Sven ist die gemeinsame Tochter gerade so langsam aus dem Haus und sie machen sich Gedanken über eine passende Erbfolge für ihre Patchworkfamilie.

Für wen ist dieses Buch gedacht?

Lange haben wir überlegt, an welchem Punkt einer Beziehung Geld die wichtigste Rolle einnimmt, wann es unabdingbar ist, über Finanzen zu sprechen. Doch wir haben festgestellt, dass das so unfassbar individuell ist – wie eure Beziehung. Denn manche Paare sprechen von Anfang an total offen über Geld, haben aber einen finanziell sehr unterschiedlichen Hintergrund und empfinden eine faire Aufteilung trotz offener Gespräche als große Herausforderung.

Andere Paare haben einfach grundsätzlich viel zu wenig Geld, müssen immer am Monatsende jeden Cent zweimal umdrehen und sprechen daher zwangsläufig darüber miteinander. Allerdings immer aus einem negativen Mindset heraus.

Dann gibt es auch noch die Paare, die Geld nie als großes Thema wahrgenommen haben. Denn es war da und hat die Grundversorgung sichergestellt. Zum Austausch gab es immer Spannenderes. Doch dann kommt ein wichtiger Meilenstein, der die finanzielle Situation stark beeinflusst – seien es Kinder, das Eigenheim oder andere Einschnitte im Leben -, und dann fehlt die Übung in Geldgesprächen, um die Krisensituation zur Zufriedenheit aller Beteiligten zu lösen.

Wir wünschen uns, dass durch die Lektüre dieses Buches Geld und Liebe näher zusammenfinden. Dass Geld kein Tabuthema mehr ist, sondern der offene Austausch über Finanzen euch Spaß bringt und euer gemeinsames Vermögen steigern wird. Egal in welcher Lebensphase du dich in eurer Beziehung befindest, du kannst hier etwas für dich und deinen Lieblingsmenschen mitnehmen. Bist du gerade Single oder steht ihr noch ganz am Anfang eurer Beziehung, hältst du ein wunderbares Nachschlagewerk in den Händen, das du in Zukunft immer dann zücken kannst, wenn ihr euch auf den nächsten Meilenstein vorbereitet.

Hast du schon einige Meilensteine mit deinem Lieblingsmenschen erlebt, kannst du entscheiden, ob ihr einige der genannten Tipps nachholen, das Buch für euren nächsten Meilenstein als Ideengeber verwenden oder bei aufkommenden Fragen in eurer Beziehung durch die vielen Anregungen blättern und das Richtige für euch herauspicken wollt.

Doch egal wo ihr steht, um eine Sache möchten wir euch bitten: Setzt die Dinge um!

Nur dieses Buch zu lesen, kräftig mitzunicken und vielleicht noch dem Lieblingsmenschen zu sagen, welche Kapitel er oder sie auch unbedingt mal lesen sollte, wird euch nicht zu entspannteren Geldgesprächen und mehr Vermögen bringen. Dafür gilt es mitzumachen!

So funktioniert dieses Buch

Du kannst ›Love & Money‹ von vorne nach hinten lesen. Du kannst direkt zu dem Meilenstein springen, in dem ihr euch gerade befindet oder den ihr als Nächstes gehen wollt. Du kannst von Übung zu Übung springen, praktisch markiert in Übungskästen. Du kannst es jetzt lesen und später zur Hand nehmen, wenn eine Geldfrage in eurer Beziehung auftaucht. Du kannst alle Übungen zunächst allein durchführen oder deinen Lieblingsmenschen direkt dazu einladen. Bestimmt fallen dir noch mehr Ideen ein, wie du dieses Buch am besten für dich und eure Beziehung nutzen kannst.

Liebe und Geld sind so vielfältig, bunt und persönlich wie eure

Beziehung. Es wäre anmaßend von uns zu behaupten, es gäbe nur diesen einen Weg, und wenn ihr diesen nicht geht, dann warten die schlimmsten Dinge auf euch. Das ist nicht so. Deswegen wirst du in diesem Buch ganz viele Anregungen finden, worüber du mit deinem Lieblingsmenschen oder ohne ihn nachdenken kannst, wie ihr ins Gespräch miteinander geht und als Team Entscheidungen trefft. Wir begleiten euch dabei, zu eurer Entscheidung zu kommen, und zeigen euch, wie ihr die Umsetzung schafft.

Und weil unser größter Wunsch ist, dass du das Buch nicht nur liest, sondern damit deine Beziehung gestaltest, findest du am Ende des Buches noch einen QR-Code, mit dem du auf unsere Webseite mit vielen hilfreichen Informationen und allen weiterführenden Inhalten kommst. Diese Seite findest du in keiner Suchmaschine und auch nicht über das Menü auf unserer Homepage, sondern nur über dieses Buch.

In diesem Sinne hoffen wir, dass die Lektüre dieses Buches für dich und deinen Lieblingsmenschen ein Startpunkt ist – für mehr Liebe und für mehr Geld.

Disclaimer

Wir sind Betriebswirtin und Psychologe. Wir sind keine Steuerberater*in, keine Jurist*in und auch keine Versicherungsberater*in. Aussagen in diesen Bereichen dienen der Information, dass du dir mit deinem Lieblingsmenschen darüber Gedanken machst und erfährst, dass es diesen oder jenen Sachverhalt gibt. Es ist ausdrücklich keine Beratung. Auch wenn alle Inhalte dieses Buches bestmöglich recherchiert und mit Fachpersonen diskutiert wurden. Für Detailfragen und individuelle Berechnungen sowie Fallbesprechungen empfehlen wir euch, immer mit genau diesen Expert*innen zu sprechen.

KENNENLERNEN – DIE RECHNUNG SELBST ZAHLEN

Einen Monat nach Erscheinen dieses Buches feiern wir unseren 13. Jahrestag. Ich (Marielle) musste dafür extra nachrechnen. So lange ist es schon her, dass wir unser erstes Date hatten und somit unsere Beziehung ihren Weg begann. Erst als »Kann-man-mal-machen«-Verabredung, aus der ein zweites, drittes, und viertes Treffen entstand. Dann eine Geburtstagseinladung, ein gemeinsamer Trip nach München, ein weiterer Geburtstag, und nach fast einem Jahr gaben wir uns die Bezeichnung »Beziehung«. Und heute sind wir verheiratet und haben zwei Söhne. Die Grundlage für all das legten wir damals bei unserem ersten Date. Dabei schien es lange Zeit, als würde dieses Date nicht stattfinden.

Denn für 2010 total untypisch, lernten wir uns im Internet kennen, auf einer lokalen Dating-Plattform. Mike langweilte sich und verschickte an dem Tag wahllos Nachrichten. Und mir war ebenfalls sehr langweilig und ich antwortete als Einzige auf seinen Text. Und das, obwohl er damals noch ein Bild mit schulterlangen Haaren in seinem Profil hatte, die ihm aus meiner Sicht so gar nicht standen. Aber ich entdeckte noch ein anderes Bild, auf dem er richtig sympathisch aussah. Das plus die Langeweile, führte zu den ersten Gesprächen. Es dauerte fast zwei Monate, bis ich einem Treffen zustimmte. Mike hingegen haben schon die ersten fünf Minuten überzeugt. Nun wohnten wir aber fast 50 Kilometer voneinander entfernt. Damals waren Smartphones noch nicht geläufig, Google Maps war eine Randerscheinung und ein Navi besaß Mike nicht. So irrte er auf der Aschaffenburger Ringstraße umher, bis er mit fast einer Stunde Verspätung endlich ankam. Ich war schon kurz davor ihm zu sagen, dass er einfach wieder heimfahren soll, weil das eh keinen Sinn hat. Glücklicherweise brachte ich es nicht übers Herz. Schließlich war er extra eine dreiviertel Stunde zu mir gefahren und ich fühlte mich verpflichtet, zumindest »Hallo« zu sagen.

In einem Restaurant mit Filmplakaten und -requisiten an den Wänden vertieften wir uns in ein langes Gespräch. Der Abend verging wie im Flug und bald wurde es Zeit zu zahlen. Mike war bereits hergefahren, hatte mich zu Hause abgeholt und würde mich auch wieder nach Hause bringen, weshalb ich vorhatte, zumindest die Hälfte der Rechnung zu bezahlen. Doch bis zu diesem Date war das stets in Diskussionen ausgeartet: Alle bisherigen Dates hatten darauf bestanden zu zahlen. Das frustrierte mich schon damals. Ich verdiente mir durch kleinere Jobs bereits eigenes Geld und war stolz auf meine Selbstständigkeit mit fast 18 Jahren. Das wollte ich auch zeigen, durfte es aber nicht. Ja, manche Frauen feiern es so sehr, bei ersten Dates eingeladen zu werden, dass sie sogar in Talkshows auf die Frage, was das Beste am Frausein sei, antworten: »Kostenlose Restaurantbesuche!« Aber das bin nicht ich. Mir fehlte schon damals die Augenhöhe. Und das hat für mich auch nichts mit Höflichkeit, Zuvorkommenheit oder irgendeiner anderen Tugend zu tun, wenn ich gegen meinen Wunsch oder viel schlimmer gegen meinen Willen eingeladen werde. Es wäre etwas anderes, wenn die Männer zuvor gesagt hätten: »Ich möchte dich an dem Abend einladen. Ist das okay für dich?« Und meine Antwort wäre, dass ich mich über die Einladung freuen würde. Aber es vorauszusetzen und über mich hinweg zu entscheiden, war eben nicht okay.

Aber woher kommt dieser Irrglaube, dass beim ersten Date der Mann einzuladen hat?

»Beim ersten Date hat der Mann einzuladen!«

Was ist aber, wenn gar kein Mann beim Date anwesend ist? Oder wenn sich nur Männer verabredet haben? Oder wenn sich mehr als zwei Personen zu einem ersten Date treffen?

Die Aussage stößt also schnell an die eigenen Grenzen. Doch woher kommt diese Einstellung, dass Männer beim ersten Date die Rechnung zahlen sollen?

Ein kurzer Blick in die Geschichte des BGB – das Bürgerliche Gesetzbuch – zeigt, dass Frauen erst seit 1958 ohne die Zustimmung ihres Mannes ein eigenes Bankkonto führen dürfen. Bis dahin konnten Männer zudem die Arbeit ihrer Frau ohne deren Zustimmung kündigen. Selbst bis 1977 durften Frauen nur arbeiten gehen, wenn »dies mit ihren Pflichten in Ehe und Familie vereinbar« war.[1]

Kurzum, bis vor etwa 50 Jahren hatten Frauen schlicht kein oder nur sehr wenig eigenes Geld, um die Rechnung nach dem ersten Date oder zu späteren Anlässen übernehmen zu können. Wollte man sich damals in einem Restaurant näher kennenlernen, war klar: Der Mann bezahlt! Ob er das problemlos konnte, wurde nicht infrage gestellt. Damit war bereits festgelegt, wer in der möglichen Beziehung welche Rolle einnehmen würde. Der Mann verdient das Geld und ernährt die Familie. Die Frau sieht hübsch aus und übernimmt später Haushalt und Kinder.

Obwohl sich in den letzten 50 Jahren einiges geändert hat, wird diese Rollenverteilung beim ersten Date weiterhin übernommen. Keineswegs nur bei den Generationen, die noch zur Zeit der damaligen Gesetze geboren wurden und es dadurch im Elternhaus erlebt haben. Auch junge Erwachsene, die erst in den Achtzigern, Neunzigern oder später zur Welt kamen, übernehmen diese Rollenbilder.[2] Das wird auch durch soziale Medien begünstigt. Bei einer Umfrage von Plan International wurden Menschen zwischen 14 Jahren und 32 Jahren zu ihrer Nutzung sozialer Medien und ihrer

Einstellung zu Care-Arbeit, Gehaltsunterschieden und anderen Rollenerwartungen befragt. Das Ergebnis: Wer täglich auf Instagram und Co. aktiv ist, antwortete eher mit einem konservativen Rollenverständnis. Sprich, dass es okay sei, dass Frauen weniger verdienen oder allein für den Haushalt verantwortlich sind.[3]

Dabei hat unsere Gesellschaft an Diversität gewonnen. Es gibt nicht mehr die eine prototypische Beziehung à la (vermeintlich) heterosexueller Mann heiratet (vermeintlich) heterosexuelle Frau und sie bekommen (vermeintlich) heterosexuelle Kinder. Dieser veralteten Vorstellung zufolge soll natürlich der Mann arbeiten gehen, Karriere machen, die Welt gestalten und das Geld nach Hause bringen, während die Frau putzt, kocht, erzieht und das Geld aus der Haushaltskasse sinnvoll ausgibt.

Glücklicherweise haben wir uns als Gesellschaft von diesen starren Rollenbildern verabschiedet, auch wenn es noch sehr viel Widerstand, Hass und Diskriminierung gegen alle gibt, die diesem Bild nicht entsprechen. Und trotz allen Fortschritts sind in vielen Beziehungen – ob heteronormativ oder nicht – alte Klischees immer wieder an der Tagesordnung. Besonders spiegelt sich das bei den finanziellen Aspekten wider. Woran liegt das?

Erwartungen beim ersten Date

Obwohl sich die Gesetze schon lange geändert haben, hatte sich die Erziehung bis in meine Jugend nicht sonderlich verändert. Während Mike schon in der Grundschule (und das war in den Neunzigerjahren) einen Fünfmarkschein in die Hand gedrückt bekommen hat, um die Eiskugel des Mädchens zu bezahlen, war mir das völlig fremd. Es gab nicht eine Situation, in der meine Eltern mir Geld gegeben hätten, um einen Jungen einzuladen (»Weil man das eben so macht«). Oder mich darauf hingewiesen hätten, dass ich mein Date als ordentliche Dame doch bitte einladen solle. Vielmehr lernte ich, dass ich mich nicht ausnutzen lassen soll, nur die Dinge tun soll, auf die ich auch Lust hatte und ja auf mich aufpassen soll. Meine Großeltern steckten mir kein Geld für eine Eiskugel für den hübschen jungen Mann zu. Was aber immerhin mitschwang, war meine Unabhängigkeit, also dass es wichtig ist, auf eigenen Füßen zu stehen. Ich wollte meine Rechnung also selbst zahlen – die Erwartung meiner Dates hingegen war, mich einzuladen. Das passte eben nie zusammen und führte tatsächlich immer mal dazu, dass das Ende so nervig war, dass es anschließend zu keinem weiteren Date kam. Ärgerlich.

Für Mike wurde die Erwartungshaltung zur regelrechten Belastung. Mike bekam bei seinen ersten Treffen mit Mädchen in der Grundschule bereits Geld von seinem Opa mit den Worten zugesteckt: »Denk dran, sie einzuladen. Das macht man so.« Niemals hätte er Geld bekommen, wenn er sich mit Jungen traf. Bei Mike verstärkte sich der Druck, beim ersten Date die Rechnung zu übernehmen. Egal, in welchem Alter. Das sorgte gerade als Jugendlicher und in den ersten Jahren als Erwachsener zu inneren und äußeren Konflikten. Denn er musste stets genügend Geld für ein anstehendes Date besitzen und die Datewahl dem Budget anpassen. Es ging also nicht mehr darum, was am meisten Spaß bereiten könnte, sondern was das Geld hergab. Bei Dates gab es dann auch Diskussionen, wer nun was bezahlen durfte.

In welchem Umkreis zu deinem Wohnort darf ein Date an einem freien Tag stattfinden? Wie verändert sich der Umkreis, wenn es ein Arbeitstag ist? Wie, wenn du Kinder hast und diese abends von Opa betreuen lässt? Je nach Situation ändern sich deine Erwartungen an dein Date. Deshalb spielen vor zukünftigen Ereignissen Erwartungen stets eine große Rolle. Auch wenn du dir vornimmst, ohne Erwartungen zum ersten Date zu gehen – das ist nicht möglich. Dein Gehirn stellt sich ein zukünftiges Ereignis vor, sonst wüsstest du gar nicht, wie du dort hinkommst, dich kleiden oder verhalten willst. Bist du berufstätig und dein Date schlägt vor, sich an einem Arbeitstag 350 Kilometer von deinem Arbeitsort entfernt zu treffen, dann wird das nicht deinen Erwartungen entsprechen. Gleiches gilt für die Art des Dates. Bist du es gewohnt, dich auf Dates zu bewegen, sei es ein Spaziergang, eine Tretbootfahrt oder eine Radtour? Dazu magst du es nicht, wenn ihr euch beim Essen zuschaut? Schlägt dein Date nun ein Restaurant vor, liegt dies außerhalb deiner Erwartungshaltung. Das könnten wir nun auch beispielsweise für die Kleidung durchführen, für Gesprächsthemen oder für den ersten Kuss. Bei alldem gibt es einen Erwartungskorridor. Bewegt sich dein Date innerhalb des Korridors, ist alles okay. Trifft das auf die Erwartungen deines Dates ebenfalls zu, dann werdet ihr euch höchstwahrscheinlich wiedersehen.

Gleiches gilt auch für das Zahlen der Rechnung beim ersten Date. Auch da gibt es eine Erwartungshaltung. Sie hat – genauso wie bei all den anderen Themen – sehr viel mit deinen bisherigen Erfahrungen und Erlebnissen zu tun. Bei welchen vergangenen ersten Dates hast du dich besonders wohlgefühlt? Wann hast du dich unwohl gefühlt? Welche positiven Erzählungen hast du von deiner Familie und deinen Freund*innen gehört? Welche negativen waren dabei? Was sind deine Konsequenzen aus diesen Erfahrungen?

Übung

Führe doch ein kleines Experiment durch und beantworte die Fragen für dich selbst. Nimm dir Zeit, gehe gedanklich in deine Vergangenheit zurück und tauche dabei etwas tiefer in die Bezahlsituation ein. Wie ging es dir dabei? Welche Dinge sind dir bis heute gar nicht so bewusst gewesen?

Bist du aktuell in einer Beziehung? Dann teile die Übung mit deinem Lieblingsmenschen und bitte ihn oder sie, die Fragen ebenfalls für sich zu beantworten. Anschließend sprecht darüber, welche Gefühle aufgekommen sind und was euch selbst überrascht hat. Seid ihr erstaunt über die Antworten voneinander?

Wissenschaftliche Untersuchungen zum Bezahlen beim ersten Date

Im Jahr 2023 haben sich diese Vorstellungen doch sicher geändert! Oder? Oder?! Zumindest in der Erwartungshaltung hat sich etwas geändert. Die Studie »Gender Roles in the Millennium: Who Pays and Is Expected to Pay for Romantic Dates?« befragte heterosexuelle Student*innen nach ihren Erwartungen beim Bezahlvorgang des ersten und weiteren Dates. Fast die Hälfte (44,2 Prozent) der Studentinnen wollte zumindest einen Teil selbst bezahlen. Etwa 55 Prozent erwarten, dass der Mann die gesamte Rechnung übernimmt. Fast vier von fünf Männern (77,5 Prozent) gehen jedoch davon aus, dass sie selbst das erste Date zahlen werden. Die restlichen 22,5 Prozent gehen davon aus, dass zumindest ein Teil von der Frau übernommen wird. Bei weiteren Dates mit derselben Person verschob sich die Erwartungshaltung weiter Richtung Parität. Bei den Frauen waren es nun 79,5 Prozent, die zumindest einen Teil übernehmen wollten. Und bei den Männern wuchs der Anteil auf 57,6 Prozent an. Nur in einer Sache waren sie sich alle einig:[4]

Mit der Rechnung werden auch Gefühle ausgelöst. Beispielsweise fühlen sich 76 Prozent der Männer schlecht, wenn sie nicht bezahlen (dürfen).[5] Das erklärt auch, weshalb einige vehement darauf bestehen, die Rechnung zu übernehmen, auch wenn die Frau explizit sagt, dass sie das nicht will. Es dient dem Selbstschutz, niemand will als Loser dastehen. Und eigentlich wäre Mann modern und auf Augenhöhe, wenn er Parität zulassen würde. Doch die gesellschaftliche Erwartung ist so stark, dass dieser Schritt sehr schwerfällt. Dazu passt auch, dass sich über ein Drittel der Männer davon gestört fühlen, wenn die Frau versucht, die Rechnung zu begleichen. Gleichzeitig fühlen sich 44 Prozent der Frauen davon gestört, dass sie ihren Teil der Rechnung nicht übernehmen dürfen. Allerdings findet die andere Hälfte der Frauen es nicht gut, wenn von ihnen erwartet wird, ihren Teil zu bezahlen bzw. wenn ihr Angebot zu zahlen angenommen wird. Eine Zwickmühle: Nur bei ein paar Matches passen die Erwartungen zueinander und das nächste Date kann folgen. Mindestens genauso wahrscheinlich ist aber, dass zumindest eine Person mit (großem) Frust das Date beendet. Selbst wenn alles andere gut gepasst hat und ihr euch für ein weiteres Date entscheidet, steht so das Thema Geld von Anfang an unter keinem guten Stern.

Leider zeigt die Studie auch, dass jeder fünfte Mann bis 35 Jahre irgendeine Form sexueller Aktivität als Dank zur Einladung erwartet. Und damit sind wir an einem sehr unschönen Punkt der Erwartungshaltung angekommen. Während Erwartungen dir allgemein helfen, Situationen besser einzuschätzen und dich auf sie vorzubereiten, können sie manchmal gefährlich werden.

Das gilt besonders, wenn unterschiedliche Aktivitäten, die unabhängig voneinander sein sollten, wie das Zahlen des ersten Dates und der Sex später am Abend, miteinander vermischt werden. »Ich zahle, deswegen hast du später Sex mit mir« ist eine äußerst schädliche und übergriffige Erwartungshaltung – auch oder besonders, weil sie nicht ausgesprochen wird.

Wie stark diese Erwartungshaltung sexueller Aktivitäten ausgeprägt ist, zeigt sich auch bei den Antworten der befragten Frauen. Etwa ein Viertel der Frauen fühlt sich nicht mehr so unter Druck gesetzt, sexuelle Handlungen durchzuführen, wenn sie zumindest einen Teil der Rechnung übernommen hat.

Dass das keine Basis für eine heiße Nacht, ein weiteres Date und schon gar nicht für eine lang anhaltende Beziehung auf Augenhöhe ist, brauchen wir wohl nicht extra zu erwähnen. Es unterstreicht jedoch die Notwendigkeit für Männer und Frauen *vor* dem Date zu klären, wer die Rechnung bezahlen wird. Leider passiert das in der Realität viel zu selten.

Ich denke, dass du denkst, dass ich denke, dass ich dich einlade

Was denkt die andere Person nun? Wir wissen es nicht. Wir wissen aber, dass es keine eindeutige Erwartungshaltung mehr gibt, so wie es vor 50 Jahren noch der Fall war. Das führt zu einer Vielzahl unterschiedlicher Glaubenssätze, wilder Spekulationen und sinnloser Regeln. Aber: Sie sind nur da, weil nicht darüber gesprochen wird.

Hier einige Beispiele, die wir in unserer Community gesammelt haben:

- *»Ich lade beim ersten Date natürlich ein. Das gehört sich so. Aber es wäre schon schön, wenn die Frau zumindest nach dem Portemonnaie greifen würde.«*
- *»Wer einlädt, muss auch zahlen.«*
- *»Beim ersten Date – oder sogar davor – über Geld zu reden, ist voll unromantisch. Das macht jede Stimmung kaputt.«*
- *»Wenn die Frau die Rechnung übernimmt, dann wird der Mann entmannt.«*
- *»Nur ein Geizkragen würde die Frau etwas zahlen lassen.«*
- *»Es muss getrennt gezahlt werden, keinesfalls darf irgendeine Schuld entstehen.«*
- *»Nur wenn wir getrennt bezahlen, bewahren wir uns unsere Unabhängigkeit.«*
- *»Ich verdiene mein eigenes Geld, also will ich auf jeden Fall auch selbst bezahlen.«*
- *»Am besten wird die Rechnung bezahlt, wenn die Frau kurz auf Toilette geht. Dann gibt's auch keinen Widerspruch.«*

Und nun? Das ist alles so widersprüchlich. Es ist wenig überraschend, dass bei der Frage »Getrennt oder zusammen?« beide nervös auf ihren Stühlen hin und her rutschen, mit den Fingern knibbeln oder verlegen lächelnd auf den Tisch blicken. Keiner will etwas Falsches sagen oder tun – besonders, wenn das Date eigentlich richtig schön war.

Findest du das wirklich romantisch? Oder eher unromantisch?

Es gibt keine klaren Regeln mehr, wie du dich in der Situation verhältst. Zum Glück! Machen wir es uns leicht und sprechen miteinander darüber – über das Bezahlen beim ersten Date. Bevor wir übers Reden schreiben, stellen wir uns noch die Frage, wie es in der Realität aussieht: Wer zahlt denn nun beim ersten Date?

Bezahlen beim ersten Date – so sieht's tatsächlich aus

Die Erwartungshaltungen zeigen ein durchwachsenes Bild. Einerseits der Wunsch nach Gleichberechtigung und Augenhöhe. Andererseits konservative bis sehr übergriffige Einstellungen. Wie sieht es nun in der Wirklichkeit aus?

Die gleichen Student*innen, die sich die Parität gewünscht hatten, vermelden nun, dass in 85 Prozent der ersten Dates der Mann die gesamte Rechnung übernimmt. An nur etwa 13 Prozent der Rechnungen beteiligen sich beide. Bei den restlichen zwei Prozent lädt die Frau ein. Diese sehr einseitige Art der Verteilung wirst du in diesem Buch noch öfter sehen. Sie zieht sich wie ein roter Faden vom ersten Date bis hin zur Rente und zum Tod.

Erst bei weiteren Treffen verschiebt sich die Aufteilung etwas. »Nur« noch 58 Prozent der Rechnungen werden dann von Männern bezahlt und am Rest sind beide irgendwie beteiligt. Immerhin fünf Frauen der über 500 Student*innen übernahmen vollständig die Rechnung bei darauffolgenden Dates.[6]

Unter deutschen Millennials gab es bisher keine solche Erhebung. Eine Statistik, die wir dann doch noch gefunden haben, zeigt ein etwas milderes Bild. Nämlich, dass nur etwa jeder zweite Mann (47,2 Prozent) beim ersten Date einlädt.[7]

Warum ist das nun problematisch? Wir haben schon kurz angesprochen, dass sich nach einer Einladung eine Schuld aufbauen kann, im Sinne von »Weil ich dich eingeladen habe, bist du verpflichtet … zu tun«. So konkret würden das nur die wenigsten äußern, aber das Konzept der sogenannten Reziprozität (»Ich tue dir was Gutes, du tust mir was Besseres«) ist in der Psychologie ein bekanntes Phänomen.

Reziprozität

Wenn du zufällig zehn Cent auf der Straße findest, bist du gewillter, einem obdachlosen Menschen etwas in den Hut zu werfen oder jemand anderem Geld zu leihen.[8] Es ist eines der mächtigsten psychologischen Prinzipien, die sich in fast jeder Marketingstrategie wiederfinden. Du bekommst eine Kleinigkeit (z. B. ein Buch) geschenkt und bist dann bereit, viel mehr dafür an anderer Stelle auszugeben. Deswegen gibt es bei allen Messeständen, Tagen der offenen Tür und weiteren Werbeorten irgendwelche Goodies, die dir bereitwillig in die Hand gedrückt werden.

Geschenke, und damit auch Dinge wie eine Einladung am Ende eines Dates, gehen mit sehr vielen sozialen Erwartungen einher. Das kennst du vielleicht noch aus deiner Kindheit, als du ein unbrauchbares Geschenk gerne in die Ecke gefeuert hättest und deine Eltern dich dennoch aufforderten, es anzunehmen und dich zu bedanken. Wer dir etwas schenkt, kommuniziert damit eine Botschaft, und mit der Art, wie du das Geschenk annimmst, kommunizierst du eine weitere Botschaft. Geschenke sind darauf ausgelegt, etwas zurückzubekommen – das muss nicht die gleiche »Währung« haben. Auch das kennst du aus deiner Kindheit: Du bekommst ein Puzzle geschenkt und sollst dich mit einer Umarmung dafür revanchieren. Du begleichst also nicht Spielzeug mit Spielzeug, sondern Spielzeug mit Dankbarkeit. Es kann also sein, dass du Geld geschenkt bekommst und die Schuld auf emotionaler oder körperlicher Ebene begleichst.[9] Dies spiegelte sich auch in den oben diskutierten Erwartungshaltungen wider.

Achtung! Achtung! Hier stimmt was nicht!

Es sollte die zweitgrößte Überraschung des Abends werden. Die größte war bereits, dass Mike doch noch die richtige Abzweigung gefunden hatte. Gegen Ende unseres Gesprächs erzählte er ausführlicher von seinem Psychologiestudium und welche Studien er gerade las. Darunter waren einige, die zeigten, dass selbst bei kleinen Geldbeträgen oder Geschenken, selbst wenn du sie gar nicht haben wolltest, eine Schuld entsteht. Diese Schuld würde in der Regel nicht in gleichen Maßen und auf gleichem Wege beglichen, sondern mit einem Vielfachen der Einladung vergolten werden. Zudem würde diese Schuld auch emotional, körperlich oder durch weitere Treffen zurückgezahlt werden. Mike erklärte deshalb, dass er gerne getrennt zahlen würde. Er wolle mich sehr gerne wiedertreffen und hätte gerne die Gewissheit, dass ich das auch wirklich möchte und nicht einem zweiten Date zustimme, weil ich mich dazu verpflichtet fühle.

Dieser unbequeme Moment, wenn die Bedienung fragt: »Getrennt oder zusammen?«, ist nur unbequem, weil du bereits weißt, dass hier etwas schiefläuft. Willst du beispielsweise gerne selbst zahlen, dein Date besteht aber darauf, dich einzuladen, wird daraus eine stressige Situation. Dieser Stress wird gleich durch zwei Dinge befeuert. Erstens entspricht es nicht deiner eigenen Erwartungshaltung. Dein Körper sendet dir Signale, dass du dir die Situation anders vorgestellt hast. Zweitens entsteht (unbewusst) eine (ungewollte) Schuld, die du im Zweifel gar nicht begleichen willst. Lief das Date insgesamt schlecht und du hast keine Lust dich erneut zu treffen, kann die Einladung also noch mehr Stress auslösen. Egal, ob du nun eingeladen werden willst oder nicht, es entsteht das Bedürfnis, etwas zurückzugeben. Dieses Verlangen nennt sich Reziprozität und gilt als Basis für den Beziehungsaufbau. Aus gesellschaftlicher Sicht ist es also auch erst mal eine sehr gute Sache, wenn du etwas Gutes mit etwas Gutem erwidern willst. Heikel wird's eben, wenn du das »Geschenk« gar nicht erst haben wolltest. Denn die Reziprozität wirkt dennoch.[10]

Dieses Phänomen wirkt sich auch auf eure Gleichberechtigung beim ersten Date aus. Nun ist eine offene Schuld durchaus etwas Gutes. Sie entsteht sogar während eures gesamten Dates, durch Zuhören, Verstehen oder Aufeinandereingehen und so weiter. Auf diesem Weg entstehen gesunde Beziehungen. Es vermittelt stetig das Gefühl, füreinander da zu sein, sich zu unterstützen und gemeinsame Werte zu teilen. Daher spricht auch nichts dagegen, sich einladen zu lassen, wenn es vorher klar abgesprochen wurde, es auf Gegenseitigkeit beruht und beide das in Ordnung finden. Wir reden hier von der Schuld, die du selbst nicht willst, die dir aber einfach mitgegeben wird, weil übergriffig die Rechnung gegen deinen Willen bezahlt wurde. Dieses Phänomen wirkt sich dann auf eure Gleichberechtigung beim ersten Date aus.

Denn diese Art der Einladung hat einen maßgeblichen Einfluss auf die weitere Entwicklung. Es entstehen weitere Fragen, die nicht zwangsweise bewusst gestellt werden, aber die unbewusst mitschwimmen: Gibt es nur ein zweites Date wegen des Gefühls der Verpflichtung? Findet die Einladung in die Wohnung nach dem Date aus der gleichen Verpflichtung statt? Dienen die sexuellen Handlungen nun als Schuldausgleich?

Gleichberechtigung beim ersten Date

Gleichberechtigung ist nicht gegeben, wenn durch die gesellschaftliche Norm »der Mann muss beim ersten Date bezahlen« nur eine Person einladen darf. Es sitzen am Tisch also nicht mehr zwei Personen, die die gleiche Berechtigung haben. Stattdessen hat der

Mann die Berechtigung, die Frau einzuladen. Der Frau wird diese Berechtigung verwehrt. Gleichzeitig darf der Mann sich nicht einladen lassen. Das steht nur der Frau zu. Du erinnerst dich, dass 85 Prozent der Frauen und Männer angeben, dass beim ersten Date der Mann die Rechnung übernommen hat. Und das, obwohl immerhin ein Viertel der Frauen die Erwartung hatte, die Rechnung zu teilen.[11]

Dadurch entstehen bereits Rollenbilder, die wir auch im weiteren Verlauf des Buches immer wieder sehen werden. Der Mann übernimmt hier die Rolle des »Ernährers«, die er dann auch bei der Familienplanung zugeschrieben bekommt. Das bleibt aber nicht ohne Folgen, denn die Erwartungshaltung an sich selbst, der Einlader und später der Ernährer zu sein, übt ebenfalls starken Druck aus, finanziell erfolgreich zu sein. Das mag beim Date noch eine Kleinigkeit sein, aber der Druck zieht sich über alle Lebensbereiche. Was das auf Dauer wohl mit der mentalen Gesundheit macht? Kein Wunder, dass die Geschichte von Jack, der nicht genügend Geld hat, um Rebecca (aus der Netflix-Serie »This is us«) in ein Restaurant einzuladen, daraufhin alles in Bewegung setzt, um dies zu verheimlichen oder direkt mit der Frau darüber zu sprechen, immer wieder in Serien, Filmen und Büchern aufgegriffen wird. Denn in seinen Augen ist er es nur dann wert, sich mit der Frau zu treffen, wenn er auch die Rechnung zahlt. Die Geschichte geht weiter, dass sie es herausfindet, ihm versucht zu erklären, dass Geld egal ist und nur die Liebe zählt, sie sich trennen, weil er sich so sehr als Versager fühlt, dann aber doch noch erfolgreich wird und sie wieder zusammenkommen. Er schuftet, schuftet, schuftet und verbringt kaum Zeit mit seiner Familie. Happy End? Ja. Ja. Klischees ohne Ende. Aber weshalb wird es dann in der realen Welt tagtäglich nachgespielt?

Dabei ignorieren Jack und Rebecca ihre finanziellen Verhältnisse. Sie ist wohlhabend. Er kann seine Miete nicht bezahlen. Natürlich alles nur auf der Leinwand, oder? Nein. Bei unserem ersten

Date hatte Mike ein paar hundert Euro auf dem Konto, wohingegen Marielle mehr als zehn Mal so vermögend war. Ist es da angebracht, dass Mike aus gesellschaftlicher Sicht die Rechnung übernehmen müsste? Dieses konservative Muster setzt eben voraus, dass Frau kein Geld hat und Mann das Geld zu haben hat, auch wenn das nicht der Fall ist. Wieso wird der Mann finanziell so unter Druck gesetzt? Beim ersten Date handelt es sich dabei vielleicht um ein paar Euro (die für manche zu viel sind), aber im späteren Verlauf geht es um tausende, zehntausende Euro jedes Jahr. Wozu? Nur um irgendeine überholte Machtposition zu wahren?

Wie passt es zusammen, eine gleichberechtigte, emanzipierte Beziehung führen zu wollen und dann auf entgegengesetzte Werte beim ersten Date zu bestehen? In den ersten Stunden des Kennenlernens wird dadurch eine Hierarchie aufgebaut, die weitere Entscheidungen in der Beziehung beeinflussen wird. Es entsteht ein Machtgefälle zwischen Mann und Frau, das im Kleinen kaum erkennbar ist, aber später riesige Auswirkungen haben kann. Da ist zunächst nur dieses flaue Gefühl, aber das verfliegt beim ersten Kuss auch schon wieder. Wie riesig dieses Thema aber ist, werden wir im weiteren Verlauf des Buches noch sehen. Den Schaden tragen beide – jedoch auf sehr unterschiedliche Art.

Halten wir fest, dass bereits beim einseitigen Zahlen des ersten Dates Konsens eine wichtige Rolle für alle weiteren Dates und die anschließende Beziehung spielt. Seid ihr euch einig? Wunderbar. Wird über deinen Kopf hinweg für dich entschieden, weißt du, dass verschiedene Alarmglocken zu läuten beginnen. Willst du deinen Teil selbst zahlen, der Wunsch wird aber übergangen – Alarmglocke! Willst du einladen, aber dein Date möchte lieber selbst zahlen – respektieren. Wie wäre es, beim nächsten Date schon im Vorfeld eine Einladung auszusprechen? Wie das aussehen kann, dazu gleich mehr. Und dann wollen wir dir noch etwas die Angst nehmen. Denn was, wenn du es ansprichst und sofort ein Streit entflammt?

Wie du die Einladung ansprechen kannst

»Wie habt ihr das denn angesprochen?«, lautet die häufigste Reaktion in Interviews, in denen wir über die Rechnung beim ersten Date sprechen. Die Interviewenden stellen sich sofort eine noch unangenehmere Situation vor. Über Geld zu sprechen, ist mit engen Freundinnen und Freunden oder der Familie schon heikel. Aber dann auch noch direkt beim ersten Date? Mit jemand noch Unbekanntem? Lieber nicht!

Wir haben die Lösung! Wer nicht während des ersten Dates über Geld sprechen will, kann es bereits bei der Einladung ansprechen:

Date: *Hey, hättest du vielleicht Lust, nächste Woche zusammen was essen zu gehen?*
Du: *Klar, können wir machen. Ich hätte Donnerstag Zeit. Wie sieht's da bei dir aus?*
Date: *Gut. Ich kenne da ein schönes Restaurant um die Ecke von hier. Wollen wir uns um sieben treffen?*
Du: *Ja. Lass uns direkt vor Ort treffen. Wollen wir an dem Abend einfach 50:50 machen?*
Date: *Okay. Na ja, ich hatte eigentlich vor, dich einzuladen. Wäre das auch okay?*

Du kannst nun frei entscheiden, ob du eingeladen werden möchtest oder ob du doch lieber bei deinem Vorschlag bleiben willst. Es kann beim Date nicht mehr zu einer unangenehmen Situation kommen.

Auch während des Dates ist es jederzeit möglich, über die Rechnung am Ende des Abends zu sprechen. Ein einfacher Trick ist, das Problem selbst anzusprechen. Dein Date hat höchstwahrscheinlich schon ähnliche Erfahrungen gemacht und ist dankbar, wenn sich diese nicht wiederholen.

Du: *Sag mal. Kennst du die Situation, dass du ein tolles Date erlebst, und am Ende des Abends fragt die Bedienung: »Getrennt oder zusammen?«, und beide wissen nicht so recht, wie sie jetzt reagieren sollen?*
Date: *Ähm ja. Eines meiner ersten Dates ist deswegen in die Hose gegangen. Seitdem zahle ich einfach.*
Du: *Ja, die Situation würde ich gerne vermeiden. Was hältst du davon, wenn wir die Rechnung am Ende einfach durch zwei teilen und im Anschluss unseren Abend fortsetzen?*
Date: *Hmm, ich würde dich schon sehr gerne einladen und mich für den schönen Abend bedanken. Du hattest ja auch die lange Anfahrt. Wenn du magst, können wir danach noch runter ans Wasser. Da gibt's eine coole Schiffsbar. Wäre es für dich okay, wenn du dann dort die Getränke übernimmst?*

Erneut kannst du nun überlegen, ob der Vorschlag für dich okay ist oder ob deine Bedürfnisse davon abweichen. Weichen sie ab, sprich es gerne weiter an. Hier entsteht gerade eine wunderbare Möglichkeit, offen miteinander zu reden.

Wie du vielleicht auch schon merkst, kommt es nicht so sehr darauf an, wer am Ende wirklich zahlt. Entscheidend ist, dass ihr euch darüber austauscht und dass euch das Ergebnis beide glücklich macht. Ob das nun getrenntes Zahlen, Zusammenschmeißen oder eine Einladung ist, ist euch überlassen. Da gibt es kein Richtig oder Falsch.

Mit etwas Offenheit und ein wenig Mut bereits zuvor über Geld zu reden, macht aus einer unangenehmen Situation eine schöne Geste der Einladung, über die ihr euch beide freuen könnt. Ganz ohne den lästigen Gedanken: »Muss ich das nächste Mal einladen? Was wird nun von mir erwartet? Wo bleibt da die Gleichberechtigung?«

Aber ungeübt bei einem echten Date das erste Mal über Geld sprechen? Dann übe es vorher. Schnapp dir deinen besten Freund, deine beste Freundin oder eine andere Vertrauensperson und leg los. Das mag immer noch komisch und ein wenig peinlich sein, aber es hilft, die Scheu davor zu verlieren. Nach ein paar Durchgängen wirst du dich schon sicherer fühlen.

Dein Übungsdate kann mit der Zeit auch den Schwierigkeitsgrad erhöhen und nicht auf jeden deiner Vorschläge eingehen. Sondern ganz andere Werte und Ansichten vertreten. So bekommst du auch schon mit, wie es ist, mal »Nein, danke« zu sagen, weil's einfach nicht passt.

Viel öfter wirst du jedoch spüren, dass eine große Last von beiden Schultern fällt. Obwohl ihr vorher gar nicht bemerkt habt, dass sie überhaupt da war. Wir wünschen dir viele schöne Dates mit finanzieller Gelassenheit.

Am Ende unseres ersten Dates fühlte ich mich das erste Mal ernst genommen und respektiert. Es war so simpel und hatte doch einen solchen Eindruck hinterlassen. Denn das erste Mal fühlte ich mich am Ende des Dates als vollwertige Person wahrgenommen und nicht als jemand, um die Mann sich kümmern muss. Es wurde für uns eine der wichtigsten Grundlagen unserer Beziehung, denn wir hatten in diesem Moment bereits vereinbart, offen und auf Augenhöhe miteinander umzugehen, was im späteren Verlauf sogar mehr als einmal unsere Beziehung retten sollte.

Bezahlen angesprochen und direkt der erste Streit?

Du hast dir unseren Rat zu Herzen genommen und direkt beim ersten Date die Rechnung angesprochen – Glückwunsch! Aber was, wenn hier schon ein Streit vom Zaun gebrochen wird? Ihr gar nicht zu einer gemeinsamen Lösung findet und das Thema eskaliert? Ist das nicht schade, da hier gegebenenfalls eine Beziehung gar nicht erst entstehen kann?

Nein. Denn das erste Date dient dem ersten Kennenlernen. Ihr tauscht euch aus, schaut, ob ihr auf einer Wellenlänge seid und ob eure Werte zusammenpassen.

Streitet ihr euch jedoch unüberwindbar vor dem ersten Date oder während eures Dates über die Einladung, dann habt ihr offensichtlich unterschiedliche Werte und Vorstellungen. Denn auch wenn es auf den ersten Blick nicht so wichtig erscheint, spielen in der Bezahlfrage vielfältige Werte wie Offenheit, Kommunikation, Gleichberechtigung, Vertrauen und vieles mehr mit.

Werden wichtige Werte direkt zu Beginn verletzt, führen diese im späteren Verlauf eurer Beziehung zu weiteren Streitigkeiten. Natürlich kannst du nun sagen, dass ihr euch dann länger kennt, mehr Vertrauen aufgebaut habt und einen Weg gefunden habt, miteinander umzugehen. Gleichzeitig werden die Geldthemen komplexer und entwickeln Konsequenzen mit größerer Reichweite, auch auf ein Leben nach der Beziehung. Beispielsweise durch eine Kündigungsfrist bei eurem Mietvertrag, die Gesetze im BGB rund ums Heiraten oder einen gemeinsamen Kreditvertrag zur Finanzierung eures Hauses. Es ist also eine sehr wertvolle Erkenntnis, wenn das erste Date am Geld scheitert. Im ersten Moment ist es ärgerlich. Langfristig kann es jede Menge Ärger ersparen.

KENNENLERNEN – AUF EINEN BLICK

Diese drei Fragen darfst du dir beim ersten Date über Geld stellen:

- Wie empfindest du die Situation am Ende eines Dates, wenn gefragt wird »getrennt oder zusammen«?
- Was wäre deine Wunschvorstellung, wenn es ums Begleichen der Rechnung geht? Und wieso würdest du es gerne so machen?
- Wie sieht das dein Lieblingsmensch und wie war es bei eurem ersten Date?

Noch etwas zum Ausprobieren. Bei deinem nächsten Date könntest du die Situation spielerisch ändern, indem du:

- (zumindest kurz) ansprichst, wer welchen Teil der Rechnung übernehmen wird – bevor die Bezahlsituation eintritt.
- das Thema »Geld« offen auf den Tisch bringst – idealerweise irgendwo in der Mitte des Dates und nicht erst »kurz vor knapp«.
- deinem Date verrätst, was deine Wünsche zu eurem Abend sind.

ZUSAMMEN SEIN – MUTIG SEIN & ÜBER GELD REDEN

Zum ersten Mal mehrere Tage rund um die Uhr zusammen zu sein und dabei alle Ecken und Kanten des Lieblingsmenschen kennenzulernen, bevor ihr euch eine Wohnung teilt, gilt oftmals als Härtetest einer frischen Beziehung. Eine gute Idee, denn vieles von euch bleibt verborgen, wenn ihr euch nur für ein paar Stunden oder mal ein Wochenende trefft. Die alltäglichen Eigenheiten kommen da eher selten zum Vorschein. Ganz anders sieht es bei einem zweiwöchigen Urlaub aus. Was bei dem Härtetest jedoch nicht berücksichtigt wird, ist, wie herausfordernd das eigentlich aus finanzieller Sicht ist. Das siehst du auch an unserer Geschichte.

Nach zwei Jahren Beziehung planten wir unseren ersten gemeinsamen Urlaub. Wobei, das ist nicht ganz korrekt. Marielle plante ihn und ich versuchte ihn eher zu verhindern. Marielle zog es nach Kenia: erst eine aufregende Safaritour und anschließend Verwöhnprogramm im All-inclusive-Hotel. So zumindest aus Marielles Sicht. Sie war reiselustig, studierte dual in der Tourismusbranche und bekam auf die Reise einen Rabatt von fast 60 Prozent und damit überhaupt die Chance, so günstig einen solchen Urlaub erleben zu können. Meine Perspektive klang eher so: WAS?!? 1100 Euro pro Person? Das ist viel zu teuer. Wer soll sich so was denn leisten? Und das alles, um ein paar Tiere zu beobachten, die ich auch im Zoo sehen kann, nur um anschließend in einem Hotel zu versauern? Ohne mich!

Weg war die Urlaubseuphorie –, hallo Streitigkeiten übers Geld. Dieser Streit war vorprogrammiert. Obwohl wir bei unserem ersten Date übers Bezahlen gesprochen hatten, war Geld danach kein Thema mehr. Sonst hätten wir uns diese Qual ersparen können. Denn mit Marielles Urlaubswunsch prallten zwei sehr unterschiedliche Welten aufeinander. Wie wir mit Geld aufgewachsen sind, welche Werte wir mit Geld verknüpften und wie wir mit Geld umgingen, unterschied sich fast vollständig. Das stellte unsere Beziehung auf die Probe.

Geld spielt keine Rolle! Hauptsache, wir lieben uns

Hauptsache, wir lieben uns – ein Satz, den du noch an anderen Stellen lesen wirst. Doch damit aus dem Verliebtsein Liebe entstehen kann, braucht es gemeinsame Werte. Sind diese zu unterschiedlich, wird sich die Beziehung früher oder später auflösen (vorausgesetzt, dass es eine Wahlfreiheit gibt, was in toxischen Verhältnissen oft nicht gegeben ist). Stimmen eure wichtigen Werte jedoch überein, kann eure Beziehung blühen und gedeihen. Werte sind der innere Kompass, anhand dessen Entscheidungen getroffen werden. Eine sicherheitsliebende Person trifft andere Entscheidungen als eine risikoliebende. Legst du viel Wert auf Offenheit und Transparenz, entscheidest du dich anders, als wenn dir die Wirkung nach außen besonders wichtig ist. Finden Menschen zusammen, die sich auf dieselben Werte einigen können, entsteht Vertrauen und damit die Grundlage für eine Beziehung.

Und so ungern es manche hören möchten: Auch Geld und unser Umgang damit ist Teil unseres Wertesystems. Damit hängen Ideale wie Sicherheit, Freiheit oder Unabhängigkeit zusammen und daraus ergibt sich eine Idee vom Leben. Darf Geld wichtig sein? Oder soll es lieber keine Rolle spielen? Wir alle verknüpfen damit bestimmte Werte, und wie bei so vielen Bereichen im Leben haben wir häufig schon in unserer Kindheit gelernt, gewisse Dinge mit Geld gleichzusetzen. Wie auch bei anderen Wertvorstellungen in Beziehungen können sich diese in Bezug auf Geld stark unterscheiden. Das zeigt auch unser Beispiel:

Marielles Mutter ist Beamtin und ihr Vater war Beamter. Sie investierten ihr Geld in Immobilien und Aktien. Auch ihre Großeltern kauften Aktien. Marielle erinnert sich noch lebhaft an die Aktienkurse im Teletext und die Worte ihres Opas: »Von den Dividenden fahren wir drei Mal im Jahr in den Urlaub.« Marielle kam also aus einem Haushalt, in dem zum einen großer Wert auf ein sicheres, zuverlässiges Einkommen gelegt wurde. Außerdem wurde investiert, um davon Reisen bezahlen zu können. Für Urlaub würde immer genügend Geld vorhanden sein. In ihren ersten Jahren als junge Erwachsene setzte Marielle ihr Wissen entsprechend ein. Ein duales Studium der BWL mit Schwerpunkt Tourismus brachte ihr ein kleines, aber zuverlässiges Einkommen während ihrer Ausbildung. Gleichzeitig investierte sie ihr Geld und konnte dieses dafür einsetzen, zu sehr günstigen Konditionen die Welt zu entdecken.

Mike wuchs mit einem anderen Bezug zu Geld auf. Geld selbst war in seiner Familie nie wirklich ein Thema, außer, es wurde in Krisenzeiten knapp. Aber selbst dann wurde darüber nicht offen gesprochen. Mikes Mutter liebte es, ihren Alltag selbstbestimmt gestalten zu können, und war überglücklich, als sie ihr Angestelltenverhältnis kündigen und sich selbstständig machen konnte. Mike studierte erst Mathe und Physik, wechselte in die Psychologie und ergänzte später mit Sportwissenschaften. Als ehemaliger Schwimmer begann er als Schwimmtrainer zu arbeiten, machte sich selbstständig und war mit seinen Teams viel unterwegs. Urlaub spielte keine Rolle: Er konnte es sich als Selbstständiger weder leisten, länger wegzubleiben, noch blieb viel Geld übrig.

Aber welche Werte stecken nun dahinter? Die eine hat halt Geld, der andere nicht, könntest du dir denken – aber so einfach ist das nicht. Für Marielles Familie wurde Urlaub mit Bildung gleichgesetzt. Kunst und Kultur zu entdecken, Neues kennenzulernen und sich mit Geld dieses zu ermöglichen, war in ihrer Familie sehr wichtig. In Mikes Familie war es hingegen essenziell, den Alltag selbstbestimmt und in Freiheit gestalten zu können. Geld spielte in Mikes Wahrnehmung dabei nur eine untergeordnete Rolle. Viel wichtiger war es ihm, dem nachzugehen, was er gerne tat. Bei unserem ersten Versuch, in den Urlaub zu fahren, prallten zwei sehr unterschiedliche Welten aufeinander.

Zurück zu unserer Urlaubsplanung. Marielle war es sehr wichtig, die Vorzüge ihres dualen Studiums zu nutzen. Dadurch konnte sie gleich vier ihrer Werte befriedigen. Erstens ihre Neugier, neue Orte kennenzulernen und dadurch ihren Horizont zu erweitern. Zweitens zu sparen, da sie die Reisen durch ihre Arbeitgeberin zu sehr günstigen Preisen bekam. Drittens dabei finanziell abgesichert zu sein, weil das Einkommen auch während ihres Urlaubs weitergezahlt werden würde. Viertens gemeinsame Erlebnisse und Erinnerungen zu schaffen, die wir auch nach Jahren gerne erzählen würden. Du siehst, es sprach für Marielle enorm viel dafür, diese Reise mit mir zu machen. Für mich war nur der letzte Punkt auf der Pro-Seite. Der Urlaub war mit meinen Vorstellungen nicht vereinbar. Mein Bedürfnis nach Abenteuer und Bewegung wurde zwar teils erfüllt. Safari klang ganz spannend und erlebenswert, aber es würde mein erster Urlaub in einem All-inclusive-Hotel sein. Und dann war da noch das liebe Geld. Finanziell war damals mein wichtigster Wert, meine Rechnungen zahlen zu können, und dafür musste ein Mindestbetrag auf meinem Konto bleiben. Ich würde aber zwei Wochen kein Geld verdienen und müsste von meinen mühsam ersparten 1300 Euro etwa 1100 Euro in diesen Urlaub stecken. Diese Summe war höher als meine gesamten Ausgaben für Urlaube und Wochenendtrips, die ich bisher in meinem Erwachsenenleben getätigt hatte. Für mich war das unvorstellbar viel Geld. Schließlich hatte ich gut fünf Jahre für diese Rücklage gespart. Hinzu kam die reelle Gefahr, dass ich die nächste Monatsmiete nicht mehr überweisen konnte. Alles in mir sträubte sich, so viel Geld für einen Urlaub auszugeben. Denn in meiner Vorstellung bestand ein

Urlaub aus einem Zelt und einem Fahrrad. Wir standen also auf zwei gegenüberliegenden Seiten und in der Mitte befand sich der einzige gemeinsame Nenner: miteinander Erinnerungen sammeln zu wollen.

Zuerst wollten wir uns darüber klar werden, was in unserem gemeinsamen Leben zentrale Punkte sein würden und was wir bereit sind, dafür zu tun. In den ersten Wochen und Monaten spielte das noch keine große Rolle, doch spätestens vor dem ersten gemeinsamen Urlaub wurde klar: Wir reden jetzt darüber. Welche Erfahrungen verknüpfen wir beide mit Geld? Welche Erlebnisse und welcher Lebensstandard sind uns wichtig? Ist Geld dafür notwendig? Und genau das steht jetzt auch in eurer Beziehung an.

Denn Geld spielt, bei aller Liebe, eine wichtige Rolle. Mit der Frage, wie wir zu Geld stehen und wie wir damit umgehen wollen, sind verschiedene Werte verknüpft. Es ist wichtig, sich früh darüber auszutauschen, denn es hilft dabei, sich kennenzulernen, Vertrauen aufzubauen und damit auch die Liebe wachsen zu lassen. Anstatt also zu sagen: »Geld spielt keine Rolle, Hauptsache wir lieben uns«, wäre es doch viel besser, den Satz umzudrehen: »Wir lieben uns und damit das so bleibt, sprechen wir offen in unserer Beziehung. Gerade für Tabuthemen wie Geld nehmen wir uns bewusst Zeit, um uns kennenzulernen und Verständnis für die andere Perspektive aufzubauen.«

4 Dinge, die Geld kosten und über die ihr euch unterhalten dürft

»Über welche Ausgaben sollen wir uns schon groß unterhalten, wenn wir gerade frisch verliebt unsere Beziehung beginnen? Schließlich haben wir noch keinen gemeinsamen Haushalt. Und bei den Dates können wir einfach abwechselnd bezahlen oder wir halten es getrennt. Irgendwie ist es dann schon fair aufgeteilt.« So lautete die Zusammenfassung eines jungen Pärchens während einem unserer Workshops.

Wir können euch nicht davon abhalten, so mit euren gemeinsamen Finanzen umzugehen. Doch was ist die Alternative? Eure gemeinsamen Ausgaben nicht aufzuteilen? Später, wenn ihr mal heiratet, Geld auszuklammern? Oder das Eigenheim blind zu kaufen, ohne über das Vermögen und die Schulden des Lieblingsmenschen Bescheid zu wissen? Wir sind fest davon überzeugt, dass ihr in der Phase des Kennenlernens eine hervorragende Chance habt, Geldgespräche zu üben und euch auf die großen Beziehungsmeilensteine vorzubereiten. Damit werdet ihr euch viel Glück bescheren und viel Ärger ersparen.

Wie geht's weiter, wenn du das Thema »Geld« aktiv in eurer Beziehung angehen willst?

Der erste Schritt ist, für dich selbst herauszufinden, welche Werte und Wünsche in deinem Leben bestehen und was du persönlich mit Geld verknüpfst. Im zweiten Schritt gilt es, dass du mit deinem Lieblingsmenschen in Kontakt trittst – immerhin bist du nicht allein in deiner Beziehung! Die Gedankengänge deines Lieblingsmenschen kannst du erst kennenlernen und verstehen, wenn ihr miteinander darüber sprecht. Das war auch unser nächster Schritt.

Wir saßen uns auf unserem Sofa gegenüber und verteidigten unsere Positionen. Marielle beharrte darauf, dass es eine so günstige Gelegenheit nie wieder geben würde. Und ich, dass ich es mir nicht leisten könne. Wir drehten uns im Kreis. Immer und immer wieder. Das war einerseits eine sehr schmerzliche Erfahrung, andererseits war es für uns offensichtlich notwendig, um zu erkennen, dass wir einen Perspektivwechsel brauchten. Also kam die Idee auf, die Entscheidung aus Sicht des Lieblingsmenschen zu treffen. Marielle beschrieb, welche Entscheidung sie aus welchem Grund treffen würde, wäre sie in meiner Position. Ich traf meine Entscheidung aus ihrer Perspektive. Damit es noch deutlicher wurde, tauschten wir dazu auch die Plätze auf dem Sofa. Marielle übernahm meine Rolle und ich ihre. Und das half. Wir kamen nämlich beide zu der gleichen Entscheidung. Marielle wäre an meiner Stelle auch nicht mehr in den Urlaub gefahren. Ich hätte an ihrer Stelle genauso wenig gezögert, die Reise zu buchen. Wir hatten also beide recht und konnten dahinter schon mal einen Haken setzen. Damit war unser Problem jedoch noch lange nicht gelöst.

Auch in unserem Freundeskreis beobachten wir diese Diskussionen. Sie werden erst dann geführt, wenn tatsächlich ein Problem auf der Hand liegt. Beispielsweise würde sich Marielles Freundin Juna eigentlich gerne finanziell stärker in ihrer Beziehung einbringen, weiß aber nicht, wie sie mit ihrem geringeren Gehalt überhaupt mithalten soll. Dass auch Naemi, ihre Freundin, sich mehr Beteiligung von Juna wünscht, weiß sie gar nicht, denn Naemi hat es bisher noch nicht angesprochen. Hier haben sogar beide erkannt, dass die Situation nicht rundläuft, und sie wünschen sich eine Änderung. Doch wie kann sich etwas ändern, solange sie schweigen und ihre Gedanken und Gefühle nicht äußern?

Wagen sie jedoch den Schritt und beginnen über Geld zu sprechen, haben sie eine riesige Chance, ihre Beziehung weiterzuentwickeln. Und mehr Vertrauen aufzubauen, mehr Verständnis füreinander zu haben und den Zusammenhalt zu stärken. Dann ermöglichen sie sich selbst, eine gemeinsame Lösung zu finden und eine gemeinsame Herausforderung zu überwinden. Solche Erfolgserlebnisse sind viel wert und stärken die Liebe.

Wie ihr eure eigenen und gemeinsamen Wege finden könnt, erfahrt ihr übrigens im letzten Kapitel, wenn es um eure Beziehungsvision geht. Deshalb gibt es an dieser Stelle keine Übung dazu, obwohl das Verständnis eurer Werte maßgeblich zu eurem Beziehungserfolg beitragen wird.

Juna und Naemi sind auf ihr erstes Hindernis gestoßen, weil sie nicht miteinander über Geld gesprochen haben. In der Anfangsphase gibt es vier Bereiche, bei denen ihr Geldgespräche üben könnt:

- Lebensmittel & Alltagsausgaben
- Geschenke & Mitbringsel
- Verhütung
- Ausflüge & Urlaube

Lebensmittel & Alltagsausgaben

Mal trefft ihr euch bei dir zu Hause, mal bei deinem neuen Lieblingsmenschen. Bei den ersten Besuchen braucht es daher keine Aussprache. Selbst wenn ihr euch stets bei derselben Person trefft, werdet ihr kaum die Ausgaben für Lebensmittel aufrechnen und teilen. Schließlich seid ihr mit anderen Dingen beschäftigt, als den Taschenrechner in die Hand zu nehmen und mit Zahlen zu jonglieren. Vermutlich wäre es sogar eher befremdlich, wenn ihr euch das erste Mal bei euch zu Hause mit romantischen Absichten trefft und am Ende des Dates zwanzig Euro für Speis und Trank auf den Tisch gelegt werden. Interessant wird es, wenn ein paar Wochen, vielleicht Monate vergangen sind und sich ein Muster abzeichnet. Naemi hatte die größere Wohnung, das bequemere Sofa und die praktischere Küche. Auch der Weg zur Arbeit am nächsten Morgen war für beide kürzer, wenn sie sich bei Naemi trafen. So wurde es zur Routine, dass sich – bis auf wenige Ausnahmen – alles bei Naemi abspielte.

Daraus kann ein ziemliches Ungleichgewicht entstehen, was schlussendlich Juna und Naemi belastet hat. Doch wie wird aus dem Gefühl eine Zahl? Dazu ein Rechenbeispiel:

Durchschnittlich gab ein Zweipersonenhaushalt in Deutschland 2020 etwas mehr als 14,50 Euro täglich für Nahrungsmittel und Getränke aus.[1] Gehen wir davon aus, dass Juna jedes Wochenende sowie einen Wochentag bei Naemi zu Hause verbringt, macht das bei einem durchschnittlichen Monat zwölf Tage zu je 7,25 Euro. Insgesamt übernimmt Naemi in diesem Beispiel 87 Euro im Monat zusätzlich. Das mag jetzt erst einmal nicht nach so viel klingen – doch hinzu kommen gegebenenfalls zusätzliche Verbrauchskosten von Strom, Wasser & Co. und so zahlt Naemi ganz schnell jeden Monat einen Hunderter mehr – nur dafür, dass sie zusammen sein können –, während Juna diese 100 Euro vermeintlich einsparen konnte. Und das berücksichtigt noch nicht, dass die beiden vielleicht teurere Lebensmittel kaufen oder am Wochenende einen Wild-Berry-Mocktail auf dem Balkon genießen möchten.

Den Geldbetrag konnte Naemi damals nicht nennen, aber auf emotionaler Ebene war Naemi hin- und hergerissen. Denn sie lud Juna gerne ein, wünschte sich aber insgeheim auch, dass Juna einmal diesen Schritt machen oder immerhin fragen würde, ob sie sich beteiligen kann. Naemi scheute sich, dies anzusprechen – ums Geld sollte es ja nicht gehen. Wäre sie ehrlich zu sich gewesen, hätte sie es nicht optimal gefunden. Juna war im ersten Schritt froh darüber, dass Naemi sie so oft einlud, hätte sie sich sonst vieles doch gar nicht leisten können. Klingt eher nach Belastung als nach prickelnder Kennenlernphase, oder? Wie sind die beiden aus der Situation wieder rausgekommen?

Juna hätte das Gespräch so starten können: »Das war heute wieder sehr lecker. Du bist einfach eine Meisterköchin. Wo wir gerade beim Essen sind. Mir liegt da noch was auf dem Herzen. Mich interessiert, wie du das siehst. Da wir uns fast immer bei dir treffen, nutzen wir jedes Mal deine Lebensmittel und Einkäufe. Ich habe das Gefühl, dass ich dir damit auf der Tasche liege, was ich keinesfalls möchte. Vielleicht gibt es einen Weg, dass ich mehr dazu beitrage. Wie empfindest du das?« Naemi hätte wiederum so in das Gespräch einsteigen können: »Juna, hast du nachher mal eine halbe Stunde Zeit? Es geht ums Kochen, die Einkäufe und was das finanziell für mich bedeutet. Aktuell fühle ich mich damit nicht ganz so wohl. Gerne möchte ich dir erzählen, wie es mir damit geht, und mich mit dir austauschen, wie du das empfindest. Gerne bei einem kleinen Spaziergang, okay?«

Schaffen sie es, ihre Gefühle auszudrücken und damit das Gespräch zu suchen, stärken sie ihre Beziehung, weil sie Wert auf die Gemeinsamkeit und auf die Sichtweise der anderen legen. Das ist ein hervorragender Grundstein, um sensible Themen anzusprechen. Ob sich Juna und Naemi nun bei den Einkäufen abwechseln oder Juna an Naemi monatlich einen Teil der Ausgaben überweist oder, anstatt sich finanziell zu beteiligen, Juna das Kochen und die damit verbundene Arbeit übernimmt, bleibt den beiden überlassen. Es gibt vielfältige Möglichkeiten, damit es sich für beide richtig anfühlt. Das konnten sie jedoch nur während des Gesprächs herausfinden.

Juna und Naemi mussten erst vor einem Problem stehen, um zu erfahren, wie wichtig diese Gespräche sind. Ihr seid klüger? Dann könnt ihr gleich zu den drei Regeln für Geldgespräche springen (natürlich lohnt sich trotzdem ein Blick in die anderen Punkte).

Geschenke & Mitbringsel

Hier eine Einladung zum Geburtstag, dort eine Party und drüben ein Jahrestag. Mit der Zeit häufen sich die Anlässe, zu denen du deinen Lieblingsmenschen mitbringst. Meist gehen diese Einladungen mit kleineren bis größeren Geschenken einher. Doch wer bezahlt die eigentlich? Und wann sprichst du es zum ersten Mal an?

Geschenke und Mitbringsel können in den ersten Monaten mit einer einfachen Regel gestaltet werden: Wessen Verwandtschaft oder Freundeskreis es ist, der kümmert sich auch um das Geschenk. Das wird eine Weile sehr gut funktionieren. Der Lieblingsmensch lernt die Familie, Freundinnen und Freunde erst kennen. Du würdest die Geschenke auch besorgen, wenn dein Lieblingsmensch nicht dabei wäre. Es entstehen keine zusätzlichen Ausgaben. Irgendwann ist jedoch der Punkt erreicht, wo die Beziehung zum Bekanntenkreis ausgebaut ist, und ihr möchtet gemeinsam etwas verschenken. Ähnlich wie beim Urlaub können die Vorstellungen von

Geschenken und derem monetären Wert weit auseinandergehen. In manchen Familien oder Freundeskreisen sind Geschenke für 100 Euro total normal und in anderen wird ein selbst gebackener Kuchen erwartet. Das bedeutet wiederum, dass Arbeit entsteht, die es ebenfalls aufzuteilen gilt. Wer kümmert sich bei euch um das Geschenk für deine Familie? Wer um das Geschenk für die Familie deines Lieblingsmenschen? Und berücksichtigt ihr die Arbeitszeit, wenn es um die Bezahlung des Geschenkes geht? *»Jetzt sucht ihr aber die Nadel im Heuhaufen!«*, könntest du nun denken. Überlege mal, was leichter ist: 50 Euro auf den Tisch zu legen oder zu überlegen, mit welchem Geschenk welcher Person die größte Freude bereitet werden kann, dieses zu suchen, zu kaufen, einzupacken, eine Karte zu finden, einen Text zu überlegen, dafür zu sorgen, dass beide unterschreiben, das Geschenk mitzunehmen und zu überreichen?

Kommen wir zurück zu Naemi und Juna. Wir wissen ja bereits, dass Naemi monatlich mehr Geld übrig zu haben scheint. Und so ist es für sie auch total normal, im Freundeskreis Geschenke im Wert von etwa 40 Euro zu machen. Juna hingegen verschenkt meistens nur eine Kleinigkeit im Wert von 15 Euro und gibt noch etwas kreatives Selbstgemachtes mit dazu. Die Beschenkten freuen sich jeweils gleichermaßen, doch die Gefühle der beiden beim Schenken sind unterschiedlich.

Juna fühlt sich knauserig, wenn sie Naemi nicht für jedes Geschenk 20 Euro dazugeben kann, weil das ihr Geschenkebudget nicht hergibt. Und Naemi ist es unangenehm, etwas zu verschenken, das sie gar nicht selbst gemacht hat (sondern Juna) und sie dann auch noch »nur« so einen kleinen Geldbetrag gekostet hat. Also stockt sie die Geschenke doch lieber auf, sodass sie für jedes Geschenk nun 25 Euro beisteuert, während Juna bei ihren 15 Euro bleibt. Bei zwei Feiern im Monat sind das immerhin 10 Euro, die Naemi mehr bezahlt. Das macht im Jahr 120 Euro Mehrbelastung für Naemi.

Dabei sind es wieder mal die Gefühle, die beim Geld mitschwingen, die eure Beziehung herausfordern können. Gefühle lassen sich aber nicht herunterschlucken oder in eine kleine Box sperren; zumindest nicht ohne Konsequenzen. Bleibt nur, sie anzunehmen und anzusprechen. Es lohnt sich – also legt los!

Verhütung

Ja, Sex kostet Geld. Entweder zahlst du für die Verhütung oder dein Lieblingsmensch. Über Verhütung zu sprechen, ist ohnehin eine gute Idee, denn hier gilt es Verantwortlichkeiten zu klären. Das gilt auch für die Ausgaben, die durch die Verhütung entstehen. Um die geht's eher nicht bei einem One-Night-Stand und auch nicht bei den ersten Malen mit dem neuen Lieblingsmensch, aber wie mit allen Kleinigkeiten entsteht mit der Zeit eine Routine. Und diese Routine kann ohne ein Gespräch erneut einseitig den Geldbeutel belasten. Zumal auch mit der Verantwortlichkeit Arbeit entsteht. Bleibt es an derselben Person hängen, die sich um die Lebensmittel und Geschenke kümmert, wird's inzwischen ganz schön viel. Wer war in der Vergangenheit bei dir für die Verhütung (finanziell) verantwortlich? Du oder dein Lieblingsmensch?

Laut der Bundeszentrale für gesundheitliche Aufklärung nutzten im Jahr 2019 etwa 47 Prozent der Erwachsenen die Pille zur Verhütung. Auf Platz zwei landete mit 46 Prozent das Kondom, das sich zunehmender Beliebtheit erfreut. Die Pille ist also seit Jahrzehnten das meistgenutzte Verhütungsmittel (auch wenn die Nachfrage letzten Umfragen zufolge sinkt).[2] Männer können für sich selbst nur zwischen zwei Verhütungsmöglichkeiten entscheiden: dem Kondom oder der Vasektomie. Letzteres kommt nur infrage, wenn der Kinderwunsch nicht vorhanden oder bereits abgeschlossen ist. Bei Frauen sieht dies jedoch anders aus. Alle anderen Verhütungsmöglichkeiten sind auf den weiblichen Körper abgestimmt. Hier gibt es Pille, Kondom (ja, gibt's auch für Frauen),

Temperaturmethode, Depotspritze, Verhütungspflaster, Kupferspirale, Hormonspirale, Diaphragma und so weiter. All diese Verhütungsmittel funktionieren je nach Körper unterschiedlich gut und sind je nach Lebensphase passend. Darüber hinaus unterscheiden sich all die Verhütungsmethoden auch stark in ihren Kosten. Ein paar Beispiele3 Die Pille kostet zwischen 5 Euro und 22 Euro monatlich – je nach Präparat. Ein Verhütungsring ist für 20 Euro bis 24 Euro im Monat zu haben und die Kupferspirale liegt zwischen 120 Euro und 250 Euro für 5 Jahre. Kondome gibt es ab 20 Cent pro Stück, die Markenprodukte liegen eher bei 1 Euro pro Stück. Und die Vasektomie kostet einmalig 500 Euro bis 700 Euro.

Nehmen wir die durchschnittliche Nutzungsdauer einer Verhütungsmethode und rechnen mit einmal Sex in der Woche, kommen, auf den Monat gerechnet, folgende Ergebnisse heraus:

- Kondome: 4 Euro im Monat. Die Methode wird teurer, je häufiger ihr Sex habt.
- Vasektomie: zwischen 1,38 Euro und 1,94 Euro im Monat, auf die nächsten 30 Jahre gerechnet.
- Kupferspirale: zwischen 2 Euro und 4,15 Euro im Monat, sofern sie fünf Jahre hält.
- Pille: besagte 5 Euro bis 22 Euro im Monat.

Die Vasektomie wäre damit die günstigste Verhütungsmethode. Jedoch ist sie nur geeignet, wenn die Kinderplanung bereits abgeschlossen ist oder ihr euch keine Kinder wünscht. Die beiden teuersten Varianten sind gleichzeitig auch die, die am häufigsten verwendet werden. Rein aus Kostensicht sollten Kondome eigentlich spannender als die Pille sein. Jedoch übernehmen die gesetzlichen Krankenkassen die rezeptpflichtige Empfängnisverhütung (also exklusive Kondome) für Frauen bis zum vollendeten 22. Lebensjahr. Ab dem 18. Lebensjahr beginnt eine gesetzliche Zuzahlung. Privat versicherte junge Frauen müssen die Kosten von Beginn an selbst tragen.[4] So verschiebt sich still und leise die Verantwortung für die Verhütung, denn junge Männer werden nicht zum Arzt oder zur Ärztin geschickt, um aufgeklärt zu werden und um das Kondom verschrieben zu bekommen. Für Sex auf Augenhöhe braucht es den Austausch und das Bewusstsein der beidseitigen Verantwortung. Denn im Zweifel sind die Verhütungskosten nichts gegen die hohen »Folgekosten« (und da meinen wir nicht nur die finanzieller Natur) einer Geschlechtskrankheit oder einer ungewollten Schwangerschaft. Es ist eine riesige Entlastung, wenn das Thema auf alle Schultern verteilt ist und nicht an einer Person (üblicherweise der Frau) hängen bleibt.

Ausflüge & Urlaube

Nach wessen Gehalt richtet ihr euren Urlaub aus? Werden die Ausgaben 50:50 oder doch lieber am jeweiligen Monatsgehalt aufgeteilt? Die Antwort darauf lässt sich nicht so einfach finden. Hätte Marielle auf ihren Urlaub verzichten müssen, weil ich nicht fahren wollte? Hätte ich den Urlaub bezahlen müssen, weil Marielle dort unbedingt hinwollte? Hätten wir es an unseren Gehältern ausrichten sollen, zumal ich zu der Zeit sogar etwas mehr verdiente? Oder hätten wir meinen Einkommensausfall auch als Urlaubsausgaben mit draufrechnen müssen und die Rechnung dann halbieren? Aber was kann Marielle dafür, dass ich nicht bezahlt werde, während ich im Urlaub bin? Du siehst, das ist alles andere als einfach. Die Argumente laufen in beide Richtungen.

Dabei fallen die ersten Ausflüge finanziell in der Regel nicht so stark ins Gewicht. Oder wie oft ging's für dich während der ersten Dates nach Rom oder Paris? Ein Spaziergang im Park, ein Besuch im Eiscafé, Minigolf spielen oder im Kletterwald den Nachmittag verbringen stehen vermutlich eher auf der Liste. Das sind Aktivitäten, bei denen ihr euch sehr gut einladen könnt oder bei denen ihr ohnehin getrennt zahlt. Da hat eine Person noch die Möglichkeit zu sagen: »Lass gut sein. Heute bin ich dran, okay?«

Wie bei den Alltagsausgaben kommt der Punkt, an dem entweder ein Muster erkennbar wird oder plötzlich hohe Ausgaben vorliegen. Während die paar Euro beim Minigolfen für fast alle vertretbar sind, ist eine Wellnessübernachtung im Wert von mehreren hundert Euro eine ganz andere Hausnummer. Bis zu welcher Summe eine Einladung gerne akzeptiert oder ausgesprochen wird, kann für jeden unterschiedlich sein. Für Naemi mögen Einladungen für 150 Euro vollkommen im Rahmen liegen, Juna dagegen bekommt schon Bauchschmerzen, wenn die Einladung über 25 Euro liegt.

Übung

Wo liegt deine Wohlfühlgrenze? Ab welchem Budget würdest du Schuldgefühle bekommen? Bis zu welcher Summe bist du bereit einzuladen? Ab welcher Höhe erwartest du, dass die Ausgabe geteilt wird? Wie wäre es für dich, wenn dein Lieblingsmensch eine Europatour im Wert von knapp 2000 Euro pro Person bucht und dich einlädt? Könntest du es annehmen? Wie wäre es umgekehrt?

Mache da gerne einen kleinen Test mit deinem Lieblingsmenschen und beantworte die Fragen im Geheimen. Anschließend deckt ihr eure Ergebnisse auf und sprecht darüber. Und schon habt ihr ein erhellendes Geldgespräch.

Bei Urlauben kommt ein weiterer Faktor hinzu. Wie werden die Ausgaben für Lebensmittel und Aktivitäten vor Ort aufgeteilt? Was zu Hause noch kein Thema war, weil ihr grundsätzlich einen getrennten Haushalt führt, entscheidet ihr plötzlich zusammen. Damit kommt bei Urlauben ein weiterer Faktor hinzu. Dazu ein Beispiel aus unserer Community. Luis (Name geändert) kauft am liebsten frisch auf dem Wochenmarkt ein und kocht leidenschaftlich gerne an den Wochenenden. Doch unter der Woche fehlt ihm meist die Zeit, um frisch zu kochen. Also bestellt er Essen von ausgewählten Läden. Im Urlaub geht er dann lieber essen, weil ihm das passende Equipment in den Unterkünften fehlt. Nina (Name geändert) kauft im Supermarkt all ihre Produkte ein und achtet auf Angebote und Vorteilspackungen. Essen sollte schnell zubereitet sein und nicht die Welt kosten. Im Urlaub geht sie zwar auch gerne mal ins Restaurant, bevorzugt es aber, selbst zu kochen. Das ist viel günstiger und vor allem schnell gemacht. Bevor die beiden nun ihren Urlaub genießen können, brauchen sie dafür eine Lösung, die beide zufriedenstellt. Wie würdest du dich mit deinem Lieblingsmenschen an der Stelle von Luis und Nina entscheiden? Wie würdet ihr eure Ausgaben aufteilen?

Bei eurer Urlaubsplanung sind also zwei Geldthemen zu beachten. Einmal die Pauschalausgaben für Anreise und Unterkunft. Dann die Alltagsausgaben wie Lebensmittel und Ausflüge vor Ort. Wie hoch ist das Budget für die fixen Ausgaben? Wie hoch ist das Budget vor Ort? Verdient ihr beide annährend das Gleiche und habt eine ähnliche Vorstellung eures Urlaubs, seid ihr mit eurem Geldgespräch schnell durch. Doch was ist, wenn du 2800 Euro netto verdienst und dein Lieblingsmensch 1300 Euro? Wie würdet ihr dann die Ausgaben für den Urlaub (z. B. Anreise und Unterkunft) und im Urlaub (z. B. Lebensmittel und Ausflüge) aufteilen?

So ähnlich ging es auch uns. Marielle hatte das sichere Gehalt durch ihre Ausbildungsstätte. Dazu hatte sie in den letzten Jahren bereits Geld zur Seite gelegt und durch den plötzlichen Tod ihres Papas etwas Geld geerbt und für Reisen zur Verfügung. Mein Gehalt orientierte sich an meinen Arbeitsstunden. Wenn ich nicht arbeitete, verdiente ich nichts. Die zehn Tage Kenia für 1100 Euro waren mir also zu teuer. Für Marielle war das ein Schnäppchen. Ich wäre viel lieber in die bayerischen Alpen auf einen gemütlichen Campingplatz gefahren und hätte für zehn Tage keine 300 Euro bezahlt. Und selbst für die 300 Euro hätte ich eigentlich etwas ansparen müssen, um meinen finanziellen Puffer bis zum Dispo nicht zu arg aufzuzehren.

Verzwickte Situation. Wie sind wir da wieder rausgekommen? Die kurze Antwort lautet: mit einem Perspektivwechsel. Wie wir ihn konkret gestaltet haben, erzählen wir euch am Ende des Kapitels.Die Perspektive und die Lebenssituation des Lieblingsmenschen zu verstehen und nachzuvollziehen, legt die Grundlage, um sich tiefer über die eigenen, anderen und gemeinsamen Bedürfnisse auszutauschen. Danach könnt ihr miteinander eine Lösung finden, mit der ihr euch beide gut fühlt. Wie wäre wohl der Urlaub verlaufen, wenn ich meine Bedenken über die Höhe der Ausgaben für mich behalten hätte? Vermutlich hätte ich bei jeder Aktivität vor Ort nur aufs Geld geschaut, hätte zu allem »Nein« gesagt und unser beider Frust wäre weiter angestiegen. Ob es dann zum großen Krach im Urlaub gekommen wäre? Zum Glück sprachen wir vorher miteinander und konnten unseren Urlaub genießen.

Bei der Urlaubsentscheidung besteht die Chance, eine sehr solide Basis für die Zukunft zu schaffen. Denn die Tragweite bei zukünftigen Finanzentscheidungen wie beim Zusammenziehen, Heiraten, Hauskauf und Elternwerden ist um ein Vielfaches höher. Ihr wollt gleich wissen, wie ihr denn nun darüber sprechen könnt? Dann springt zu unseren 3 Regeln für Geldgespräche.

Der Einfluss kleiner Zahlen auf die Liebe

Nachdem wir nun vier Lebensbereiche kennengelernt haben, in denen Geld schon früh in der Beziehung eine Rolle spielt, magst du vielleicht sagen, dass die Zahlen doch recht überschaubar waren – müssen wir das wirklich intensiv ausdiskutieren?

Wir sagen: ja! Denn lass uns einmal zusammenrechnen:

Gibst du monatlich 100 Euro mehr für Lebensmittel und Lebenshaltung, 10 Euro mehr für Geschenke und 5 Euro mehr für Verhütung aus, landest du im Jahr bei 1380 Euro höheren Ausgaben. Dabei handelt es sich um Durchschnittswerte. Trefft ihr euch häufiger, seid häufiger unterwegs, gönnt euch häufiger was Besonderes zum Wochenende, steigen diese Ausgaben weiter an. Vergleiche das mit deinem Monatsgehalt und du kannst die finanzielle Belastung in etwa abschätzen.

Das macht sich bemerkbar. Nicht im ersten Monat, nicht im zweiten, aber mit der Zeit immer mehr. Wartet also nicht, bis es sich so richtig unfair anfühlt und es als Argument im nächsten Streit verwendet werden kann: »Du hast mir gar nichts zu sagen, wer lädt denn hier immer wen ein?« oder »Na ja, weil ich immer für alles zahle, bestimme ich eben auch, was es heute zu essen gibt oder welches Sofa im Wohnzimmer steht oder welche Farben an die Schlafzimmerwände kommen!« oder »Fang du erstmal an, mehr im Haushalt zu übernehmen.« Das mag alles gar nichts mit dem eigentlichen Streitthema zu tun haben. Doch das ist bei einem Streit egal. Verletzte Gefühle bringen Dinge ans Licht, die ihr sonst lieber verschwiegen hättet. So weit muss es aber nicht kommen. Seid ihr euch beim Geld einig, könnt ihr euch in einem Streit über den eigentlichen Streit streiten. Das macht's einfacher, euren Konflikt zu lösen und damit eure Beziehung zu stärken.

Das Argument war dann auch für Juna und Naemi ausschlaggebend, sich über ihre Ausgaben zu unterhalten und einen anderen Weg zu finden. Sie liebten sich, da waren sie sich sicher. Doch sie wollten auch diese finanzielle Schieflage beseitigen. Das ging relativ leicht, da sie sich noch früh in ihrer Beziehung befanden. Seid ihr also gerade erst zusammengekommen, dann nutzt die Chance, frühzeitig über Geld zu sprechen.

Mit diesen 3 einfachen Regeln das erste Mal entspannt über Geld sprechen

Wie kannst du nun mit deinem Lieblingsmenschen über Geld reden, wenn ihr zuvor noch nie darüber gesprochen habt und du sonst dem Thema auch eher ausweichst? Mit diesem Gefühl bist du jedenfalls nicht allein. Viele finden es unangenehm, über Geld zu sprechen, geschweige denn mit ihrem Lieblingsmenschen. So gaben in einer Umfrage der Postbank 15 Prozent der Männer und 7 Prozent der Frauen an, schon einmal eine Freundschaft aufgrund von Geldstreitigkeiten verloren zu haben – was sicherlich nicht dazu beiträgt, sich beim Austausch über Geld wohler zu fühlen.[5] Auch in Beziehungen ist Geld immer wieder Streitthema, wie eine weitere Umfrage der Comdirect Bank zeigt:

20 Prozent der befragten Personen äußerten, dass sie ab und zu über Geld streiten, bei 3 Prozent war das sogar häufig der Fall. Berücksichtigen wir auch noch die 28 Prozent, die selten über Geld streiten, gab die Hälfte in dieser Umfrage an, dass sie hin und wieder über Geld streitet.[6] Die Umfrage zeigt, dass vermeintlich verzichtbare Geldausgaben, der verlorene Überblick über die Finanzen oder Vorschriften, wofür Geld ausgegeben werden darf, zu den Gründen zählen.[7]

Dass Geld als unangenehmes Thema gesehen wird, zeigt sich auch anhand des Zeitpunkts in der Beziehung, zu dem das erste Mal über Geld gesprochen wird. Dazu hatte Weltsparen eine Umfrage in Auftrag gegeben: Laut dieser reden nur vier Prozent direkt beim ersten Date über Geld, weitere zehn Prozent beim ersten Urlaub und die meisten (29 Prozent) beim Zusammenziehen. Erstaunliche sechs Prozent sprechen das erste Mal im Zusammenhang mit der Hochzeit über Geld und weitere fünf Prozent warten sogar bis zur Familienplanung.[8] Da die Umfrage nicht veröffentlicht, sondern nur zitiert wurde, sind die Zahlen mit Vorsicht zu genießen und wir können sie nicht abschließend als verlässlich bewerten. Sie zeigen aber dennoch, dass erst über Geld gesprochen wird, wenn es akut wird – das führt schneller zu einer angespannten Situation. Leichter fällt es, wenn du nicht unter Druck stehst, sondern das Thema Geld in eure alltäglichen Gespräche einbeziehen kannst.

Fakt ist: Geld wird möglichst so lange ausgeklammert, bis es nicht mehr anders geht. Das kennst du vielleicht noch aus deiner Schulzeit, wenn unliebsame Hausaufgaben erst im letzten Moment erledigt wurden. Aufschieberitis haben wir das früher genannt. Wie bei (fast) allem, was du vor dir herschiebst, wird es allerdings schwieriger, je länger du wartest. Beginne also lieber früh, über »Kleinigkeiten« zu sprechen. Es ist viel einfacher, erst mal über die Ausgaben bei Lebensmitteln, Ausflügen und der Verhütung zu sprechen, als bei der ersten Wohnungseinrichtung, der Hochzeit oder der Kinderplanung. Fängst du heute schon an, bist du morgen geübter und kannst bei den genannten großen Entscheidungen offen, frei und transparent über deine Wünsche, Ängste und Bedürfnisse sprechen. Klingt erstrebenswert, oder? Alles, was für euer erstes Gespräch nötig ist, ist bereits vorhanden. Du kannst also direkt mit deinem Lieblingsmenschen loslegen. Besonders leicht geht es mit diesen drei Regeln:

1. Geldgespräche finden im Freien statt oder an einem Wohlfühlort.
2. Bei Geldgesprächen geht ihr spazieren oder sitzt nebeneinander.
3. Von der Vergangenheit in die Zukunft und zurück zur Gegenwart.

Regel Nummer 1: Geldgespräche finden im Freien statt oder an einem Wohlfühlort

Über Geld zu sprechen, fällt oft nicht leicht. Wie häufig und offen haben deine Eltern mit dir über Geld gesprochen? Wie oft ist es Thema in deinem Freundeskreis? Wie war es in vergangenen Beziehungen? Selbst in Arbeitsverträgen wird teilweise untersagt, dass du dich mit Kolleginnen und Kollegen über das Gehalt austauschst. (Ob dies so rechtens ist, wird durchaus angezweifelt.[9]) Da es auch in der Schule nicht im Lehrplan steht, zumindest nicht die alltagsnahen Finanzfragen (einige Bundesländer behandeln makroökonomische Zusammenhänge, aber nicht den privaten Haushalt), bleibt nur das Elternhaus als Bildungsort übrig, um zu lernen, über Geld zu sprechen.

Unsere eigenen Erfahrungen sind hier sehr unterschiedlich. In Marielles Kindheit wurde bereits über Geld gesprochen. Jedoch mehr über Investitionen wie Aktien und Immobilien. Alltagskniffe übertrug sie später aus ihrem BWL-Studium in ihren eigenen Haushalt. Bei Mike wurde kaum über Geld gesprochen. Lediglich über Taschengeld, das Sparschwein und den Weltspartag. Mit 16 Jahren ging's dann einmal zur Bankberaterin, um ein Vorsorgeprodukt abzuschließen. Marielle hatte Glück, dass ihre Familie über Geldwissen verfügte. Darin liegt ein großer Gewinn.

Dabei können Geldgespräche auch Spaß machen: Für die nächste Gehaltsverhandlung könnt ihr zum Beispiel gemeinsam üben. Dabei entstehen durchaus merkwürdige Situationen, über die ihr später schmunzeln könnt. Einmal verhandelte sich Marielle allein um 10 000 Euro nach unten, nur weil ihr Mike schweigend gegenübersaß. Sie konnte es selbst nicht glauben, als die Verhandlung zu Ende war. Ein anderes Mal stellte Mike nach zehn Minuten Gespräch enttäuscht fest, dass das einzige Argument, das er vorbereitet hatte, sich binnen Sekunden in Luft auflöste. Wir wurden für das Rollenspiel mit zweistelligen Prozentsätzen bei unseren echten Gehaltsverhandlungen belohnt. Macht ihr das auch, habt ihr direkt einen Grund zu feiern, euch mit gutem Gefühl zum Eis einzuladen, einen Mocktail zu schlürfen oder spontan übers Wochenende wegzufahren – das geht, wenn ihr offen, mutig und klar über Geld redet.

Wenn ihr jedoch nie über Geld sprecht und es dann plötzlich doch tut, kann das ein beklemmendes Gefühl auslösen. Das kennst du sicherlich von anderen Dingen, die du zum ersten Mal machst oder die schon lange nicht mehr Teil deines Alltags waren. Da hilft es deinem Wohlbefinden auch nicht, in einem Raum mit womöglich geschlossener Tür zu sitzen. Fluchtmöglichkeiten sind nicht vorhanden, da ringsherum Wände sind und über dir die Decke dir den Weg versperrt. Wird es doch zu unangenehm, kannst du dich nicht mal schnell aus der »Gefahr« zurückziehen. Hast du dich vor dem Gespräch schon unsicher gefühlt, wird durch den geschlossenen Raum die Unsicherheit noch verstärkt. Schlechte Voraussetzungen für ein offenes Geldgespräch.

Draußen an der frischen Luft fallen diese Beschränkungen weg. Keine Wände. Keine Decke. Keine geschlossenen Türen. Für die (unbewusste) Gefühlswelt eine echte Erleichterung. Wenn du willst, könntest du einfach davonrennen. Egal wohin. Einfach weg.

Das gibt dir ein Gefühl der Sicherheit und der Freiheit. Eine gute Grundlage, um offen über Geld zu sprechen. Und bisher haben wir von noch niemandem gehört, dass er oder sie tatsächlich davongelaufen ist. Alle blieben im Gespräch, weil sie sich wohler fühlten.

Erzeugt der Aufenthalt im Freien bei dir oder deinem Lieblingsmenschen eher ein beklemmendes Gefühl, dann wählt einen Ort, an dem ihr euch beide wohlfühlt. Das kann das Wohnzimmer sein oder auch das Lieblingsrestaurant. Dich in der Umgebung wohlzufühlen, ist daher eine Grundvoraussetzung, wenn du ein sensibles Gespräch führen willst.

Das gilt übrigens nicht nur in der Anfangszeit. Wir führen unsere großen Geld- und Beziehungsgespräche nach wie vor am liebsten an der frischen Luft bei einem Spaziergang.

Damit kommen wir auch schon zur zweiten Regel.

Regel Nummer 2: Bei Geldgesprächen geht ihr spazieren oder sitzt nebeneinander

Wie fühlst du dich, wenn du bei einem wichtigen Gespräch deinem Lieblingsmenschen gegenübersitzt? Mit unserer Körpersprache und unserer Sitzposition drücken wir viel aus. Sich gegenüberzusitzen stellt direkt eine Konfrontation dar. Gegenüber. Gegen. Gegeneinander. Das hat viel von Überzeugen, von »Ich habe recht« und »Du liegst falsch«, mit mehr Anschuldigungen und Streit. Oft steht auch noch der Tisch zwischen euch, eine künstliche Barriere, die davon abhält zusammenzukommen oder die zumindest ersmal überwunden werden muss. Bei genauerer Überlegung ist das keine einladende Bildsprache.

Wann ist es leichter, deinen Lieblingsmenschen in den Arm zu nehmen? In dieselbe Richtung zu blicken? Wenn ihr euch gegenüber am Tisch sitzt? Oder wenn ihr nebeneinander spazieren geht oder auf dem Sofa sitzt?

Nebeneinander zu sein vermittelt ein wunderbares Bild. Denn: Wie fühlt es sich an, wenn ihr bei wichtigen Gesprächen über eure Zukunft in dieselbe Richtung lauft, blickt und das womöglich noch Hand in Hand?

Im ersten Moment kann es ungewohnt wirken, denn wichtige Gespräche werden in der Regel nicht im Laufen getätigt. Oder hattest du schon mal ein Bewerbungsgespräch beim Spaziergang? Sicherlich nicht. Außer du hast das Glück, in einem sehr progressiven Unternehmen zu arbeiten oder zumindest eine solche Person als Vorgesetzte zu haben. Woher sollst du es also kennen?

Was verändert sich jedoch beim Blick und bei der Bewegung in dieselbe Richtung? Aus dem Gegeneinander wird ein Miteinander! Statt das Problem direkt vor sich sitzen zu haben, schaut und bewegt ihr euch nach vorne: Richtung Zukunft – Richtung Lösung – gemeinsam.

Ihr drückt damit bereits aus, dass ihr euch einig seid, dass es weitergeht, und ihr auf dieselbe Sache blickt. Das führt zu einem völlig anderen Gefühl während des gesamten Gesprächs, die Atmosphäre wandelt sich sofort.

Probiere diese Gesprächstechnik nächstes Mal aus, wenn du in einem unangenehmen Gespräch landest. Stelle dich neben die Person. Setze dich neben die Person. Oder schlage vor, den stickigen Raum zu verlassen und eine Runde zu gehen. Die Veränderung wird sofort spürbar sein.

Im Wohlfühlambiente mit Blick in eine Richtung stellt sich jedoch weiterhin die Frage, wo und wie anfangen?

Damit sind wir bei der dritten Regel angekommen.

Regel Nummer 3: Von der Vergangenheit in die Zukunft und zurück zur Gegenwart

Am leichtesten verlaufen Gespräche, wenn sie nicht am direkten Problem oder bei der akuten persönlichen Situation beginnen. Die bisher vorgestellten Anlässe, um über Geld zu sprechen, sind meist nicht so dringlich. Du kannst sie noch eine Weile ruhen lassen.

Beginne lieber in der Vergangenheit bei bereits erlebten Situationen, um das Gespräch zu eröffnen. Beispielsweise was ihr euch am liebsten vom Taschengeld gekauft habt? Oder ob es überhaupt welches gab? Ob dein Lieblingsmensch auch zum Weltspartag mit dem Sparbuch zur Bank gelaufen ist und nachgeschaut hat, welche Reichtümer sich über das Jahr hinweg angesammelt haben? Wie wurde im Elternhaus über Geld gesprochen?

Die Antworten zu den Fragen liegen weit in der Vergangenheit. Sie haben zwar noch etwas mit dir und deinem Lieblingsmenschen zu tun, aber nicht mehr so sehr mit euren aktuellen Handlungen. Dadurch wird es unwahrscheinlicher, dass sich eine*r von euch durch das Gespräch angegriffen fühlt. So könnt ihr bequem üben, über Geld zu reden. Ihr senkt die Hemmschwelle und baut Vertrauen auf.

Im zweiten Schritt geht's raus aus der Vergangenheit und ab in die Zukunft. Die hat zwar etwas mehr mit euren aktuellen Handlungen zu tun, ist aber noch ungewiss und Gedanken dazu können jederzeit geändert werden. Außerdem habt ihr mittlerweile Übung und fühlt euch etwas wohler, über Geld zu reden.

Starte beispielsweise mit diesen Fragen: »Was würdest du tun, wenn du übermorgen 10 000 Euro, 100 000 Euro oder 1 000 000 Euro gewinnen würdest?«, »Was ist beruflich dein nächster Schritt?« oder »Welchen Traum möchtest du dir gerne in zwei Jahren erfüllen?«.

Alles geht. Es ist die Zukunft. Und bekanntlich weiß niemand, was die Zukunft bringt. Ihr könnt hier fantasieren, ausmalen und von vorne anfangen, sooft ihr wollt. Eventuell kommt ihr zu dem Punkt, an dem ihr etwas entdeckt, was euch beide interessiert, ihr euch beide wünscht und worauf ihr beide gerne hinarbeiten wollt. Für uns war ein erstes Ziel mehr Zeit zum Reisen zu haben und alle Kontinente einmal zu besuchen. Später wurde es die Zeit mit unseren Kindern, die wir genießen wollen, bevor sie sich aufmachen, selbst die Welt zu entdecken.

Spätestens damit kehrt ihr zurück in die Gegenwart. Denn wie wir alle wissen, kostet die Verwirklichung der meisten Träume und Ziele heutzutage Geld.

Habt ihr ein gemeinsames Ziel vor Augen, dann könnt ihr euch nun überlegen, wie ihr das erreichen wollt. Das ist einfacher, wenn ihr schon länger zusammen seid und eine gemeinsame Beziehungszukunft entstanden ist. Wenn ihr erst seit Kurzem zusammen seid, dann sind es gegebenenfalls eher andere Themen, wie in diesem Kapitel bereits angesprochen: Alltagsausgaben, Ausflüge, Geschenke oder Verhütung. Der Austausch über diese Themen darf dann genauso locker sein wie der über eure Vergangenheit und eure Zukunft.

Denn Sätze wie »Wir machen das jetzt so« oder »Du hast / machst / tust …« zerstören das gewonnene Vertrauen blitzartig. Eine höhere Bereitschaft zur Veränderung und damit eine höhere Chance auf einen Erfolg haben eher solche Formulierungen: »Ich sehe unsere Situation gerade folgendermaßen und fühle mich damit so und so. Wie empfindest du das?« oder »Ich merke, dass wir uns beide eine Veränderung wünschen und es nicht so optimal läuft. Wie wäre es, wenn wir gemeinsam eine neue Lösung finden, die uns beiden gefällt?«

Das Vorgehen ist recht simpel: Beschreibe die Herausforderung kurz und bleibe dabei bei dir. Versuche, die Sicht deines Lieblingsmenschen zu verstehen (nur anhören reicht nicht!). Stelle sicher, dass dein Lieblingsmensch deine Perspektive ebenfalls verstanden hat. Anschließend könnt ihr eine neue, gemeinsame Lösung erarbeiten. Wir besprechen das Vorgehen ausführlich im letzten Kapitel »Eure Beziehungsvision«.

Lasst euch dafür gerne Zeit. Das ist nichts, was von jetzt auf gleich verstanden, gelöst und umgesetzt werden muss. Je größer eure Beziehungsentscheidungen werden und je mehr eigene Erfahrungen mit dranhängen, desto mehr Zeit braucht es. Achtet dabei nur darauf, dass das Gespräch aufrechterhalten wird.

Als ich Mike zu einem Urlaub einladen wollte, weil er ihn sich nicht leisten konnte, ich ihn aber unbedingt dabeihaben wollte, hat es fast ein Vierteljahr gebraucht, bis wir die Entscheidung für die Reise getroffen hatten. Es hat die Zeit gebraucht, um die jeweiligen Perspektiven zu verstehen. Um uns mit dem Gedanken zu arrangieren. Und uns darauf einlassen zu können.

Bonus-Tipp: Wenn du so gar nicht weißt, wie du das Gespräch beginnen kannst, einfach jemand anderem die Schuld geben

Manchmal zwickt's und zwackt's und klappt einfach nicht mit dem Gesprächseinstieg. Vielleicht sträubt sich dein Lieblingsmensch mit Händen und Füßen à la »was weißt du schon« oder »das ist doch gar nicht wichtig«. Vielleicht ist das Thema auch einfach zu groß, um einen kleinen Einstieg zu finden. Was auch immer der Grund ist, manchmal bleibt's beim Gesprächswunsch.

Was tun?

Die einfachste Lösung ist, jemand anderem die Schuld in die Schuhe zu schieben. Das könnte dann in etwa so aussehen:

»Du, ich habe da dieses Buch über Geld und Beziehung gelesen und die haben ein paar sehr spannende Fragen drin. Wollen wir mal schauen, was wir darauf antworten würden?«

Zack, liegt die Schuld nicht mehr bei dir, sondern bei uns. Das kannst du auch gerne so sagen: »Ey, die Fragen habe nicht ich mir überlegt. Wende dich an Marielle und Mike, wenn du sie komisch findest!«

Bist du bereit, dein erstes Geldgespräch mit deinem Lieblingsmenschen zu führen? Stehe am besten jetzt auf und frage, ob ihr nachher eine Runde spazieren geht. Und dann nur Mut!

Und was wurde nun aus unserem Urlaub? Wir wendeten diese Prinzipien an, verabschiedeten uns von unserem Sofa und gingen vor die Tür. Frische Luft, Platz in alle Richtungen und keine Idee, wo wir hinwollten. Wir gingen einfach mal los. So sah es auch in unseren Köpfen aus. Wir hatten keine Lösung parat. Dafür war die Situation zu kompliziert. Aber wir wollten eine finden und machten uns auf den Weg. Es sollte mehrere solcher Spaziergänge benötigen, bis wir am Ende doch noch auf eine zufriedenstellende Variante kamen. Schlussendlich haben wir den Urlaub so gebucht, wie Marielle ihn sich vorgestellt hat. Da ich währenddessen kein Geld verdiente, übernahm Marielle die Ausgaben vor Ort. Das war ohnehin überschaubar, weil es eine Pauschalreise mit Vollverpflegung war. Aber ich wusste zumindest, wie viel Geld ich trotz des Urlaubs sicher auf meinem Konto behalten würde. Außerdem würde sie mir nach dem Urlaub aushelfen, sollte ich in den zwei Monaten danach eine Rechnung nicht bezahlen können. Zum Glück kam es dazu nicht. Die Tage im All-inclusive-Hotel stellten sich auch nicht als allzu schrecklich heraus. Ich hatte meine Studienunterlagen mitgenommen und bereitete mich auf meine nächste Klausur vor. Und dann kam noch eine sportaffine Reisegruppe, mit der ich tagsüber Beachvolleyball spielen konnte, während Marielle am Pool lag. Als Letztes stellte ich mir in unseren Gesprächen noch die Frage, wieso Marielle trotz geringeren Gehaltes mehr Geld zurücklegen konnte als ich. Der Frage ging sie in meinen Ausgaben auf die Spur und prüfte sie auf – aus ihrer Sicht – unnötige Posten. Da kam so einiges zum Vorschein. Doch das erzählen wir erst im nächsten Kapitel.

ZUSAMMENSEIN – AUF EINEN BLICK

Diese fünf Fragen dürft ihr euch gegenseitig stellen, um euch finanziell besser kennenzulernen:

- Wofür hättest du gerne mehr Geld?
- Wie würde sich dein Leben ändern, wenn du morgen aufwachst und kein Geld mehr auf deinem Konto hättest? Was, wenn dein Vermögen 10 000 Euro hoch wäre? Und was, wenn da plötzlich 1 000 000 Euro stehen würden?
- Führst du eigentlich ein Haushaltsbuch?
- Welche Werte verbindest du mit Geld? Was ist dir wichtig?
- Was war bisher in deinem Leben deine beste Investition?

Diese drei Dinge empfehlen wir euch nach einigen Monaten Beziehung unbedingt zu tun:

- Ein erstes geplantes Geldgespräch führen, um für den weiteren Verlauf eurer Beziehung zu üben
- Euch über eure Gehälter austauschen
- Eine Gleichgewichts-Bestandsaufnahme machen, was eure Ausgaben füreinander betrifft

ZUSAMMENZIEHEN – 5 GRAVIERENDE FEHLER UND WIE IHR SIE VERMEIDET

Marielle hat im letzten Kapitel angedeutet, dass es bei uns finanziell nicht immer gleichberechtigt zuging und wir selbst einiges zu lernen hatten. Das stärkste Ungleichgewicht gab es bei unserer ersten gemeinsamen Wohnung. Mit unserem heutigen Wissen auf diese Zeit zurückblickend, bleibt uns nichts anderes zu sagen, als dass ich (Mike) riesiges Glück hatte, dass wir zusammengeblieben sind. Eine Trennung hätte für mich, auch ohne Hochzeit oder Kinder, das finanzielle Worst-Case-Szenario bedeutet, während es für Marielle keinen Unterschied gemacht hätte. Was war passiert?

Um nicht täglich 60 Kilometer zum Arbeitsplatz pendeln zu müssen, suchte Marielle vor dem Start ihres dualen Studiums eine Wohnung in der Nähe ihrer Ausbildungsstätte. Dank des Finanzwissens in ihrer Familie und damals noch günstigerer Immobilienpreise wollte ihre Mutter eine kleine Wohnung auf ihren eigenen Namen kaufen und Marielle sollte den Kredit durch Mietzahlungen an ihre Mutter abzahlen. Das hatte zwei Vorteile: Erstens war die monatliche Belastung geringer, als wenn sie den marktüblichen Mietpreis hätte bezahlen müssen – denn ihre Mutter verlangte nur das, was sie zur Kostendeckung benötigte. Zweitens stieg das Vermögen innerhalb der Familie und ihre Mutter musste durch den aufgenommenen Kredit für einige Jahre weniger Einkommenssteuern zahlen. Während Marielle nach der passenden Wohnung suchte, beschloss ich für mich, dort miteinzuziehen, teilte dies aber nicht mit. Ich nahm es als selbstverständlich an. Du kannst dir Marielles Überraschung vorstellen, als ich bei der ersten Besichtigung meinte: »Das ist für uns beide aber ganz schön klein!« und sie endlich von meinen Plänen erfuhr. Glücklicherweise wollte auch sie das Experiment wagen, aber nur auf Zeit. Als Testballon sozusagen. Wir würden drei Monate während ihrer Praxisphase dort zusammenwohnen. Für die drei Monate Studiumsphase, die sie am wohl südlichsten Punkt Deutschlands absolvierte, müsste ich zurück in meine Wohnung ziehen und sie würde ihre Wohnung untervermieten, um die Ausgaben zu decken. Schließlich hatte sie am Studienort eine weitere Miete zu zahlen. Bedeutete für mich, dass ich für über ein Jahr meine (zwar sehr günstige) eigene Wohnung sowie für die Zeit des Zusammenlebens unsere »gemeinsame« Wohnung bezahlen musste. Denn meine Wohnung eignete sich nicht zur Untervermietung – zumal ich zu oft aus beruflichen Gründen doch noch dort schlief. Finanziell war das alles andere als smart und trug unter anderem dazu bei, dass ich nicht so recht vom Fleck kam bei meinem Vermögensaufbau.

Da ich ohnehin kein Geld hatte, richtete Marielle die Wohnung (aus meiner Sicht unsere, aus Marielles Sicht ihre) ein. Ich hatte kein Mitspracherecht. Selbst bei dem unbequemen Sofa half mein lautes Veto nicht. Ich war also zu Gast in unserer Wohnung. Das änderte sich auch nicht, als wir nach drei Semestern beschlossen, meine Wohnung zu kündigen und vollständig zusammenzuziehen. Während Marielles Studiumsphase würde ich allein dort wohnen und mich um alles kümmern. Meine Möbel fanden auch zu diesem Zeitpunkt nicht den Weg in Marielles Wohnung, sondern wurden auf dem Dachboden gelagert. Schließlich war alles bereits vorhanden. Doch wegwerfen oder verkaufen wollte besonders Marielle sie auch nicht. Hintergrund: Sollten wir uns trennen, würde ich zumindest ein Bett, einen Schrank und einen Schreibtisch für meine dann sehr leere Wohnung brauchen. Dort blieben dann die Sachen, bis wir bei unserem nächsten Umzug sieben Jahre später den Kram zum Baustoffhof abtransportierten. Natürlich gebe ich auch gerne zu, dass ich allein sicherlich in einer kleineren Wohnung hätte leben müssen und ich durchaus auch von der Kostenaufteilung und der günstigen Miete, die uns Marielles Mutter ermöglichte, profitierte.

Obwohl ich über die Jahre mehr zu Gast als zu Hause und finanziell deutlich schlechter gestellt war, übernahm ich stets die Hälfte der anfallenden Ausgaben. Aber auch das war ein heißes Thema. Denn wie teilen wir Ausgaben am besten auf? Und, wenn wir 50:50 machen wollen, wie stellen wir sicher, dass es wirklich 50:50 ist und nicht insgeheim 70:30? Marielles Idee: ein Zettelsystem am Kühlschrank inklusive Bon-Dose auf dem Tisch daneben. Alle Ausgaben würden eingetragen werden und am Ende des Monats gab's eine Abrechnung. Das ging gründlich in die Hose. Vor allem, weil ich meine Ausgaben nur sporadisch eintrug. Drei Monate diskutierten wir hier herum, bevor Marielle wieder nach Lörrach zum Studium fuhr. Dann war Ruhe, aber nur, weil wir keine gemeinsamen Ausgaben mehr hatten, nicht etwa, weil wir eine Lösung erarbeitet hatten. Aber dazu später mehr.

Wenn du nun denkst: »Krass, war der abhängig«, dann kann ich dem nur beipflichten. Hätte ich mich trennen wollen, hätte ich vor sehr großen Herausforderungen gestanden. Es hätte einiges an Vorbereitungszeit gebraucht, bevor ich überhaupt die Trennung hätte aussprechen können. Marielle war in der deutlich bequemeren Situation. Sie hätte mich von heute auf morgen vor die Tür setzen können. Mit meiner Versicherung, meine Möbel zu holen, sobald ich eine neue Bleibe gefunden hätte. Darüber habe ich damals nie nachgedacht. Marielle schon – für sie war es tatsächlich sehr wichtig, dass meine Möbel auf dem Dachboden lagen, weil es ihr das Gefühl gab, im Worst Case sagen zu können: »Na ja, aber du hast ja noch deine Sachen.« Tief drin spürte sie also schon, dass diese Abhängigkeit nicht so gesund war.

Als wir uns vor etwa einem Jahr darüber unterhielten, sagte Marielle: »Wenn ich so drüber nachdenke, erstaunt es mich, dass du das überhaupt mitgemacht hast. Du warst so abhängig und das war überhaupt nicht auf Augenhöhe«, womit sie ebenfalls sehr richtig lag. Doch drüber nachgedacht habe ich damals nicht – generell nicht über

Geld. Was übrigens der Hauptgrund war, wieso ich finanziell dort stand, wo ich stand. Irgendwo im Nirgendwo. Heute würde ich sagen, dass wir alles falsch gemacht haben, was es falsch zu machen gibt bei der ersten gemeinsamen Wohnung. Gleichzeitig war es wohl nötig, um zu erkennen, wie es besser laufen kann. Aber was waren eigentlich unsere Fehler? Und was kannst du aus ihnen lernen und besser machen?

Du hast es der Überschrift schon entnommen. Fünf finanzielle Fehler könnt ihr beim Zusammenziehen begehen und wir sind in jeden einzelnen reingetappt. Bemerkt haben wir davon so gut wie nichts, nur die ewigen Diskussionen über die Alltagsausgaben waren da. Die konnten wir auch schlecht ignorieren. Der Rest wurde uns erst bewusst, als wir gleichberechtigter wurden und auf unsere Anfangszeit zurückblickten. Für Marielle war's egal. Ich hätte den Schaden gehabt. Solange alles gut läuft, hat es den Anschein, als würden beide profitieren. Geht's in die Hose, wird die tatsächliche Verteilung erst bewusst. Vor allem ich schätze mich sehr glücklich, dass mir das erspart geblieben ist. Hier sind die fünf größten Fehler beim Zusammenziehen, die wir allesamt durchlebt haben und die du dir mit deinem Lieblingsmenschen schenken kannst. Ihr könnt das nämlich besser als wir.

1. **Fehler:** Die Tatsache ignorieren, dass mit dem Zusammenzug eine (erste) finanzielle Abhängigkeit entsteht, egal wie gleichberechtigt ihr es lebt.
2. **Fehler:** Ignorieren, wie viel Wohnung zu eurer Beziehung passt.
3. **Fehler:** Ignorieren, welche Einrichtung zu eurem Budget passt und wie ihr sie aufteilt.
4. **Fehler:** Bei der Miete einfach 50:50 machen und die persönliche finanzielle Belastung ignorieren.
5. **Fehler:** Die Alltagsausgaben Pi mal Daumen mitlaufen lassen.

Erster Fehler: Ignorieren, dass mit dem Zusammenzug eine (erste) finanzielle Abhängigkeit entsteht, egal wie gleichberechtigt ihr es lebt

Mit der Schlüsselübergabe in euer gemeinsames Wohnglück entstehen einige finanzielle Verantwortlichkeiten. Das ist bei euch nicht der Fall, weil ihr bei dir oder deinem Lieblingsmenschen in die Wohnung zieht? Auch dann sitzt ihr finanziell im selben Boot. Das beginnt zunächst beim Mietvertrag selbst: Ihr seid nun beide dafür verantwortlich – auch wenn nur eine*r von euch beiden im Mietvertrag steht. Sollte beispielsweise der Fall eintreten, dass dein Lieblingsmensch arbeitslos wird und keine Rücklagen hat, um den Mietanteil weiter zu bezahlen, bist du schon ab Tag eins indirekt dafür verantwortlich, für die gesamte Miete aufzukommen.

Im Fall des Falles könnte dein Lieblingsmensch ungekürzte Sozialleistungen in Anspruch nehmen und so den eigenen Mietanteil übernehmen oder anteilsweise übernehmen lassen. Aber Achtung: Lebt ihr bereits seit über einem Jahr zusammen, ist das nicht möglich. Denn danach seid ihr auch aus rechtlicher Sicht füreinander verantwortlich. Der Gesetzgeber geht nämlich davon aus, dass nach einem Jahr des Zusammenlebens in einer Beziehung der Wille vorhanden ist, Verantwortung füreinander zu übernehmen.[1] Ihr lebt dann in einer sogenannten »nichtehelichen Lebensgemeinschaft«. Die arbeitende Person muss nun für die Miete des gemeinsamen Haushalts aufkommen.

Abseits der Miete gibt es weitere Verträge, die ihr zusammen abschließt bzw. ihr beide bezahlt und auf deren Leistungsausführung ihr angewiesen seid: Strom, Wasser, Müllabfuhr, Internet und alle anderen Nebenkosten wollen bezahlt werden – sonst steht ihr beide im Dunkeln.

Mit all den Verträgen geht stets eine Kündigungsfrist einher. Zwar gibt es bei Strom und anderen Nebenkosten ein Sonderkündigungsrecht bei Umzug, aber beispielsweise im Mietvertrag ist meist eine dreimonatige Frist zum Monatsende enthalten. Habt ihr beide unterschrieben, kannst du nicht von heute auf morgen deine Zahnbürste und Schlafsachen einsammeln und verschwinden, sondern du bist für den Zeitraum dieser Frist weiterhin finanziell gebunden. Solltet ihr euch trennen, sind Gespräche und Vereinbarungen unabdingbar: Wer übernimmt die Wohnung und Verträge? Oder wollt ihr beide ausziehen und die dazugehörigen Verträge kündigen?

Erstmalig ist es also so, dass die gemeinsame Verpflichtung im Falle einer Trennung länger anhält als die Beziehung selbst. Und damit zwangsläufig auch der Kontakt in einer angespannten Situation aufrechterhalten werden muss. Einfach verschwinden oder per WhatsApp Schluss machen geht nicht mehr. (Geht schon, zieht aber unter Umständen juristische Konsequenzen nach sich und ist deshalb nicht empfehlenswert.)

Kommen wir lieber zur positiven Seite: Abgesehen davon, dass es natürlich wunderschön ist, endlich eine Wohnung mit dem Lieblingsmenschen zu teilen, hat dies auch finanzielle Vorzüge. Mit dem Zusammenzug verringert sich die Menge an benötigten Verträgen. Statt zwei Mieten wird nur noch eine fällig. Statt zwei Internetanschlüssen wird nur noch einer gebraucht. Der Rundfunkbeitrag halbiert sich ebenfalls pro Person. Auch Versicherungen können gemeinsam abgeschlossen werden. Die Haftpflichtversicherung zum Beispiel wird pro Haushalt geschlossen. Es ist also ein netter Synergieeffekt, dass ihr nicht mehr beide eine eigene braucht, sondern eine gemeinsame nutzen könnt. Zieht ihr zusammen, könnt ihr also diejenige Person bei dem Versicherungsvertrag melden, der bereits länger besteht, und diese wird ohne Zusatzkosten aufgenommen. Anschließend könnt ihr die andere Person mit einem Sonderkündigungsrecht zeitnah kündigen und zahlt dann nur noch einmal. (Bei einer Trennung muss dies jedoch auch wieder rückabgewickelt werden.) Genauso reicht zukünftig eine Hausratversicherung (falls ihr diese überhaupt abschließt). Damit bleibt in der Regel für alle mehr vom Einkommen übrig, als dies bisher der Fall war – es sei denn, die Lifestyleinflation bei der Miete ist so hoch, dass die Vorteile darin aufgehen. Dazu später mehr.

Zweiter Fehler: Ignorieren, wie viel Wohnung zu eurer Beziehung passt

Eine gute Faustregel besagt, dass die Miete maximal 30 Prozent vom Nettogehalt ausmacht. Verdienst du 1500 Euro netto, dann hast du ein Budget von 450 Euro für die Miete. Verdienst du 2800 Euro netto, beträgt das Budget bis zu 840 Euro pro Monat. Wir können den Aufschrei schon hören, dass das nicht realistisch ist. In München, Frankfurt und Hamburg sind aktuell solche Angebote nicht zu finden. Auch die Bewohner von Stuttgart, Berlin und anderen Großstädten werden hier nicht minder protestieren. Und wie sollen Menschen, die 900 Euro im Monat aufs Konto bekommen eine Wohnung finden, die nur 270 Euro kosten darf?

Du brauchst also einen gemeinsamen Plan mit deinem Lieblingsmenschen, wie viel Miete ihr für die Wohnung kalkulieren könnt. Wenn das Budget steht, könnt ihr euch Gedanken über Größe, Lage und Art der Wohnung machen. Es gibt verschiedene Wege, wie ihr zu eurem gemeinsamen Budget kommt.

Eine erste Faustregel zur Miete, die 30-Prozent-Regel, haben wir gerade schon genannt. Auch zu zweit rechnet ihr eure Gehälter einfach zusammen und nehmt davon 30 Prozent. Verdient Person A 1800 Euro netto und Person B 2300 Euro netto, ergibt sich mit dieser Regel eine Höchstmiete von 1230 Euro im Monat – jeweils 615 Euro. Das wäre die offensichtlichste Variante. Alternativ berechnet ihr erst von jedem Einkommen 30 Prozent und addiert sie später. Das führt zwar zum selben Budget – die Aufteilung unter euch unterscheidet sich aber: 540 Euro für Person A und 690 Euro für Person B.

Habt ihr euch auf eine Miethöhe geeinigt, die zu euren Einkommen passt, dann könnt ihr euch der Frage zuwenden, welches Bild ihr von eurer gemeinsamen Wohnung habt. Am besten beginnt ihr damit, eure Vorstellungen miteinander zu teilen. Das können beispielsweise Aussagen sein wie »Wenn ich morgens aufwache, möchte ich ins Grüne schauen können« oder »Ich wünsche mir viel Platz im Wohnzimmer«. Mit der Zeit nähern sich eure Vorstellungen an und ihr könnt zum nächsten Schritt übergehen, nämlich die gemeinsamen Vorstellungen in Daten und Fakten überführen:

- Wie groß sollte die Wohnung mindestens sein? Und wie groß darf sie höchstens sein?
- Wie viele Zimmer möchten wir plus/minus haben?
- Welche Sonderausstattung (z. B. Aufzug, Balkon, Stellplatz) wünschen wir uns?
- Wie viele Parteien sollten in dem Haus maximal leben? Oder ist uns das egal?
- Welcher Wohnungstyp (z. B. Maisonette, Hochparterre) kommt für uns infrage?
- Sollten Haustiere erlaubt sein?
- Welche Wohnviertel kommen in die engere Auswahl?

Das erspart unnötige Arbeit, denn nun könnt ihr gezielt die Wohnungen anschreiben und besichtigen, die euch beiden zusagen!

Achtung: Es ist wichtig, hier aufs Detail zu achten. Liegt die Wohnungsmiete im Monat nur 50 Euro über dem Budget, summiert sich der Betrag im Jahr auf 600 Euro. Von dem Geld könntet ihr alternativ einen Wochenendtrip starten. Ist die Miete 150 Euro höher als ursprünglich geplant, habt ihr Mehrkosten von 1800 Euro im Jahr – also für viele so viel wie ein Monatsgehalt.

Lifestyleinflation

Inflation beschreibt die Preissteigerungen eines bestimmten Warenkorbs. Bei der Lifestyleinflation geht es um den (automatischen) Kostenanstieg des Lebensstils bei steigendem Einkommen. Plötzlich wird mehr konsumiert, weil mehr Geld verfügbar ist und damit der bisherige Lebensstil auf ein neues Level gehoben. Höheres Einkommen führt zu höheren Ausgaben, aber nicht zu einem höheren Vermögen. Am Ende des Monats bleibt »der gleiche Betrag« auf deinem Konto übrig. Das ist besonders in Krisenzeiten gefährlich, da mit der Lifestyleinflation auch mehr Zahlungsverpflichtungen durch Abos, Leasing oder Finanzierungen eingegangen werden. Sinken die Einnahmen unerwartet wieder, fällt es oft schwer, das Lifestylelevel wieder herunterzufahren. Regeln wie die 50-30-20-Regel, die wir gleich erläutern werden, helfen dir bei höherem Einkommen nicht nur, deinen Lifestyle zu verbessern, sondern auch dein Vermögen zu erhöhen.

Die 50-30-20-Regel

Um etwas mehr Spielraum zu erhalten, empfehlen wir euch, für eure Finanzen die 50-30-20-Regel anzuwenden. Hierbei wird euer Einkommen sinnvoll in drei Bereiche unterteilt. Die Regel gilt nicht nur für Paare, sondern ist für jeden Menschen sehr empfehlenswert. Sie schützt vor ausufernden Ausgaben und unterstützt beim Vermögensaufbau. Diese Regel ist sehr einfach zu verstehen – aber deutlich schwerer einzuhalten. Bei der Wohnungssuche kommen wir nun das erste Mal damit in Kontakt und sie wird uns durch das weitere Buch begleiten.

Die 50-30-20-Regel teilt dein Einkommen in drei Bereiche ein: Lebensunterhalt, Freizeit & Lifestyle und Investitionen & Rücklagen. Laut der Regel fließen 50 Prozent deiner Einnahmen in deinen Lebensunterhalt, 30 Prozent in Freizeit & Lifestyle und 20 Prozent in Investitionen & Rücklagen.

Verdienst du 2000 Euro netto, was in etwa dem Einkommensdurchschnitt in Deutschland entspricht, sieht deine Verteilung so aus:

- 1000 Euro Lebensunterhalt
- 600 Euro Freizeit & Lifestyle
- 400 Euro Investitionen & Rücklagen

Für eure Beziehung und euer gemeinsames Budget sieht die Verteilung bei einem Einkommen von Person A (1800 Euro) und Person B (2300 Euro) folgendermaßen aus:

- Lebensunterhalt: 900 Euro + 1150 Euro = 2050 Euro
- Freizeit & Lifestyle: 540 Euro + 690 Euro = 1230 Euro
- Investitionen & Rücklagen: 360 Euro + 460 Euro = 820 Euro

Sich bereits beim Zusammenzug mit seinem Lieblingsmenschen über das gemeinsame Budget zu unterhalten, ist ein Gamechanger, auch wenn ihr zu Beginn eure Ausgaben noch eher trennt. Damit lernt ihr direkt euer Ausgabenverhalten kennen und seid später nicht plötzlich überrascht, wie sehr es sich unterscheidet. Im Lebensunterhalt sind alle Ausgaben enthalten, die du zum Leben benötigst oder die gesetzlich vorgeschrieben sind. Also Miete, Strom, Wasser, Müllabfuhr, Abwasser, Lebensmittel für zu Hause, Hygieneartikel wie Zahnputzzeug, Versicherungen, Festnetztelefon und Rundfunkgebühren.

Das sind eine Menge Rechnungen, die von 1000 Euro bzw. 2050 Euro bezahlt werden sollen. Damit das klappt, wendest du die zuvor besprochene 30 Prozent-Regel für die Miete an. Das ist ein wesentlicher Baustein, um mit dem verfügbaren Geld zurechtzukommen und mit dem Vermögensaufbau zu beginnen, damit eure Finanzen mittelfristig auch entspannter aussehen können.

Wichtig ist hierbei, die eigene persönliche Situation von den strukturellen Problemen zu trennen. Das gilt auch für jedes andere Kapitel in diesem Buch. Dazu gehört auch bewohnbarer und bezahlbarer Raum in Innenstädten und Ballungsgebieten. Es braucht Lösungen für diese Probleme und wir begrüßen jede Person, die sich hier konstruktiv einbringt. Das ändert aber erst mal nichts an eurer Situation und euren Rahmenbedingungen. Die sind gerade leider so, wie sie sind. Das kann in vielen Fällen unfair sein, umso wichtiger ist aber ein bewusster Umgang mit den eigenen Mitteln. Nur so gehst du mit deinem Lieblingsmenschen den ersten Schritt in eine bessere Zukunft. Daher die klare Empfehlung, maximal 30 Prozent eures Einkommens für die Miete auszugeben. Das kann beispielsweise durch eine kleinere Wohnung erreicht werden, durch eine andere Lage (was ggf. mit einem Jobwechsel einhergeht) oder durch geteilten Wohnraum wie in einer WG. Wollt ihr dennoch mehr als 30 Prozent für eure Miete ausgeben, dann heißt es, an anderer Stelle zu sparen. Die 50-30-20-Regel bietet euch hier ein bisschen Spielraum, denn hier könnt ihr auf die 30 Prozent aus der Kategorie Freizeit & Lifestyle zugreifen. Lasst bitte die Finger von den 20 Prozent Investitionen & Rücklagen, sonst wird es unmöglich, Vermögen aufzubauen und damit in Zukunft ein finanziell freieres und selbstbestimmteres Leben zu führen.

Unter Freizeit & Lifestyle fällt alles, was über den Lebensunterhalt hinausgeht: Essen außer Haus, Fahrtkosten, Möbel, Dekoartikel, Tabak, Alkohol, technische Geräte, Abos, Mitgliedschaften, Kredite für beispielsweise Auto, Handy oder TV, Haustiere, Hygieneartikel, Reinigungsmittel, Kleidung und so weiter. Es sind also all die Dinge, auf die ihr im Zweifel auch verzichten könnt. All das wird in unseren Beispielen von 600 Euro bzw. 1230 Euro im Monat abgedeckt.

Die restlichen 400 Euro bzw. 820 Euro sind für Investitionen & Rücklagen bestimmt. Diesen Topf füllen die wenigsten Menschen, dabei ist er der wichtigste, um finanziell gut dazustehen. Dieses

Geld sparst du dann auf einem Konto, um beispielsweise auf Notfälle vorbereitet zu sein, oder du investierst es in verschiedene Geldanlagen zur Vermögensbildung. In Deutschland liegt die durchschnittliche Sparquote – also der Anteil des Einkommens, der am Monatsende noch übrig ist – seit 1991 bei 8,2 Prozent.[2] Nur durch die pandemisch bedingten Einschränkungen 2020 stieg sie auf über 16 Prozent, sank aber 2021 bereits auf 15 Prozent. Selbst diese Höchstwerte entsprechen also nicht der 50-30-20-Regel.

Dritter Fehler: Ignorieren, welche Einrichtung zu eurem Budget passt und wie ihr sie aufteilt

Bevor du anfängst, schicke Möbel mit deinem Lieblingsmenschen für eure neue Wohnung zu shoppen, empfehlen wir eine Bestandsaufnahme. Habt ihr bereits einiges, manches vielleicht auch doppelt? Dann gilt es erst einmal auszusortieren und Entscheidungen zu treffen. Welches Sofa wollt ihr in eurer gemeinsamen Wohnung? Welchen Esstisch? Was kommt auf den Sperrmüll? Was kann verkauft und der Erlös für neue Möbel verwendet werden? Sprecht am besten von Anfang an klar darüber, welche Vorstellungen ihr habt, und findet auf die Art eine gemeinsame Lösung.

Durch das Gespräch könnt ihr eine Liste an Dingen erstellen, die mitkommen – anhand dieser entscheidet ihr, was fehlt. Das spart unglaublich viel Zeit, Nerven und Geld. Ihr könnt euch in den Einrichtungshäusern ausgiebiger mit den Möbeln beschäftigen, die ihr beide wirklich wollt, als am Ende in unnötigen Stress zu verfallen oder euch in aller Öffentlichkeit in die Haare zu kriegen, weil eure Ansichten darüber, wie viele Stühle um den Esszimmertisch stehen sollten, auseinandergehen.

Wie geht ihr mit dem Kauf von Möbeln am besten um? Wer gibt wie viel dazu?

Hier gibt es zwei Entscheidungen zu treffen:

1. Wollen wir die Möbel zusammen oder getrennt kaufen?
2. Wie wollen wir die Gesamtsumme aufteilen?

Möbel zusammen oder getrennt kaufen

Getrennt oder zusammen? Die Frage kennen wir doch schon vom ersten Date. Doch hier hat sie deutlich mehr Gewicht. Aber was ist beim Möbelkauf mit »zusammen oder getrennt« gemeint?

Zusammen heißt: Kostet die Einrichtung insgesamt beispielsweise 3500 Euro, dann teilt ihr euch diese Summe auf. Alle Möbel gehören euch gemeinsam und können nicht einem Lieblingsmenschen zugeordnet werden.

Getrennt heißt: dass ihr euch zwar die Gesamtausgaben aufteilt, aber die Möbelstücke zugeordnet werden. Du kaufst das Sofa. Dein Lieblingsmensch kauft das Bett.

Diese Entscheidung bewusst zu treffen, ist wichtig, weil sie zu unterschiedlichen Ergebnissen bei einer Trennung führt. Bei der Möbelzuordnung ist klar, was bleibt und was die Wohnung verlassen beziehungsweise wer welchen Gegenstand mitnehmen wird. Gehört beiden alles, stehen Verhandlungen an: Wer nimmt was mit? Wer zahlt wem wie viel, damit die Möbel da stehen bleiben, wo sie gerade stehen? Was sind die Möbel überhaupt noch wert? Wer hat welchen emotionalen Bezug zu welchem Einrichtungsgegenstand? Die Verhandlung kann in guten Zeiten geschehen oder eben in der Trennungssituation, in der fraglich ist, wie wohlgesinnt und wertschätzend die Diskussion abläuft.

Ähnlich wie beim ersten Date wirkt auch hier die Gewissheit befreiend. Ihr seid zusammen, weil ihr zusammenbleiben wollt. Nicht etwa, weil du befürchtest, nach der Trennung eine vollständige Einrichtung kaufen zu müssen, weil alles bei deinem Lieblingsmensch bleibt und du dich neu einrichten musst. Das gilt umgekehrt genauso.

Gesamtsumme der Einrichtung aufteilen

Die Summe, die für eine neue Einrichtung benötigt wird, liegt in der Regel über den monatlichen Ersparnissen beziehungsweise sogar über dem monatlichen Gehalt. Spart am besten Geld dafür an oder greift auf eure Rücklagen zurück. Wer zahlt wie viel für die Möbel? Solltet ihr die Ausgaben anhand des Einkommens oder der Ersparnisse aufteilen? Die Frage ist nicht so einfach, wie sie zunächst scheint.

Folgende Punkte sprechen dafür, sich am Einkommen zu orientieren: In der Regel ist dies eine feste Konstante; wer heute 2000 Euro verdient, verdiente diese vermutlich auch im letzten Monat und wird sie vermutlich auch nächsten Monat verdienen.

Sich an den Ersparnissen zu orientieren hingegen ist sinnvoll, da die Anschaffungen gleich getätigt werden können. Ihr beide verwendet einen jeweiligen Anteil eurer Rücklagen für den Möbelkauf. Wie viel ihr letztendlich ausgeben wollt, hängt eng mit euren Einrichtungswünschen zusammen. Achtet beim Kauf jedoch darauf, dass genügend Geld in eurer Rücklage verbleibt. Am besten lasst ihr euren Notgroschen so, wie er ist, denn zusammenzuziehen ist in der Regel kein Notfall. Hast du oder hat dein Lieblingsmensch aktuell keinerlei Ersparnisse, kauft ihr jetzt das Nötigste, setzt ein Sparziel auf und kauft die verbliebenen Möbelstücke nach und nach. Alternativ könnte auch nur eine Person alle Möbel kaufen, aber dann steht im Zweifel eine*r von euch ohne etwas da, sollte es zur Trennung kommen. Als dritte Möglichkeit könntet ihr den Möbelkauf mit den späteren Alltagsausgaben verrechnen, sodass Person A mehr für die Möbel zahlt und Person B anteilig mehr an den Alltagsausgaben übernimmt, bis ihr bei eurer Wunschverteilung angekommen seid. Welche der drei Varianten sich für dich und deinen Lieblingsmenschen am besten anfühlt, findet ihr erneut im Gespräch heraus. Seid euch dabei bewusst, dass mit den letzten beiden Möglichkeiten weitere Abhängigkeiten entstehen, die ihr vielleicht nicht haben wollt.

Apropos Abhängigkeit: Bitte nimm keine Schulden für Verbrauchsgegenstände auf. Die Schulden bleiben, das Sofa ist im Zweifel schneller kaputt, als du drauf sitzen kannst. Dann brauchst du ein neues Sofa, es entstehen neue Schulden und schwups! ist ein Schuldenaufbaukreislauf in Gang gesetzt. Konsumiere nur, wofür du das Geld schon verdient hast.

Zurück zu unserer Geschichte: Du weißt bereits, dass bei unserer ersten Wohnung Marielle alle Möbel gekauft hat, weil Mike kein Geld hatte. Heute wissen wir, dass das dem Gleichgewicht unserer Beziehung nicht gutgetan hat. Doch damals erschien es uns logisch. Marielle hatte das Geld und Mike hatte keines. Das große Problem an unserem Vorgehen war, dass wir nicht darüber gesprochen haben. Wir hatten Glück, dass wir uns nicht getrennt haben. Denn im Trennungsfall hätte es sicherlich einige Diskussionen gegeben – schließlich hätte Mike sich komplett neu einrichten müssen. Doch was hätten Gespräche ergeben können?

Gespräche bedeuten im ersten Schritt, weg von der Lösungsebene zu gehen, weg von »Marielle kauft alle Möbel, weil Mike kein Geld hat«, hin zu unseren Bedürfnissen und Wünschen. Das Gespräch hätte nach einem kurzen Einstieg so aussehen können:

Marielle: *Ich möchte mich in meiner Wohnung wohlfühlen. Dafür will ich sie nach meinen Vorstellungen schön einrichten und lieber hochwertige Möbel kaufen, sodass ich nach der Arbeit nach Hause kommen und mich entspannen kann und einfach gerne hier bin, gerne in der Küche koche, gerne auf dem Sofa lese, gerne in meinem Bett schlafe. Weißt du, wie ich das meine?*
Mike: *Ich denke schon. Bisher musstest du die Einrichtung stets mit deinen Eltern absprechen, und jetzt willst du die Freiheit haben, alles selbst zu gestalten, ohne dass dir jemand reinredet.*
Marielle: *Genau. Was ist dir wichtig?*

Mike: *Für mich ist wichtig, dass ich mich ebenfalls zu Hause fühle und wir es als unsere Wohnung sehen. Ich will nicht zu Gast sein, sondern mich hier drin auch wiederfinden.*
Marielle: *Das will ich auch.*

Spürst du, wie anders sich die Situation bereits nach dem kurzen Gespräch anfühlt? Habt ihr so ein Gespräch geführt, könnt ihr es für den Moment dabei belassen. Mit dem Gespräch schafft ihr Verständnis und damit Freiraum. In den nächsten Stunden und Tagen könnt ihr es sacken lassen und einen neuen Termin für eine Lösungsfindung vereinbaren.

Welche Lösung hätten wir daraus nun entwickeln können? Das ist zwölf Jahre später natürlich schwer zu sagen, aber es wäre ein erster Schritt gewesen, die Deko gemeinsam zu gestalten, beispielsweise Bilder von uns und unseren Reisen an die Wände zu hängen. Marielle hätte für die Möbel eine Auswahl erstellen können, mit der sie sehr zufrieden gewesen wäre, und ich hätte bei dieser Auswahl mitentscheiden können. Oder wir hätten zu dem Entschluss kommen können, dass noch nicht der richtige Zeitpunkt für unseren Zusammenzug gekommen ist, weil wir zunächst die Erfahrung brauchen, allein zu leben.

Vierter Fehler: Bei der Miete einfach 50:50 machen und die persönliche finanzielle Belastung ignorieren

Eine Möglichkeit, die Mietausgaben aufzuteilen, hast du gerade schon kennengelernt. Ihr rechnet von jedem Einkommen 30 Prozent aus und addiert das Ergebnis. Beispielsweise liegt euer jeweiliges Einkommen bei 2300 Euro netto und 1800 Euro netto. Das ergibt 690 Euro plus 540 Euro gleich 1230 Euro. Das ist euer Spielraum für die Miete eurer zukünftigen Wohnung. Die Aufteilung orientiert sich also am jeweiligen Einkommen. Dies ist auch die einfachste Variante, um mit Gehaltsunterschieden umzugehen. Alle Lieblingsmenschen erfahren die gleiche prozentuale Belastung.

Besteht der Wunsch, trotz Gehaltsunterschieden eine fünfzig-fünfzig Aufteilung zu wählen, ist es empfehlenswert, sich am niedrigeren Einkommen zu orientieren. So wird die 50-30-20-Regel auch beim Wunsch der »gleichen« Aufteilung nicht verletzt. Bleiben wir also bei dem eben gewählten Beispiel von 2300 Euro netto und 1800 Euro netto. Mit der 50:50-Aufteilung reduziert sich die Miete auf maximal 1080 Euro pro Monat (statt 1230 Euro), das sind 150 Euro weniger – jeden Monat! Je weiter euer Einkommen auseinanderliegt, desto wichtiger wird, dass ihr euch darüber austauscht und euch Zeit gebt, eine Lösung zu finden. Angenommen, eure Gehälter liegen bei 1400 Euro (30 Stunden Teilzeit) und 4100 Euro netto. Laut der 30-Prozent-Regel könntet ihr eine Miete von 1650 Euro im Monat anpeilen, sofern ihr euer Geld zusammenlegt. Teilt ihr diesen Betrag nun hälftig auf, müssten auch von 1400 Euro Gehalt 825 Euro Miete übernommen werden. Das widerspricht eindeutig der 50-30-20-Regel (825 Euro > 700 Euro) und der 30-Prozent-Regel für die Miete (825 Euro > 420 Euro), die sicherstellen sollen, dass du finanziell in allen Bereichen gut aufgestellt bist. Es bräuchte also eine andere Lösung, damit ihr beide auch für die Zukunft finanziell abgesichert seid. Zum Vergleich: Eine Miethöhe, die am niedrigeren Gehalt ausgerichtet ist, würde bei maximal 840 Euro (2 × 420 Euro) liegen. Schauen wir uns doch noch mal genauer an, was passieren würde, wenn ihr euch bei (hohen) Gehaltsunterschieden für die 50:50-Variante und eine zu hohe einseitige Belastung entscheidet.

Überproportionale Belastung bei der Miete vermeiden

Vermögensscheren können in Beziehungen sehr schnell auseinandergehen. Im Kapitel zum Elternwerden werfen wir noch einmal einen genauen Blick darauf, da dort der größte Einschnitt sichtbar wird. Jedoch können Diskrepanzen bereits bei einer »falschen« Miethöhe bei der ersten Wohnung eintreten.

Eine einseitig zu hohe Mietbelastung betrifft nämlich auch die Rücklagen und die Möglichkeiten zum Vermögensaufbau. Die Person mit weniger Einkommen hat am Ende des Monats noch weniger Budget dafür zur Verfügung, die Person mit mehr Einkommen hat am Ende des Monats noch mehr zur Verfügung. Es ist ein hausgemachtes »Reiche werden reicher und Arme werden ärmer«-Problem.

Dadurch würde bereits mit der ersten gemeinsamen Unterschrift eines Mietvertrages eine zunehmende Abhängigkeit geschaffen werden. Das kann sehr weitreichende Folgen für die Familienplanung, die Rente, aber vor allem das Gleichgewicht in der Beziehung haben.

Ist die Mietbelastung so hoch, dass nur geringe (oder sogar keine) Rücklagen gebildet werden können, wird zum Beispiel ein Jobwechsel erschwert. Statt den bisherigen Job sofort zu kündigen und die Rücklagen für die Suche eines neuen Jobs zu verwenden, brauchst du bereits vorher einen Plan. Beispielsweise, dass dein Lieblingsmensch für einen gewissen Zeitraum alle Ausgaben trägt oder du erst kündigen kannst, wenn du einen neuen Arbeitsvertrag unterschrieben hast. Je nach Beweggrund des Kündigungsvorhaben, entsteht hier eine hohe mentale Belastung – für dich selbst und für eure Beziehung.

Aber es muss noch nicht einmal der Jobwechsel sein. Es können Dinge wie ein Wochenendtrip, eine Weiterbildung oder neue Kleidung sein, die aufgrund der überproportionalen Belastung nicht mehr realisiert werden können. Hier kann bereits eine Bittstellerinnen- oder Bittstellerposition entstehen, die die Beziehung ins Ungleichgewicht bringt. Wie würdest du dich fühlen, jedes Mal für solche Dinge deinen Lieblingsmenschen um Geld bitten zu müssen?

Da kann der Lieblingsmensch noch so sehr beteuern, dass das alles kein Problem sei. Aber um Geld zu fragen, erinnert an die Situation eines Kindes, das zu den Eltern geht, um sie um Geld für eine Kugel Eis oder ein paar Sammelkarten zu bitten. Es ist ein Abhängigkeitsverhältnis, das vermieden werden kann – zum Beispiel durch eine entsprechende Aufteilung der Miete, die meist einen der größten Fixkostenblöcke eines Haushaltes darstellt.

Augen auf, wenn die Miethöhe deutlich über deinem Budget liegt, dein Lieblingsmensch aber darauf besteht, diese Wohnung dennoch zu mieten, weil er oder sie deutlich mehr Geld zur Verfügung hat und nicht auf einen gewissen Lifestyle verzichten möchte. Dann ist es sinnvoll, dass die finanzielle Belastung, die über dem errechneten Betrag liegt, der für beide gut zu bewältigen ist, auch einseitig getragen wird. Mit Bauchschmerzen 200 Euro pro Monat zusätzlich an Miete hinzulegen, obwohl du das selbst gar nicht willst und kannst, belastet die Beziehung unnötig. Deshalb: zusammensetzen, rechnen und gemeinsam als Team entscheiden, was ihr wollt und euch leisten könnt, damit ihr euch beide wohlfühlt.

Fahrtweg und weitere Faktoren für die Verteilung der Miete

Durch die Wohnungswahl können gegebenenfalls Folgeausgaben entstehen. Diese könnt ihr bei der Aufteilung der Miete mitberücksichtigen. Wenn ihr beispielsweise eine Wohnung findet, die perfekt zu euch passt und die für dich fünf Minuten Fußweg von deiner Arbeit entfernt ist, für deinen Lieblingsmenschen jedoch täglich 30 Minuten Fahrtweg mit dem Auto (und 30 Minuten zurück) bedeutet, entstehen dadurch Ausgaben für das Tanken und für die Wartung des Autos.

Entstehen solche Ausgaben, braucht ihr einen Weg, diese zu verteilen, zum Beispiel könnt ihr euch die Ausgaben des Arbeitsweges hälftig teilen oder sie auf die Miete rechnen und dann eure Verteilung der Mietkosten entsprechend anpassen.

Mit einem Gehalt von 2000 Euro netto bei beiden und der Annahme eines 30-minütigen Fahrtweges, der 30 Kilometer umfasst, kommen wir auf folgende Werte:

60 Kilometer Fahrtweg (Hin- und Rückweg) bei einem durchschnittlichen Spritverbrauch von 7,5 Liter und einem Preis pro Liter von 1,95 Euro ergibt tägliche Ausgaben von 8,78 Euro. Bei durchschnittlich 21 Arbeitstagen pro Monat sind das monatlich 184,38 Euro einseitige Belastung durch den Fahrtweg. Hier sind noch keine Verschleißkosten für das Auto einberechnet.

Die mögliche Miete liegt nach der 30-Prozent-Regel bei 1200 Euro, also 600 Euro pro Person. Sind die Tankausgaben nicht aufgeteilt, würde es also bedeuten, dass du 600 Euro im Monat für die Wohnung zahlst und dein Lieblingsmensch 784,38 Euro.

Wollt ihr die Kosten gerne aufteilen und die Folgeausgaben durch die Wohnungswahl berücksichtigen, könnt ihr so vorgehen:

1. Ihr teilt die Miete + Fahrtkosten, also 1384,38 Euro, durch zwei und überweist jeweils 692,19 Euro auf das gemeinsame Konto. Die Tankausgaben gehen dann vom gemeinsamen Konto ab.
2. Ihr gleicht die Miete um den Tankbetrag aus. Bei dir würde also die Hälfte der Tankausgaben auf deinen Mietanteil angerechnet und bei deinem Lieblingsmensch entsprechend abgezogen werden. Ergibt für dich 692,19 Euro (600 Euro + 92,19 Euro). Dein Lieblingsmensch würde 507,81 Euro (600 Euro – 92,19 Euro) auf euer Konto überweisen. Die Tankrechnung wird in dieser Variante vom eigenen Konto des Lieblingsmenschen bezahlt.

Die schlussendliche Ausgestaltung ist zweitrangig. Entscheidend ist, dass ihr eine Lösung findet, die euch zufriedenstellt und ihr finanziell auf Augenhöhe bleibt. Ansonsten bleibt ein Gefühl der Ungerechtigkeit zurück, das euch im weiteren Verlauf eurer Beziehung zur Last werden kann.

Egal wie, beide unterschreiben den Mietvertrag

Dein Lieblingsmensch zieht bei dir ein. Du ziehst bei deinem Lieblingsmenschen ein. Ihr zieht in eine neue Wohnung, aber nur eine Person zahlt die Miete. Unabhängig davon, welche Konstellation ihr für eine gemeinsame Wohnung wählt: Ihr beide steht im Mietvertrag!

Sobald eine neue Person dauerhaft in eine Wohnung einzieht, muss das mit der Vermieterin oder dem Vermieter abgesprochen werden, ansonsten riskiert ihr unter Umständen eine Abmahnung oder Kündigung. In dem Zuge setzt ihr also entweder einen neuen Mietvertrag oder eine Zusatzvereinbarung auf. Stehen nun beide mit Unterschrift im Mietvertrag, haben auch alle die gleichen Rechte und Verpflichtungen.

Thorben und Alex (Namen geändert) aus unserer Community kamen auf uns zu, weil sie bald zusammenziehen würden. Thorben würde zu Alex in die Wohnung ziehen und die beiden hatten Schwierigkeiten, sich beim Mietvertrag einig zu werden. Alex sah keine Veranlassung, den Mietvertrag anzupassen. Die Vermieterin wusste Bescheid, dass Thorben einziehen würde, das würde doch ausreichen. Thorben war anderer Meinung und wollte Teil des Vertrages werden. Auch für Thorben und Alex gilt: Solange alles gut läuft, spricht nichts gegen das Konstrukt. Heikel wird es, wenn etwas schiefgeht. Stieße beispielsweise, im schlimmsten Fall, Alex etwas zu, dann stünde Thorben ohne rechtliche Vereinbarung da und müsste auf die Kulanz der Vermieterin hoffen, entweder die Wohnung offiziell übernehmen oder zumindest dort wohnen bleiben zu dürfen, bis er eine neue Bleibe gefunden hat. Übrigens hat die Aufnahme von Thorben in den Mietvertrag auch für Alex einige Vorteile. Denn nun sind beide in der Haftung, den Mietzins zu begleichen. Wird Alex arbeitslos und kann die Miete nicht mehr zahlen, so muss Thorben einspringen und die Miete übernehmen. Er kann nicht einfach die Wohnung verlassen, eine andere mieten und Alex dem eigenen Schicksal überlassen.

Auch im Trennungsfall gibt es bei einem gemeinsamen Mietvertrag keinen Automatismus frei nach dem Motto: »Na ja, du bist in meine Wohnung gezogen. Also ziehst du jetzt aus meiner Wohnung auch wieder aus.« Das wäre nämlich ganz schön unfair, schließlich bewohnten beide die Wohnung für einen gewissen Zeitraum. Der Mietvertrag stellt also sicher, dass sich Thorben und Alex darüber unterhalten, wer auszieht, denn auch das müssten die beiden an die Vermieterin kommunizieren.

Wie bei den meisten Sachen in diesem Buch wird das erst zu einem Problem, wenn es so richtig mies läuft in der Beziehung. Ob dann ein guter Zeitpunkt ist, sich ruhig darüber zu unterhalten und die beste Lösung für beide zu finden? Wohl kaum. Also lieber dann klären, wenn ihr euch wohlgesinnt seid.

Fünfter Fehler: Die Alltagsausgaben Pi mal Daumen mitlaufen lassen

Eine erste Idee für die Aufteilung der alltäglichen Aufgaben hast du bereits in der 50-30-20-Regel kennengelernt, zumindest, wie viel sie von eurem Einkommen ausmachen sollten. Seid ihr gerade frisch zusammengezogen, werden deine persönlichen Ausgaben noch einen größeren Anteil ausmachen als eure gemeinsamen Ausgaben. Durch weitere Meilensteine in eurer Beziehung wird sich das allerdings verschieben. Die ersten sieben Jahre betrug unser gemeinsamer Ausgabenblock nur 800 Euro. Wir lernten uns am Ende der Schulzeit bzw. Anfang des Studiums kennen. Die erste eigene Wohnung war gleichzeitig die erste gemeinsame Wohnung. In den 800 Euro enthalten waren Miete, Nebenkosten, Lebensmittel, Hygieneartikel und gemeinsame Freizeitausgaben. Mit unserer Hochzeit und unseren beiden Kindern stieg der Anteil gemeinsamer Ausgaben steil an (Stichwort: Lifestyleinflation) und wir nahmen Änderungen an unserer Finanzorganisation vor; dazu mehr im Hochzeitskapitel. Das bedeutet auch für dich und deinen Lieblingsmenschen, dass die heute festgelegte Aufteilung eurer Ausgaben nicht bis in alle Ewigkeit gilt, sondern sich – wie eure Beziehung – weiterentwickelt.

Diese zwei Fragen helfen euch dabei, euren Startpunkt zu finden:

1. In welchem Verhältnis wollen wir unsere Ausgaben aufteilen?
2. Wie wollen wir es in der Praxis umsetzen?

Ausgaben fair aufteilen – was ist ein gutes Verhältnis?

Vorweg: Mit einem guten Verhältnis fühlt ihr euch beide wohl. Haderst du mit der Aufteilung, empfindest du die Aufteilung als unfair oder fühlst dich anderweitig damit nicht wohl – oder trifft dies auf deinen Lieblingsmenschen zu –, heißt es: zurück an den Verhandlungstisch.

Das gilt auch dann, wenn das Gefühl erst Monate oder Jahre später auftritt. Die Aufteilung ist ein flexibler Prozess. Aussagen wie »Das hast DU damals auch so gesehen!« oder »Das haben wir zusammen festgelegt, das wird nicht mehr geändert« oder »Ja, aber du wolltest es doch so. Jetzt leb' auch damit« haben in einer Beziehung auf Augenhöhe nichts zu suchen.

Veränderung ist ein natürlicher Prozess, der dauerhaft abläuft. Damit dürfen sich Sichtweisen durch neue Erfahrung, Erkenntnisse oder veränderte Rahmenbedingungen weiterentwickeln und ändern.

Ähnelt sich euer Einkommen, bietet sich eine 50:50-Verteilung der gemeinsamen Ausgaben an. Wählt ihr hier ein anderes Modell, sollte dies für beide gut nachvollziehbar sein. Ein Ungleichgewicht kommt typischerweise bei den Lebensmitteleinkäufen auf. Stell dir vor, dass dein Lieblingsmensch deutlich mehr verdient und beim Einkaufen ausschließlich zu teureren Bioprodukten greift. Auf Angebote achtet er oder sie schon gar nicht. Mit dem Zusammenzug bekommst du nun das Gefühl, dass auch deine Ausgaben für Lebensmittel – die du eigentlich gar nicht willst, weil du auch mit dem Discounterprodukt immer zufrieden bist – drastisch angestiegen sind. Der Betrag, den ihr monatlich aufs gemeinsame Konto überweist, um eure Alltagskosten zu decken, ist deutlich höher, als du vorab dachtest. Doch irgendwie findest du es auch toll, jetzt hochwertigere Lebensmittel zu genießen. Dieser unterdrückte Frust und das dauerhafte Unwohlsein verschaffen sich irgendwann Luft. Es ist also wichtig, dass du das nicht einfach ausblendest und unterdrückst, sondern aktiv ansprichst, um gemeinsam eine Lösung zu finden.

Unterscheidet sich euer Einkommen, kann auch das Verhältnis von Einkommen zu gemeinsamen Ausgaben eine Rolle spielen: Unser Beispielpaar hat Einkünfte von 1700 Euro netto und 2300 Euro netto. Die gemeinsamen monatlichen Ausgaben betragen 1200 Euro. Teilen sich die beiden die Ausgaben hälftig, betragen die Ausgaben für Person A ein Drittel des Gehaltes, bei Person B ist es nur ein Viertel.

Als Lösung – ohne Sonderfälle – bietet sich eine prozentuale Verteilung an. Ihr rechnet aus, wie viel ihr jeweils zum Haushaltseinkommen beitragt:

$$\frac{\text{Einkommen 1}}{(\text{Einkommen 1} + \text{Einkommen 2})} \times 100 = \text{Anteil 1 in Prozent}$$

100 – Anteil 1 = Anteil 2 in Prozent

Das erinnert an den Matheunterricht der 8. Klasse. Setzen wir zum besseren Verständnis Zahlen ein, heißt das in unserem Beispiel:

$$\frac{\text{1700 Euro}}{(\text{1700 Euro} + \text{2300 Euro})} \times 100 = \text{42,5 Prozent}$$

100 Prozent – 42,5 Prozent = 57,5 Prozent.

Damit können nun die gemeinsamen Ausgaben aufgeteilt werden. Nun rechnet ihr 1200 Euro mal 42,5 Prozent, das bedeutet 510 Euro für den ersten Lieblingsmenschen. 1200 Euro minus 510 Euro ergeben Ausgaben von 690 Euro für den zweiten Lieblingsmenschen. (Mit der Probe 1200 Euro × 57,5 Prozent = 690 Euro wisst ihr auch, dass ihr richtig gerechnet habt.)

Ab einem Einkommensverhältnis von 40 Prozent zu 60 Prozent ist es überlegenswert, von einer 50:50-Aufteilung abzuweichen und aktiv eure eigene Lösung zu finden – beispielsweise mit der hier vorgestellten prozentualen Verteilung.

Umsetzung in der Praxis

Klarheit zu gewinnen, wie ihr eure Ausgaben verteilt, ist der erste Schritt. Nun übertragt ihr das in die Praxis. Wie kann das aussehen?

Die Bandbreite der Umsetzungsmöglichkeiten ist riesig. Von »Wir belassen alles so, wie es ist, ordnen die Ausgaben grob zu und gleichen den Fehlbetrag regelmäßig aus« bis hin zu »Wir schmeißen alles zusammen« kann alles dabei sein. Egal, welche Variante ihr verwendet: Es wird stets durch das passende Kontomodell unterstützt.

Du hast vielleicht schon gemerkt, dass wir beim Zusammenziehen einen sehr unterschiedlichen Bezug zu Geld hatten. Dies machte sich auch bei der Organisation der gemeinsamen Ausgaben bemerkbar. Marielle mit finanzieller Bildung im Rücken schlug ein 50:50-Modell vor, indem wir die variablen Ausgaben im Supermarkt mit dem Kassenbon sammeln würden und ich die Hälfte der fixen Ausgaben (für Strom, Mietzahlung an ihre Mutter und Internet) per Dauerauftrag an sie überweisen sollte. Schließlich war ich auch ein Grund für die größere Wohnung gewesen, denn eigentlich war ihr Plan in eine kleinere Wohnung zu ziehen. Letzteres gelang, Ersteres so gar nicht. Denn ich ignorierte meine Aufgabe, alle Einkäufe in den Zettel am Kühlschrank einzutragen. Marielle sammelte selbstverständlich fleißig alle Kassenbons und füllte die Liste. Das hatte mehrere Konsequenzen: Erstens freute sich Marielle nach dem ersten Monatsabschluss, dass sie noch Geld von mir bekommen würde. Das sah dann so aus: Marielle trug Ausgaben in Höhe von 180 Euro und ich mangels Motivation nur etwa 80 Euro. Das ergab einen Unterschied von 180 Euro minus 80 Euro gleich 100 Euro. Da wir beschlossen hat-

ten, alles hälftig zu teilen, ergab das 50 Euro, die ich Marielle schuldete. Zweitens führte das zu einem Protest meinerseits. »Zeig mal her!«, lautete meine Aufforderung. »Das kann doch gar nicht sein. Da fehlen noch die Einkäufe der letzten Woche. Den Klettergarten habe ich auch bezahlt. Und hier waren wir essen. Die Rechnung habe ich auch übernommen.« Tja, es gab nur keinen Kassenbon und eingetragen hatte ich es auch nicht. Das führte zu einer angespannten Stimmung, um es milde auszudrücken: Marielle war sehr genervt und ich war sehr genervt. Zusammen waren wir er noch mal doppelt genervt, denn es folgte die Aufforderung, dass ich mich doch bitte an unsere Abmachung halten möge, was in Besserungsversprechen meinerseits erwidert wurde. Geklappt hat's trotzdem nicht. Und wir führten die gleiche Diskussion am nächsten Monatsende erneut. Auch den dritten Monat zankten wir uns wieder über diese Abmachung. Es funktionierte einfach nicht! Aus einer Kleinigkeit mit eigentlich kleinen Geldbeträgen war eine riesige Sache geworden, die unsere Beziehung zunehmend belastete.

Dann war zum Glück erst mal Pause. Ab in separate Haushalte. Verschnaufen. Im kommenden Vierteljahr unterhielten wir uns viel über die erste Zeit des Zusammenlebens. Mit Abstand und mit dem Vorteil, dass wir uns durchaus vermissten (und es keine gemeinsamen Ausgaben gab).

Wir waren uns sicher, dass wir es weiter versuchen wollten. Insgesamt war es sehr schön, einen gemeinsamen Lebensmittelpunkt zu haben. Zudem fanden wir die 380 Kilometer, die nun zwischen uns lagen, viel zu weit. Immerhin waren die Internetleitungen inzwischen so gut, dass wir uns per Webcam sehen und nicht nur erahnen konnten. Alles wäre so schön gewesen, wenn da die Sache mit dem Geld nicht gewesen wäre. Jeden der drei Monate haben wir mit Diskussionen beendet. Was beim dritten Monat besonders ärgerlich war, da wir in dieser Stimmung auseinandergingen. Wir brauchten also eine Lösung, die für uns funktionierte.

Zunächst brainstormten wir. Vielleicht würde ein Tabellenblatt direkt am Kühlschrank oder ein kleines Notizbuch an der Wohnungstür Abhilfe schaffen? Oder doch zusammenreißen und Kassenzettel einpacken. Aber damit drehten wir uns nur im Kreis. Wir entschlossen uns, die Lösung Lösung sein zu lassen und uns auf unsere Wünsche zu konzentrieren.

Vielleicht konntest du sie sogar zwischen den Zeilen herauslesen. Schnell war uns bewusst, dass es Marielle wichtig ist, die Ausgaben transparent nachzuvollziehen und hälftig zu teilen. Mir war es wichtig, möglichst wenig Aufwand und vor allem keine Sammelbox zu haben. Wir brauchten eine Lösung, die unsere Bedürfnisse abdecken, aber für keinen von uns einen Kompromiss bedeuten würde.

Marielle wurde fündig und schlug ein Gemeinschaftskonto vor. Dort würden wir monatlich einen fixen Betrag überweisen. Wir bekamen jeweils eine EC-Karte und hatten beide separaten Zugriff im Online-Banking. So konnten wir bei Einkäufen und Ausflügen bequem mit der Karte des gemeinsamen Kontos bezahlen. Es gab keinerlei zusätzlichen Aufwand mehr – außer an der Kasse die richtige Karte zu greifen. Alles war 50:50 aufgeteilt. Und die Ausgaben waren für uns transparent aufgelistet.

Die kommenden drei Monate verliefen spürbar harmonischer. Es gab keine Diskussion mehr über den finanziellen Teil unseres Zusammenlebens. Und wir hatten endlich Luft, uns über die wesentlichen Dinge einer gemeinsamen Wohnung zu streiten. Beispielsweise, wie der korrekte Gebrauch einer Zahnpastatube aussieht. Mit der Hand quetschen oder von hinten sanft drücken?

Beim Zusammenziehen wird die Basis für die Zukunft eurer Liebe gelegt. Deshalb ist dies das Grundlagenkapitel des Buches. Hier legst du mit deinem Lieblingsmenschen das Fundament für euren gemeinsamen Umgang mit Geld und für euren gemeinsamen Vermögensaufbau.

Finanzübersicht, Kontenmodell und das Moneydate – die Grundlage eures finanziellen Miteinanders

Jetzt beschäftigen wir uns in einem praktischen Exkurs intensiv mit euren Finanzen als Paar: Als Erstes geht's um eure Finanzübersicht: Vermögen, Einnahmen & Ausgaben und Vorausschau. Danach schauen wir uns drei verschiedene Kontenmodelle genau an. Abschließend sprechen wir über euer monatliches Moneydate – euren Monatsabschluss.

Vermögensaufstellung, Haushaltsbuch und Finanzplanung – so behaltet ihr die Übersicht

Ihr beginnt, indem ihr ein gemeinsames Bild eurer Finanzen bekommt: Wie viel ist da? Wie viel kommt woher rein? Wie viel geht wofür raus? Wie sehen unsere Budgets in der Zukunft aus?

Zu Beginn eurer finanziellen Reise hilft euch dieses Wissen einen Weg zu finden, der sich für euch gut und fair anfühlt. Mit der Zeit wird euch dieses Wissen bei eurem gemeinsamen Vermögensaufbau helfen und in Krisenzeiten (z. B. Kurzarbeit, Inflation) oder auch geplanten Auszeiten (z. B. Sabbatical, Elternzeit) unterstützen, weitsichtige Entscheidungen zu treffen. Doch Schritt für Schritt:

Vermögensaufstellung

Lass uns diesen Abschnitt mit einer kleinen Übung beginnen:

Übung

Nimm dir am besten einen Stift und einen Zettel (mit dem Handy geht's natürlich auch). Hast du's? Zeichne zwei Spalten, links schreibst du »Vermögen« und rechts »Schulden« drüber.

Unter Vermögen listest du nun jedes Giro-, Tagesgeld- oder Festgeldkonto, jedes Sparbuch, jeden Bausparvertrag, jedes

Depot und alle sonstigen Kapitalanlagen auf. Eben alles, was dir an Vermögen einfällt. (Fernseher oder Regenschirme sind Gebrauchsgegenstände und haben mit deinem Vermögen nichts zu tun.) Du schreibst das alles aus dem Gedächtnis auf. Nicht schummeln, später kannst du Details nachprüfen.

Das Gleiche machst du auch mit deinen Schulden: Auto-, TV- oder Handyfinanzierungen, Kredite bei der Bank und weitere Dinge, die du zwar schon hast, aber weiterhin für Geld bezahlst. Nenne die offene Gesamtsumme und nicht die monatliche Rate, also beispielsweise 2235 Euro für den TV – nicht 45 Euro monatlich.

Nun ziehst du von deinem Vermögen deine Schulden ab und hast eine erste grobe Schätzung deines Vermögensstandes.

Wieso machen wir diese Übung aus dem Gedächtnis?

Menschen neigen dazu, ihr liquides Vermögen zu überschätzen (z. B. Geld auf dem Girokonto) und das gebundene Vermögen (z. B. Immobilienbesitz) wiederum zu unterschätzen. Wer vor einer Kaufentscheidung steht, überschlägt kurz, ob dies dem Rahmen des liquiden Vermögens entspricht. Überschätzt du hier das Barvermögen auf deinen Konten regelmäßig, gibst du stets etwas mehr Geld aus als bei einer realistischen Einschätzung.[3]

Das wird in einer Beziehung und bei gemeinsamen Anschaffungen noch relevanter, wenn das Vermögen des Lieblingsmenschen unbekannt ist. Habt ihr noch nicht über euer jeweiliges verfügbares Vermögen gesprochen, geht ihr bei Anschaffungen von einem Schätzwert aus. Fällt dieser niedriger aus als das, was ihr tatsächlich zur Verfügung habt, geht ihr auch kein finanzielles Risiko ein. Doch das Buch von Claudia Hammond, ›Erst denken, dann zahlen‹, zeichnet ein anderes Bild: Menschen überschätzen ihr Vermögen tendenziell und geben bei Kaufentscheidungen zu viel Geld aus. Ist das der Fall, lebt ihr über eure Verhältnisse und euer Vermögen schrumpft. Du kannst die obige Übung nun mit dem Vermögen deines Lieblingsmenschen wiederholen und umgekehrt. Danach schaut ihr euch an, wie nah oder weit ihr mit eurer Fremdeinschätzung von der Selbsteinschätzung entfernt seid.

Nun soll es auch genug mit den Schätzungen sein. Her mit den tatsächlichen Zahlen:

Übung

Geht allein oder zusammen alle Konten und sonstigen Vermögensstände durch und notiert sie neben eure Schätzung. Das Gleiche macht ihr mit euren Schulden.

Wie sieht euer Ergebnis aus? Habt ihr weniger als fünf Prozent Abweichung? Weniger als zehn Prozent? Oder habt ihr vielleicht mehr als 20 Prozent danebengelegen?

Wiederholt diese Übung einmal im Monat oder mindestens einmal im Quartal, um ein besseres Gefühl für eure Vermögensentwicklung zu haben.

Damit erkennt ihr frühzeitig, in welche Richtung sich euer Vermögen entwickelt, ob es Handlungsbedarf gibt oder welche Ausgaben ihr euch leisten könnt. Mit steigenden Zahlen steigt auch die Motivation dranzubleiben und das Gefühl der Freiheit und Unabhängigkeit nimmt zu. Beispielsweise lässt sich leichter der Job wechseln und eine Probezeit in Kauf nehmen, wenn 50 000 Euro auf den Konten liegen, als wenn dort nur 500 Euro zu finden sind.

Mit ein bisschen Übung dauert diese Dokumentation weniger als zehn Minuten im Monat, die ihr mindestens vier Mal im Jahr aktualisieren solltet, um den Überblick zu behalten.

Haushaltsbuch

Ein Haushaltsbuch zu führen, ist die einzige Möglichkeit eure laufenden Finanzen im Blick zu behalten. Ob das nun in einem Notizbuch, in Excel oder einer raffinierten App geschieht, ist euch überlassen. Die monatliche Beschäftigung mit dem eigenen und dem gemeinsamen Geld wird der größte finanzielle Gewinn für eure Beziehung sein – nicht etwa die xte Beförderung, nicht das unerwartet hohe Erbe, nicht ein plötzlicher Geldgewinn, sondern die eine Stunde im Monat, die ihr euch bewusst mit eurem Geld beschäftigt. Ein solides Haushaltsbuch führt ihr einfach, in dem ihr eure Kontobewegungen prüft: Welche Geldeingänge und Ausgaben gibt es? Denn viel länger dauert das Führen eines Haushaltsbuches nicht. Das sind gerade mal zwölf Stunden im Jahr, also lächerlich wenig. Dafür erhaltet ihr so viel mehr:

- Hohe Transparenz eurer Ausgaben (und Einnahmen)
- Ideen für Sparpotenziale (wer zahlt schon freiwillig eine ungelesene Zeitschrift weiter?)
- Hohe Motivation, weitere Einnahmenquellen zu finden und das eigene und gemeinsame Vermögen zu steigern
- Vergleichbarkeit zum Vorjahr. Gerade in Zeiten hoher Inflation ein wichtiges Werkzeug, um die eigene Teuerungsrate einschätzen zu können
- Sichtbarkeit des eigenen Trackrecords. Nach drei Jahren zurückzublicken und den gemeinsamen Weg zu bestaunen, gibt die nächste Motivation.

Eure Einnahmen

Offiziell gibt es in Deutschland sieben verschiedene Einkunftsarten: Einkünfte aus nichtselbstständiger Arbeit, aus einem Gewerbebetrieb, aus selbstständiger Arbeit, aus Kapitalvermögen, aus Vermietung und Verpachtung, aus Land- und Forstwirtschaft sowie sonstige Einkünfte.

Bei den meisten Menschen steht im Haushaltsbuch auf der Einnahmenseite nur das Gehalt aus besagter nichtselbstständiger Erwerbsarbeit. Das muss so aber nicht bleiben.

Eure erste Erkenntnis aus dem Haushaltsbuch könnte also sein, weitere Einkommensquellen aufzubauen. Vielleicht habt ihr ein Zimmer übrig, um es unterzuvermieten? Vielleicht investiert ihr in Unternehmen und erhaltet Gewinnanteile in Form von Dividenden? Vielleicht plant ihr eine Immobilie zu kaufen und Mieteinnahmen zu erhalten? Darüber sprechen wir weiter hinten im Buch beim Thema »Investieren als Paar«.

Weitere Einkommensquellen abseits des Gehaltes sind sinnvoll: Sollte das Gehalt wegfallen, gibt es noch andere Einkünfte, die den Ausfall abfedern.

Eure Ausgaben

Ausgaben sind meist komplexer. Im Monat kommen viele kleine bis große Summen bei Einkäufen, aufgrund geschlossener Verträge und spontaner Shoppingtouren zusammen. Wer viel mit Karte bezahlt und einen Blick auf den Bankauszug (digital oder in Papierform) wirft, sieht meist viele rote Zahlen und nur eine oder ein paar wenige schwarze Zahl(en).

Es gilt nun, diese Buchungen sinnvoll zu ordnen, um eine möglichst hohe Aussagekraft zu erhalten. Dafür braucht es eine Balance zwischen der Gesamtsumme (»Wir haben diesen Monat 2973,61 Euro ausgegeben.«) und jeder einzelnen Buchung auf euren Karten. Außerdem werden auch bar bezahlte Ausgaben erfasst, damit ihr ein vollständiges Bild erhaltet.

Eine erste Unterteilung eurer Ausgaben sind fixe und variable Ausgaben. Unter fixe Ausgaben fallen regelmäßig wiederkehrende Ausgaben, die in der Höhe in der Regel gleich sind. Also Miete, Haftpflichtversicherung, Rundfunkbeitrag, Telefon, Internet, Mitgliedschaften, Leasingraten und so weiter – dafür habt ihr meist einen Vertrag.

Veränderungen der fixen Ausgaben benötigen eine Kündigung oder eine Information, dass sich die Preise ändern werden. Meist besteht bei Änderungen sogar ein Sonderkündigungsrecht. Fixe Ausgaben sind daher sehr gut vorhersehbar, weshalb ihr sie bereits zum Jahresbeginn zusammenrechnen könnt. Eure Schätzung und die tatsächlichen Ausgaben werden sehr nah beieinanderliegen.

Variable Ausgaben können zwar auch wiederkehrend sein, variieren jedoch in der Höhe. Dazu zählen Lebensmittel, Hygieneartikel, Ausflüge, Restaurantbesuche, Urlaube, Anschaffungen oder Reparaturen. In Summe und über die Zeit schwanken jedoch auch die variablen Ausgaben nicht großartig. Gebt ihr in der Regel 170 Euro pro Monat für Lebensmittel aus, wird sich der Betrag in dieser Höhe bewegen. Stehen plötzlich 380 Euro oder nur 50 Euro unter diesem Punkt, solltet ihr das hinterfragen. Für diese Mittelwerte werdet ihr durch das Führen eines Haushaltsbuches ein viel besseres Gefühl entwickeln und könnt typischerweise bereits nach wenigen Monaten eure Erwartungswerte für die kommenden Monate abschätzen.

Ausgaben nach der 50-30-20-Regel aufzuteilen ist die zweite Möglichkeit zur Ausgabenaufteilung. Entscheidet ihr euch, diese Regel (ihr habt sie bereits im Kapitel »Zusammenziehen« kennengelernt) einzuhalten, teilt ihr eure Ausgaben den drei Kategorien »Lebensunterhalt«, »Freizeit & Lifestyle« und »Investitionen & Rücklagen« zu. So wisst ihr jeden Monat, jedes Quartal und jedes Jahr, ob ihr euch an die Regel gehalten habt. Weicht ihr zu stark ab (z. B. 70-25-5), wisst ihr sofort, dass etwas zu ändern ist und an welchen Stellen ihr zuerst ansetzt.

In beiden Varianten empfiehlt es sich, Unterkategorien zu bilden wie Lebensmittel, Mobilität, Bildung, Versicherungen oder Nebenkosten, in denen ihr die Ausgaben eintragt. Auf diese Art behaltet ihr am Jahresende den Überblick über eure durchschnittlichen Ausgaben in den Unterkategorien.

Das ist hilfreich, wenn es um den letzten Schritt eures Finanzüberblicks geht: die Finanzplanung.

Findet einfach für euch heraus, welches Vorgehen, ob digital oder analog, monatlich oder täglich, für euch am besten funktioniert. Jetzt heißt es nur noch: dranbleiben!

Finanzplanung

Bei eurer Finanzplanung prognostiziert ihr heute schon, wie sich eure Finanzen in den nächsten Monaten oder im nächsten Jahr entwickeln werden. Das hat mehrere Vorteile:

- »Können wir uns diese Anschaffung leisten?« kann leichter beantwortet werden.
- Ihr habt eine Antwort auf »Welches Budget fehlt uns noch für unseren Urlaub / unser Auto / unsere Elternzeit?«.
- Finanzielle Engpässe werden bereits zu Jahresbeginn sichtbar. Ihr habt somit die Chance dem vorzubeugen.
- Ihr könnt größere Ziele und Vorhaben direkt in eure Planung mit aufnehmen und euch auf die Umsetzung konzentrieren.

Bei der Planung könnt ihr entweder das Ende am Anfang betrachten oder aus der Vergangenheit für die Zukunft lernen.

Das Ende am Anfang betrachten bedeutet, dass ihr euch am Jahresanfang überlegt, wie viel Geld ihr sparen, investieren, einnehmen, ausgeben wollt und entsprechend plant. Das braucht sehr viel Disziplin, weil eure Wünsche gegebenenfalls stark von eurem bisherigen Verhalten abweichen. Die große Chance besteht jedoch darin, so schneller eure (finanziellen) Träume zu verwirklichen.

Aus der Vergangenheit für die Zukunft lernen heißt, euer Haushaltsbuch für drei Monate zu führen und dann mit den Durchschnittswerten die nächsten drei Monate zu planen. Nach dem ersten Jahr könnt ihr mit eurer Erfahrung das gesamte nächste Jahr planen. Eure Vorhersagen werden dabei immer genauer, das bietet finanzielle Stabilität.

Elegant ist eine Mischung aus beiden Verfahren. Zunächst plant ihr mit euren bisherigen Ausgaben und Einnahmen das kommende Jahr und fügt wünschenswerte Änderungen hinzu, wie beispielsweise eine Gehaltserhöhung ab April oder eine weitere Einnahmequelle wie Gewinnausschüttungen durch eine Unternehmensbeteiligung.

Somit schafft ihr zusätzliche Motivation, monatlich euer Haushaltsbuch zu führen. Eure Planung wird direkten Einfluss auf euer Handeln haben. Euer Handeln wird sich auf eure Einnahmen, eure Ausgaben und euer Vermögen auswirken. In eurem Haushaltsbuch habt ihr diese positive Aufwärtsspirale direkt vor Augen.

Das gilt doch nun alles auch für Singles! Was ist der Unterschied zur Beziehung?

All das, was du gerade zum Vermögensstand, zum Haushaltsbuch und zur Finanzplanung gelesen hast, kannst du unabhängig von deinem Beziehungsstatus anwenden. Was ist für Menschen in einer Beziehung an der Stelle besonders?

Ihr habt drei Bereiche, in denen Einnahmen, Ausgaben und Vermögen entstehen. Bei dir, deinem Lieblingsmenschen und euch zusammen. Je nachdem, wo ihr gerade in eurer Beziehung steht, sind die Bereiche unterschiedlich verteilt.

Lernt ihr euch gerade kennen, sind die Bereiche in der Regel fast vollständig getrennt. Zieht ihr gerade zusammen, fallen plötzlich mehr Alltagsausgaben in die gemeinsame Kategorie. Solltet ihr heiraten oder Kinder bekommen, sind nur noch die wenigsten Dinge bei dir oder deinem Lieblingsmenschen separat zu finden, fast alle Ausgaben betreffen euch gemeinsam.

Während Ausgaben automatisch verschmelzen, ist dies bei Einnahmen und Vermögen nicht der Fall, es gilt also, diese aktiv zu besprechen. Du kannst entscheiden, wie transparent du gegenüber deinem Lieblingsmenschen sein möchtest. Beispielsweise könntet ihr zu Beginn nur die gemeinsamen Ausgaben, Einnahmen und das Vermögen in einer gemeinsamen Excel-Liste oder App aufschreiben. Für alles andere seid ihr getrennt verantwortlich.

Steht in eurer Beziehung ein neuer Meilenstein an, könnt ihr die Transparenz ändern und dein Geld und das Geld deines Lieblingsmenschen in derselben Tabelle dokumentieren.

Außerdem könnt ihr mithilfe eures Haushaltsbuches euer Kontenmodell anpassen. Euer Haushaltsbuch dient dabei als Wissenslieferant, in Kombination mit Veränderungen in eurer Beziehung könnt ihr auch hier die nächsten Schritte gehen.

Findet das passende Kontenmodell für eure Beziehung

Ein Kontomodell ist nur so gut, wie es eure Beziehung unterstützt. Das richtige Modell nimmt euch jede Menge Arbeit ab, vereinfacht Geldgespräche und dient als Entscheidungsgrundlage. Beim falschen Modell versinkt ihr in Arbeit, streitet euch viel zu oft über Geld, und am Ende des Tages wisst ihr nicht, was das Richtige für euch ist.

Macht euch im ersten Schritt Gedanken, was euch wichtig ist, erst getrennt und dann gemeinsam. Diese Fragen helfen euch dabei:

- Was ist dir wichtig beim Umgang mit Geld (z. B. Sparsamkeit, nicht jeden Cent umdrehen zu müssen oder willst du heute schon an morgen denken)?
- Was ist dir wichtig bei gemeinsamen Ausgaben (z. B. Transparenz, wenig Arbeit)?
- Zahlst du lieber bar oder mit Karte und wieso ist dir das wichtig?
- Was ist dir wichtig bei deinem eigenen Geld (z. B. freie Verfügbarkeit, keine Rechenschaft)?

Tauscht euch nun darüber aus. Dabei hilft die Frage: »Was bedeutet das für dich?« Danach könnt ihr das passende Kontomodell für euch herausfinden.

Alles wird zusammengeschmissen – das 1-Kontomodell

Aus zwei mach eins: Wohnung, Festnetzanschluss, Haftpflichtversicherung und Internetzugang. Wieso dann nicht auch bei den Konten?

Beim 1-Kontomodell wird ein neues Konto eingerichtet, eure beiden Konten werden dorthin zusammengeführt, die bisherigen Konten aufgelöst. Hier habt ihr die Wahl zwischen einem sogenannten Und-Konto und einem Oder-Konto. Beim Und-Konto könnt ihr nur gemeinsam Entscheidungen treffen. Jede Überweisung, jede Abhebung muss durch beide genehmigt werden. Das schützt euch zwar davor, dass der Lieblingsmensch plötzlich alles Geld abhebt und damit verschwindet, aber jede Transaktion ist mit sehr viel Aufwand verbunden.

Beim Oder-Konto habt ihr unabhängigen Zugriff und Entscheidungsrechte auf das gemeinsame Konto. Du und dein Lieblingsmensch könnt getrennt voneinander überweisen und abheben. Es braucht keine Zustimmung. Beide haben eine eigene EC-Karte, einen eigenen Kontozugang und eigene PINS, nur das Konto ist identisch.

Beide Kontenarten können nur gemeinsam eröffnet und aufgelöst werden. Beiden gehört das vorhandene Geld automatisch 50:50. Solltet ihr eine andere Aufteilung wünschen, müsst ihr das für euch privat festhalten und hoffen, dass sich jede(r) im Zweifel daran hält. Auch haftet ihr für das Konto gesamtschuldnerisch. Verursacht beim Oder-Konto eine Person einen Dispokredit, dann seid ihr beide verpflichtet, diesen zu begleichen und die Zinsen zu tragen.

Im Falle einer Trennung seid ihr mit diesem Kontomodell am abhängigsten voneinander. Auch nach der Trennung nutzt ihr eine Zeit lang dasselbe Konto, da du erst ein neues eröffnen müsstest. Bei einem Und-Konto wärt ihr sogar handlungsunfähig, solange ihr keine gemeinsame Entscheidung treffen könnt. Zudem können verletzte Gefühle eine Reihe von Diskussionen auslösen, die bei einem 1-Kontomodell besonders schwer ins Gewicht fallen. Immer wieder wird nach einer Trennung im Nachgang Eigentum beansprucht, das vorher noch beiden gleichermaßen gehört hat. Solche Streitigkeiten können schnell vor dem Zivilgericht landen. Dabei fließt jede Menge Geld Richtung Gericht, Anwalt oder Anwältin. Selbst wenn der Sachverhalt auf den ersten Blick klar ist und das Guthaben (oder die Schulden) beiden hälftig gehören.

Das 1-Kontomodell können wir also nicht empfehlen; auch nicht im weiteren Verlauf eurer Beziehung. Gerade die Und-Variante kann so starke Abhängigkeiten schaffen, dass eine Trennung finanziell unmöglich wird. Das ist definitiv die schlechteste Voraussetzung, um eine Beziehung fortzuführen. Mit nur einem Konto ist die Gefahr groß, dass die finanziellen Zuständigkeiten und Erwartungen unausgesprochen bleiben: Vielleicht hast du das Gefühl auf der Tasche zu liegen oder dass dein Lieblingsmensch euer Geld nicht »sinnvoll« ausgibt. Es gibt viele Möglichkeiten sich unwohl zu fühlen. Aus dieser Perspektive kann ein 1-Kontomodell sogar sehr viel mehr Arbeit bedeuten, da all diese Bedürfnisse adressiert werden müssen und ein hohes Konfliktpotenzial entstehen kann.

Es gibt sicherlich Beispiele, für die dieses Modell bis zum Tod hervorragend geklappt hat, jedoch enden die wenigsten Beziehungen in einer Heirat, und selbst diese wird nach wie vor in 40 Prozent der Fälle wieder geschieden.[4] Davon wiederum haben die Hälfte minderjährige Kinder,[5] was den finanziellen Druck weiter erhöht.

Wir nehmen das, was wir schon haben – das 2-Kontenmodell

Auf den ersten Blick könntet ihr denken: »Jeder von uns hat ja bereits ein Konto, warum belassen wir es nicht dabei. So könnten wir auch gleich alle lästigen Dinge, die mit einer Kontoänderung einhergehen, umgehen.«

Somit ist aber noch nicht die Herausforderung der praktischen Umsetzung gelöst: Teilt ihr die Ausgaben nach eurem Verteilungsschlüssel auf? Gleicht ihr die Ausgaben am Ende des Monats aus? *Die Ausgaben im Vorfeld aufzuteilen*, kann sehr unterschiedlich aussehen. Im ersten Schritt findet ihr mit dem Haushaltsbuch heraus, welche Ausgaben es gibt und wie hoch sie sind. Das könnte zum Beispiel so aussehen:

- Miete: 935 Euro
- Telefon & Internet: 39,90 Euro
- Haftpflichtversicherung: 5,43 Euro
- Strom: 55 Euro
- Lebensmittel: ~270 Euro
- Reinigungsmittel: ~15 Euro
- Freizeit: ~100 Euro

Die Miete teilt ihr durch zwei, die anderen Ausgaben teilt ihr gleichmäßig auf: Person A übernimmt Telefon & Internet, die Haftpflichtversicherung, Strom, Freizeit und Reinigungsmittel, Person B übernimmt die Lebensmittel. Am Ende des Monats wird noch eine Ausgleichszahlung angesetzt. Der Vorteil hier ist, dass ihr nur noch etwa einmal im Jahr oder bei gegebenen Anlässen (wie Gehaltserhöhung) über eure Ausgaben sprechen müsst. Dabei behaltet ihr die variablen Ausgaben monatlich im Auge.

Klingt das zu anstrengend, dann ist das noch nicht die richtige Lösung für euch.

Legt ihr euch von vornherein fest, monatlich einen Ausgleich zu zahlen, schreibt ihr alle gemeinsamen Ausgaben jeden Monat nachvollziehbar auf, aber vielleicht ist es genau das Richtige für euch. Die Idee ist, die gemeinsamen Ausgaben jeden Monat nachvollziehbar aufzuschreiben. Am Monatsende gibt es einen Kassensturz. Hast du in Summe 750 Euro bezahlt und dein Lieblingsmensch 600 Euro, habt ihr nun zwei Möglichkeiten:

Wollt ihr die Ausgaben 50:50 aufteilen, könnt ihr entweder den Betrag sofort ausgleichen und dein Lieblingsmensch überweist dir die Differenz von 75 Euro. Oder ihr verschiebt euren Startwert des nächsten Monats auf 0 Euro für die eine und –75 Euro für die andere Person. Die Voraussetzung für das System ist, dass beide ihre Ausgaben auch wirklich aufschreiben. Lässt das – wie in unserem Fall – eine Person schleifen, führt das zu (ausufernden) Diskussionen.

Liebt ihr beide Zettel, sammelt gerne und zahlt lieber bar, dann könnte das eine Lösung für euch sein.

Manche denken auch: »Pi mal Daumen wird es schon passen«, und finden, das drückt Vertrauen und Liebe aus. Während der ersten Meilensteine eurer Beziehung mag das auch keinen großen Unterschied machen, doch bei der Eheschließung, dem Elternwerden oder dem Hauskauf entstehen größere finanzielle Herausforderungen und Verpflichtungen – und eure Finanzen auf Augenhöhe gleiten ins Ungleichgewicht. Deshalb empfehlen wir klar, bereits jetzt eine sichere Grundlage zu schaffen – denn Übung macht den Meister und die Meisterin!

Was passiert bei Sonderausgaben? Die Waschmaschine ist kaputt, das Auto gibt ungewöhnliche Geräusche von sich und muss in die Werkstatt. Unvorhergesehene oder größere Einmalausgaben können immer wieder auftreten. Wie wollt ihr damit umgehen? Für diesen Fall bildet ihr Rücklagen, wie bei der 50-30-20-Regel vorgesehen.

Unsere Empfehlung: Das 3-Kontenmodell

Die Grundidee des 3-Kontenmodells ist denkbar simpel: Ihr behaltet euer eigenes Konto und eröffnet ein gemeinsames Konto. Was ihr zusammenlegen möchtet, könnt ihr zusammenlegen. Alles andere bleibt getrennt.

Das hat einige sehr attraktive Vorteile:

- Ihr teilt euch die Verantwortung für eure Ausgaben. Alle haben Zugriff auf das Konto, können offene Rechnungen begleichen und Einkäufe tätigen.
- Private Ausgaben bleiben eure Privatsache. Das kann das Geschenk für den Lieblingsmenschen, eine Fortbildung oder ein Kleidungsstück sein. Ihr teilt es, wenn ihr es möchtet, ansonsten ist es das jeweils eigene Geld.
- Ihr bleibt grundsätzlich finanziell unabhängig voneinander bzw. steht in einer gesunden Abhängigkeit zueinander. Durch die persönlichen Konten habt ihr stets eigenes Geld zur Verfügung. Eine Trennung muss also nicht aufgeschoben werden, weil es gerade technisch nicht möglich ist.
- Eure Absprachen werden direkt durch das Kontenmodell abgebildet.

Auch vorteilhaft, obwohl es weiterhin Nachteile sind: Die bisherigen Nachteile haben ein geringeres Gewicht. Bei einer Trennung steht weiterhin eine Einigung über das Geld auf dem Gemeinschaftskonto an, aber dort ist meist nur das Guthaben für einen Monat drauf. Einzig die Pfändung und Mithaftung bleiben bestehen. Entscheidet sich ein Lieblingsmensch, das Gemeinschaftskonto zu überziehen, sind beide dafür verantwortlich, die Schulden und Zinsen zu begleichen.

Beim 3-Kontenmodell gibt es zwei Varianten. Die erste Variante eignet sich besonders, wenn ihr gerade erst zusammengezogen seid oder am Anfang eurer Beziehung steht. Variante zwei bietet sich vor allem zu größeren Meilensteinen wie Hochzeit, der Kinderplanung oder dem Kauf von Eigentum an.

Beide Varianten haben drei Konten: zwei persönliche und ein gemeinsames. Doch der Cashflow – also von wo nach wo das Geld fließt – unterscheidet sich.

Variante 1

Individuelle Einkünfte kommen auf das persönliche Konto. Von dort wird ein vereinbarter Betrag auf das Gemeinschaftskonto überwiesen. Vom Gemeinschaftskonto werden die gemeinsamen Ausgaben bezahlt. Gibt es gemeinsame Einkünfte, werden sie auf das Gemeinschaftskonto eingezahlt. Der Rest läuft über die persönlichen Konten.

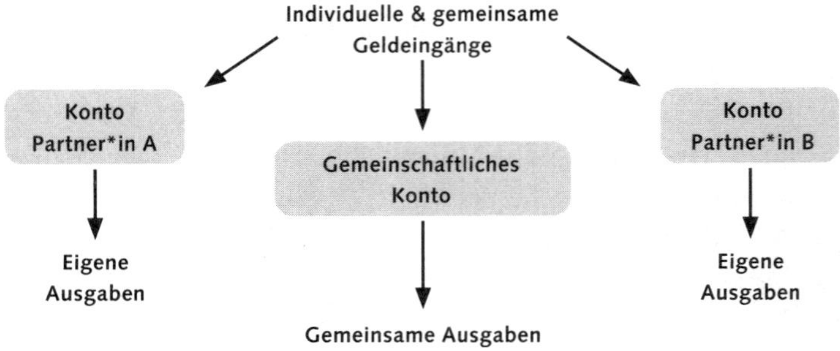

Variante 2

Alle Einkünfte gehen auf das Gemeinschaftskonto. Von dort werden alle Ausgaben beglichen – egal ob gemeinschaftlicher oder persönlicher Natur. Das restliche Geld wird am Ende des Monats auf die persönlichen Konten überwiesen. Diese können dann als Notgroschen, für Geschenke oder persönliche Investitionen genutzt werden.

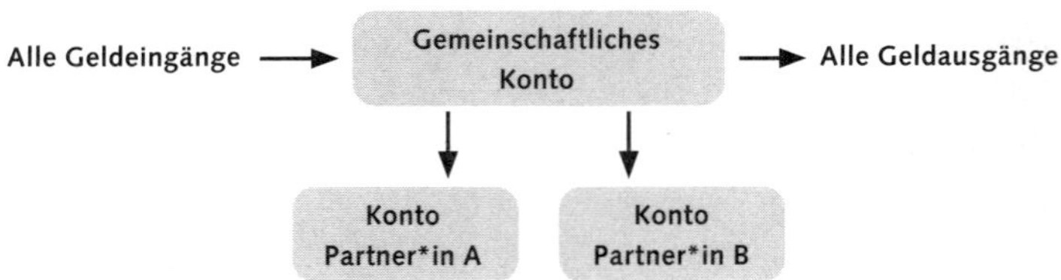

Du siehst, hier gibt es verschiedene Möglichkeiten, das Kontenmodell euren Bedürfnissen anzupassen. Ihr könnt das Geld auf unterschiedliche Arten zwischen den Konten überweisen und aufteilen. Es ist ein sehr flexibles System, das sich auch im Laufe eurer Beziehung immer wieder anpassen lässt.

Euer Moneydate – wie ihr das meiste aus eurem Monatsabschluss herausholt

Einmal eingerichtet, ist das Haushaltsbuch schnell geführt. Der riesige Mehrwert für dich, deinen Lieblingsmenschen und eure Beziehung ist euer darauffolgendes Moneydate: euer Gespräch über den letzten Monat – aus finanzieller Sicht. Wir führen unser Haushaltsbuch seit Dezember 2015 und haben seit Januar 2016 Monat für Monat unser Moneydate. Müssten wir uns für einen Faktor entscheiden, der am meisten zu unserem Vermögensaufbau beiträgt, würden wir die Kombi aus Haushaltsbuch und Moneydate nennen.

Dafür haben wir einen kleinen Leitfaden entwickelt, der uns durch unseren Monatsabschluss führt und den Gesprächseinstieg erleichtert.

Was waren deine Highlights im vergangenen Monat?

Ganz allgemein: Was war im letzten Monat besonders toll? Was hat dich überrascht? Was hat dich geärgert? Worüber hast du dich gefreut? Sammelt zusammen eure schönen und herausfordernden Momente. Freut euch über eure Erlebnisse und das Überwinden von Herausforderungen.

Was gab es für Besonderheiten bei euren Einnahmen?

Ist eine Gehaltserhöhung, eine Dividendenzahlung oder eine Mieteinnahme durch Untervermietung zum ersten Mal im Haushaltsbuch sichtbar? Gab es andere positive Veränderungen in euren Einnahmen? Vielleicht eine Bonuszahlung, eine Steuerrückerstattung oder Geldgeschenke?

Diese Erfolge zu feiern, ist wichtig, auch wenn es im weiteren Verlauf unerfreuliche Punkte zu besprechen gibt.

Zu den Erfolgen kann es auch negative Überraschungen geben. Während wir das Buch hier schreiben, hat Marielle festgestellt, dass es diesen Monat kein Elterngeld gab. Das bedeutet nun nachzufragen, Fehler zu finden und jede Menge (unnötiger) Bürokratie. Aber, hey, wir haben es dank unseres Haushaltsbuchs frühzeitig entdeckt und können handeln.

Eure Erkenntnis kann ebenfalls sein, dass der letzte Monat exakt so verlaufen ist, wie ihr ihn geplant habt. Auch das ist eine wichtige Erkenntnis. Eure Planung stimmt und ihr erreicht eure Ziele. Alles richtig gemacht!

Was gab es für Besonderheiten bei euren Ausgaben?

Ähnlich wie bei den Einnahmen gibt es auch hier drei Varianten: weniger Ausgaben als geplant – mehr Ausgaben als geplant – Ausgaben im Planbudget.

Eure fixen Ausgaben (zur Erinnerung: die, die auf Verträgen basieren) sollten jeden Monat identisch sein. Wenn es hier Abweichungen – egal in welche Richtung – gibt, lohnt es sich herauszufinden, woran das liegt. Gegebenenfalls gab es eine Gebührenänderung, die ihr für zukünftige Monate einplanen müsst, oder es ist ein Fehler unterlaufen, der behoben werden sollte.

Bei euren variablen Ausgaben wird es stets etwas schwanken. Das ist normal und kann auch gar nicht exakt geplant werden. Interessant sind vor allem plötzliche Ausreißer nach oben oder unten. Wieso habt ihr beispielsweise für Lebensmittel im letzten Monat 150 Euro mehr ausgegeben? Gab es einen einmaligen Grund? Oder eine Gewohnheitsänderung? Gleiches gilt, wenn sich die Tankrechnung plötzlich halbiert. Wart ihr im Urlaub? Oder seid ihr aufs Fahrrad oder den ÖPNV umgestiegen?

Plötzliche Veränderungen sind gut nachvollziehbar. Es gibt meist einen Auslöser, der euch bewusst ist. Anders sieht es bei schleichenden Veränderungen aus. Euer Essensbudget liegt etwa bei 250 Euro im Monat, ihr gebt aber von Januar bis Juni folgende Beträge aus: 255 Euro, 264 Euro, 243 Euro, 281 Euro, 270 Euro und 296 Euro. Die Unterschiede zum Vormonat sind nicht so stark. Und im März wart ihr sogar unter eurem Budget. Dennoch steigen eure Ausgaben. Bei knapp 350 Euro fällt euch auf, dass ihr inzwischen fast 100 Euro über eurem Budget seid. Was ist passiert?

Da ihr alles aufgeschrieben habt, könnt ihr euch die langsame Steigerung ansehen. Ihr braucht nicht zu raten, sondern habt die Zahlen vor euch. Nun könnt ihr auf Entdeckungsreise gehen. Ob ihr den Grund noch herausfindet oder nicht, ihr habt nun eine Entscheidung zu treffen: Wollt ihr das Budget dauerhaft anheben oder euer Einkaufsverhalten für Lebensmittel erneut an den 250 Euro ausrichten?

Welche Sprache sprechen die Zahlen?

Während eures Moneydates könnt ihr auch einen Blick auf eure Kennzahlen werfen. Dabei gibt es zwei Zahlen, die euch ein gutes Feedback geben: erstens die Sparquote, zweitens der Ist-Soll-Vergleich.

Eure Sparquote ist schnell berechnet:

$$\frac{(\text{Einnahmen} - \text{Ausgaben})}{\text{Einnahmen}} \times 100 = \text{Sparquote}$$

Als Beispiel: Ihr habt zusammen 4000 Euro eingenommen und 3000 Euro ausgegeben. Die Zahlen in der Formel eingesetzt ergeben:

$$\frac{(4000\ \text{Euro} - 3000\ \text{Euro})}{4000\ \text{Euro}} \times 100 = 25\ \text{Prozent}$$

Dieses Geld fließt in eure Rücklage, den Notgroschen oder eure Investitionen. Zur Erinnerung: Der 50-30-20-Regel nach sollten (mindestens) 20 Prozent eurer Einnahmen für Rücklage, Notgroschen und Investitionen verwendet werden. Das wäre im ersten Beispiel erfüllt und ihr seid auf einem guten Weg. Beträgt die Sparquote beispielsweise nur noch 12,5 Prozent, ist dies ein Anzeichen dafür, dass ihr in diesem Monat zu viel ausgegeben habt, und ihr könnt auf die Suche nach der Ursache gehen.

Nun kann die Sparquote von Monat zu Monat stark schwanken, weil ihr beispielsweise euren Urlaub geplant habt oder das Auto in der Werkstatt war und damit hohe Einmalausgaben anfielen. Daher lohnt es sich die Sparquote im Jahresverlauf anzuschauen. Im Februar rechnet ihr eure Einnahmen und Ausgaben aus Januar und Februar zusammen und wendet die obige Rechnung an. Im März dann mit den Zahlen aus Januar, Februar und März. Und so weiter. Ende Dezember habt ihr die Sparquote für das gesamte Jahr, welche die höchste Aussagekraft hat. Diese liegt am besten um die 20 Prozent oder höher, oder ihr braucht einen sehr guten Grund, wieso sie niedriger ausfällt.

Als Zweites schaut ihr euch den Ist-Soll-Vergleich bei euren Einnahmen und Ausgaben an. Auch der lässt sich leicht berechnen:

$$\left(\frac{\text{Tatsächliche Einnahmen}}{\text{Geplante Einnahmen}} - 1\right) \times 100 = \text{Ist-Soll-Einnahmen}$$

Im ersten Beispiel habt ihr mehr eingenommen als geplant:

$$\left(\frac{4500 \text{ Euro}}{4000 \text{ Euro}} - 1\right) \times 100 = 12{,}5 \text{ Prozent}$$

Im zweiten Beispiel habt ihr weniger eingenommen als geplant:

$$\left(\frac{3500 \text{ Euro}}{4000 \text{ Euro}} - 1\right) \times 100 = -\ 12{,}5 \text{ Prozent}$$

Euren Ausgabenvergleich berechnet ihr genauso, nur mit euren Ausgabenwerten.

Beide Kennzahlen verraten euch, wie nah ihr an eure gesetzten Budgets kommt. Eine Schwankung von 10 Prozent ist gerade zu

Beginn nicht unüblich. Entdeckt ihr jedoch größere Abweichungen, ist Ursachenforschung angesagt. Diese Kennzahlen können auch auf Quartals- und Jahresbasis ausgerechnet werden. Dadurch erhaltet ihr eine stärkere Aussage, weil sich die Monatsschwankungen ausgleichen oder verstärken.

Am leichtesten ist, wenn ihr dafür ein Excel-Haushaltsbuch verwendet. Dann sind die Formeln alle hinterlegt und ihr braucht nur noch die Zahl abzulesen. Schließlich wollt ihr eure Zeit sinnvoll nutzen und nicht jeden Monat ewig Zahlen in den Taschenrechner eintippen.

Wie haben sich eure Investitionen entwickelt?

Das ist eine Frage, die ihr sicherlich nicht jeden Monat beantworten werdet. Eure Investitionen (beispielsweise an der Börse oder in Immobilien) sind hoffentlich langfristig ausgerichtet und brauchen daher nicht monatlich überprüft zu werden. Am Ende eines Quartals oder spätestens am Jahresende lohnt es sich, hierfür Zeit einzuplanen. Welche weiteren Investitionen wollt ihr tätigen? Was habt ihr gelernt? Was wollt ihr in Zukunft verändern? Sind eure Ziele noch gleich geblieben?

Dazu werden wir im späteren Verlauf noch ausführlicher zu sprechen kommen, wenn es um Investitionen, vorrangig für die Altersvorsorge, geht.

Wie hat sich eure finanzielle Unabhängigkeit entwickelt?

Zugegeben, das ist zu unserer Lieblingsfrage geworden. Zu Beginn war sie sehr frustrierend, gerade Mike hatte keine Einkünfte abseits seines Hauptjobs und musste die gesamten Ausgaben davon decken. Inzwischen hat sich das stark verändert und wir werden 2022 über zwei Drittel unserer Ausgaben durch sogenannte passive Einkünfte wie Dividenden- und Mieteinnahmen decken können.

Passives Einkommen
Passives Einkommen ist Geld, das du ohne (großen) aktiven Aufwand verdienst. Sobald du die Einkommensquelle gefunden und aufgebaut hast (was durchaus sehr viel Arbeit bedeutet), erhältst du hier regelmäßig Geld mit nur geringen weiteren Tätigkeiten. Typischerweise musst du zuerst etwas investieren, um anschließend passive Einkünfte zu generieren.

Gänzlich passives Einkommen gibt es nun nicht wirklich. Für jedes Einkommen muss gearbeitet werden. Gerade bei zusätzlichen Einkommen bedeutet das, Zeit nach dem Hauptjob, meist in den Abendstunden und am Wochenende, aufzuwenden. Jedoch sind die Einnahmen von der Arbeitszeit entkoppelt, daher der »Passiv«-Gedanke. Für uns kommen passive Einnahmen beispielsweise aus Mieteinnahmen von Immobilien (in die vorher investiert wurde und um die sich natürlich auch aktiv gekümmert werden muss – aber eben nicht täglich), Dividendeneinnahmen von Aktien (auch hier wurde vorher investiert und muss regelmäßig nachjustiert werden) oder auch aus ganz klassischen Zinseinnahmen auf dem Bankkonto.

Wenn du arbeiten gehst, wirst du für deine geleisteten Stunden bezahlt. Bei Tantiemen, Mieteinnahmen, Dividendenzahlungen oder Zinsen wirst du unabhängig von deinen Arbeitsstunden »bezahlt«. Diese Form der Einnahmen ist ein wahrer Motivationsschub und Sicherheitsspender. Sie fließen höchstwahrscheinlich weiter, auch wenn du gerade nicht arbeiten kannst.

Dadurch können Träume und Wünsche leichter erfüllt werden. Uns ermöglichen sie, dass wir beide sechs Jahre – davon vier Jahre vollständig – zu Hause bei unseren Kindern bleiben können und beide nicht mehr Vollzeit arbeiten müssen. Mit unserem Projekt der Beziehungsinvestor*innen bessern wir unsere finanzielle Situation weiter auf. In Teilzeit zurück in unsere Angestelltenverhältnisse können wir, wenn wir es wollen, müssen es dank der passiven Einnahmen aber nicht zu einem bestimmten Stichtag, sondern können es dann tun, wenn die Rahmenbedingungen für unsere Familie passend sind.

Wie berechnest du die finanzielle Unabhängigkeit?

$$\text{Finanzielle Unabhängigkeit} = \frac{\text{Einnahmen aus Investitionen}}{\text{Ausgaben}} \times 100$$

Zu Beginn kann das so aussehen:

$$\frac{0{,}15\ \text{Euro}}{3000\ \text{Euro}} \times 100 = 0{,}005\ \text{Prozent}$$

Nach einem Jahr kann dann monatlich so ein Ergebnis herauskommen:

$$\frac{70\ \text{Euro}}{3000\ \text{Euro}} \times 100 = 2{,}33\ \text{Prozent}$$

Nach fünf Jahren kann es dann schon jeden Monat so aussehen:

$$\frac{2000\ \text{Euro}}{3000\ \text{Euro}} \times 100 = 66{,}66\ \text{Prozent}$$

Was meinst du, zu welchem Zeitpunkt es leichter ist, den Job zu kündigen (ohne einen neuen zu haben), eine gleichberechtigte Elternzeit zu planen oder in Krisenzeiten zu leben?

Auf welche Highlights freust du dich im nächsten Monat?

Mit einem Rückblick begann euer Moneydate und mit einem Ausblick endet euer Moneydate. Worauf freut ihr euch im kommenden Monat? Was werden eure Herausforderungen sein? Was würdet ihr euch wünschen? Was sind eure Erwartungen?

Wenn ihr die Sachen aufschreibt, könnt ihr im nächsten Monat sogar schauen, wie sich eure Vorstellung von eurer Erfahrung unterscheidet.

Alles schön und gut, aber gibt's hier auch weitere Hilfestellungen?

Unser Moneydate nehmen wir monatlich auf. Du findest es im Beziehungsinvestor*innen-Podcast auf jeder gängigen Podcastplattform. Dort gehen wir exakt diese Fragen zu Beginn eines jeden Monats durch. Du kannst also von unserem Austausch lernen, Sicherheit gewinnen und es uns dann nachmachen.

Auch beim Haushaltsbuch kannst du auf unser Wissen zurückgreifen. Unter www.beziehungs-investoren.de/gratis-haushaltsbuch bekommst du unser Basis-Haushaltsbuch für Paare für 0 Euro und kannst noch heute anfangen eure Finanzen zu dokumentieren.

Das waren nun ganz schön viele Informationen für den Meilenstein »Zusammenziehen«. Hättest du zu Beginn gedacht, dass es hier so viel zu besprechen gibt? Dass ihr bereits hier so viele Chancen habt, eine starke Grundlage für euer Vermögen zu legen? Dass ihr so viele Möglichkeiten habt, eure Bedürfnisse mit dem passenden Kontenmodell zu erfüllen?

In den nächsten Kapiteln gehen wir davon aus, dass ihr bis hierhin alles umgesetzt habt.

ZUSAMMENZIEHEN – AUF EINEN BLICK

Über diese drei Fragen tauscht ihr euch am besten aus, bevor ihr zusammenzieht:

- Welchen Rahmen wollen wir uns für die Miete setzen?
- Kannst du dir vorstellen ein gemeinsames Konto einzurichten oder wollen wir lieber die Ausgaben auf unsere persönlichen Konten aufteilen?
- An welchen Ort möchten wir ziehen und was bedeutet das für unsere finanzielle Aufteilung?

Diese drei Dinge empfehlen wir euch beim Zusammenziehen auf jeden Fall zu tun:

- Euch darauf zu freuen, enger als Paar zusammenzurücken – schließlich geht ihr mit dem Zusammenzug erstmalig ein echtes finanzielles Commitment zueinander ein.
- Transparenz darüber zu schaffen, was bei euch beiden jeden Monat aufs Konto kommt und welche fixen Ausgaben ihr habt. Vielleicht findet ihr direkt Sparpotenziale bei Verträgen, die ihr jetzt nur noch einmal benötigt.
- Offen darüber zu sprechen, wie ihr die Einrichtung bezahlt und wem welche Möbel im Falle einer Trennung gehören würden.

HEIRATEN – SCHLAU SEIN & VERTRÄGE ABSCHLIESSEN

Unser Beschluss zu heiraten fiel – wie sollte es bei uns auch anders sein – bei einem Restaurantbesuch, damals in einem Schlosshotel in Romrod mit Candle-Light-Dinner und romantischer Musik im Hintergrund. Auch ohne Kniefall, ohne Ring und ohne Tamtam war es ein schöner Moment. Los ging es damit, dass Mike Papa werden wollte, am besten vor seinem 30. Lebensjahr. Das war mir aber zu früh. Wir sind fünfeinhalb Jahre auseinander und ich wollte nicht mit 23 Jahren Mama werden. Zu viel Angst hatte ich vor den Konsequenzen, die mir als Mutter blühen würden (dazu später mehr). Aber der Kinderwunsch war auch bei mir vorhanden, und ich war mir sicher, dass Mike der richtige Mann dafür sein würde. Also beschlossen wir, als eine Art Zwischenschritt, zu heiraten, obwohl wir es aus finanziellen Gründen wie dem Ehegattensplitting, bis dahin eher ausgeschlossen hatten. Unser Wunsch, denselben Familiennamen zu tragen, siegte schlussendlich und wir hätten durch die Heirat ja auch finanzielle Vorteile.

*Kaum hatten wir die Entscheidung getroffen, malten wir uns unsere Hochzeit aus. Wir wollten die standesamtliche Hochzeit klein halten, nur unsere Familien und besten Freund*innen sollten dabei sein. Dafür dann aber mit allen Menschen, die uns sehr nahestehen, unsere Beziehung groß feiern. Außerdem wollten wir unsere Flitterwochen in Australien und Neuseeland verbringen. Damit nicht genug, beschlossen wir, dass unser Budget für alles zusammen bei etwa 10 000 Euro bis 15 000 Euro unseres Geldes liegen sollte. Unsere Reise wollten wir aus den Geschenken unserer freien Trauung finanzieren. Das gab uns eine sehr klare Vorstellung, was uns wich-*

tig ist und wie wir uns bei gewissen Fragestellungen entscheiden würden.

Während all dieser Überlegungen kamen wir auch auf den Ehevertrag zu sprechen. Mir wurde immer wieder beigebracht, dass ich einen Ehevertrag bräuchte. In meiner Familie gab es schlechte Erfahrungen mit Scheidungen und den anschließenden finanziellen Verlusten und Verpflichtungen, sodass der Zwang, einen aufzusetzen, sich in mir sehr breitmachte. Schließlich soll ich mich nicht ausnutzen lassen und alles, was ich habe, beisammenhalten. Mike kannte das Narrativ des Ehevertrags, um sich gegen finanzielle Verluste abzusichern, ebenfalls. Allerdings nicht aus der Familie, sondern aus den Medien, wo Männern immer und immer wieder suggeriert wird, dass sie zwingend einen Ehevertrag bräuchten, sonst würde die Frau ihnen alles wegnehmen. Die Idee des Vertrages besprachen wir immer wieder, suchten aber keine juristische Beratung auf. So kamen wir zu dem Entschluss, dass die gesetzliche Regelung doch schon ausreichen würde und im Grunde auch widerspiegelt, was wir wollten. Denn wir konnten uns beide nicht damit anfreunden, dass der Vertrag dazu dienen sollte, sich nicht gegenseitig auszunehmen. Das war keine romantische Vorstellung, und damit war unsere Motivation auch sehr gering, einen eigenen Ehevertrag aufzusetzen.

*Also setzten wir unsere Unterschrift unter das schön aussehende Dokument des Standesamtes, während unsere Familien als Zeug*innen auf ihren Stühlen saßen und Mikes Vater mit seiner Kamera über die Schulter fotografierte, sodass dieser Moment auch ja festgehalten blieb. Das war die Unterschrift, mit der wir den gesetzlichen Regelungen der Ehe zustimmten. Diese sind sehr weitreichend und können vom Gesetzgeber immer wieder angepasst werden und damit die Situation des Ehepaares verändern. Wir unterschrieben also etwas, von dem wir so ungefähr wussten, was es bedeuten würde. Zwei Jahre später kamen wir auf einer Veranstaltung jedoch mit einer Anwältin ins Gespräch und binnen fünf Minuten war uns be-*

*wusst, dass unsere Vorstellungen von unserer Beziehung, unserer Ehe und unserer Familie eben nicht zu den Gesetzen passten. Uns wurde plötzlich klar, dass es beim Ehevertrag nicht nur ums Zusammenhalten der eigenen Besitztümer geht, sondern auch um die gemeinsame Idee des Miteinanders nach der Trennung. Da war zum Beispiel die Zugewinngemeinschaft, die wir im Grunde wollten, mit der wir aber dritte Menschen wie Mieter*innen oder Mitarbeiter*innen finanzieller Gefahr aussetzten und die auch Marielles Erbe auf wackelige Füße stellen würde. Dann war da der Ehegattenunterhalt, der per Gesetz nur bis zum dritten Lebensjahr des Kindes gezahlt werden soll, was für uns keine ausreichende Absicherung darstellte. Und dann fehlte da die Regelung, wie unsere Kinder eine Stimme bei der Scheidung erhalten würden und wir sicherstellen konnten, auch weiterhin beide in deren Leben vertreten zu sein. Das alles brachte uns sehr zum Nachdenken. Je mehr wir darüber nachdachten und je tiefer wir dadurch in unsere Beziehung eintauchten, desto bewusster wurde uns, wie romantisch und wertvoll dieser Vertrag für unsere Ehe sein würde.*

Lasst uns deshalb mit dem Vertrag beginnen, den alle unterschreiben, die in Deutschland heiraten, der zwar versucht, alle Szenarien abzubilden, es aber nicht schaffen kann, eure persönliche Situation abzubilden.

Vertrag ohne Vertrag – die Unterschrift beim Standesamt

Fragen wir befreundete Ehepaare, ob sie einen Ehevertrag abgeschlossen haben, so lautet die Antwort »Nein«. Das Alter scheint dabei keine Rolle zu spielen. Da gibt es den Familienvater Mitte fünfzig, dessen Kinder inzwischen das Haus verlassen haben und der auf Mikes Aussage: »Wir überlegen, einen Ehevertrag abzuschließen«, antwortet: »Man heiratet doch nicht, um die Trennung zu planen. Sowas hat in der Liebe nichts zu suchen.« Aber auch die Kollegin mit Ende 20, die mit ihrem Partner beschlossen hat, es bei mündlichen Absprachen zu belassen, statt diese in einem Ehevertrag festzuhalten. Und dann sind da auch die Eheleute, die sich gerade trennen wollen, jedoch feststellen, dass dies mit der gesetzlichen Regelung zu teuer wäre, und weil sie sich in ihrem Streit auch nicht mehr vernünftig unterhalten können, einfach verheiratet bleiben. Nicht ein Beispiel aus unserem näheren Umfeld können wir nennen, wo sich das Paar für einen persönlichen Ehevertrag entschlossen hat. Wie viele Paare sich tatsächlich für einen persönlichen Ehevertrag entscheiden, ist nicht öffentlich einsehbar. Die Notarkammern könnten hier Zahlen haben, allerdings sind diese selbst den Anwält*innen, die wir kennen, nicht zugänglich.

Mit dem Glaubenssatz »Einen Ehevertrag aufzusetzen, ist unromantisch. Wir heiraten aus Liebe und wollen dafür keinen Vertrag!« befinden sich all die Paare zwar in zahlreicher Gesellschaft, aber ob das wirklich so unromantisch ist? Schauen wir einmal nach.

Zunächst unterliegt jede in Deutschland geschlossene Ehe den Paragrafen 1297 bis 1588 des Bürgerlichen Gesetzbuchs.[1] Dort werden die Verlobung, die Eheschließung, die Ehe, die Scheidung, der Unterhalt und alles andere, was eine Ehe betreffen kann, geregelt. Mit eurer Unterschrift beim Standesamt stimmt ihr diesen Gesetzen zu. Wer aber liest sich all die Paragrafen durch? Du etwa? Wir haben das jedenfalls nicht getan. Ist das nun so viel romantischer, sich blind den Regularien des Gesetzgebers hinzugeben, als eigene Regeln zu erstellen?

Habt ihr nichts anderes vereinbart, wird das Gericht bei einem Streit ohne Einigung diese Gesetze anwenden und durchsetzen. Auch wenn es offiziell nicht so genannt wird, heißt das nichts anderes, als dass jede Eheschließung einem »Vertrag« unterliegt.

Damit entscheidet ihr euch mit eurer Unterschrift beim Standesamt automatisch für die Zugewinngemeinschaft. Das bedeutet, dass bei einer Scheidung festgestellt wird, wie vermögend du zum Zeitpunkt eurer Hochzeit warst, wie hoch das Vermögen deines Lieblingsmenschen war und wie hoch das gemeinsame Vermögen am Tag der Zustellung des Scheidungsantrages ist. Das werden wir gleich auch noch mal mit Zahlen durchrechnen.

Dabei unterscheidet der Gesetzgeber, ob ihr – vor oder während der Ehe – etwas (z. B. von euren Eltern) geschenkt bekommen oder geerbt oder während der Ehe erarbeitet habt. Erbschaften und Schenkungen haben einen Sonderstatus – sie werden so behandelt, als wären sie bereits bei der Heirat da gewesen, egal wann ihr sie tatsächlich erhalten habt. Das gilt aber nur für die Vermögenswerte an sich! Wertsteigerungen haben diesen Sonderstatus, oder dieses Privileg, wie der Gesetzgeber sagt, nicht. Bekommt ihr also eine Immobilie von den Eltern geschenkt, ist bei einer Scheidung die Wertsteigerung – und »nur« die – als Zugewinn zu berücksichtigen.

Das bedeutet, dass du deinem ehemaligen Lieblingsmenschen die Hälfte der Summe der Wertsteigerung auszahlen musst. Wenn du dieses Geld nicht hast, musst du es beschaffen – notfalls auch durch den Verkauf des Elternhauses.

Das Gesetz sieht als einfache Alternative zur Zugewinngemeinschaft die Gütertrennung vor, für die ihr euch in einem persönlichen Ehevertrag entscheiden könnt. In diesem Fall behaltet ihr beide euer Eigentum und Vermögen. Im Scheidungsfall findet kein gegenseitiger Ausgleich statt. Wichtig ist hier zu wissen: Die Gütertrennung ist nicht immer vorteilhaft – im Erbfall führt sie dazu, dass dein Lieblingsmensch möglicherweise, je nach Anzahl der gemeinsamen Kinder, weniger erbt als bei der Zugewinngemeinschaft. Außerdem gibt es noch die modifizierte Zugewinngemeinschaft. Diese könnt ihr ebenfalls durch einen persönlichen Ehevertrag erschaffen. Denn hier trifft zwar grundsätzlich weiterhin die Regelung der Zugewinngemeinschaft auf euch zu, ihr trefft aber in eurem persönlichen Ehevertrag abweichende Regelungen für einzelne Sachverhalte oder Vermögenswerte.

Mit eurer Eheschließung beim Standesamt – und nur die hat eine Rechtswirksamkeit – stimmt ihr also einem Ehevertrag zu, den ihr selbst nicht aufgesetzt habt und den der Staat jederzeit ändern kann. Ihr befindet euch automatisch in einer Zugewinngemeinschaft – egal, ob diese zu eurer Situation passt oder nicht. Blättert ihr durchs BGB, seht ihr eine Vielzahl an Fußnoten und Änderungshinweisen. Während eurer hoffentlich langen und glücklichen Ehe kann sich die Gesetzeslage und damit euer – staatlicher – Ehevertrag mehrfach ändern. Ob das euren Wünschen entspricht, könnt ihr nicht beeinflussen.

Nur die gesetzlichen Vorgaben anzuwenden, hat also zwei Nachteile: Erstens werden eure eigenen Bedürfnisse, Wünsche und Vorstellungen nicht beachtet. Zweitens können jederzeit Gesetzesänderungen vorgenommen werden. Auch hier sei die Frage erlaubt: Ist das nun romantischer, als sich mit eurer Ehe zu beschäftigen und für diese die passende Lösung zu finden und in einem schriftlichen Dokument für alle Beteiligten festzuhalten?

Euren eigenen Ehevertrag aufsetzen und euch tiefer kennenlernen

Nach dem Event, bei dem wir die Rechtsanwältin kennengelernt hatten, vereinbarten wir bei ihr ein Erstgespräch und gingen die wichtigsten Punkte durch. Hauptpunkte waren der Umgang mit unseren Kindern, unser Umgang mit uns und der Umgang mit unseren Vermögensgegenständen (Immobilien, Aktien, Unternehmen) bei einer potenziellen Scheidung. Wir bekamen Möglichkeiten aufgezeigt und die Aufgabe, uns tiefer damit zu befassen.

Bei einigen Dingen waren wir uns sofort einig. Beispielsweise, dass während der Grundschulzeit keine(r) von uns weiter als 5 Kilometer vom Lebensmittelpunkt unserer Kinder wegziehen darf oder dass unsere Kinder mit einer gerichtlich bestellten, unabhängigen Person über ihr Wunschaufenthaltsmodell sprechen können, damit sie eine eigene Stimme haben. Dass unsere Kinder Gehör finden, ist uns beiden sehr wichtig. Auch dass wir uns bereits heute dazu verpflichtet haben, im Falle einer beabsichtigten Trennung eine gewisse Anzahl an Stunden in Mediationsgesprächen mit einem neutralen Mediator oder einer neutralen Mediatorin zu verbringen. Anders war es bei Dingen, an denen ein unterschiedlicher emotionaler Wert hing. Die Wohnung, in der wir seit sieben Jahre lebten, hatte Marielles Mutter gekauft. Marielle und ich haben in der Zeit den Kredit hälftig abbezahlt und Marielle bekam die Wohnung kurz vor unserer Eheschließung überschrieben, eine Art vorgezogenes Erbe. Für Marielle war wichtig, dass ich bei einem Trennungsfall die Wohnung nicht bekam und auch nicht über den Zugewinn partizipierte. Mir war wichtig, dass ein möglicher neuer Mann nicht von der Immobilie profitierte, die er mit abbezahlt, damals bei der Kernsanierung unterstützt und über die Jahre mitgepflegt hatte.

Dies war ein langer und tränenreicher Prozess. Die Lösung sieht nun so aus, dass bei einer Trennung die Wohnung selbst oder der Erlös durch Verkauf der Wohnung nur an unsere Kinder weitergegeben werden darf. Auf diese Art profitieren nur die Menschen, die uns auch nach der Trennung am wichtigsten sein werden.

Weil dies über mehrere Monate ging und wir sehr tiefgehende Fragen beantworten mussten, konnten wir uns noch einmal besser kennenlernen. Wir haben dadurch ein sehr tiefes Verständnis voneinander und über unsere Beziehung erhalten. Das wäre nicht möglich gewesen, wenn wir uns nicht mit unserer (hoffentlich nie eintretenden) Trennung beschäftigt hätten. Und so waren diese Gespräche auch tatsächlich ein wenig romantisch – denn sie waren voller Liebe und Wohlwollen. Und das wären sie im Scheidungsfall vermutlich nicht mehr.

Über einen persönlich angepassten Ehevertrag habt ihr die Möglichkeit, eure Beziehung, eure Ehe und eure Familie so abzubilden, wie ihr es für richtig haltet. Das können die Gesetze im BGB nicht leisten. Die sind für den Durchschnitt geschrieben und können nicht jede einzelne Situation beleuchten.

Der Fokus wird im Ehevertrag auf euch gelegt, um eure Ehe in den Vordergrund zu stellen und im Zweifel später eine passende Lösung finden zu können. Daher empfiehlt es sich, auch eine Präambel in den Ehevertrag aufzunehmen. Dort werden eure Beziehung, eure Zukunftspläne und eure Wünsche zum Zeitpunkt der Vertragserstellung beschrieben und für den Fall einer Scheidung festgehalten, als Erinnerung an das, was einmal war und wieso ihr euch damals darauf geeinigt habt, wenn ihr heute oder in Zukunft getrennte Wege gehen wollt. Gleichzeitig erschwert es die Anfechtung des Vertrages, da die Richterin oder der Richter dann besser beurteilen kann, auf welcher Basis ihr den Vertrag geschlossen habt.

Die drei großen finanziellen Ansprüche bei einer Scheidung

Mit unserer Anwältin haben wir später unseren Ehevertrag aufgesetzt. Weil das Thema so wichtig ist und viel zu viele Menschen hier blauäugig herangehen, haben wir kurze Zeit später ein Interview mit ihr aufgenommen. Christiane Warnke erklärt hierin, dass die drei großen finanziellen Ansprüche bei einer Scheidung der Ehegattenunterhalt, der Zugewinnausgleich und der Versorgungsausgleich sind.

Das Interview findest du im Beziehungsinvestor*innen-Podcast, über eine Suchmaschine, die Podcast-App deiner Wahl oder über den QR-Code am Ende des Buchs. Die wichtigsten Aussagen haben wir hier für dich zusammengefasst. Vielen Dank an Christiane, dass du dich für das Thema einsetzt und uns alles geduldig erklärt hast!

Ehegattenunterhalt

Im Jahr 2008 wurde das Unterhaltsgesetz recht einschneidend geändert. Seitdem gilt der Grundsatz: Unterhalt ist die Ausnahme, nicht die Regel. Jede*r ist für sich selbst verantwortlich! Das ist besonders kritisch, wenn in einer Ehe nach wie vor eine hohe einseitige finanzielle Abhängigkeit besteht. Meistens ist hier die Frau betroffen. Dazu kommen wir insbesondere im nächsten Kapitel, wenn es um gemeinsame Kinder geht.

Für kinderlose Eheleute fällt die Unterhaltszahlung nach einer Ehe in der Regel gänzlich weg. Nur wenn z. B. eine*r krank ist, in der Ehe nur Teilzeit gearbeitet hat oder aus Altersgründen nicht mehr (in Vollzeit) arbeiten kann, kommt auch in diesen Fällen ein Unterhaltsanspruch in Betracht. Für Eheleute mit Kindern bis zum dritten Geburtstag gibt es nach wie vor Ehegattenunterhalt, den sogenannten Betreuungsunterhalt, der an erster Stelle der gesetzlichen Rangfolge für die Unterhaltsansprüche steht. Bedeutet für euch: Würdest du die Betreuung eurer Kinder übernehmen, müsste dein ehemaliger Lieblingsmensch bis zum dritten Geburtstag eures Kindes Ehegattenunterhalt an dich zahlen. Danach fällt auch diese Unterhaltszahlung grundsätzlich weg; der Gesetzgeber geht davon aus, dass dann eine Vollzeitbetreuung des Kindes möglich ist und beide Eltern auch wieder Vollzeit arbeiten können.

Der Gesetzgeber will hier dafür sorgen, dass Eltern (meist Mütter) nach dem dritten Geburtstag wieder ins Arbeitsleben einsteigen und nicht finanziell abhängig bleiben. Die Realität sieht jedoch oftmals anders aus und bringt den betreuenden Elternteil in hohe finanzielle Bedrängnis. Denn außerfamiliäre Betreuung durch eine Kita oder Tageseltern ist nicht flächendeckend verfügbar, teils sehr teuer oder mit langen Wartezeiten verbunden. Selbst nach dem sechsten Lebensjahr und dem Schuleintritt ist eine ausreichende Betreuungszeit nicht sichergestellt, um einem Vollzeitjob oder einem Teilzeitjob mit hoher Stundenzahl nachgehen zu können.

Dieser ist aber nötig, um den eigenen Lebensunterhalt und den des Kindes bewerkstelligen zu können. Unabhängig vom Ehegattenunterhalt steht dem Elternteil, der das Kind überwiegend betreut, für das Kind auch Kindesunterhalt zu. Dieser wird auf Basis der sogenannten Düsseldorfer Tabelle berechnet.

Wie kann dabei ein Ehevertrag helfen?
Ihr könnt z. B. den Zeitraum für die Zahlung des Ehegattenunterhalts verlängern. Statt mit dem dritten Geburtstag als Stichtag zur Arbeitsaufnahme nehmt ihr den Schuleintritt oder den Wechsel in die weiterführende Schule. Ihr könnt es auch von der Betreuungssituation und der damit verbundenen Möglichkeit einer (fast) Vollzeittätigkeit abhängig machen.

Auch die Höhe des Unterhalts könnt ihr im Ehevertrag vereinbaren. Selbst einzelne Ausgaben, z. B. für die Kinder, wenn diese bestimmte Hobbys ausüben, Schulgeld zu zahlen oder Nachhilfe erforderlich ist, können gezielt aufgeteilt werden. Beispielsweise kann festgelegt werden, dass die Miete weiterhin vom nichtbetreuenden Elternteil übernommen wird.

Zugewinnausgleich

Gleich vorweg: Zugewinnausgleich bedeutet nicht, dass bei der Eheschließung alles in einen Topf geworfen wird und euch nun alles hälftig gehört.

Der Zugewinn wird nach einer einfachen Formel berechnet:
Endvermögen (bei Scheidung) –
Anfangsvermögen (bei Heirat) = Zugewinn

Die Formel wendet ihr für beide Eheleute an, anschließend ermittelt ihr die Differenz zwischen den beiden Zugewinnen. Hast du den höheren Zugewinn, musst du den Hälftebetrag an deinen ehemaligen Lieblingsmenschen auszahlen und umgekehrt. Klingt irgendwie kompliziert? Wir zeigen gleich zwei Rechenbeispiele.

Schwierig wird es hier, wenn die passende Dokumentation fehlt – ein Punkt, über den vor Gericht ausführlich gestritten werden kann.

Zum Zugewinnausgleich zwei Beispiele:

Beispiel 1 ohne Startvermögen:
Chrissie und Kim (zwei fiktive Personen) haben zu Beginn ihrer Ehe kein Startvermögen. Chrissies Endvermögen beträgt 50 000 Euro in Barvermögen und Aktien in einem Depot. Kims Endvermögen liegt weiterhin bei Null. In diesem Fall muss Chrissie 25 000 Euro an Kim überweisen. Wenn Chrissie das Geld nicht auf dem Konto hat, müssen hierfür Aktien oder andere Vermögensgegenstände im Wert von 25 000 Euro verkauft (oder übertragen) werden.

	Chrissie	Kim
Anfangsvermögen	0 €	0 €
Endvermögen	50 000 €	0 €
Zugewinn	50 000 €	0 €
Rechnung	(50 000 € – 0 €) : 2 = 25 000 €	
Ausgleich	25 000 €	0 €
Zugewinn nach Ausgleich	25 000 €	25 000 €
Gesamtvermögen nach Ausgleich	25 000 €	25 000 €

Beispiel 2 mit Startvermögen:
Chrissie bringt zu Beginn 75 000 Euro mit in die Ehe, Kim 50 000 Euro. Durch den Kauf einer Immobilie und weiterer Investitionen in Aktien hat Chrissie ein Endvermögen (abzüglich der

Schulden für die Immobilie) von 200 000 Euro, bestehend aus Barvermögen (5000 Euro), Immobilienwert (145 000 Euro) und Aktienpreisen (50 000 Euro).

Kims Endvermögen beläuft sich auf 75 000 Euro (Barvermögen).

Chrissies Zugewinn beträgt also 125 000 Euro, Kims Zugewinn 25 000 Euro. Die Differenz beläuft sich auf 100 000 Euro. Chrissie muss also die Hälfte davon – 50 000 Euro – an Kim ausbezahlen, so dass dann beide 75 000 Euro Zugewinn besitzen.

	Chrissie	Kim
Anfangsvermögen	75 000 €	50 000 €
Endvermögen	200 000 €	75 000 €
Zugewinn	125 000 €	25 000 €
Rechnung	(125 000 € – 25 000 €) : 2 = 50 000 €	
Ausgleich	50 000 €	0 €
Zugewinn nach Ausgleich	75 000 €	25 000 €
Gesamtvermögen nach Ausgleich	150 000 €	125 000 €

Aber: So viel Geld hat Chrissie gar nicht zur Verfügung. Denn ihr Vermögen kommt hauptsächlich durch den Immobilienwert und ein paar Aktien zustande. Sie hat viel in die Immobilie gesteckt, in der sie gemeinsam lebten. Ihr Barvermögen besteht nur aus etwa 5000 Euro. Kims Anspruch besteht aber unabhängig von der Zusammensetzung des Vermögens.

Für Chrissie hat das zur Konsequenz, dass sie nun ihre Immobilie oder ihre Aktien verkaufen muss, um Kim die 50 000 Euro auszahlen zu können.

Sachwerte können schnell zu Kostentreibern bei einer Scheidung werden. Ist der Wert des Sachwertes bei der Eheschließung nicht dokumentiert und könnt ihr euch nicht einigen, müssen sachverständige Personen eingesetzt werden, die ein Gutachten erstellen und damit den damaligen Preis (und den heutigen Wert – also eine etwaige Wertsteigerung) festlegen. Diese Kosten müssen die Eheleute übernehmen.

Das sind die Momente, in denen Scheidungsverfahren mehrere Jahre dauern und nur zum Ende kommen, weil eine Person keine Kraft oder kein Geld mehr hat – eine äußerst unromantische Vorstellung.

Wie kann dabei ein Ehevertrag helfen?
Im Ehevertrag könnt ihr festlegen, wie ihr mit euren Vermögenswerten umgehen wollt. Dies könnt ihr für jeden einzelnen Vermögenswert festlegen oder ihr trefft eine grundlegende Entscheidung.

Im Falle von Chrissie und Kim könnten die beiden festlegen, dass Chrissie allein im Grundbuch steht und somit die Immobilie beim Zugewinnausgleich nicht berücksichtigt wird. Das verändert die Berechnung. Denn Chrissies neues Endvermögen besteht nun nur noch aus dem Depot und dem Barvermögen, beträgt also 55 000 Euro. Das hat zur Konsequenz, dass nicht mehr Chrissie an Kim einen Ausgleich zahlt, sondern plötzlich Kim an Chrissie einen Ausgleich zahlen muss. Statt sich im Vermögen anzunähern, geht es weiter auseinander.

	Chrissie	Kim
Anfangsvermögen	75 000 €	50 000 €
Endvermögen	55 000 €	75 000 €
Ausgeschlossenes Vermögen aus modifizierter Zugewinngemeinschaft	145 000 €	0 €
Zugewinn	0 €	25 000 €
Rechnung	(25 000 € – 0 €) : 2 = 12 500 €	
Ausgleich	0 €	12 500 €
Zugewinn nach Ausgleich	12 500 €	12 500 €
Gesamtvermögen nach Ausgleich	212 500 €	62 500 €

Unabhängig davon, wer für das gemeinsame Zuhause im Grundbuch eingetragen ist, können im Ehevertrag Regelungen über die weitere Nutzung, den Verkauf und/oder die Ausbezahlung getroffen werden, beispielsweise wer im Eigenheim wohnen bleiben darf, was dies für den laufenden Kredit oder die Nebenkosten bedeutet und zu welchem Zeitpunkt ein gemeinsamer Verkauf angestrebt werden sollte. Die große Herausforderung ist hier oftmals die Einigung, wie ihr mit der gemeinsamen Immobilie weiter verfahren möchtet – denn stehen beide im Grundbuch, dürfen entsprechend auch beide mitentscheiden.

Geht ihr die verschiedenen Szenarien durch und denkt darüber nach, was für eure Ehe das Beste ist, existiert ein klarer Fahrplan, den ihr euch in wohlgesinnten Zeiten mit Gewinn-Gewinn-Gedanken überlegt habt. Ihr müsst das nicht mit Wut und Frust kurz nach einer Trennung und aus Angst vor einem Gesichtsverlust entscheiden. Beginnt stattdessen bereits kurz vor eurer Hochzeit, euch auch über die Möglichkeiten eines Ehevertrages zu informieren, der genau zu eurer individuellen Situation passt.

Wir haben zum Beispiel festgelegt, dass die Depots, die auf unsere eigenen Namen laufen, vom Zugewinn ausgeschlossen sind. Dort besparen wir einen Teil unserer privaten Altersvorsorge. Wir haben unterschiedliche Strategien und wollen diesen Teil lieber getrennt haben.

Versorgungsausgleich

Beim Versorgungsausgleich geht es um die Rente. Alle Rentenanrechte, die du und dein Lieblingsmensch während der Ehezeit erwirtschaften, werden bei einer Scheidung hälftig aufgeteilt; es findet also ein »Tausch« statt. Alle Rentenanrechte, gleich ob die gesetzliche Rente, Betriebsrenten oder private Altersversorgungen, werden für die Ehezeit – und nur für diese Zeit – jeweils berechnet und dann auf das jeweils andere Rentenkonto übertragen. Eine Auszahlung gibt es nicht.

Aber Achtung: Wenn ihr für eure Altersvorsorge zum Beispiel durch Aktien, ETFs oder Ähnliches vorsorgt – diese Art der Vorsorge »kennt« der Gesetzgeber nicht, heißt, es gibt keinen Ausgleich nach den Regeln des sogenannten Versorgungsausgleichs. Aber: Diese Geldanlagen müssen dann im Zugewinn ausgeglichen werden. Außer ihr habt sie vom Zugewinn ausgeschlossen.

Wie kann dabei ein Ehevertrag helfen?

Für viele Menschen passt diese gesetzliche Regelung. Jedoch entsteht eine Lücke, wenn selbstständige Personen nicht in die gesetzliche Rente oder andere Rentenprodukte einzahlen. Dazu das Beispiel von Mats und Joris, die wir zur selben Zeit wie unsere Anwältin kennenlernten. Mats ist selbstständig und sorgte durch den Erwerb von Immobilien und andere Vermögenswerte für sein Alter vor. Diese werden aber beim Versorgungsausgleich, anders als »echte« Rentenanwartschaften, nicht als Altersvorsorge betrachtet, sondern ausschließlich als Vermögenswerte, deren Wertzuwachs beim Zugewinnausgleich eine Rolle spielt. Im Rahmen des Versorgungsausgleichs gibt es bei einer Scheidung also nichts aufzuteilen, wovon Joris die Hälfte abbekommen könnte.

Besonders heikel daran ist, dass sich Joris um die gemeinsamen Kinder gekümmert und die letzten 20 Jahre gar nicht oder nur in Teilzeit gearbeitet hat. Dadurch sind kaum Rentenansprüche für ihn entstanden. Im Ehevertrag hatte das Paar den Zugewinnausgleich ausgeschlossen – auch um Mats' Unternehmen und seine Mitarbeitenden zu schützen. Viele Anwält*innen empfehlen, bereits in Gründungsverträgen die Pflicht für einen Ehevertrag der Gesellschafter*innen aufzunehmen. Für das Unternehmen ist eine solche individuelle Anpassung des Ehevertrags und der Ausschluss des Zugewinnausgleichs für diesen Teil sehr sinnvoll.

Nun stehen sie aber vor der Scheidung. Mats hat keine Rentenansprüche und muss den Zugewinn aus Immobilien nicht ausgleichen. Gleichzeitig sind die Kinder volljährig und den Ehegattenunterhalt gibt es nicht mehr. Joris müsste also ohne finanzielle Mittel aus der Ehe gehen und gleichzeitig seine wenigen Rentenpunkte auch noch hälftig mit seinem Ex-Mann teilen.

Befindet ihr euch in einer solchen Situation? Dann ist eine individuelle Regelung unabdingbar! Du bist seit Jahren mit den Kindern zu Hause, hast nur eine kleine Altersvorsorge, ihr habt per Ehevertrag die Gütertrennung festgelegt und dein Lieblingsmensch sorgt fast ausschließlich über Investitionen fürs Alter vor? Lass dir von deinem Lieblingsmenschen im Ehevertrag zusichern, dass bereits während der Ehe z. B. die Rentenbeiträge für dich weiterhin eingezahlt und gleichzeitig auf den Ausgleich deiner Rentenansprüche bei einer Scheidung verzichtet wird.

7 Schritte zu eurem Ehevertrag

Damit ihr euch den Weg zu eurem Ehevertrag besser vorstellen könnt, haben wir einige Fragen vorbereitet und diese in sieben Schritte unterteilt. Geht sie nacheinander durch und lernt euch damit tiefer kennen. Ihr werdet sehen, dass Liebe entsteht, auch wenn ihr euch über das Ende unterhaltet.

Keine Sorge, wenn ihr bei manchen Fragen noch nicht so weit seid. Ein Ehevertrag lässt sich immer wieder anpassen. Und auch wenn ihr noch keinen Ehevertrag habt, könnt ihr ihn jederzeit nach eurer Eheschließung erstellen. Ihr könnt also gefahrlos die sieben Schritte erst mal allein und dann gemeinsam durchgehen.

1. Gemeinsame Zukunftsplanung erstellen

Wie stellt ihr euch eure Beziehung in der Zukunft vor? Welche Meilensteine möchtet ihr erreichen? Was steht auf eurer Bucketlist? Wie sieht eure Familienplanung aus? Wie stellt ihr euch die Betreuungssituation etwaiger Kinder vor? Welche Werte sind euch in eurer Beziehung wichtig? Wie möchtet ihr in Zukunft mit eurem Geld und euren Vermögenswerten umgehen? Wie wird sich eure berufliche Situation in Zukunft gestalten?

2. Erstberatung beim Familienrechtsanwalt oder bei einer Familienrechtsanwältin

Wie viel decken die gesetzlichen Regelungen für euch bereits ab? Welche Punkte sind euch bei eurer Zukunftsplanung aufgefallen, die ihr regeln möchtet? Welche Sondersituationen existieren in eurer Ehe? Was bedeuten eure persönlichen Werte für den Ehevertrag? Wie sieht euer Vermögen aus? Wie sieht eure bisherige Arbeitssituation aus?

3. Ausarbeitung eines passenden Ehevertrags durch den Anwalt oder die Anwältin

Diese Fragen betreffen euch nun nur indirekt. Zeit zum Durchatmen. Denn eure Anwältin oder euer Anwalt wird sich hier die Fragen stellen: Welche gesetzlichen Regelungen passen zu euch? An welchen Stellen braucht es individuelle Anpassungen?

4. Besprechung und Erläuterung aller vorgeschlagenen Punkte

Wie sehen die gesetzlichen Regelungen aus? Welche Anpassungen wurden für euch getätigt? Was bedeuten die einzelnen Gesetze und wieso ist hier eine Änderung sinnvoll? Was bedeuten die einzelnen Punkte des Ehevertrags im wahren Leben? Was ist noch ungeklärt oder durch weitere Gespräche dazugekommen?

5. Einarbeitung von zusätzlichen Wünschen oder Veränderungen

Welche Themen kommen durch den ernsthaften Blick auf eure Beziehung hinzu? Was löst der erste Vorschlag eures Ehevertrags in euch aus? Wo entstehen vielleicht Bauchschmerzen? Wo seid ihr euch noch uneinig? Welche Punkte stellen euch zufrieden? Wo wollt ihr intensiver drüber sprechen?

Lasst euch für diesen Schritt viel Zeit. Es ist wichtig, dass der Ehevertrag einen Gewinn-Gewinn für euch darstellt. Ihr werdet ihn beide unterschreiben und ihr müsst euch beide damit wohlfühlen. Lieber einmal mehr nachfragen als einmal zu wenig.

6. Bei Bedarf: Ausarbeitung eines Erbvertrages

Wollt ihr den Notartermin direkt für den Ehevertrag und einen Erbvertrag nutzen? Das würde Zeit sparen, weil ihr nur einen Notartermin braucht. Wer wird Testamentsvollstrecker*in, wenn eure Kinder noch minderjährig sind? Wer übernimmt das Sorgerecht, wenn beide Eltern versterben? Wollt ihr etwas an der gesetzlichen Erbfolge ändern?

7. Alles »eintüten« beim Notar oder der Notarin

Keine Fragen mehr. Nur noch unterzeichnen. Danach kommt der Ehevertrag in die Schublade und kann einstauben. Denn es ist eines der Dokumente, das hoffentlich niemals gebraucht wird. Trotzdem ist es gut, wenn es existiert.

Das ist doch bestimmt sehr teuer, oder?

Das liest sich nun alles sehr klar und dennoch scheuen viele Menschen vor dem Schließen eines persönlichen Ehevertrages zurück. Ein Hauptargument: Das Geld ist doch zum Fenster hinausgeschmissen und alle wollen nur daran verdienen. Deshalb die Frage: Was kostet so ein Ehevertrag überhaupt?

Tatsächlich gibt es zwei Kostenpositionen beim persönlichen Ehevertrag:

Die Ausgaben für die juristische Beratung und das Aufsetzen des Vertrages

Rechtsanwält*innen rechnen nach einer festgelegten Gebührenordnung ab. Je nach Aufwand kann er oder sie dann noch Zuschläge verlangen. Grundsätzlich liegt aber der Geschäftswert (also der Vermögenswert) des Vertragsinhaltes zugrunde. Das heißt: Je mehr Vermögen vorhanden ist, desto teurer wird es in der Regel. Als Faustregel gilt also: Lieber den Vertrag direkt zu Beginn der Ehe schließen als kurz vor dem Ende – denn im Normalfall werdet ihr mit der Zeit vermögender. In der Regel wird der Preis (mindestens eine vierstellige Summe) – abhängig vom Vermögen und dem Aufwand – nach einem Erstgespräch ausgehandelt und vereinbart. Die Kosten der Erstberatung sind gesetzlich geregelt und liegen bei 190 €/Stunde zuzüglich Umsatzsteuer.

Die Ausgaben für die notarielle Beglaubigung

Auch diese Preise werden nach der offiziellen Gebührenordnung abgerechnet. Diese orientiert sich am Geschäftswert des Ehevertrags. Es wird also der Vermögenswert des Vertrages betrachtet und Schulden abgezogen. So wird das Reinvermögen ermittelt und dann die Gebühr hierfür in der Tabelle der Geschäftskostenordnung abgelesen. Basierend auf den gesetzlichen Regelungen über Aufwand und Bedeutung der Dienstleistung wird die Gebühr abschließend verdoppelt.

Bei einem Geschäftswert von 80 000 Euro entstehen so Notarkosten von 2 × 219 Euro. Bei einem Geschäftswert von 350 000 Euro 2 × 685 Euro. Hinzu kommen Umsatzsteuer, Auslagen und so weiter.

Nun sagt ihr vielleicht: Wow, das wird ja teuer. Erst die Hochzeitsfeier und dann noch einmal ein paar tausend Euro für einen Ehevertrag obendrauf. Aber: Die Kosten einer Scheidung sind oftmals viel, viel höher als die eines Ehevertrages. Warum sind die hohen Kosten für die Hochzeitsfeier in Ordnung, nicht aber für die finanzielle Absicherung bei einer Scheidung?

Und wie hoch die Wahrscheinlichkeit für eine Scheidung ist, haben wir ja bereits geklärt. Wir raten daher: Plant die Ausgaben für einen privaten Ehevertrag genauso in euer Hochzeitsbudget ein wie das Kleid, das Essen und die Blumen.

Die Kosten einer Scheidung

Bei den Kosten für eine Scheidung wird zwischen den Kosten des Scheidungsverfahrens selbst und denen der außergerichtlichen Vertretung, bei der in der Regel die mit der Scheidung zusammenhängenden Ansprüche wie Unterhalt, Zugewinn, Aufteilung des Hausrates geregelt werden, unterschieden. Wenn ihr hier keine Einigung erzielen könnt, dann landet das Ganze überhaupt erst vor Gericht.

Ohne gesonderte Beantragung von strittigen Punkten wie Kindes- und/oder Ehegattenunterhalt, Zugewinn, Hausratsaufteilung wird im Scheidungsverfahren selbst nur die Scheidung ausgesprochen und der Versorgungsausgleich geregelt.

Auch hier gibt es genaue gesetzliche Vorschriften, was eine Scheidung kostet: Maßgeblich ist das dreifache Nettoeinkommen beider Eheleute (also Einkommen zum Zeitpunkt, zu dem der Scheidungsantrag gestellt wird, multipliziert mit drei). Hiervon wird ein Betrag von 250 Euro pro minderjähriges, unterhaltsberechtigtes Kind abgezogen.

Für jedes Anrecht aus dem Versorgungsausgleich wird von diesem Betrag ein Prozentsatz von 10 hinzuaddiert. Werden fünf Anrechte ermittelt, erhöht sich der Verfahrenswert um 50 Prozent, da die zukünftigen Rentenansprüche ebenfalls berücksichtigt werden.

Etwaiges Vermögen wird, nach Abzug von Freibeträgen in Höhe von 60 000 Euro pro Ehepartner*in und 30 000 Euro pro Kind, berücksichtigt. Der dann errechnete Betrag wird mit einem

Prozentsatz von fünf ebenfalls dem Wert der Scheidung zugerechnet.

Am Ende erhaltet ihr den Wert der Scheidung, aus dem, nach den gesetzlichen Vorschriften des Rechtsanwaltsvergütungsgesetzes (RVG), sich die Kosten des Scheidungsverfahrens berechnen.

Da uns bei der juristischen Sprache selbst schwindelig wird, gehen wir es erneut am Beispiel von Chrissie und Kim, die beide jeweils 2000 Euro netto verdienten, mit einer Rechnung durch. In ihrem Scheidungsverfahren wurden die besagten fünf Anrechte ermittelt:

2000 Euro × 2 = 4000 Euro × 3 = 12 000 Euro
12 000 Euro × 50 Prozent = 6000 Euro
→ Verfahrenswert: 12 000 Euro + 6000 Euro = 18 000 Euro

Gesamtvermögen zum Scheidungszeitpunkt: 275 000 Euro
275 000 Euro – 60 000 Euro – 60 000 Euro = 155 000 Euro
155 000 Euro × 5 Prozent = 7750 Euro

Wert der Scheidung: 18 000 Euro + 7750 Euro = 25 750 Euro

Bei diesem Wert betragen die Anwaltskosten 2792,70 Euro, die Gerichtskosten, die sich beide Ehepartner*innen teilen, 898,00 Euro. Wenn ihr euch einig seid, dass ihr geschieden werden wollt, braucht ihr nur eine*n Anwalt*in. Aber Achtung: Der Anwalt oder die Anwältin kann euch nicht beide vertreten, sondern nur eine*n von euch. Du oder dein Ex-Lieblingsmensch braucht aber keinen eigene*n Anwält*in, wenn der Scheidung nur zugestimmt werden soll, also keine streitigen Forderungen bestehen.

Die Scheidung von Chrissie und Kim kostet also mindestens 3800 Euro.

Die Kosten der außergerichtlichen Vertretung sind hier noch nicht beinhaltet, da diese sehr individuell sind. Aber genau das ist der Part, bei dem ihr durch euren Ehevertrag ein großes Einsparpotenzial habt. Denn habt ihr euch bereits in eurem Ehevertrag auf vieles geeinigt, braucht es keine langwierigen Diskussionen mit zwei anwaltlichen Vertretungen mehr.

Insgesamt wird euch auch in diesem Fall ein*e Anwält*in vor dem Scheidungsverfahren nach einem ersten Gespräch eine grobe Einschätzung geben können, womit ihr rechnen müsst. Egal wie – eine streitige Scheidung ist immer teurer als der vorherige Ehevertrag. Denn mit dem Ehevertrag müsst ihr eure Scheidung nicht wochenlang durchdiskutieren und hohe Kosten begleichen.

Kleiner Exkurs – die vier Arten der Lösungsfindung bei Konflikten

Grundsätzlich kann ein Konflikt zwischen zwei Menschen auf vier verschiedene Arten gelöst werden. Dieser Ansatz geht auf Stephen R. Covey, *Die 7 Wege zur Effektivität*, zurück:

1. Ihr gewinnt beide.
2. Du gewinnst und der andere Mensch verliert.
3. Du verlierst und der andere Mensch gewinnt.
4. Ihr verliert beide.

Gewinn-Gewinn-Denken

Beide Menschen versuchen während eines Konflikts eine Lösung zu finden, von der beide profitieren. Beide beenden den Konflikt glücklich und zufrieden.

Dies klappt nur, wenn ihr zunächst die Lösungsebene verlasst und auf der Bedürfnisebene beginnt. Statt sich also über einen Lösungsvorschlag zu streiten und hin und her zu argumentieren, wieso das der beste und gleichzeitig schlechteste Weg ist, geht ihr ein paar Schritte zurück. Wie das geht, erfährst du im letzten Kapitel »Eure Beziehungsvision«.

Gewinn-Verlust-Denken
Bei dieser Lösung gewinnst du und dein Lieblingsmensch verliert. Dieser Ansatz kann nicht lange gut gehen, weil der Lieblingsmensch irgendwann keine Lust mehr haben wird zu verlieren. Es entsteht ein Ungleichgewicht in einer Beziehung, wenn alle Diskussionen, Unstimmigkeiten oder Herausforderungen immer einseitig mit »Gewinn-Verlust« enden.

Verlust-Gewinn-Denken
Ist das nicht dasselbe wie Gewinn-Verlust? Nein. Hier verlierst du absichtlich, um den Frieden zu erhalten. »Ich will mich nicht streiten, deshalb machen wir es so, wie du willst« oder »Für unsere Kinder stecke ich viel zurück, damit es ihnen gut geht« sind typische Aussagen für Verlust-Gewinn-Gedanken. Du siehst dich selbst nicht als so wichtig an und handelst getreu dem Spruch »Der Klügere gibt nach«.

Verlust-Verlust-Denken
Im Grunde sind die beiden vorherigen Lösungsansätze auch Verlust-Verlust-Lösungen. Denn wenn eine Person dauerhaft verliert, verlieren beide. Das Endresultat ist stets, dass niemand die eigenen Bedürfnisse erfüllt bekommt.

Verlust-Verlust-Ansätze gehen aber noch weiter. Sie können darauf angelegt sein, selbst zu verlieren, nur damit der (ehemalige) Lieblingsmensch um jeden Preis auch verliert.

Rosenkrieg – das Ende jeglicher romantischen Vorstellung

Wie lange bist du inzwischen mit deinem Lieblingsmenschen zusammen? Ein paar Monate? Ein paar Jahre? Im Schnitt hält in Deutschland eine Ehe knapp 15 Jahre[2] und der gingen je nach

Quelle etwa drei bis fünf Jahre Beziehung voraus.[3] Das sind knapp 20 Jahre, bevor der große Knall kommt. Ein sehr langer Zeitraum mit (hoffentlich) sehr vielen schönen Momenten, Erlebnissen und Erfahrungen, mit sehr viel Liebe, Unterstützung und Wertschätzung.

Ein anschließender Rosenkrieg verdirbt diese Zeit und lässt die schönen Erinnerungen verblassen. Wieso ist das die romantischere Vorstellung, als sich in den schönen Jahren einen Plan B zu überlegen, der auch bei einer Trennung alle gut dastehen lässt? Denn nach wie vor wird jede dritte Ehe geschieden.[4]

Nun glaubt niemand, dass die eigene Ehe scheitern könnte. Oder gehst du davon aus, einmal zu den 33 Prozent zu gehören, die sich scheiden lassen? Was würde das auch für ein Bild von der eigenen Beziehung zeichnen? Bereits vor der Trauung offen darüber zu sprechen, wie ihr euch eure Trennung vorstellt, ist nahezu ein absurder Gedanke. Und in persönlichen Gesprächen einer der Hauptgründe, sich gegen einen Ehevertrag zu entscheiden. Nicht dass am Ende noch die Liebe verdorben wird, weil ihr euch mit eurem möglichen Ende beschäftigt. Nun, da haben wir eine klare Meinung. Wenn eure Liebe bereits so fragil ist, dass sie es nicht aushält, dass über einen Ehevertrag gesprochen wird, weil dieser angeblich zu unromantisch ist, dann überlegt euch das mit der Eheschließung noch mal genau.

Hinzu kommt, dass unser Gehirn nicht mit Wahrscheinlichkeiten umgehen kann. Im Falle der Ehe lautet der Gedanke: »Ach was, das wird uns schon nicht passieren. Wir lieben uns und das andere Drittel war eh zum Scheitern verurteilt.« Bei einer durchschnittlichen Ehedauer von knapp 15 Jahren kann man aber nun wirklich nicht von einer damaligen Fehlentscheidung sprechen.

Gleichzeitig lautet der Gedankengang beim Lotto: »Ich weiß, dass die Chancen echt gering sind, aber ich kann eben auch sehr viel gewinnen!« Dabei ist Lotto ein mathematisches Verlustgeschäft. Und die Wahrscheinlichkeit für den großen Gewinn liegt bei ≈ 0,00000715 Prozent. Dennoch spielen etwa sieben Millionen Menschen in Deutschland regelmäßig Lotto.[5]

Dem Verhalten der Menschen nach wirkt es für das menschliche Gehirn also wahrscheinlicher, den Hauptgewinn beim Lotto einzusacken, als sich einmal scheiden zu lassen.

Würde es dich entspannen, heute zu wissen, dass ihr – egal, was kommen mag – bereits eine Idee habt, wie es für euch und dich weitergeht? Und wann bist du eher bereit, dich von einer Beziehung zu trennen? Wenn du die persönlichen, finanziellen und emotionalen Folgen absehen kannst oder wenn du keine Ahnung hast, was dich danach erwartet? Die Trennung selbst kann dann einvernehmlicher ablaufen. Davon profitieren auch (minderjährige) Kinder, Mitarbeiter*innen sowie Mieter*innen, die sonst in die Streitigkeiten hineingezogen werden können. Sie treten zwar meist nicht aktiv während des Streits auf, können aber indirekt betroffen sein, wenn es zu Sorgerechtsstreitigkeiten oder der Ausbezahlung aus Immobilien- oder Unternehmensanteilen kommt.

All diese Dinge lassen sich bereits in guten Zeiten regeln. So, dass es zu eurer Situation, eurer Beziehung und eurer Familie passt.

Exkurs: Der Weg zu eurer Traumhochzeit, ohne dafür ein Vermögen auszugeben

Es soll ein erinnerungswürdiger Tag werden. Ein Tag, an den ihr gerne und lange zurückdenkt, der mit zahlreichen schönen Erlebnissen gefüllt ist und den ihr mit den Liebsten teilen möchtet.

Was das schlussendlich bedeutet, unterscheidet sich von Paar zu Paar. Die einen wollen sich im engsten Familien- und Freundeskreis ihr Jawort geben, andere wollen daraus eine große Party werden lassen. Am Ende finden sich alle beim Standesamt wieder, denn dies ist der einzige Ort in Deutschland für eine rechtskräftige

Eheschließung. Für manche ist das ausreichend, andere nehmen eine freie oder kirchliche Trauung hinzu.

Die Bandbreite an Auswahlmöglichkeiten ist riesig. Beim leiblichen Wohl kann vom kalten Büfett über Restaurantbesuche, Foodtrucks, Catering bis hin zur Drei-Sterne-Küche alles enthalten sein. Manche Outfits sind Secondhand, andere sind auf den Leib geschneidert. Die Feierlocation kann der eigene Garten oder das Märchenschloss inklusive Übernachtung für alle Gäste sein.

Bei der Hochzeit gibt es preislich keine Grenzen nach oben. Vieles wird durch eine gesellschaftliche Erwartungshaltung unterstützt. In den USA hält sich hartnäckig die Faustregel, dass ein Verlobungsring drei Monatsgehälter kosten sollte. In Deutschland kursiert immerhin die Vorstellung, dass der Ring mindestens ein halbes bis ein Monatsgehalt wert sein sollte.[6] Dabei handelt es sich keineswegs um tatsächliche Ausgaben, die hierzulande niedriger ausfallen dürften,[7] sondern um Gerüchte, die in den sozialen Medien und anderen Klatsch-und-Tratsch-Medien verbreitet werden.

Laut aktuellen Umfragen plant die Hälfte der befragten Brautpaare mit bis zu 15 000 Euro für die Hochzeitsfeierlichkeiten. 30 Prozent gaben sogar bis zu 25 000 Euro aus.[8] 31 Prozent einer anderen Umfrage aus dem Jahr 2019 zufolge empfinden einen Betrag zwischen 2000 und 5000 Euro als angemessen für die Hochzeit.[9]

Eine standesamtliche Trauung in Deutschland ist übrigens ziemlich günstig: Sie kostet je nach Standesamt zwischen 40 Euro und 60 Euro. Hinzu kommen circa 10 Euro für die Heiratsurkunde und noch einmal 30 Euro bis 100 Euro für das Stammbuch der Familie, falls ihr eines für sämtliche Unterlagen eurer neuen Familie nutzen wollt.[10] Ihr könntet also theoretisch für unter 100 Euro heiraten.

Eure Hochzeit darf so teuer oder so günstig sein, wie ihr das gerne hättet, frei von irgendwelchen Erwartungen aus der Gesellschaft, der Familie oder von Freunden und Freundinnen.

An dem Tag geht es um euch. Nur um euch. Und um niemanden sonst. Alle anderen Menschen dürfen ihre Meinung für sich behalten. Eure Hochzeit, eure Regeln.

Schritt 1: Lasst Geld für einen Augenblick Geld sein

Über Geld bei den ersten Planungsschritten zu reden heißt, dass ihr euch schon mit einer Lösung beschäftigt. Das hält euch jedoch von eurer Traumhochzeit eher ab.

Ist Geld direkt zu Beginn ein Thema, dann werden Dinge, die euch vielleicht sehr wichtig sind, ausgeschlossen. Das ist meist gar nicht nötig, da es für fast alles kreative Lösungen gibt, die zu eurem Budget passen.

Nach der Verlobung beginnt ihr mit der Vorstellung eurer Hochzeit. Dabei könnt ihr euch an diesen Fragen orientieren und damit ein Bild eurer Trauung malen.

- Wie stellt ihr euch grob den Tagesablauf vor?
- Welche Traditionen möchtet ihr für euch übernehmen, welche wollt ihr ausschließen?
- Was ist euch bei der Location wichtig? Was ist unwichtig?
- Wie sieht eure Gästeliste aus? Wer soll alles kommen? Wie viele Menschen erwartet ihr?
- Wie stellt ihr euch die Trauung vor? Wer soll euch trauen? Wer führt durch die Zeremonie? Wo findet die Trauung statt?
- Welche Rolle möchtet ihr während der Zeremonie spielen? Wollt ihr euch Eheversprechen geben?
- Welche Rolle spielen eure Trauzeugen und Trauzeuginnen? Wie viele möchtet ihr haben?
- Möchtet ihr einen Junggesell*innenabschied feiern?
- Wie sieht die Feier im Anschluss an die Zeremonie aus?
- Gibt es Musik? Wenn ja, welche? Liveband oder Playlist?
- Wie stellt ihr euch das Essen vor? Was ist euch dabei wichtig?

- Möchtet ihr Hochzeitsspiele spielen oder lieber nicht?
- Zu welcher Tageszeit findet die Zeremonie statt? Und in welchem Monat?
- Wo wollt ihr heiraten? Was ist euch wichtig für diesen Ort?
- Was ist euch für die Hochzeitsfotos wichtig? Wann sollten diese gemacht werden?
- Welche Dekoration stellt ihr euch vor?
- Was ist euch bei Ringen und der Hochzeitskleidung wichtig?

Mit jeder Antwort vervollständigt sich euer Bild eurer Hochzeit. Je klarer eure Vorstellung wird, desto einfacher wird die weitere Planung.

Schritt 2: Setzt euch ein Budget

Es ist Zeit für euer Budget, sobald ihr euch euren Hochzeitstag vorstellen könnt. Um euer Budget zu ermitteln, geht ihr euer Haushaltsbuch und eure Vermögensstände durch und überlegt euch, wie viel ihr davon für euren Tag verwenden möchtet. Hier wird alles eingerechnet: von der Kleidung über die Ringe bis hin zur Verpflegung vor Ort. Wenn ihr gerne Flitterwochen machen möchtet, berücksichtigt dies gleich mit. Wie viel wollt ihr für euren Hochzeitstag ausgeben? Wie viel für die anschließenden Flitterwochen? Und denkt noch dran, euren Ehevertrag im Budget einzuplanen.

Mit diesem Budget geht ihr dann in die Planung.

Wichtig: Das Budget wird nicht anhand eurer Wünsche ausgerichtet. Ihr geht also keinesfalls Punkt für Punkt eurer Vision durch und überlegt, was das wohl kosten würde. Auf die Weise käme sonst eine Zahl heraus, die ihr höchstwahrscheinlich nicht bereit seid zu zahlen. Das wäre nur demotivierend und ihr blast eure Traumhochzeit ab, bevor ihr mit der Umsetzung begonnen habt. Oder es verleitet dazu, über die eigene Wohlfühlgrenze hinaus Geld auszugeben oder führt gar dazu, dass ihr einen Kredit für eure Hochzeit aufnehmt. Dann bliebe neben den schönen Erinnerungen auch jahrelang die Tilgung des Kredits. Davon raten wir stark ab.

Wenn ihr trotz aller kreativer Lösungen nicht eure Traumhochzeit umsetzen könnt, dann heiratet in fünf oder zehn Jahren einfach noch mal. Spart bis dahin euer Geld und lasst es dann krachen. Ihr könnt auch einfach alle zehn Jahre neu heiraten und jedes Mal eine andere Hochzeit erleben. Auch hier: bitte ohne Kredit.

Bei der Festlegung des Budgets empfiehlt sich, auch einen Spielraum festzulegen: Ihr bestimmt, was ihr mindestens für eure Hochzeit ausgeben wollt und wie hoch der maximale Betrag ist. Nun bleibt noch die Frage zu beantworten, wie ihr euer Budget aufteilt. Nehmt ihr es aus einer gemeinsamen Rücklage, steuert ihr beide prozentual etwas bei oder teilt ihr die anstehenden Ausgaben auf?

Habt ihr bereits in der Vergangenheit offen über Geld gesprochen und die bisherigen Übungen in dem Buch umgesetzt, habt ihr eine gute Grundlage, um hier die beste Entscheidung für euch zu treffen – solange ihr sie bewusst trefft. Bleibt noch die Frage, was ihr euch von euren Gästen wünscht. Das ist bereits für die Einladung sehr wichtig, denn hier könnt ihr euren Wunsch an alle platzieren.

Wir wollten nach unserer Hochzeit fünf Wochen in Australien und Neuseeland verbringen. Also schrieben wir auf alle Einladungen, dass wir uns ausschließlich Geld für unsere Erlebnisreise nach Down Under wünschen. Es klappte hervorragend und wir konnten am Ende fast die komplette Reise von unseren Geschenken bezahlen.

Schritt 3: Lösungen passend zu eurem Budget finden

Nun habt ihr alles, was ihr benötigt, um eure Hochzeit im Detail zu planen. Ihr wisst, wie ihr euch euren Hochzeitstag vorstellt und wie viel Geld ihr dafür ausgeben wollt. Die Lösungssuche kann beginnen.

Von eurer Vorstellung ausgehend entscheidet ihr nun auf Basis eures Budgets, was ihr tatsächlich umsetzen wollt. Nach einiger Zeit habt ihr für die großen Ausgabenpunkte (wie Location & Verpflegung, Kleidung, Bilder) genügend passende Varianten gefunden. Diese könnt ihr wie Puzzleteile zusammenfügen, um im Rahmen eures Budgets zu bleiben, und dabei die Vorstellung eurer Traumhochzeit erfüllen.

Arbeitet am besten von den großen und aufwendigen Ausgabenblöcken zu den kleineren. Das gibt euch mehr Flexibilität in der Planung. Alternativ könntet ihr von den euch wichtigsten Punkten zu den unwichtigsten hinarbeiten.

In der ersten Herangehensweise wäre Dekoration beispielsweise recht weit hinten in der Entscheidungsfindung angesiedelt. Wenn die Deko bei euch aber zu den drei wichtigsten Dingen gehört, wäre sie bei der zweiten Herangehensweise bei den allerersten Entscheidungen dabei. So stellt ihr sicher, dass ihr nur bei den Nice-to-have-Dingen eine strengere Auswahl zu treffen habt.

Für uns stand beispielsweise von Beginn an fest, dass wir unsere freie Trauung und idealerweise auch die anschließende Feier im Freien machen möchten. Doch bei der Recherche nach schönen Orten stellten wir schnell fest, dass wir für viele Locations bereits ein Drittel unseres Gesamtbudgets hätten hinlegen müssen. So entschieden wir uns am Ende für ein kleines Vereinsheim mit großzügigem Garten am Waldrand in Marielles Heimatort statt für ein Seehotel oder eine romantische Scheune an unserem Wohnort, der bereits deutlich näher an der teuren Großstadt lag. Beim Essen wählten wir einen lokalen Foodtruck statt einer Cateringfirma, die sich auf Hochzeiten spezialisiert hatte. Und so bastelten wir die Puzzleteile zusammen, um die Dinge, die uns wirklich wichtig waren, mit unserem vorhandenen Budget realisieren zu können.

Schritt 4: Gemeinsame Hochzeit = gemeinsame Planung und Verantwortung

Eine Hochzeit funktioniert nicht allein. Du kannst dir nicht selbst das Jawort geben. Zumindest nicht offiziell beim Standesamt mit allen Rechten und Pflichten, die da kommen und über die wir gleich auch noch sprechen werden.

Wer also eine Hochzeitfeier möchte, plant diese auch und trägt die Verantwortung dafür, dass die Dinge umgesetzt werden. Leider sieht die Realität mal wieder anders aus. Während stolze 41 Prozent der Frauen allein die Hochzeit planen, sind es gerade mal fünf Prozent der Männer, die diesen Job allein übernehmen. Immerhin bekommt der Rest eine wie auch immer geartete Verteilung hin.[11]

Wie schafft ihr es, zu der Hälfte zu gehören, die die Hochzeit gemeinsam plant? Am einfachsten geht dies mithilfe eines wöchentlichen Hochzeitsplanungstreffens in Kombination mit einer sichtbaren Aufgabenliste. Die meisten nehmen sich für die Hochzeitsplanung etwa ein Jahr Zeit.[12] Nehmt ihr unseren vorherigen Vorschlag zur Entwicklung eurer Traumhochzeit auf, dann werdet ihr auch eine Weile benötigen, um eure Vorstellung zu entwickeln. Bei einem Jahr Planung bleiben euch für alles 52 Treffen. Das klingt erst mal sehr viel, am Ende kann es dennoch sehr stressig werden.

Wir haben damals unsere Geschwister in alles eingeweiht und ihnen freie Hand bei den Entscheidungen an dem Tag gegeben. So konnten wir uns auf uns, unsere Gäste und unsere Feier einlassen, ohne ständig auf alles einen Blick haben zu müssen.

Was ändert sich für euch finanziell mit der Hochzeit?

Bislang hast du gelesen, dass heiraten teuer ist und dass ihr dem hohen Scheidungsrisiko am besten mit einem persönlichen Ehevertrag entgegenwirkt, außerdem, dass es sich lohnt, einige Finanzfragen vor dem großen Tag zu besprechen.

Dennoch gibt es viele gute Gründe zu heiraten. Wir verstehen, dass eine Hochzeit für viele Menschen ein wichtiges Commitment ist, ein »Jasagen« zur gemeinsamen Zukunft. Und so war es für uns auch: Wir wollten unsere Liebe mit unseren Familien und Freund*innen feiern, wir wollten danke sagen für die vergangenen Jahre und wollten die Basis legen für unsere Familiengründung (Stichwort: gemeinsamer Nachname).

Doch auch finanziell kann sich eine Hochzeit für euch positiv auswirken – vor allem unter dem Aspekt der gegenseitigen Absicherung. Sollte einem von euch beiden etwas zustoßen, habt ihr durch die Eheschließung ein gewisses Sicherheitsnetz, wie beispielsweise die Hinterbliebenenversorgung (für Beamt*innen) oder die Hinterbliebenenrente (für Versicherte in der gesetzlichen Rentenversicherung). Im Folgenden gehen wir von Letzterer aus. Die Grundprinzipien zur Versorgung sind jedoch sehr ähnlich, auch wenn sich die Rahmenbedingungen teilweise unterscheiden.

Hinterbliebenenrente

Nach der Eheschließung gehören die Rentenanwartschaften (also die Rentenpunkte) weiterhin derjenigen Person, die sie erarbeitet. Im Falle der Scheidung findet der beschriebene Versorgungsausgleich statt, somit werden die während der Ehe erworbenen Rentenpunkte halbiert und auf beide Ex-Lieblingsmenschen verteilt. Verstirbt allerdings ein*e Ehepartner*in während der Ehe, gibt es einen Anspruch auf Hinterbliebenenbezüge.

Für diejenigen, die in die gesetzliche Rentenversicherung eingezahlt haben, bedeutet dies: Hinterbliebene erhalten in den ersten drei Monaten nach dem Tod des Lieblingsmenschen die vollen vorherigen Rentenbezüge. Dazu muss ein Antrag auf Hinterbliebenengeld gestellt werden. Zuvor müsst ihr mindestens ein Jahr verheiratet gewesen sein! Bezog dein verstorbener Lieblingsmensch noch keine Rente, sondern war im Erwerbsleben, erhältst du im ersten Vierteljahr nach dem Tod die Hinterbliebenenrente in Höhe der Erwerbsminderungsrente deines Lieblingsmenschen und im Anschluss die reguläre Hinterbliebenenrente. Direkt nach diesen drei Monaten beginnt der Bezug der Hinterbliebenenrente, wenn diese zeitnah nach dem Tod beantragt wurde.

Bei der Altersgrenze zwischen der sogenannten großen und der kleinen Hinterbliebenenrente gab es ab dem 01.01.2008 eine Gesetzesänderung. Die Grenze wurde vom vollendeten 45. Lebensjahr auf das vollendete 47. Lebensjahr heraufgesetzt.[13] Jedoch gibt es eine Übergangsfrist bis zum 01.01.2029, in der gestaffelt die Altersgrenze angehoben wird. Verstarb der Lieblingsmensch im Jahr 2022, liegt die Grenze bei 45 Jahren und 11 Monaten.[14]

Die große Hinterbliebenenrente:
Die große Hinterbliebenenrente beträgt 60 Prozent der Rente der verstorbenen Person, wenn mindestens eine*r der Ehepartner*innen vor dem 02. Januar 1962 geboren wurde und die Ehe vor dem 1. Januar 2002 geschlossen wurde. Habt ihr später geheiratet, beträgt die Rentenhöhe nur noch 55 Prozent. Sie wird bis zum eigenen Lebensende bezahlt. Zusätzlich gibt es einen Kinderzuschlag für hinterbliebene minderjährige Kinder.

Damit du die große Hinterbliebenenrente erhältst, sind folgende Voraussetzungen nötig:

- Dein Lieblingsmensch hat mindestens fünf Jahre in die Rentenversicherung eingezahlt.

- Du heiratest nicht erneut. Mit einer neuen Heirat entfällt die Hinterbliebenenrente.
- Du hast die erforderliche Altersgrenze erreicht. Diese liegt im Jahr 2022 bei 45 Jahren und 11 Monaten. Und ab dem 01.01.2029 beim vollendeten 47. Lebensjahr oder
- du erziehst mindestens ein minderjähriges oder behindertes Kind oder
- du bist erwerbsgemindert wegen Krankheit oder Behinderung und wirst absehbar nicht täglich arbeiten können.

Die kleine Hinterbliebenenrente:
Die kleine Hinterbliebenenrente beträgt 25 Prozent der Rente der verstorbenen Person. Außerdem wird sie maximal zwei Jahre lang gezahlt.

Damit du die kleine Hinterbliebenenrente erhältst, sind folgende Voraussetzungen nötig:

- Dein Lieblingsmensch hat mindestens fünf Jahre in die Rentenversicherung eingezahlt.
- Du heiratest nicht erneut. Mit einer neuen Heirat entfällt die Hinterbliebenenrente.
- Du erfüllst zum Zeitpunkt des Todes deines Lieblingsmenschen keine der anderen drei Voraussetzungen für die große Hinterbliebenenrente.

Solltest du innerhalb der darauffolgenden zwei Jahre die Altersgrenze der großen Hinterbliebenenrente überschreiten, wirst du fortan diese erhalten. Befindest du dich nach der Frist noch unter der Altersgrenze, geht der Gesetzgeber davon aus, dass du dich allein versorgen kannst. Es wird keine weitere Hinterbliebenenrente ausgezahlt. Bei einer Heirat vor dem Jahr 2002 wird auch die kleine Hinterbliebenenrente unbegrenzt ausgezahlt.

Auch wenn ihr nicht in die gesetzliche Rentenkasse einzahlt, gibt es verschiedene Formen der Hinterbliebenenversorgung beispielsweise für Beamt*innen. Voraussetzung ist hier jedoch immer die Eheschließung.

Steuerzahlungen

Ein oft genutztes Argument für eine Hochzeit sind die Steuervorteile. Doch gibt es die wirklich?

Ein besonders wichtiger Aspekt in Bezug auf Steuern, der sich mit der Heirat ändert, ist die Berechnung der Einkommenssteuer. Denn nun greift das sogenannte Ehegattensplitting.

Ehegattensplitting

Das Ehegattensplitting meint die gängige Besteuerungsweise für Ehepaare und eingetragene Lebenspartnerschaften. Hier werden die Einkünfte beider Eheleute zusammengerechnet, halbiert und dann die darauf entfallende Einkommenssteuer berechnet. Die Steuerschuld wird dann verdoppelt. Es wird also davon ausgegangen, dass beide dasselbe verdienen, auch wenn dem nicht so ist. Auf Wunsch kann ein Ehepaar statt der Zusammenveranlagung und damit des Ehegattensplittings bei Abgabe der Steuererklärung auch die Einzelveranlagung wählen.

Diese Wahlfreiheit besteht für jedes Steuerjahr erneut. Mit der Hochzeit erhaltet ihr eine gemeinsame neue Steuernummer – denn ihr geltet fortan als »ein Steuerpflichtiger« vor dem Finanzamt und müsst auch nur eine gemeinsame Steuererklärung abgeben.

Aufgrund des progressiv steigenden Einkommenssteuersatzes in Deutschland führt das Ehegattensplitting in fast allen Fällen zu einer insgesamt geringeren Steuerlast als die Summe der beiden

Steuerbeträge eines unverheirateten Paares. Das gilt aber nur, wenn sich euer individueller Steuersatz aufgrund eures Einkommens unterscheidet. Deshalb steht das Ehegattensplitting auch in der Kritik, da es durch dieses Vorgehen Verdienstunterschiede der Eheleute fördert. Wie wir im nächsten Kapitel noch sehen werden, betrifft dies hauptsächlich die Frau, was zu einer finanziellen Abhängigkeit in der Ehe führt. Wer das nicht möchte, kann sich auch für die Einzelveranlagung entscheiden, dann tretet ihr steuerlich als Einzelpersonen auf. Für weitere Details empfehlen wir euch, euch Rat in der Steuerberatung zu holen.

Mit der Eheschließung bekommt ihr die Wahl zwischen drei Kombinationen der Steuerklassen:

Entweder beide Eheleute nutzen fortan die Steuerklasse IV – in dieser werden beide in identischer Höhe besteuert. Beim Wechsel von Steuerklasse I (vor der Hochzeit) zu Steuerklasse IV werden die wenigsten einen Unterschied im monatlich verfügbaren Nettogehalt feststellen. Denn die Abzüge sind nahezu identisch. Einzig beim Kinderfreibetrag gibt es einen Unterschied – denn in Steuerklasse I erhältst du den vollen Kinderfreibetrag, während in Steuerklasse 4 der Freibetrag bei beiden Eltern jeweils zur Hälfte angerechnet wird. Verdient ihr in etwa gleich viel, solltet ihr beide Steuerklasse IV wählen, da so eure Steuerlast gleichmäßig verteilt wird.

Alternativ könnt ihr euch auch für die Steuerklassen III und V entscheiden. Allerdings dürft ihr dann nicht in derselben Steuerklasse sein, sondern müsst sie aufteilen. In Steuerklasse III gibt es deutlich geringere Abzüge, während in Steuerklasse V höhere Abzüge fällig werden. Wenn also ein deutlicher Einkommensunterschied (lohnenswert wird es, sobald eine*r von beiden mindestens 60 Prozent zum gemeinsamen Einkommen beisteuert) vorliegt, lässt sich so monatlich ein höheres Nettoeinkommen erzielen. Egal welche Kombination ihr wählt – am Jahresende wird mit der Steuererklärung ein Ausgleich vorgenommen, sodass die tatsächliche finanzielle Belastung in beiden Varianten identisch ist! Der Vorteil liegt darin, dass ihr über das Jahr hinweg monatlich mehr Geld zur Verfügung habt, und wird dann interessanter, wenn es um Lohnersatzleistungen (z. B. Elterngeld) geht, die auf Basis des vorherigen Nettoverdienstes berechnet werden. Erhält die Person in Steuerklasse III durch den Steuerklassenwechsel netto also mehr und beantragt später Elterngeld, fällt dieses höher aus als beim Nettogehalt aus Steuerklasse IV.

Diese Kniffe zu nutzen, bleibt unverheirateten Eltern verwehrt. Und damit haben wir tatsächlich einen weiteren finanziellen Vorteil des Verheiratetseins gefunden. Ihr spart zwar insgesamt keine Steuern durch den Steuerklassenwechsel zwischen 3/5 und 4/4, aber könnt ganz grundsätzlich als Ehepaar (unabhängig von eurer Steuerklassenwahl) von Steuervorteilen durch das Ehegattensplitting, das eben nur verheirateten Paaren zusteht, profitieren.

Erben

Der dritte finanzielle Vorteil der Ehe betrifft tatsächlich das Erbe (oder auch Schenkungen zu Lebzeiten). Denn hier gelten andere Freibeträge für Verheiratete als für Unverheiratete. Durch die Hochzeit erlangt ihr gegenseitig einen prominenten Platz in der gesetzlichen Erbfolge. Als Unverheiratete könnt ihr einander nur mittels eines Testaments überhaupt etwas vererben. Und dann maximal bis zu 20 000 Euro, ohne erbschaftssteuerpflichtig zu werden.

Als Ehepaar beträgt der Freibetrag nun 500 000 Euro alle 10 Jahre. Und das ist eine ganze Menge. Mehr zum Thema »Erben« findest du im Kapitel zum »Tod« weiter hinten in diesem Buch.

Insgesamt lässt sich also feststellen, dass sich finanziell im Hier und Jetzt gar nicht so sehr viel verändert mit der Hochzeit. Zumindest für die meisten Paare. Die großen Veränderungen betreffen tatsächlich eher das Ende der gemeinsamen Zeit – mit den Regularien zum Erben und zur Hinterbliebenenversorgung.

Warum ihr VOR der Ehe über Geld sprechen solltet

Gemeinsam das restliche Leben zu gestalten, ist der tiefe Wunsch bei einer Hochzeit. Doch in einem Drittel der Fälle gelingt das in Deutschland nicht. Grund dafür ist unter anderem das Geld, das zu unüberwindbaren Problemen führt. In einer Studie in den USA gaben 59 Prozent der befragten Personen an, dass Finanzen eine Rolle bei ihrer Scheidung spielten. Für 20 Prozent war es eine große Rolle und für sieben Prozent sogar der Hauptgrund für die Scheidung. Hinzu kommt, dass über die Hälfte der Meinung war, finanziell nicht kompatibel mit dem ehemaligen Lieblingsmenschen gewesen zu sein.[15]

Zu finanziellen Sorgen gehören Schulden, geringe finanzielle Möglichkeiten und der unterschiedliche Umgang mit Geld. Dies spiegelt sich dann auch in häufigen Streitigkeiten wider, die ebenfalls ein Dauergast in den Top Ten der Scheidungsgründe sind.

Bei der Umfrage kam ebenfalls heraus, dass zwei Drittel der befragten geschiedenen Personen überrascht waren, dass das Ausgabeverhalten in ihrer Ehe nicht ihren Erwartungen entsprach. Knapp die Hälfte (48 Prozent) sprach sogar davon, dass die finanzielle Situation nicht den Erwartungen entsprach.[16] Das sind klare Indikatoren, dass vor der Eheschließung unzureichend über Geld gesprochen wurde. Dieselbe Umfrage verglich bereits geschiedene mit (noch) verheirateten Menschen hinsichtlich ihres Austausches über ihre finanzielle Situation. Dabei stellte sich heraus, dass (noch) verheiratete Paare besser über das jährliche Einkommen, den Umgang mit Rechnungen, die langfristige finanziellen Ziele, den Status der Altersvorsorge und die Kreditwürdigkeit des Lieblingsmenschen bereits vor der Hochzeit Bescheid wussten als geschiedene Paare.

Aus den Zahlen lässt sich keine Kausalität ableiten, aber es ist sehr interessant, dass Personen aus gescheiterten Ehen signifikant

Wie viel Prozent der befragten Personen kannten die finanzielle Situation des Lieblingsmenschen bereits vor der Hochzeit?

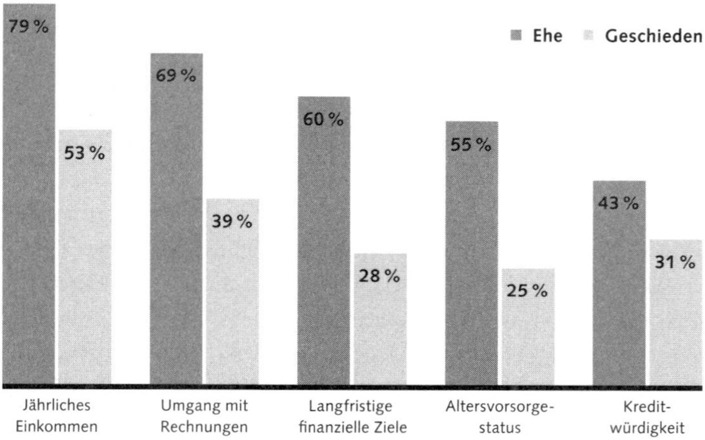

weniger berichten, sich vor der Hochzeit über Geld ausgetauscht zu haben. Das wird mit der Schuldzuweisung besonders klar: »Mein ehemaliger Lieblingsmensch hat zu viel Geld ausgegeben«, »Mein ehemaliger Lieblingsmensch hat uns einen Schuldenberg aufgebaut« oder »Mein ehemaliger Lieblingsmensch war zu geizig mit unserem Geld«.

Sicherzustellen, dass ihr beim Geld ähnliche Werte vertretet oder zumindest in der Lage seid, euch zu verstehen, kann also positive Auswirkungen auf eure Ehe haben. Bestenfalls führt ihr diese Geldgespräche vor eurer Hochzeit. Über eure Werte vor der Hochzeit zu sprechen, ist ohnehin eine brillante Idee. Auch über die Geldfragen hinaus. Welche Werte sind dir wichtig? Welche deinem Lieblingsmenschen? Welche Werte zeichnen eure Beziehung und spätere Ehe aus? Wie sieht's mit der Kinderplanung aus? Wer übernimmt wie viel der Care- und Erwerbsarbeit (dazu kommen wir ausführlich im nächsten Kapitel)? Welche Werte möchtet ihr an eure Kinder weitergeben? Wie sieht's mit Sex aus? Was ist euch da wichtig? Es mag wie ein sehr intimes Bewerbungsgespräch wirken. Ihr seid dabei, euch das Versprechen zu geben, ein Leben lang füreinander da zu sein. Da sollten ein paar Dinge, die dir und deinem Lieblingsmenschen wichtig sind, vorher ausgesprochen sein.

Habt ihr nun schon geheiratet und das Buch ist zu spät erschienen, lohnt es sich dennoch, diese Fragen gemeinsam zu beantworten. Ihr lernt euch besser kennen. Und wer weiß? Vielleicht löst ihr eines eurer wiederkehrenden Streitthemen damit auf.

Wie verzwickt so etwas aussehen kann, erlebten wir in einer Coachinganfrage von Jolina und Oleg (Namen geändert). Sie hatten vor ein paar Jahren geheiratet und kurz danach ein Kind bekommen. Er war Unternehmer, verdiente das Geld und ihm gehörte das Haus, in dem sie lebten und um das sich Jolina kümmerte. Jolina kümmerte sich auch sonst um alle Dinge, die den Alltag betrafen, und war zunehmend unzufrieden. Sie wollte auch gerne wieder arbeiten gehen und etwas Zeit für sich haben. Er verstand diesen Wunsch und war auch zum Coaching bereit. Im Gespräch stellte sich allerdings heraus, dass er davon ausging, weiterhin 70+ Stunden pro Woche arbeiten gehen zu können, während sich Jolina um alles andere kümmerte. Schließlich hatte er nicht wirklich ein Kind gewollt und wurde nur wegen Jolinas Wunsch Papa. Sie hatte hingegen die Erwartung, dass Oleg mit der Geburt ihres Kindes mehr Verantwortung zu Hause übernehmen würde. Darauf, wie es jetzt war, hätte sie sich niemals eingelassen und schon damals die Hochzeit abgesagt. Doch darüber gesprochen haben sie im Vorfeld nie. Sie sind von ihren eigenen Erwartungen und ihrer eigenen Perspektive ausgegangen, ohne diese mit ihrem Lieblingsmenschen gegenzuchecken. Schlussendlich entschieden sie sich gegen ein Coaching und gegen eine Paartherapie (bei einer anderen Person) und für die Scheidung, was auf beiden Seiten zu herben Verlusten führte, aber in dieser Situation mehr als nachvollziehbar war. Jolina und Oleg hätten sich all den Frust, Ärger und Streit ersparen können, hätten sie sich vor ihrer Hochzeit ausgetauscht.

11 Geldfragen für eine entspannte Ehe

Für euren Austausch vor der Hochzeit (oder wenn ihr schon geheiratet habt, eben danach) sind hier 11 Geldfragen für eine entspannte Ehe. Wie bei allen Geldgesprächen gilt: Vereinbart einen Termin mit ausreichend Zeit. Trefft euch an eurem Wohlfühlort. Lasst den Austausch wirken und sprecht mit etwas Abstand erneut.

1. Wie gibst du dein Geld aus?

Ihr könnt auf unterschiedlichste Art Geld ausgeben. Manche recherchieren für jede Ausgabe über Stunden hinweg, vergleichen Angebote, lesen Bewertungen und treffen irgendwann eine Entscheidung. Andere fällen die Entscheidung innerhalb weniger Sekunden, egal, wie hoch die Zahl am Preisschild ist, egal, wie viel Geld noch auf dem Konto zur Verfügung steht.

2. Was sind deine Werte, wenn es um Geld geht?

Bedeutet Geld für dich Sicherheit? Oder ist es nur Mittel zum Zweck? Ist Geld einfach da und es wird niemals darüber geredet? Ist dir Geld gar nicht wichtig (du gehst aber dennoch 40 Stunden pro Woche dafür arbeiten)? Öffnet dir Geld Türen? Oder ist es für dich immer Mangelware? Was bewirkst du mit Geld in deinem Leben und deinem Umfeld? Sind dir Spenden wichtig? Und wie sieht all das dein Lieblingsmensch?

Schreibt auf, was euch wichtig ist, und erstellt eure gemeinsame Top-Ten-Geldwerte-Liste. Eine ausführliche Anleitung, wie ihr eure Werte findet, erhältst du im letzten Kapitel »Beziehungsvision«.

3. Wie sieht deine finanzielle Vergangenheit aus?
Hast du nie gelernt, offen über Geld zu sprechen? Musstest du in der Kindheit, Jugend und jungem Erwachsenenalter immer nur sparen und konntest nicht herausfinden, wie verantwortungsvolles Ausgeben von Geld aussieht? Gleiches gilt auch, wenn jeder Kaufimpuls sofort befriedigt wurde.

Hier sind einige Fragen (ja, es sind NOCH mehr Fragen), um eure Vergangenheit zu erzählen:

- Wie hast du deine Ausbildungszeit oder dein Studium finanziert?
- Wie war es mit Taschengeld bei dir? Hast du dir etwas dazuverdient? Wenn ja, ab wann und mit was? Wenn nein, wieso nicht?
- Hast du mal etwas (Größeres) gewonnen? Wie bist du damit umgegangen?
- Gab es Momente in deinem Leben, in denen Geld echt knapp war? Wie war das für dich?
- Welche besonderen Momente im Umgang mit Geld sind dir in Erinnerung geblieben? Von dir selbst, deiner Familie oder anderen Menschen?
- Wie bist du in früheren Beziehungen mit Geld umgegangen?

4. Wie bezahlst du deine Rechnungen?
Bezahlst du die Rechnungen fünf Minuten nach Erhalt? Oder wartest du lieber auf die erste Mahnung? Wann machst du deine Steuererklärung?

5. Welche Schulden hast du und wie gehst du damit um?
Du heiratest erst mal nicht die Schulden deines Lieblingsmenschen. Egal, ob Zugewinngemeinschaft oder Gütertrennung. Dennoch können sich Schulden indirekt auf die Ehe und die gemeinsame finanzielle Situation auswirken, weil weniger Geld für den Alltag verfügbar ist und ein (starkes) Ungleichgewicht zwischen euch entstehen kann.

Gibt es Schulden? Besteht ein klarer Plan, wie diese abgebaut werden? Ist bekannt, wann du oder dein Lieblingsmensch schuldenfrei sein wird? Oder besteht die Tendenz, weitere Schulden aufzunehmen? Ist der Puffer zwischen Einkommen und Kreditrate noch groß genug?

6. Wie sieht deine finanzielle Jahresplanung aus?

Diesen Punkt haben wir bereits im letzten Kapitel beim Finanzplan ausführlich besprochen. Solltet ihr bisher keine gemeinsame finanzielle Jahresplanung haben, ist euer Hochzeitsjahr ein guter Startpunkt.

7. Was sind deine langfristigen finanziellen Ziele?

Quasi als Verlängerung der vorherigen Frage gedacht, tauscht ihr euch nun über eure Ziele in den nächsten zwei, fünf, zehn oder dreißig Jahren aus. Geld spielt in all euren Zielen eine Rolle. Zumindest auf die eine oder andere Weise. Selbst wenn euer Ziel eine glückliche Ehe ist, bleibt offen: Was versteht ihr unter »glücklich«? Wie finanziert ihr euer Glück?

Also: Was sind deine und eure langfristigen finanziellen Ziele? Und was könnt ihr heute schon dafür tun?

8. Wie vereint ihr eure Finanzen?

Bereits im letzten Kapitel ging es ums Zusammenlegen eurer Finanzen. In dem Moment, wo gemeinsame Ausgaben entstehen, braucht es ein gemeinsames Finanzsystem. Das entsteht typischerweise beim Zusammenziehen. Somit habt ihr hier schon einige Vorarbeit geleistet.

Nun plant ihr für einen deutlich längeren Zeitraum durch die Eheschließung. Gemeinsame Anschaffungen, Arbeitslosigkeit, Einkommensausfälle, Krankheit und so weiter und so fort werden in eurer Beziehung wahrscheinlicher. Gerade die Coronapandemie hat verdeutlicht, wie schnell und wie lang Kurzarbeit verhängt werden kann.

Für uns war die Hochzeit der Punkt, dass wir nicht mehr für jede dieser Situationen eine eigene Lösung finden wollten. Wir wollten nicht mehr über das neue Sofa, die nötige Waschmaschine, den Ölwechsel und Co. und deren Kostenaufteilung entscheiden. Wir wollten nicht darüber diskutieren, ob wir die Waschmaschine nun 50:50 aufteilen, obwohl Mike gerade in Elternzeit ist und kein Gehalt mehr bekommt. Oder Marielle einen Bonus erhalten hat und gerade sehr viel mehr Geld zur Verfügung hat.

Deshalb haben wir diese Frage genutzt, um unser Kontensystem anzupassen. Es war das Gespräch, in dem wir entschieden, ein gemeinsames Rücklagenkonto zu befüllen. Wir einigten uns darauf, dass zehn Prozent unserer Einnahmen (z. B. Gehalt, Dividenden, Miete) auf das Rücklagenkonto direkt zu Beginn des Monats überwiesen werden. So zahlen wir in guten Zeiten mehr und in finanziell weniger starken Monaten eben weniger. Das Geld auf diesem Konto gehört uns hälftig und wir zahlen davon größere Ausgaben. Als erstmals genügend Geld drauf war, begannen wir sogar, unsere Urlaube davon zu bezahlen. Kurze Zeit später legten wir noch ein weiteres Rücklagenkonto an, von dem wir jetzt unsere Investitionen tätigen.

9. Wie sorgt ihr für das Alter vor?

Bevor ihr diese Frage gemeinsam beantwortet, findest du erstmal für dich eine Antwort. Für die Altersvorsorge gibt es nicht den einen Weg. Es gibt die gesetzliche Rentenversicherung, private Altersvorsorgeprodukte, staatlich geförderte Produkte wie die Riesterrente, es gibt betriebliche Altersvorsorge und es gibt Investitionsmöglichkeiten wie Aktien oder Immobilien. Ausführlicher werden wir im letzten Kapitel dieses Buches über den Renteneintritt schreiben.

Womit fühlst du dich wohl? Womit fühlt sich dein Lieblingsmensch wohl? Wie sieht eure gemeinsame Lösung aus? Kommt ein Versorgungsausgleich abseits der gesetzlichen Regelung infrage? Wie könnte dieser aussehen? Vor allem mit Hinblick auf mögliche Kinder und die damit verbundenen Gehalts- und Rentenausfälle lohnt es sich, frühzeitig darüber zu sprechen, wie ihr euch das Älterwerden wünscht.

10. Wie geht ihr mit Einkommensausfällen um?
Bisher nur angeteasert, geht's jetzt ans Eingemachte. Was ist euer konkreter Plan bei Einkommensausfällen? Inzwischen dürftet ihr ein gutes Verständnis des gegenseitigen Umgangs mit Geld haben. Nun geht es darum, das in die Praxis zu bringen.

Angenommen, dein Lieblingsmensch ist in Elternzeit und erhält Elterngeld in Höhe von 1200 Euro. Du arbeitest auf 80 Prozent und verdienst gerade 1950 Euro netto. Jetzt kommt die nächste Pandemie um die Ecke und dein Job wird gestrichen. Dein Lieblingsmensch kann auch nicht zurück. Für die nächsten drei Monate habt ihr 1200 Euro zur Verfügung. Aber eure Miete und die Autofinanzierung nehmen schon 1100 Euro in Anspruch. Die restlichen 100 Euro reichen nicht einmal für die Nebenkosten. Wie soll nun der Kühlschrank gefüllt werden?

Ohne Rücklagen wird diese Situation schnell bedrohlich und löst vermutlich Existenzängste aus. Das gilt es zu vermeiden. Dank eures Haushaltsbuchs und eurer Finanzplanung aus dem letzten Kapitel könnt ihr aber abschätzen, wie viel ihr monatlich ausgebt.

Mit drei Schritten könnt ihr für eine solche Situation vorsorgen.

1. Legt fest, wie viele Monate ihr von euren Rücklagen im Notfall leben können wollt.
2. Schaut in eurem Haushaltsbuch nach, wie viel ihr im Schnitt pro Monat verbraucht, und multipliziert die Summe mit eurer Monatsanzahl.
3. Heraus kommt der Betrag, der mindestens auf eurem Rücklagenkonto (zusätzlich zu persönlichen Rücklagen, Investitionen und der Altersvorsorge) liegen sollte, der sogenannte Notgroschen.

11. Wie trennt ihr euer Vermögen im Falle einer Scheidung?
Diese Frage ist so wichtig, dass wir sie an dieser Stelle erneut aufnehmen. Ihr werdet während eurer Ehe hoffentlich gemeinsam ein Vermögen aufbauen. Das kann aus Bargeld, Unternehmensanteilen, einem eigenen Unternehmen, Immobilien oder sonstigen Sach- und Geldwerten bestehen. Was davon sollte hälftig geteilt werden? Was sollte bei einer Person verbleiben? Was wird eine andere Aufteilung bekommen?

Ihr könnt hier eure Vermögensaufstellung aus eurem Haushaltsbuch nehmen und die Liste Punkt für Punkt durchsprechen. Besser jetzt unterschiedlicher Meinung sein und mit Gewinn-Gewinn-Gedanken eine Lösung finden als nachher vor dem Familiengericht.

HEIRATEN – AUF EINEN BLICK

Diese drei Fragen empfehlen wir euch unbedingt vor eurer Eheschließung zu besprechen:

- Was wird sich für uns finanziell mit der Hochzeit verändern?
- Was wünschen wir uns für unsere Hochzeitsfeier und wie bezahlen wir diese?
- Was wollen wir in unserem persönlichen Ehevertrag stehen haben?

Diese drei Dinge gilt es aus finanzieller Sicht vor der Hochzeit umzusetzen:

- Gegenseitig einen umfassenden Überblick über eure Finanzen (inkl. Vermögen und Schulden) erlangen.
- Euch ein Budget für die Hochzeitsfeier setzen, mag es noch so klein oder groß sein.
- Einen persönlichen Ehevertrag zumindest prüfen und besprechen.

ELTERN WERDEN – VORSORGEN & UNABHÄNGIG BLEIBEN

»Meine Karriere ging doch gerade erst los. Wofür habe ich die letzten fünf Jahre studiert, wenn ich jetzt mein Wissen nicht anwenden kann? Ich will nicht nur noch zu Hause sein. Wie könnte ich alles unter einen Hut bekommen? Mike hat so lange studiert, sein Gehalt kann uns als Familie noch nicht ernähren. Wenn ich jetzt Mutter werden würde, wann könnte ich dann wieder arbeiten gehen? Ich will mich auch weiterhin mit meinen Freundinnen und Freunden treffen. Reicht unsere Wohnung dafür überhaupt aus? Und was würde das mit unserer Beziehung machen? Nein. Jetzt ist einfach noch nicht der richtige Zeitpunkt!«, dachte ich, als Mike mir seinen Kinderwunsch offenbarte. Deshalb sagte ich: »Nein. Jetzt noch nicht. Ich bin noch viel zu jung und will erst mal arbeiten. Und wenn du Kinder willst, dann geh auch du erst mal eine Weile arbeiten, damit wir uns das leisten können.«

Dabei hätte ich damals schon sehr gerne ein Kind mit Mike bekommen. Ich wusste, dass er der Richtige dafür war und dass er einen hervorragenden Papa abgeben würde. Schließlich arbeitete er seit seiner Schulzeit mit Kindern zusammen. Jedes Mal, wenn wir bei Verwandten oder Paaren mit Kindern waren, tauten diese sofort ihm gegenüber auf und vertieften sich mit ihm ins Spiel. Das war so lockerleicht, dass ich eher an mir zweifelte, ob ich das mit dem Mutterdasein schaffen würde. Denn mit Kindern hatte ich nie wirklich was zu tun gehabt. Und schon gar nicht mit Babys. Ich konnte mir nur sehr schwer vorstellen, wie so ein Tag aussehen würde, was alles zu beachten wäre und was ich mit so einem kleinen Geschöpf denn tun würde. Zweifel über Zweifel. Zweifel, was ein Kind mit unserer Beziehung machen würde. Zweifel, was aus meiner Karriere werden würde (wobei, die glaubte ich damit beenden zu müssen – also doch eine Form von Klarheit). Zweifel, ob ich eine gute Mutter sein würde. Zweifel, ob ich noch genügend Zeit für mich hätte. Der Einzige, der anscheinend keine Zweifel hatte, war Mike. Zumindest in meiner Wahrnehmung war für ihn alles glasklar. Dadurch verspürte ich noch mehr Druck, was erst mal zu jeder Menge schlafloser Nächte führte. Meine Gedanken kreisten immer wieder um dieselben Herausforderungen und ich fand keine Lösung. Wie auch?! Um eine Lösung zu finden, hätte ich mit Mike sprechen müssen und der ahnte offensichtlich nichts von meinen Gedankenkarussellen. Stattdessen arbeitete er daran, meine Forderung nach einem höheren Gehalt zu erfüllen.

Heute weiß ich, dass ich meine Gedanken früher hätte ansprechen sollen, aber in meiner Vorstellung war für mich damals mein Weg mit Kind schon so in Stein gemeißelt: Wenn ich Mutter werde, dann muss ich mindestens ein Jahr zu Hause bleiben. Besser drei Jahre, damit sich mein Kind nicht abgestoßen fühlt. In der Zeit kann ich dann auch nicht arbeiten, sondern kümmere mich um Haushalt und die Kindererziehung, während Mike Geld verdienen geht. Bekommen wir noch ein zweites Kind, dann verlängert sich das alles noch mal um zwei, drei, vier Jahre. Also wäre ich aus meiner Karriere vollständig raus gewesen. Dabei hatte es gerade angefangen Spaß zu machen, und ich hatte auch die besseren Aufstiegschancen. Das fühlte sich sehr ungerecht an. Und weil dieser Weg, der als Mutter vor mir lag, mir so klar erschien, begannen all die Zweifel in mir hochzukommen. Weil ich wusste, dass ich mich in dieser Rolle super unwohl fühlen würde. Ich wäre unglücklich. Also stellte ich alles in Zweifel.

Zum Glück erkundigte sich Mike immer wieder, wie es bei mir aussieht. Schließlich hatten sich auch die Voraussetzungen geändert. Als ich keine »Ausreden« mehr hatte, erzählte ich von meinen Gedanken und meinen Zweifeln. Er war sehr überrascht, denn für ihn kam – genauso wie für mich – der Weg des Ernährer-Hausfrauen-Modells nicht infrage. Er wollte seine Kinder sehen, sie begleiten und mit ihnen eine Beziehung aufbauen. Wir brauchten eine Alternative. Ein anderes Vorgehen. Doch das war gar nicht so einfach zu finden. Es fehlte an Vorbildern, bürokratischem Verständnis und finanziellem Weitblick. Aber eins nach dem anderen.

Die zwei großen Herausforderungen beim Elternwerden

Hast du dich gerade in Marielle wiedergefunden? Oder beschreibt es den Albtraum, mit dem du dich (fast) jede Nacht beschäftigst, seit es bei euch um die Kinderplanung geht? Wobei, eigentlich beschäftigt es dich schon, seitdem du weißt, dass du gerne Kinder hättest? Oder denkst du, das alles ist nicht so wild und andere brauchen sich nicht so anzustellen? Immerhin haben die es sich selbst ausgesucht!

Situationen wie diese müssen nicht sein. Ihr könnt euer Leben anders gestalten. In diesem Kapitel werden wir intensiv auf die Alternativen eingehen, wie ihr die richtigen für euch herausfindet und wie ihr sie finanziell realisieren könnt. Das heißt nicht, dass es keine strukturellen Herausforderungen gibt. Sie sind da, sie sind ernst zu nehmen und es wird noch sehr viel Arbeit nötig sein, um diese zu verändern. Wir schreiben über sie ausführlich in diesem Kapitel. Sich diesen Rahmenbedingungen zu ergeben, kommt für uns aber nicht in Frage, weshalb wir einen Weg aufzeigen, mit dem du und dein Lieblingsmensch für euch eine Veränderung schaffen könnt. Unser Ziel: Verändern genügend werdende Eltern die Art, wie sie Erwerbs- und Carearbeit aufteilen, verändern sie damit ebenfalls die Gesellschaft, die Gesetze, die Gedanken der Menschen. Dabei hilft jeder noch so kleine Schritt (z. B. in Gesprächen darauf hinweisen, dass es eine Vielzahl an Elternzeitmodellen gibt). Du setzt das um, was für dich gerade möglich ist. Und dann feierst du dich. In einem Monat oder einem Jahr kannst du den nächsten Schritt gehen (z. B. ein wöchentliches Küchenmeeting zu eurer Carearbeit). Damit bist du bereits Teil der Veränderung!

Wie bei allen bisherigen Themen in diesem Buch geht es auch jetzt darum, euren Weg bewusst und gemeinsam zu finden: raus aus dem Autopiloten. Gemeinsam (!) die Situation betrachten, alle Bedürfnisse und Fakten zusammentragen und dann zusammen (!) eine bewusste Entscheidung für eine Lösung treffen. Diese darf getestet und auch verworfen werden, wenn sich herausstellt, dass die Lösung für dich oder deinen Lieblingsmenschen nicht die richtige ist.

Wir befinden uns bei dem Meilenstein einer Beziehung, der mit Abstand die weitreichendsten Folgen für euer restliches Leben haben wird. Finanziell und emotional. Ehen können geschieden werden. Eigenheime verkauft werden. Aber Eltern werdet ihr euer Leben lang sein.

Seid ihr gerade auf dem Weg, Eltern zu werden? Dann berücksichtigt auf jeden Fall diese zwei Herausforderungen:

Herausforderung eins betrifft die finanziellen Konsequenzen eures Elternzeitmodells. Dazu zählen die direkten (z. B. Elterngeld statt Gehalt) und indirekten Einkommensverluste (z. B. weniger Arbeitsstunden, weniger Beförderungen), die Auswirkung auf eure jeweilige Rente und die ungesunde Abhängigkeit voneinander. Grundsätzlich entstehen die Probleme durch eine strikte Aufteilung von unbezahlter Care-Arbeit und bezahlter Erwerbsarbeit innerhalb einer Beziehung. Das ist zunächst geschlechtsneutral. Jedoch werden die Zahlen zeigen, dass die Erwartungshaltung an Mütter ist, zu Hause zu bleiben und sich um Haushalt und Kind zu kümmern, und an Väter, das Geld zu verdienen. Weil die Rollen in Ernährer (Vater) und Hausfrau (Mutter) fast schon vorgegeben sind, werden wir die Konsequenzen auch entsprechend aufzeigen. Dabei kritisieren wir scharf den Automatismus dieser Rollenzuschreibung und werden ihn hier hervorheben und eben nicht verstecken. Sprechen wir also in den Statistiken von Frau/Mutter, ist die Rolle der care-arbeitenden und bei Mann/Vater die der erwerbstätigen Person gemeint. Das trifft auf alle Paare zu, die eine solche strikte Trennung der Tätigkeitsbereiche anstreben oder umgesetzt haben, egal welchen Geschlechts. Leider haben wir, trotz langer Suche und Interviews, keine Statistik gefunden, die all die Zahlen für Paare aufbereitet, die nicht in einer monogamen heterosexuellen Beziehung leben. Selbst bei unverheirateten Paaren gibt es keine gesicherte Datenlage. Wer also der LGBTQIA+ Community angehört, bleibt in all den Statistiken unsichtbar.

Ernährer-Hausfrauen-Modell

Das Ernährer-Hausfrauen-Modell meint das Modell der familiären Arbeitsteilung, bei dem klassischerweise ein Einverdiener (meist der Mann) die Familie finanziell versorgt, während die zweite Person (meist die Frau) die Arbeit im Haus und mit den Kindern übernimmt.

In einer Weiterentwicklung, dem Zuverdienermodell, geht die care-arbeitende Person zusätzlich für maximal 20 Stunden die Woche arbeiten.

Herausforderung zwei dreht sich um die Ausgaben für die Erstausstattung und die folgenden Alltagsausgaben, die durch das neue Familienmitglied entstehen. Eure gemeinsamen Ausgaben verändern sich durch die Familiengründung erneut.

Seid ihr bereits Eltern? Dann beschäftigen euch vielleicht gerade diese beiden Herausforderungen am meisten. Vielleicht habt ihr aber auch schon einen Teil gelöst und sucht noch etwas mehr Inspiration für den Rest.

6 Schritte, um eure Elternzeit auf Augenhöhe und ohne finanzielles Fiasko zu planen

Paare gehen als gleichberechtigte Personen in den Kreißsaal und kommen in einem Familienmodell der 1950er-Jahre wieder heraus. Der Mann wird zum Familienernährer und die Frau zur Hausfrau. Dabei spielt es kaum eine Rolle, wer wie viel verdient, wer welcher Erwerbsarbeit nachgeht oder wer welche Bedürfnisse hat. Auch bei der Elternzeitplanung ist das ähnlich. Dort wird fast ausschließlich das Ernährer-Hausfrauen-Modell verwendet, obwohl es die Bedürfnisse der Familie ignoriert und finanzielle Konsequenzen bis hin zu den letzten Augenblicken des Lebens hat. Gerne werden Unterschiede zwischen Ost- und Westdeutschland an uns herangetragen. In den neuen Bundesländern würden Frauen mit einem deutlich höheren Selbstverständnis – auch schon kurz nach der Geburt – wieder arbeiten gehen. Das Ernährer-Hausfrauen-Modell sei eine westdeutsche Erscheinung. Auf den ersten Blick betrachtet, mag das sein, jedoch war auch in der DDR die Mutter allein für den Haushalt und die Erziehung der Kinder verantwortlich, während sie zusätzlich arbeiten gehen musste, da es an Arbeitskräften mangelte. Zum Vergleich lohnt sich beispielsweise die dreiteilige Doku von Collien Ulmen-Fernandes, die du in der ARD-Mediathek kostenlos anschauen kannst.[1] Von Gleichberechtigung kann also auch in diesem Rollenmodell keine Rede sein.

Natürlich gibt es auch Frauen und Männer, die in diesem Modell ihre Erfüllung finden, die die Konsequenzen befürworten und sich pudelwohl mit ihrer Situation fühlen. Jedoch werden wir sehen, dass dies eher die Ausnahme zu sein scheint.

Die Gestaltung der Elternzeit ist wohl die finanziell und emotional wichtigste Entscheidung für die Eltern und die frischgebackene Familie. Sie wirkt sich auf das restliche Leben aller Familienmitglieder aus. In der öffentlichen Diskussion ist hingegen zumeist nur vom ersten Lebensjahr mit Kind die Rede – vor allem, wenn es ums Geld und die Gleichberechtigung geht. Wie weitreichend der Moment des Elternwerdens im Leben ist, werden wir auf den nächsten Seiten ausführlich betrachten.

Damit ihr auch nach dem Verlassen des Kreißsaals eine Beziehung auf Augenhöhe führt und euch der finanzielle Super-GAU erspart bleibt, könnt ihr unsere sechs Schritte durchgehen. Sie zu lesen, wird bereits etwas helfen. Doch den meisten Mehrwert, die wirkliche Veränderung und das Familienleben, nach dem ihr euch sehnt, gibt es nur, wenn ihr die Schritte auch umsetzt.

Schritt 1: Bewusstsein schaffen für die Herausforderungen, die mit dem Elternsein auf euch als Paar zukommen. Auch wenn sie (fast) alle die Frau härter bestrafen, betreffen sie euch als Familie – zumindest solange ihr einen gemeinsamen Weg geht.

Schritt 2: Herausfinden, was eure Bedürfnisse sind. Ja, schon wieder Bedürfnisse. Du und dein Lieblingsmensch werden hier tief eintauchen. Wenn ihr nicht wisst, was ihr wollt, könnt ihr auch nicht wissen, wo es hingehen soll. Selbst wenn du bereits genau weißt, was du willst, weiß es auch dein Lieblingsmensch? Weißt du, was dein Lieblingsmensch will?

Schritt 3: Das Elternzeitvokabular kennen. Die offizielle Broschüre des Bundes ist 200 Seiten lang. Denn neben den allgemeinen Regeln zu Elternzeit, Elterngeld, Elterngeld Plus, Partnerschaftsbonus, Partnermonaten, Mutterschutz, Teilzeit in Elternzeit und so weiter gibt es auch jede Menge Sonderregeln. Diese greifen, wenn das Kind früher oder später kommt, besondere medizinische Unterstützung benötigt, du selbstständig oder verbeamtet bist und so weiter. Ohne das grundlegende Wissen ist keine individuell passende Entscheidung möglich.

Schritt 4: Mehrere Elternzeitmodelle erstellen. Inzwischen wisst ihr, wieso es so wichtig ist, sich damit zu beschäftigen. Ihr wisst, was euch wichtig ist und was ihr auf jeden Fall bei der Planung beachten wollt. Und ihr kennt die grundlegenden Regeln zur Gestaltung der Elternzeit. Jetzt fließt all das zusammen in eure ersten Modellentwürfe.

Schritt 5: Elternzeitmodelle durchrechnen. Diesen Schritt führen die meisten Paare sogar durch. Jedoch ohne die Schritte eins bis vier miteinzubeziehen und nur für das erste Lebensjahr des Kindes. Denn das ist das Jahr, in dem in der Regel die Elternzeit genommen wird und es die finanzielle Unterstützung durch das Elterngeld gibt. Ihr prüft in diesem Schritt, wie sich eure Elternzeitmodelle auf eure Finanzen auswirken (auch über das erste Lebensjahr hinaus), und was ihr gegebenenfalls noch für Vorkehrungen treffen solltet, um euer Wunschmodell umsetzen zu können und auch nach dem ersten Geburtstag eures Kindes finanziell gut über die Runden zu kommen.

Schritt 6: Weitere Aufgaben ermitteln und verteilen. Bis zur Geburt und auch nach der Geburt ist einiges zu tun und zu klären. Alle Aufgaben aufgelistet vor sich zu sehen, reduziert den Stress während der Schwangerschaft. Wie bei eurer Hochzeit könnt ihr hier die einzelnen Punkte abhaken und euch regelmäßig für Updates treffen. Und gut für den Geldbeutel ist ein Plan für all die Zusatzthemen sowieso.

Schritt 1: Wieso ist das Ernährer-Hausfrauen-Modell eigentlich so gefährlich?

Als Marielle damals nicht einschlafen konnte, weil ihre Gedanken immer wieder ums Mamasein kreisten, war ihr noch gar nicht bewusst, was genau das Ernährer-Hausfrauen-Modell für Veränderungen bedeuten würde. Also, was es denn heißt, nur noch Mama zu sein, nicht mehr arbeiten zu gehen, in der Teilzeitfalle zu stecken und die Care-Arbeit (allein) zu erledigen. Das Wissen kam erst später. Sie hatte nur dieses dumpfe Gefühl, dass da etwas nicht stimmt. Ich war noch viel ahnungsloser, denn mir war damals nicht einmal bewusst, dass es überhaupt Probleme geben könnte. Für mich stand fest: Ja, ich nehme die Hälfte der Elternzeit und des Elterngeldes. Ja, ich werde danach mit weniger Stunden arbeiten gehen. Meine Karriere würde einfach so weitergehen. Es kam mir nicht in den Sinn, dass sich das negativ auswirken könnte. Weder für mich noch für Marielle. Während ich komplett ahnungslos war, hatte Marielle eine kleine Vorahnung. So scheint es auch in sehr vielen anderen Beziehungen auszusehen.

Während Frauen zumindest ahnen, dass etwas schieflaufen könnte und die Entscheidung für ein Kind wohlüberlegt sein will, fehlt Männern das Bewusstsein fast vollständig. Das erleben wir täglich in den sozialen Medien, in unserer Community und in unseren Workshops. Beispielsweise folgen uns hauptsächlich Frauen (87,5 Prozent), obwohl wir uns gezielt an Paare richten. So ist es auch kein Wunder, dass wir Nachrichten wie die von Nelia (Name geändert) erhalten, die keinesfalls im Ernährer-Hausfrauen-Modell landen will, aber aktuell keine andere Möglichkeit sieht, weil ihr Mann ja mehr verdiene und seinen Job keinesfalls ruhen lassen könne. Das zeigt die beiden üblichen Hauptargumente (Geld und Hierarchie) zusammen, die das Ernährer-Hausfrauen-Modell unterstützen, die nur durch Aufklärung überwunden werden können. Wie sieht es also in der Beziehung aus, wenn ein neues Familienmitglied geplant ist? Wie verändern sich die Finanzen? Wie die Beziehung? Wer muss mit welchen Folgen rechnen?

Um das zu beantworten, werfen wir unseren Blick auf Zahlen, Prozente und Statistiken. Wir lernen am Beispiel unserer Followerin Nelia und ihres Mannes Oliver einige Szenarien kennen. Sie zeigen, wie Familien in der Regel gestaltet sind, und füllen die Zahlen mit Leben. Auch wenn wir hier um Kalkulationen nicht herumkommen, ist das, was jetzt kommt, so unglaublich, dass du dennoch weiterlesen willst.

In Deutschland leben drei Viertel der Familien mit Kindern unter 15 Jahren nach dem Ernährer-Hausfrauen-Modell. (Ja, auch wenn du das Gefühl hast, dass sich in letzter Zeit viel getan hat, immerhin siehst du doch ein paar Papas auf dem Spielplatz, beim Krabbeltreff oder beim Elternabend.) Auch wenn die Elternzeit also längst vorbei ist, die Kinder im Kindergarten, der Grundschule oder der weiterführenden Schule sind, hat das Modell Bestand, weil die wenigsten Kinder einer Vollzeittätigkeit entsprechend betreut sind. Rückschließend bedeutet das, dass bei immerhin 22 Prozent der Ehepaare beide in Vollzeit tätig sind. Das liegt vor allem daran, dass, je älter die Kinder werden, immer weniger Betreuungsbedarf besteht und sich somit beide Elternteile leichter auf die Vollzeiterwerbstätigkeit konzentrieren können. Du merkst, da sind nicht mehr viele Prozentpunkte übrig. In nur zwei (!) Prozent der Fälle arbeitet die Mutter Vollzeit und der Vater Teilzeit, was ein Ernährerin-Hausmann-Modell wäre. Die restlichen drei Prozent der Ehepaare arbeiten beide in Teilzeit.[2] Allein diese Verteilung zeigt, dass es hier keine Gleichberechtigung gibt. Es gibt einen klaren Automatismus, eine klare gesellschaftliche Vorgabe, welches Modell anerkannt ist.

Deshalb – wir kennen die Zahlen nun – werden Väter auf Spielplätzen oft frenetisch gefeiert. Mike erhält regelmäßig Applaus, wenn er diese Aktivitäten übernimmt. Das geht sogar so weit, dass Menschen von der anderen Straßenseite rufen, herübergerannt kommen und sagen: »Ach, ein moderner Vater. Da musste ich doch mal ›Hallo‹ sagen. Großartig, dass Sie mit Ihren Kindern unterwegs sind. Das sieht man so selten.« Sein Erscheinen in Eltern-Kind-Angeboten wird stets kommentiert mit: »Und wie kannst du dienstags um 09:30 Uhr hier sein?« Ja, wie können denn die zwölf Mütter hier sein? Marielle wird das nämlich nie gefragt. Nicht ein einziges Mal. Selbst dann nicht, wenn sie langer Zeit das erste Mal auftaucht. Es ist einfach selbstverständlich.

Es gibt außerdem bereits einen Begriff für die Zeit, in der der

Vater Elternzeit nimmt: Vätermonat. Dieser hat es sogar in den Duden geschafft.[3] Genauso wie die Erwerbsarbeit.[4] Von Müttermonat, Care-Arbeit, Sorgearbeit oder Fürsorgearbeit fehlt jedoch jede Spur. Es ist bezeichnend, dass die Wortschöpfungen, die Männer betreffen, zeitnah im Sprachgebrauch durch den Duden verankert werden, und die, die Frauen betreffen, ausgeblendet werden. Damit bleibt auch in unserer offiziellen Sprache die Care-Arbeit unsichtbar, während die Elternzeit des Vaters besonders hervorgehoben wird. Denn offiziell werden »Vätermonate« als Partnermonate bezeichnet.

Bei unverheirateten Paaren mit Kindern unter 15 Jahren verschiebt es sich etwas. Dort sind »nur« gut die Hälfte im Ernährer-Hausfrauen-Modell und 38 Prozent arbeiten beide in Vollzeit. Doch auch hier wird das umgekehrte Modell nur von drei Prozent der Paare gelebt und die Teilzeittätigkeit nur von fünf Prozent.[5]

Diese eindeutige Verteilung dient häufig als Argument, dass Mütter und Väter diese Aufteilung bevorzugen würden. Jedoch veröffentlichte Orna Donath 2015 den Artikel »Regretting Motherhood: A Sociopolitical Analysis«. Demzufolge versichern Mütter, ihre Kinder zwar zu lieben, bekennen aber, dass sie sich nicht wieder für sie entscheiden würden, weil die Rolle der Mutter zu einengend und belastend sei. Ob dieses Phänomen nicht doch eher Regretting Parenthood heißen sollte, stellt zumindest eine Umfrage von YouGov aus dem Jahr 2016 infrage. Dort berichten auch 20 Prozent der befragten Väter, das Vaterwerden zu bereuen.[6] Die Last, die Väter tragen, kommt vor allem in Krisensituationen zum Vorschein, zum Beispiel wenn es darum geht, die Familie finanziell zu versorgen, während das eigene Unternehmen Kurzarbeit anmeldet, wie wir es jüngst flächendeckend in der Coronapandemie erlebt haben.[7] Auch der Wunsch nach einer guten und stabilen Beziehung zu den Kindern wird vielen Vätern erst viel später im Leben bewusst.

Werden Paare nach ihrer Wunschaufteilung bei ihrer Arbeitslast in der eigenen Familie gefragt, dann kommt heraus, dass nur noch 18 Prozent sich für das Ernährer-Hausfrauen-Modell entscheiden würden. Weitere 28 Prozent wünschen sich zumindest eine Teilzeitbeschäftigung der Frau in der Erwerbstätigkeit (also das Zuverdienstmodell) und des Mannes in der Care-Arbeit. Und 46 Prozent wollen eine paritätische Aufteilung![8] Wunsch und Realität liegen mal wieder weit auseinander. Das kennen wir bereits vom ersten Date, wo sich die Frauen ebenfalls eine gleichberechtigte Aufteilung wünschen und am Ende der Mann zu 85 Prozent die Rechnung übernimmt.[9]

Das Modell spiegelt sich auch bei der Elternzeit wider. Fast alle Frauen (97,9 Prozent) nehmen Elternzeit, aber nicht einmal die Hälfte der Männer (42,1 Prozent) nimmt diese in Anspruch. Nun könntest du die Hoffnung hegen, dass zumindest in den Fällen, in denen die Männer Elternzeit beanspruchen, eine Art Gleichberechtigung existiert. Leider weit gefehlt. Drei Viertel der Männer, die überhaupt in Elternzeit gehen, nehmen maximal zwei Monate in Anspruch. Gemeinhin heißen diese mittlerweile Vätermonate. Das sind die beiden Monate, eigentlich Partnermonate genannt, in denen es nur dann zusätzliches Elterngeld gibt, wenn auch die zweite Person die Elternzeit nutzt. Lediglich 7,6 Prozent der Väter nehmen mehr als zehn Monate Elternzeit in Anspruch.

95,4 Prozent der Mütter bleiben mindestens zehn Monate zu Hause.[10] Ist das Kind unter sechs Jahre, dann sind nur 48 Prozent der Mütter überhaupt erwerbstätig – unabhängig von ihren Arbeitsstunden. Bei Vätern sind es hingegen 83,3 Prozent.[11] Unterscheiden wir nun zwischen Vollzeit- und Teilzeittätigkeit, geht die Schere noch weiter auseinander. Männer, die ohne Kind im Haushalt leben, sind in 88 Prozent der Fälle in Vollzeit beschäftigt. Handelt es sich jedoch um Männer, die mit mindestens einem Kind im selben Haushalt leben, erhöht sich die Vollzeittätigkeit auf 94 Prozent der Fälle. Bei Frauen ist es genau umgekehrt. Ohne Kind im Haushalt sind es 66 Prozent, die in Vollzeit arbeiten. Mit Kind im Haushalt sind es nur noch 34 Prozent, die in Vollzeit beschäftigt sind. Hierbei ist es egal, wie alt das Kind ist.[12] Männer, die zu Vätern werden, arbeiten also mehr als Männer, die keine Väter sind – denn Erstere müssen ja schließlich die Familie ernähren.

Das ist etwas, wo sich vor allem Mike immer wieder rechtfertigen soll. Wieso arbeitet er als Psychologe in einer Nachmittagsbetreuung mit Kindern zusammen? Da ist er doch überqualifiziert und unterbezahlt. Er soll sich einen besseren Job suchen. Gerade mit Hinblick auf unsere Familiengründung wurde das Unverständnis aus dem Umfeld, aber auch der Gesellschaft größer. Seine Antworten, dass er der Arbeit gerne nachgehe, dort sehr gut drin sei und es ihn erfülle, wurden jedoch nicht akzeptiert. Dass ich einen sehr gut bezahlten Job und Aufstiegschancen hatte, war dabei völlig egal, denn ich würde mich ja dann um die Kinder kümmern und könnte nicht mehr Geld verdienen. Dass Mike für die Rolle des Hausmanns viel besser geeignet ist als ich für die Hausfrau, konnte nicht wahr sein. So war es auch für alle selbstverständlich, dass Mike früh arbeiten ging. Mein Wunsch, nach fünf Monaten wieder mit 15 Stunden in der Woche zu starten, wurde mir sogar noch abgesprochen, als ich bereits wieder arbeiten war. Schließlich würde ich mein Kind doch vermissen. Ich würde schon noch erkennen, dass mein Platz bei meinem Kind ist. Nicht einmal hörte Mike diese Aussagen über die Beziehung zu seinem Kind. Nicht einmal hörte ich die Aussage, mehr Geld verdienen zu müssen, um die Familie zu versorgen.

Umfragen zeigen, dass 68 Prozent der Frauen die Kinderbetreuung und sonstige familiäre Verpflichtungen als Grund angeben, keiner Vollzeittätigkeit nachzugehen. Bei den wenigen Männern, die mit Kind Teilzeit arbeiten, geben diesen Grund jedoch nur 27 Prozent an. Nun hat sich tatsächlich in den letzten Jahrzehnten einiges verändert. Im Jahr 2006 – dem Jahr vor der Einführung des aktuellen Elterngeld- und Elternzeitmodells – nutzten nur 3 Prozent der

Väter das damalige Erziehungsgeld und blieben zu Hause. Direkt nach der Einführung nutzten bereits 2008 21,2 Prozent der Väter das neue Elterngeld. Im Jahr 2018 standen wir bei den bereits genannten 42,1 Prozent. Immerhin sehen wir eine klare Steigerung.[13]

Dennoch ist die bittere Realität, dass acht von zehn Paaren ein Ernährer-Hausfrauen-Modell ablehnen, aber neun von zehn Paaren danach leben. Das hat vor allem strukturelle, politische und gesellschaftliche Gründe, die du teils schon kennengelernt hast und teils noch davon lesen wirst. Gleichzeitig wirkt sich dies auf die finanzielle und emotionale Situation in eurer Beziehung aus. Vor allem, wenn ihr zu den 80 Prozent gehört, die gerne eine andere Aufteilung hätten, aber mangels Alternativen doch zum Ernährer-Hausfrauen-Modell greifen. Veränderung entsteht unter anderem, wenn sich genügend Menschen dazu entscheiden, es anders zu machen. Dabei helfen wir euch gleich. Zunächst schauen wir noch auf die Konsequenzen der Ernährer-Hausfrauen-Aufteilung, um ein paar Mythen aus der Welt zu schaffen.

Finanzielle Konsequenzen des Ernährer-Hausfrauen-Modells

»Für uns war es finanziell nicht anders möglich« gehört zu den Standardbegründungen, wieso keine paritätische Aufteilung der Elternzeit und Care-Arbeit umgesetzt wurde. Der finanzielle Aspekt ist also *das* Argument *gegen* ein anderes Modell und *für* die Ernährer-Hausfrauen-Aufteilung. Dabei zeigen Studien, dass die Finanzen gerade das Argument für eine gleichberechtigte Aufteilung sein sollten: In Deutschland werden Mütter in den ersten zehn Lebensjahren des Kindes mit einem durchschnittlichen (!) Einkommensverlust von 61 Prozent bestraft. Väter erleiden im Schnitt keinerlei Einkommensverluste.[14] Das liegt natürlich daran, dass deutlich weniger Väter in Elternzeit gehen und das auch nur für einen kurzen Zeitraum von zwei Monaten. Geschickt geplant, beispielsweise unterteilt in zwei Monate oder in einen Jahresabschnitt gelegt, in dem im Unternehmen kaum gearbeitet wird, fällt die Abstinenz kaum auf. Dass das keinerlei Auswirkungen auf die berufliche Laufbahn hat, ist selbsterklärend.

Besonders interessant ist der Verlauf des Einkommensverlustes bei Frauen. Liegt er im ersten Jahr bei fast 80 Prozent, vermindert er sich bis zum Schuleintritt auf besagte 61 Prozent, von da an bleibt er stabil. Das führt dazu, dass auch die Altersrente von Frauen in Deutschland um etwa 40 Prozent geringer ist als die von Männern.[15]

Die Zahlen, die wir dort vorstellen werden, lassen weiterhin vermuten, dass Frauen ab der Geburt des ersten Kindes bis zum Renteneintritt etwa 60 Prozent weniger Einkommen erhalten als Männer. Das allein ist schon eine so unglaubliche Zahl, aber in einem Eurobetrag ausgedrückt, wird es noch unglaublicher. In Deutschland bekommen Frauen ihr erstes Kind mit 30 Jahren[16] und verdienen im Schnitt 1832 Euro netto (Männer übrigens 1921 Euro).[17] Fehlt noch das durchschnittliche Renteneintrittsalter von Frauen, das bei etwa 64 Jahren liegt.[18] Gehen wir von dieser Durchschnittsmutter aus, dann würde sie ohne Einkommensstrafe 747 456 Euro netto bis zu ihrem Renteneintritt verdienen. Davon bleiben jedoch nur noch 366 253,44 Euro übrig, sofern die minus 60 Prozent bis dahin Bestand haben. Das sind fast 400 000 Euro weniger.

Dann rechnen wir kurz aus, wie sich die Gehaltseinbußen durch Mutterschaft bis zum Renteneintritt auswirken: Bis zum 10. Geburtstag des ersten Kindes entsteht, ausgehend von den Zahlen der Studie, ein Minus von 140 000 Euro. Statt eines Einkommens von 220 000 Euro in zehn Jahren liegt der Verdienst bei nur 80 000 Euro. Bleibt es nicht bei einem Kind, sondern kommt nach drei Jahren noch ein zweites Kind, verlängert sich der Zeitraum um die drei Jahre und das Minus liegt bei 185 000 Euro. Statt 285 000 Euro Einnahmen stehen also nur 100 000 Euro zur Verfügung. Dazu kann man von einem entsprechenden Karriererückstand von 10 bis 13 Jahren ausgehen, der einen geringeren Lohn bedingt, wenn Frauen die Erwerbsarbeit wieder aufnehmen.[19]

War dir das bewusst?

Bei all diesen schwindelerregenden Summen ist es erstaunlich, dass das Hauptargument gegen eine gleichberechtigte Aufteilung die finanzielle Situation ist. Woran liegt das? Gehen wir es aus zwei Perspektiven an: der Beobachtung im Alltag und den Gesprächen im Rahmen unserer Social-Media-Auftritte sowie den realen finanziellen Auswirkungen.

Nach vielen Gesprächen über die Entscheidung zum Ernährer-Hausfrauen-Modell kamen wir aus dem Staunen gar nicht mehr raus. Mal abgesehen von denen, die sagen: »Da haben wir uns gar keine Gedanken gemacht. Irgendwie war das klar« (Autopilot), gibt es eben die Paare, die die Finanzen in den Vordergrund stellen. Wir reden hier nicht von schwerwiegenden finanziellen Situationen, wo die Familie am oder unter dem Existenzminimum zurechtkommen muss oder wo die medizinische Versorgung eines behinderten Babys ganz andere (finanzielle) Herausforderungen mit sich bringt. Sondern wir reden von Paaren aus allen Einkommensschichten.

Der Satz: »Für uns war es finanziell nicht anders möglich« wird verwendet, egal, ob die Frau mehr verdient oder weniger. Verdient sie weniger, dann hat der Mann die besseren Karrierechancen. Logisch. Verdient sie mehr, bekommt sie das höhere Elterngeld und bleibt deshalb zu Hause. Logisch. Bohren wir hier etwas nach. Beispielsweise mit der Frage: »Hättet ihr euch auch so entschieden, wenn es andersherum gewesen wäre?« Nun beginnt das große Herumdrucksen. Das endet dann häufig mit Aussagen wie: »Der Job meines Mannes ist einfach so wichtig.« Du könntest jetzt meinen, dass es da vielleicht wirklich einen Unterschied der beiden Berufe gibt. Aber nein. Es ist völlig egal, wie wichtig der Job der Frau ist. Ob sie Kinder betreut, in der Pflege arbeitet oder Chefärztin der Neurologie ist. Egal, ob sie bei der Müllabfuhr, im Investmentbanking oder im höheren Management ihr Geld verdient.

Es gipfelte in einem Gespräch darin, dass eine Fachärztin im

Krankenhaus zu uns sagte, dass sie jetzt ein Jahr zu Hause bleiben würde, weil der Job ihres Mannes viel wichtiger sei. Auf die Nachfrage, was ihr Mann denn täte, stellte sich heraus, dass sie zusammen die gleiche Ausbildung absolviert hatten und im selben Krankenhaus, in derselben Fachrichtung, bei demselben Gehalt arbeiteten. Aber der Job des Mannes war so viel wichtiger, dass er die Partnermonate zu Hause blieb (einen Monat direkt nach der Geburt und einen zum ersten Geburtstag, damit die Belastung für den Arbeitgeber auch überschaubar blieb) und sie über ein Jahr aus ihrem Beruf ausstieg und nur Teilzeit zurückkehrte. Ans selbe Krankenhaus wie ihr Mann.

Aber, aber, das sind doch alles nur Einzelfälle, hören wir schon die Einwände. Leider nein, wie die Statistik zu Beginn des Kapitels unmissverständlich zeigt. Deshalb ist dieses Kapitel so wichtig. Es ist eure Chance, den Autopiloten auszuschalten und euch als Paar und Team über die Aufteilung der gemeinsamen Finanzen Gedanken zu machen.

Elternzeitmodelle für die ersten drei Lebensjahre mit außerfamiliärer Betreuung

Das wird spätestens jetzt klar, wenn wir uns die reale Veränderung bei den Einnahmen während der Elternzeit und in den ersten sechs Lebensjahren des Kindes von Mutter und Vater anschauen. Wir werden hier auch absichtlich weiter von Mutter und Vater sprechen, auch wenn gleichgeschlechtliche Eltern in dieselbe Falle tappen können. Doch an dieser Stelle von care-arbeitenden und erwerbstätigen Personen zu sprechen, würde den eigentlichen Sachverhalt verharmlosen und die Dringlichkeit, aktiv zu werden, herunterschrauben.

Dafür schauen wir uns drei Szenarien an. Erstens, beide haben ein durchschnittliches Einkommen von 2000 Euro netto pro Monat. Zweitens und drittens verdient einmal die Mutter 2800 Euro netto (Mindesteinkommen für den höchsten Elterngeldsatz) und

der Vater 1400 Euro netto (Mindestlohn bei Vollzeittätigkeit) und einmal umgekehrt. Bei der Betrachtung stellen wir das Ernährer-Hausfrauen-Modell einer 50:50-Aufteilung gegenüber.
Diese Abbildung zeigt das Ernährer-Hausfrauen-Modell (EHM).

Ernährer – Hausfrauen – Modell

	Lebensmonat	1	2	3	4	5	6	7	8	9	10	11	12	13
Mutter	Arbeitsstunden													20
	Elterngeld	MS	MS	EG	EG	EG	EG	EG	EG	EG	EG	EG		
	Elternzeit	x	x	x	x	x	x	x	x	x	x	x	x	x
Vater	Elternzeit	x											x	
	Elterngeld	EG											EG	
	Arbeitsstunden		40	40	40	40	40	40	40	40	40	40		40

MS: Mutterschutz
PM: Partnermonate

In den Zahlen greifen wir die Zahlen der bisherigen Statistiken auf, die Mutter nimmt 12 Monate, der Vater 2 Monate Elternzeit. Ab dem 13. Lebensmonat gehen wir davon aus, dass die Mutter 20 Stunden pro Woche arbeitet und der Vater 40 Stunden pro Woche. Beim gleichberechtigten Modell gehen wir davon aus, dass zuerst die Mutter sechs Monate zu Hause bleibt und anschließend der Vater für sechs Monate übernimmt. Nach dem ersten Geburtstag des Kindes arbeiten beide jeweils 30 Stunden pro Woche. In beiden Modellen arbeiten die Eltern nach dem ersten Geburtstag des Kindes also gemeinsam 60 Stunden.

Unsere letzte Annahme betrifft die Gehaltserhöhung. Vorteile der gleichberechtigten Aufteilung sind die nächsten Karriereschritte und Beförderungen, die bei einer Halbtagstätigkeit kaum vorkommen. Für unsere Darstellung nehmen wir an, dass ab 30 Stunden pro Woche in sechs Jahren zwei Gehaltserhöhungen von jeweils 10 Prozent realistisch sind. Bei den 20 Wochenstunden gehen wir von 2 und 4 Prozent Gehaltserhöhung als Inflationsausgleich aus. Puh. Okay. Was bedeutet das jetzt? Damit wir nicht noch weiter mit Zahlen jonglieren, haben wir das grafisch aufbereitet.

Ein Blick auf den Einkommensverlauf der beiden Modelle bei gleichem Gehalt verrät, dass das Ernährer-Hausfrauen-Model keine Chance hat. Bereits im ersten Jahr bleiben in dieser Rechnung 1240 Euro mehr vom ursprünglichen Einkommen bei der Familie hängen, als wenn der Vater nur den ersten und zwölften Monat zu Hause bleibt und ansonsten weiter in Vollzeit arbeiten geht. Das liegt am achtwöchigen Mutterschutz (MS), der bei Arbeitnehmerinnen mit vollem Gehalt ausgezahlt und aufs Elterngeld (EG) angerechnet wird.

Dadurch erhält die Familie 14 Vollzeitgehälter (damit das möglich ist, muss der Vater im gleichberechtigten Modell allerdings nach der Geburt erst einmal weiterarbeiten und dann ab dem 7. Mo-

Gleichberechtigtes Modell

	Lebensmonat	1	2	3	4	5	6	7	8	9	10	11	12
	Arbeitsstunden							40	40	40	40	40	40
Mutter	Elterngeld	MS	MS	EG	EG	EG	EG						
	Elternzeit	x	x	x	x	x	x						
	Elternzeit							x	x	x	x	x	x
Vater	Elterngeld							EG	EG	EG	EG	EG	EG
	Arbeitsstunden	40	40	40	40	40	40						

	Lebensmonat	13	14	15	16	17	18	19	20	21	22	23	24
	Arbeitsstunden		30	30	30	30	30	30	30	30	30	30	30
Mutter	Elterngeld	EG	PM	PM	PM	PM							
	Elternzeit	x	x	x	x	x	x	x	x	x	x	x	x
	Elternzeit	x	x	x	x	x	x	x	x	x	x	x	x
Vater	Elterngeld	EG	PM	PM	PM	PM							
	Arbeitsstunden		30	30	30	30	30	30	30	30	30	30	30

nat zu Hause in Vollzeit übernehmen) im ersten Jahr (acht durch die Mutter und sechs durch den Vater) anstelle von zwölf Vollzeitgehältern (zwei durch die Mutter und zehn durch den Vater).

Auch im zweiten Lebensjahr des Kindes bietet das gleichberechtigte Modell einen finanziellen Vorteil in Höhe von etwas über 4400 Euro. Denn nun kann der Partnerschaftsbonus abgerufen werden. Beide arbeiten 30 Stunden, bekommen zusätzlich Elterngeld Plus ausgezahlt (abzüglich des Mehrverdiensts durch die 30 Stunden) und haben noch jeweils einen Monat Basis Elterngeld zur Verfügung. Diesen können sie in Kombination mit den Partnerschaftsmonaten zur Eingewöhnung einer außerfamiliären Betreuung nutzen. Wenn ihr keine außerfamiliäre Betreuung nutzen wollt oder könnt, haben wir am Ende dieses Abschnitts ein Beispiel ohne eine solche für euch aufgeführt. Im Ernährer-Hausfrauen-Modell erhaltet ihr den Partnerschaftsbonus nicht, da die hierfür erforderliche Erwerbsarbeitsstundenanzahl mit der Aufteilung von 20 und 40 Wochenarbeitsstunden nicht erreicht wird.

Familieneinkommen im Vergleich

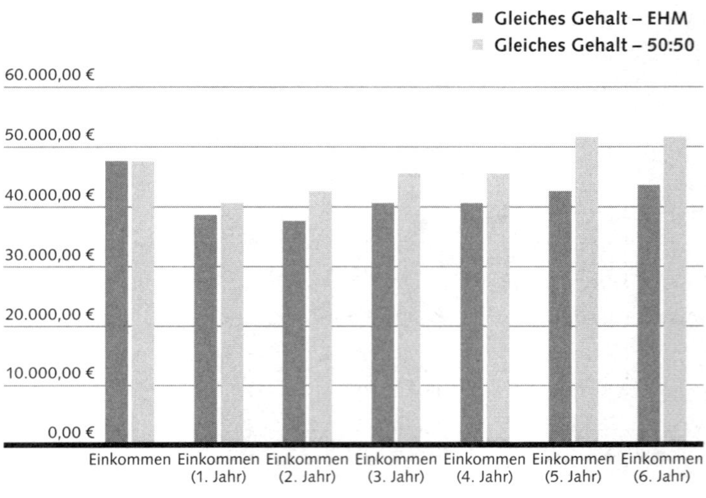

Partnerschaftsbonus

Der Partnerschaftsbonus umfasst vier Monate zusätzliches Elterngeld Plus für beide Elternteile. Voraussetzung ist, dass beide Eltern zwischen 24 und 32 Wochenstunden arbeiten.

Mit dieser Bonuszahlung möchte der Gesetzgeber darauf hinwirken, dass Frauen früher wieder mit einer höheren Stundenzahl in den Beruf zurückkehren und gleichzeitig Männer dazu animiert werden, ihre Arbeitszeit zu reduzieren und Care-Arbeit zu Hause zu übernehmen.

Überrascht dich das? Denn eigentlich müsste die Familie unabhängig von der Modellwahl in den ersten beiden Jahren das gleiche Familiengehalt bekommen. Doch durch die Regularien zum Partnerschaftsbonus, der im klassischen Ernährer-Hausfrauen-Modell nicht genutzt werden kann, schneidet das 50:50-Modell besser ab.

Ab dem dritten Jahr greifen dann die Gehaltserhöhungen und die Beförderung, die im gleichberechtigten Modell weiterhin zwei Personen erhalten können. Ab hier vergrößert sich der Unterschied zum Ernährer-Hausfrauen-Modell stetig, sodass im fünften Jahr das Familieneinkommen erstmals höher liegt als vor der Geburt. Würden wir die Rechnung fortführen, würde beim Ernährer-Hausfrauen-Modell erst im neunten Lebensjahr des Kindes das Familieneinkommen das Niveau von vor der Geburt erreichen. Das ist vier (!) Jahre später!

Jahr	Ernährer-Hausfrauen-Modell	50:50-Aufteilung	Differenz
Erstes Lebensjahr	38 760,00 €	40 300,00 €	+1540,00 €
Zweites Lebensjahr	37 869,84 €	42 292,46 €	+4422,62 €
Drittes Lebensjahr	40 547,24 €	46 521,71 €	+5974,47 €
Viertes Lebensjahr	40 547,24 €	46 521,71 €	+5974,47 €

Fünftes Lebensjahr	43 187,24 €	51 173,88 €	+7986,64 €
Sechstes Lebensjahr	43 753,13 €	51 173,88 €	+7420,75 €
Gesamteinnahmen	244 664,68 €	277 983,63 €	+33 318,95 €

Falls das noch nicht spannend genug ist, können wir noch einen draufpacken. Dazu betrachten wir die individuelle Gehaltsentwicklung der Mutter und des Vaters in Relation zum Familieneinkommen: Wer steuert im Verlauf von sechs Jahren wie viel Prozent bei? Wenig überraschend, bleibt der Anteil am Familieneinkommen im 50:50-Modell gleich, abgesehen vom ersten Lebensjahr des Kindes. Die zwei Prozent Unterschied kommen durch den Mutterschutz zustande. Damit können beide die Familie finanziell stützen. Sollte hier ein Gehalt (aufgrund von Arbeitslosigkeit, Krankheit oder Schlimmerem) ausfallen, dann hat das weniger dramatische Konsequenzen für die Familie.

Ganz im Gegensatz zum Ernährer-Hausfrauen-Modell: Dort

Anteil am Familieneinkommen bei gleichem Gehalt und 50:50-Modell

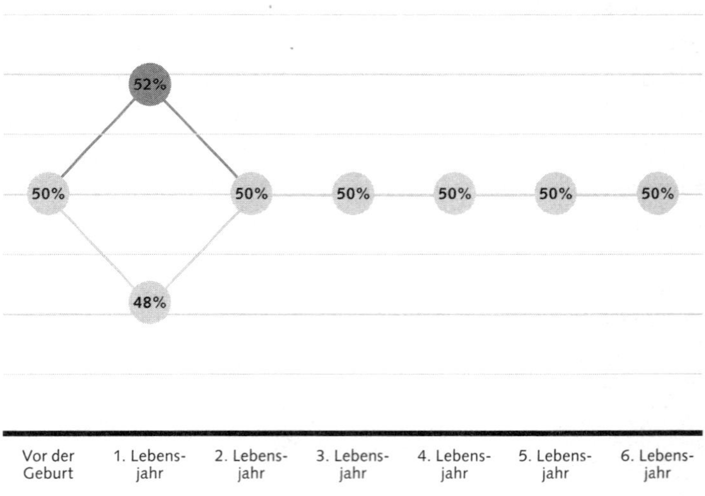

geht die Schere binnen kürzester Zeit weit auf. Konnten vor der Geburt beide Elternteile 50 Prozent zum Familieneinkommen beisteuern, fällt der Anteil der Mutter in den Folgejahren einer Geburt auf 34 Prozent. Das sind bei unserem Durchschnittspaar weniger als 15 000 Euro im Jahr, die die Mutter beisteuert. Der Vater verdient im sechsten Lebensjahr hingegen 29 000 Euro pro Jahr. Fällt in diesem Modell das Gehalt des Vaters weg, bringt das die Familie in schwere finanzielle Bedrängnis. Gleichzeitig sorgt das finanzielle Ungleichgewicht für eine ungesunde finanzielle Abhängigkeit der Frau von ihrem Ehemann. Eltern, die sich früh trennen, laufen Gefahr, als Alleinerziehende*r in der Armut zu landen. Eltern, die sich spät trennen, laufen Gefahr, in der Altersarmut zu landen. Wobei beides überproportional auf Frauen zutrifft. Dabei sinkt der Lebensstandard der Frau um das Doppelte gegenüber dem Abschlag, den der Mann durch eine Scheidung hinnehmen muss. Ihr Risiko, in der Altersarmut zu landen, ist mehr als zwei-

Anteil am Familieneinkommen bei gleichem Gehalt und Ernäher-Hausfrauen-Modell

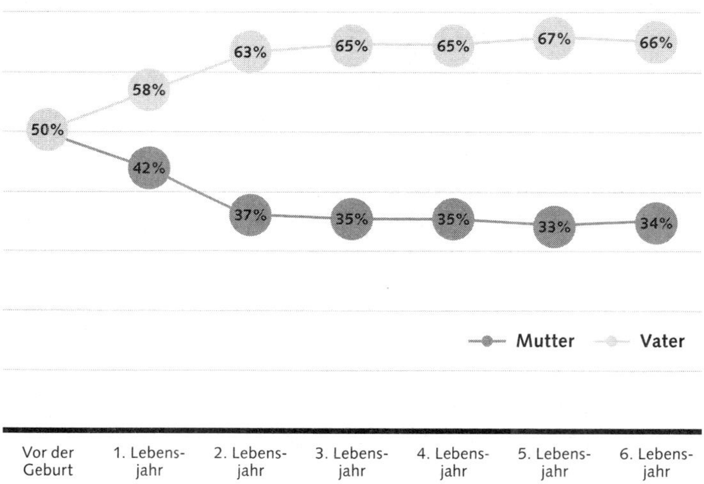

einhalb Mal so hoch.[20] Noch prekärer wird die Situation für Mütter, die nicht mit dem Vater ihrer Kinder verheiratet sind, beruflich für die gemeinsamen Kinder zurückgesteckt haben und sich trennen. Denn hier fällt jeglicher Versorgungsausgleich beziehungsweise Ausgleich der entgangenen Rentenanwartschaften flach. Natürlich erhalten diese Frauen genauso einen Kindesunterhalt, doch dass sie all die Jahre nicht oder kaum in die Rentenversicherung einzahlen konnten, wird in keiner Form ausgeglichen. Einzig durch einen Partnerschaftsvertrag kannst du diese Dinge mit deinem Lieblingsmenschen festlegen. Bei einer Ehe ist dies grundsätzlich anders – eben weil diese in Deutschland auf »Versorgung« und das Ernährer-Hausfrauen-Modell ausgelegt ist. Dazu aber später mehr, wenn wir einen detaillierten Blick auf die Rentenhöhe im Alter richten.

Mit diesem Wissen wird es nun richtig bitter. Denn bestehen vor der Geburt des ersten Kindes bereits Gehaltsunterschiede, dann verstärken sich diese. Beginnen wir erneut mit dem Familieneinkommen über die ersten sechs Lebensjahre hinweg aus unseren Beispielen.

Der erste Balken zeigt jeweils das Familieneinkommen über die ersten sechs Jahre, wenn die Frau weniger verdient und das Paar das Ernährer-Hausfrauen-Modell wählt. Der zweite Balken zeigt das Einkommen beim EHM, wenn der Mann weniger verdient und die Frau in Elternzeit geht. Der dritte Balken zeigt die hälftige Aufteilung der Elternzeit.

Erinnerst du dich noch an den Spruch »Der Job meines Mannes ist zu wichtig«? Oder an diesen hier: »Ich bekomme das höhere Elterngeld, deshalb bleibe ich als Mama zu Hause. Ist eh praktischer«? Verdient die Mutter mehr, ist das Ernährer-Hausfrauen-Modell mit Abstand die schlechteste Wahl mit Blick auf das Familieneinkommen. Dennoch bekommen wir regelmäßig mit, dass die Finanzen herangezogen werden, um das Modell zu begründen. In dieser Grafik finden wir auch endlich einen Beleg dafür, dass

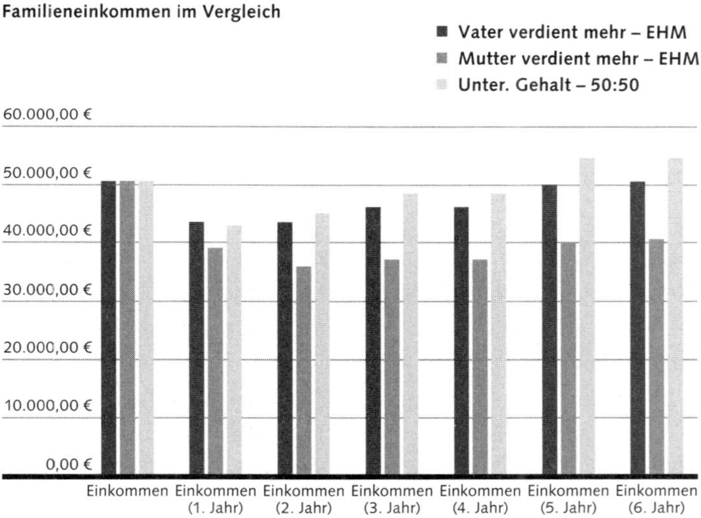

sich das Ernährer-Hausfrauen-Modell finanziell mehr lohnt. Zumindest, wenn der Mann deutlich mehr (hier das Doppelte) verdient und ihr ausschließlich das erste Lebensjahr des Kindes betrachtet. Ganz konkret hat unsere Beispielfamilie 610 Euro im ersten Lebensjahr mehr eingenommen, als wenn sie das 50:50-Modell gewählt hätte. Im zweiten Jahr ist der »Gewinn« aber schon wieder ausgeglichen, denn das 50:50-Modell gewinnt die Berechnung mit 555 Euro höheren Einnahmen; der Abstand steigt stetig.

Selbst bei hohen Gehaltsunterschieden lohnt es sich aus finanzieller Sicht, sich für ein gleichberechtigtes Elternzeitmodell zu entscheiden. Die Familienkasse wird besser gefüllt und das Einkommen von vor der Geburt wird erneut schneller erreicht.

Lebensjahr	Frau verdient mehr (EHM)	Mann verdient mehr (EHM)	50:50-Aufteilung
Erstes Lebensjahr	39 270,00 €	42 750,00 €	42 140,00 €
Zweites Lebensjahr	36 093,96 €	42 834,72 €	44 739,27 €

Drittes Lebensjahr	38 159,84 €	46 379,41 €	49 213,20 €
Viertes Lebensjahr	38 159,84 €	46 379,41 €	49 213,20 €
Fünftes Lebensjahr	40 007,84 €	50 075,41 €	54 134,52 €
Sechstes Lebensjahr	40 795,03 €	50 452,19 €	54 134,52 €
Gesamteinnahmen	232 486,51 €	278 871,15 €	293 574,70 €

Nach sechs Jahren hat eure Familie durch ein gleichberechtigtes Modell 15 000 Euro mehr, wenn zuvor der zweite Elternteil mehr verdiente, und sogar 60 000 Euro mehr, wenn zuvor der erste Elternteil (bzw. die Mutter) mehr verdiente.

Damit können wir die Aussage »Für uns war das finanziell nicht anders möglich« getrost ändern in »Obwohl uns das Ernährer-Hausfrauen-Modell in finanzielle Schwierigkeiten bringt, haben wir uns dafür entschieden«. Das würde der Realität näher kommen.

Der finanzielle Unterschied ist selbst für Paare, die zusammenbleiben, bedeutend. Im Falle einer Scheidung steigt die Gefahr der Altersarmut zusätzlich stark an. Wie das zustande kommt, verdeutlichen die nächsten drei Grafiken, die den Anteil am Familieneinkommen bei Gehaltsunterschieden zeigen.

Wird die Elternzeit 50:50 aufgeteilt, bleibt der ursprüngliche Gehaltsunterschied bestehen. Weiterhin werden zwei Drittel und ein Drittel des Familieneinkommens beigesteuert. Dies kann sich über die Zeit verändern, weil die Person, die das niedrigere Gehalt bezieht, unter Umständen die Option auf Aufstiegschancen hat.

Hat die Frau zu Beginn doppelt so viel verdient wie der Mann, nähern sich die beiden Gehälter immer weiter an, bevor sie dann im sechsten Lebensjahr des Kindes auf dem gleichen Niveau angekommen sind. Beide verdienen etwas über 20 000 Euro im Jahr. Damit wird auch deutlich, dass das Gehalt der Mutter künstlich gedrückt wird. Im 50:50-Modell würde sie im sechsten Lebensjahr rund 36 000 Euro verdienen, während der Vater bei etwa 18 000 Euro liegen würde. Deshalb nähert sich der Anteil am Familieneinkommen an.

Anteil am Haushaltseinkommen bei Gehaltsunterschieden und 50:50-Modell

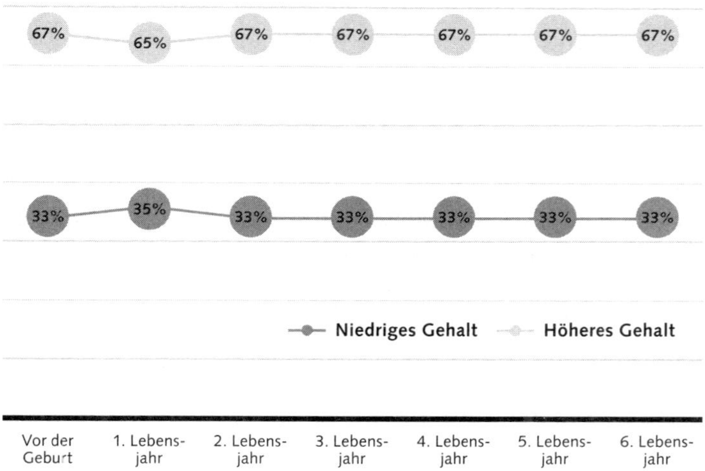

Anteil am Haushaltseinkommen bei Gehaltsunterschieden (Frau verdient mehr) und Ernährer-Hausfrauen-Modell

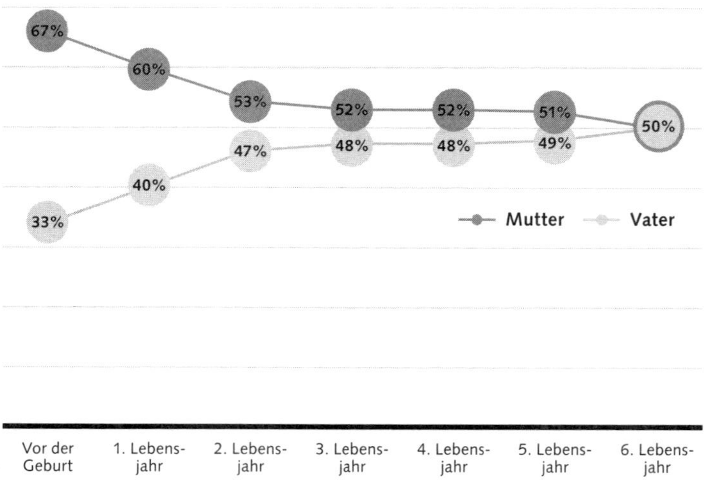

Wirklich augenöffnend ist jedoch die dritte Grafik. Ab dem zweiten Lebensjahr steuert die Frau gerade noch 20 Prozent zum Familieneinkommen bei. Für unsere Beispielfrau bedeutet das ein Jahresgehalt von unter 10 000 Euro, also 816 Euro pro Monat.

Als Alleinerziehende würdest du im Schnitt 2101 Euro pro Monat benötigen.[21] Selbst wenn du jede Freizeit- und Bildungsaktivität streichst, bleiben knapp 1700 Euro übrig, die du nun mit den 800 Euro begleichen müsstest. Das geht nicht. Denn auch wenn der zweite Elternteil, solange die Kinder minderjährig sind, zu Unterhaltszahlungen verpflichtet ist, sind diese jedoch abhängig vom Einkommen und decken in aller Regel nicht die Differenz ab. Also heißt es Bewerbungen schreiben und hoffentlich eine Stelle finden, mit der du die Ausgaben tragen kannst.

Anteil am Haushaltseinkommen bei Gehaltsunterschieden (Mann verdient mehr) und Ernährer-Hausfrauen-Modell

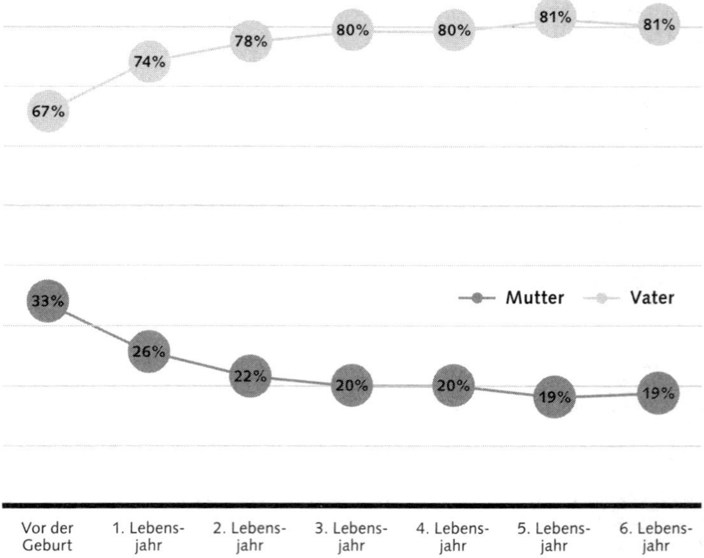

Selbst wenn wir nicht von einer Scheidung ausgehen und das Paar glücklich zusammenlebt, setzt sich die Familie großem finanziellen Risiko aus. Das Gehalt des Vaters darf unter keinen Umständen wegbrechen, selbst Kurzarbeit ist kaum zu bewerkstelligen. Es entsteht also ein extremer finanzieller Druck auf beiden Seiten: Die Frau hat kaum eine Chance, aus der ungesunden finanziellen Abhängigkeit zu entkommen. Der Mann wiederum darf keinesfalls sein Einkommen verlieren. Wie würdest du dich fühlen, wenn du auf diese Art finanziell abhängig wärst? Entweder, weil du kein eigenes Geld verdienst, oder weil du allein die Familie mit deinem Einkommen durchbringen musst. In unserer Vorstellung erzeugt das jede Menge Stress. Bei Marielle führte es vor der Schwangerschaft zu jeder Menge schlafloser Nächte. Wozu? Wir verstehen, dass die Strukturen tief sitzen. Denn niemand würde sich freiwillig unter ein Damoklesschwert setzen. Dennoch »entscheiden« sich bei der Elternzeit fast alle, dieses Risiko auf sich zu nehmen.

Elternzeitmodelle für die ersten drei Lebensjahre ohne außerfamiliäre Betreuung

Tatsächlich ist für ein gleichberechtigtes Modell noch einiges mehr notwendig als die gleichmäßige Verteilung der Elterngeldmonate und der Erwerbstätigkeit. Grundlagen hierfür schaffen stabile Betreuungssysteme und Arbeitgeber*innen, die Elternschaft unterstützen.

Wollt oder könnt ihr euer Kind in den ersten drei Lebensjahren lieber selbst zu Hause betreuen, hat das natürlich auch Auswirkungen: Der größte Unterschied ist, dass in den ersten drei Jahren »nur« eine wöchentliche Erwerbsarbeit von 40 Stunden pro Woche ausgeführt werden kann. Ein Modell, bei dem ihr beide gemeinsam auf 60 Wochenstunden kommt, ist nicht möglich. Dabei gäbe es zu große Zeitüberschneidungen bei den Erwerbstätigkeiten, es sei denn, ihr seid mit eurer Erwerbsarbeit so flexibel, dass ihr auch

Elterngeld Plan

	Lebensmonat	1	2	3	4	5	6	7	8	9	10	11	12
	Arbeitsstunden									20	20	20	20
Mutter	Elterngeld	MS	MS	EG+	EG+	EG+	EG+	EG+	EG+	EG+	EG+	EG+	EG+
	Elternzeit	x	x	x	x	x	x	x	x	x	x	x	x
	Elternzeit									x	x	x	x
Vater	Elterngeld												
	Arbeitsstunden	40	40	40	40	40	40	40	40	20	20	20	20

	Lebensmonat	13	14	15	16	17	18	19	20	21	22	23	24
	Arbeitsstunden	20	20	20	20	20	20	20	20	20	20	20	20
Mutter	Elterngeld	EG+	EG+										
	Elternzeit	x	x	x	x	x	x	x	x	x	x	x	x
	Elternzeit	x	x	x	x	x	x	x	x	x	x	x	x
Vater	Elterngeld			EG+	EG+	EG+	EG+	EG+	EG+	EG+	EG+	EG+	EG+
	Arbeitsstunden	20	20	20	20	20	20	20	20	20	20	20	20

	Lebensmonat	25	26	27	28	29	30	31	32	33	34	35	36
	Arbeitsstunden	20	20	24	24	24	24	20	20	20	20	20	20
Mutter	Elterngeld			PB	PB	PB	PB						
	Elternzeit	x	x	x	x	x	x	x	x	x	x	x	x
	Elternzeit	x	x	x	x	x	x	x	x	x	x	x	x
Vater	Elterngeld	EG+	EG+	PB	PB	PB	PB						
	Arbeitsstunden	20	20	24	24	24	24	20	20	20	20	20	20

auf das Wochenende und die Abendstunden ausweichen könnt. Dennoch ist klar: Das Familieneinkommen liegt schon in den ersten drei Jahren deutlich unter dem vorherigen Beispiel.

Außerdem wird die finanzielle Abhängigkeit verstärkt. Denn zwei Jahre lang muss ein Elternteil für 100 Prozent des Familieneinkommens aufkommen. Auch wenn die Mutter ab dem dritten Lebensjahr für 20 Wochenstunden erwerbstätig ist, das Ernährer-Hausfrauen-Modell also weiter umgesetzt wird, gleicht sich das Defizit nicht aus.

Wenden wir nun aber das 50:50-Modell an, können wir im Modell ohne außerfamiliäre Betreuung eine starke Veränderung festmachen. Wir haben bei dieser Rechnung auch berücksichtigt, dass die Mutter ihr Kind in den ersten acht Lebensmonaten stillen möchte und erst danach ein Teil über eine Flasche gefüttert wird, was der Vater übernehmen kann. Das führt dazu, dass es eine Situation gibt, in der das Ernährer-Hausfrauen-Modell vorteilhafter ist.

Der Grundgedanke dieses Modells ist, das Elterngeld durch die Verwendung von Elterngeld Plus über einen möglichst langen Zeitraum zu strecken. In diesem Fall gäbe es finanzielle Unterstützung bis zum 30. Lebensmonat eures Kindes. Als Familie kämt ihr, wie im Ernährer-Hausfrauen-Modell, stets auf die 40 Wochenstunden. Einzig während der vier Monate des Partnerschaftsbonus würdet ihr zusammen 48 Stunden arbeiten. Auch das lässt sich bewerkstelligen, ohne eine außerfamiliäre Betreuung in Anspruch nehmen zu müssen – ist aber sicherlich eine intensive Phase mit wenig Zeit als Paar.

Was bedeutet das nun für unsere Beispielfamilien? Zur Erinnerung: Einmal haben beide Lieblingsmenschen ein ähnliches Einkommen (2000 Euro netto), das andere Mal erhalten beide ein sehr unterschiedliches Gehalt (1400 Euro vs. 2800 Euro netto).

Bei ähnlichem Gehalt habt ihr nach sechs Jahren im Durchschnitt etwa 12 000 Euro mehr zur Verfügung, wenn ihr euch für das gleichberechtigte Modell entscheidet. Die Abbildung zeigt aber auch, dass es in den Jahren durchaus schwankt, welches Modell mehr Geld einbringt.

EHM vs. 50:50: Entwicklung des Familieneinkommens bei gleichem Gehalt ohne außerfamiliäre Betreuung

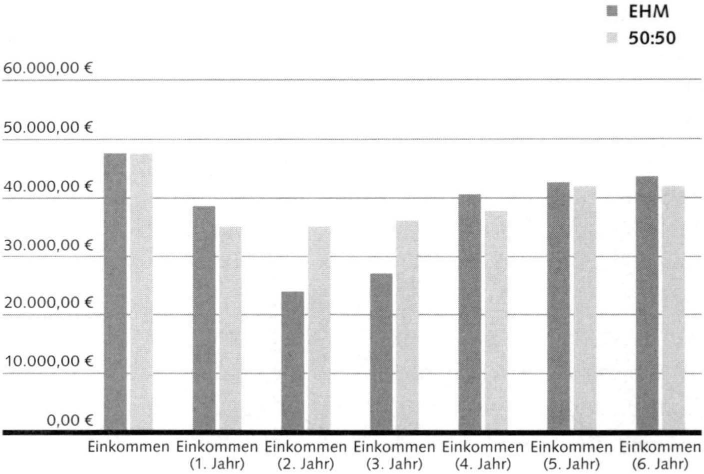

Ähnliches Gehalt: Differenz EHM und 50:50

Jahr	Ernährer-Hausfrauen-Modell	50:50-Aufteilung	Differenz
Erstes Lebensjahr	38 760,00 €	35 396,56 €	–3363,44 €
Zweites Lebensjahr	24 000,00 €	35 119,68 €	+11 119,68 €
Drittes Lebensjahr	26 400,00 €	35 852,56 €	+9452,56 €
Viertes Lebensjahr	40 269,84 €	38 086,32 €	–2183,52 €
Fünftes Lebensjahr	42 909,84 €	41 894,95 €	–1014,89 €
Sechstes Lebensjahr	43 464,63 €	41 894,95 €	–1569,68 €
Gesamteinnahmen	215 804,31 €	228 245,03 €	+12 440,71 €

Der Unterschied zeigt sich hier im zweiten und dritten Lebensjahr, in denen das gleichberechtigte Modell finanziell viel stärker dasteht. Das liegt unter anderem an dem gestreckten Elterngeld, das das Vollzeitgehalt aus dem Ernährer-Hausfrauen-Modell des zweiten Elternteils auffängt. Die Schwankungen im fünften und sechsten Lebensjahr kommen durch den unterschiedlichen Zeitpunkt der Gehaltserhöhung zustande. Zur Erinnerung: Bei unter 30 Stunden gehen wir im sechsten Lebensjahr von einer vierprozentigen Erhöhung aus. Bei 30 Stunden und mehr gehen wir im fünften Lebensjahr von einer zehnprozentigen Erhöhung aus. Würden wir diesen Effekt ausgleichen, dann würde das gleichberechtigte Modell stetig aufholen.

Kommen wir zu den Beispielen mit großen Gehaltsunterschieden und widmen uns zunächst der Situation, dass die Mutter das Doppelte (2800 Euro netto) des Vaters (1400 Euro netto) verdient.

In diesem Fall hat das gleichberechtigte Modell nur im ersten Lebensjahr das Nachsehen. In allen darauffolgenden Jahren ist es die finanziell bessere Entscheidung. Das wird noch mal deutlicher, wenn du dir die Zahlen dazu anschaust.

EHM vs. 50:50: Entwicklung des Familieneinkommens bei Gehaltsunterschied (Frau verdient mehr) ohne außerfamiliäre Betreuung

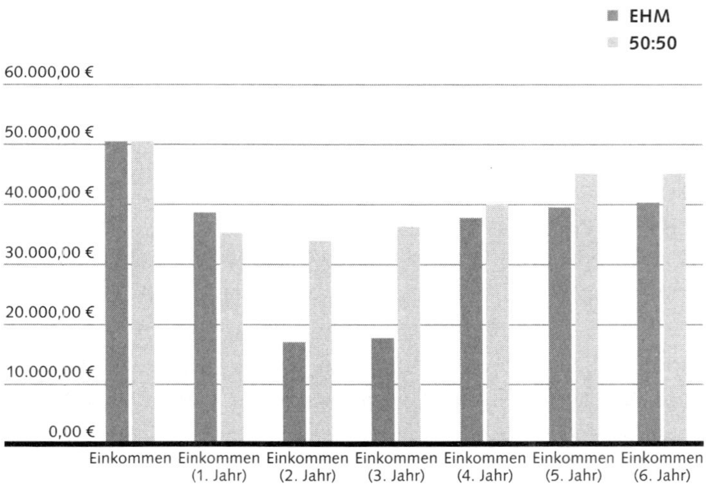

Jahr	Frau verdient mehr (EHM)	Frau verdient mehr (50:50)	Differenz
Erstes Lebensjahr	39 270,00 €	35 309,56 €	–3960,44 €
Zweites Lebensjahr	16 800,00 €	34 503,68 €	+17 703,68 €
Drittes Lebensjahr	18 480,00 €	36 867,34 €	+18 387,34 €
Viertes Lebensjahr	37 773,96 €	40 182,84 €	+2408,88 €
Fünftes Lebensjahr	39 621,96 €	44 201,12 €	+4579,16 €
Sechstes Lebensjahr	40 393,72 €	44 201,12 €	+3807,40 €
Gesamteinnahmen	192 339,64 €	235 265,67 €	+42 926,03 €

Dadurch, dass in dieser Variante des gleichberechtigten Modells das Elterngeld nicht vollständig im ersten Jahr genommen, sondern über fast drei Jahre gestreckt wird, stehen am Ende des ersten Lebensjahres fast 4000 Euro weniger auf dem Konto als beim Ernährer-Hausfrauen-Modell. Erst in den darauffolgenden Jahren kann sich die Gleichberechtigung entfalten. Daher ist es wichtig, dass ihr bei eurer Planung einen längeren Zeitraum in Betracht zieht als nur das erste Jahr. Denn im zweiten Jahr steht hier plötzlich ein Plus von fast 18 000 Euro.

Verdiente allerdings der Vater zuvor das Doppelte, dann wird das Ernährer-Hausfrauen-Modell auch auf einen Zeitraum von sechs Jahren zumindest finanziell attraktiv. Aber nur unter der Bedingung, dass ihr keine außerfamiliäre Betreuung möchtet und die ersten acht Monate die Mutter wegen des Stillens nicht arbeiten gehen möchte.

Auch wenn das zweite und dritte Lebensjahr zugunsten der gleichberechtigten Variante ausfällt, liegt am Ende das Ernährer-Hausfrauen-Modell mit einem Plus von knapp 16 000 Euro deutlich vorne. Über die gegenseitigen Abhängigkeiten bei diesem Modell haben wir bereits gesprochen. Diese verschärfen sich durch die fehlende Erwerbstätigkeit der Mutter im zweiten und dritten Lebensjahr.

EHM vs. 50:50: Entwicklung des Familieneinkommens bei Gehaltsunterschied (Mann verdient mehr) ohne außerfamiliäre Betreuung

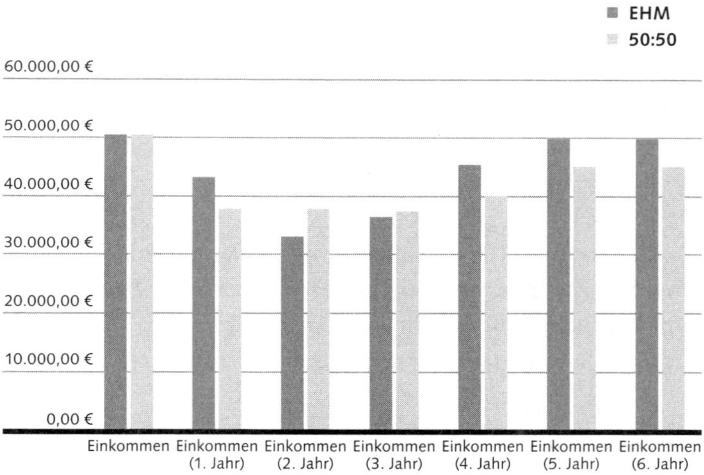

Jahr	Mann verdient mehr (EHM)	Mann verdient mehr (50:50)	Differenz
Erstes Lebensjahr	42 750,00 €	38 884,56 €	–3865,44 €
Zweites Lebensjahr	33 600,00 €	38 363,68 €	+4763,68 €
Drittes Lebensjahr	36 960,00 €	37 832,34 €	+872,34 €
Viertes Lebensjahr	46 194,72 €	40 182,84 €	–6011,88 €
Fünftes Lebensjahr	49 890,72 €	44 201,12 €	–5689,60 €
Sechstes Lebensjahr	50 260,11 €	44 201,12 €	–6058,99 €
Gesamteinnahmen	259 655,55 €	243 665,67 €	–15 989,88 €

Ist das bei euch der Fall und ihr behandelt eure Gehälter getrennt, also nicht als Familieneinkommen? Dann ist es sehr ratsam, bereits vor der Schwangerschaft über einen finanziellen Ausgleich zu sprechen. Denn das Plus von 16 000 Euro liegt bei getrennten Konten erstmal beim Vater. Das wäre aber ohne die geleistete Care-Arbeit der Mutter gar nicht erst möglich.

Auf einen wichtigen Punkt möchten wir euch außerdem noch hinweisen. Vielleicht ist euch in letzter Zeit einmal der Begriff Mental Load untergekommen.

Mental Load

Mental Load meint die Last, an alles, was z. B. Hausarbeit, Sorgearbeit und Familienorganisation betrifft, denken zu müssen. Aufgaben, die unter Mental Load fallen, werden typischerweise in unserer Gesellschaft nicht monetär vergütet und finden weitgehend unsichtbar statt – es fehlt also die Anerkennung der Arbeitsleistung. Dieses »alles im Kopf behalten« kann zur großen Belastung werden und bis zum Burnout führen.

Und darin steckt die große Gefahr bei einem gleichberechtigten Elternzeitmodell: Für die Frau erhöht sich die Arbeitslast noch weiter, weil sie mehr Stunden erwerbstätig ist, aber die Care-Arbeit sich nicht verringert. Der Mann ist stattdessen weniger belastet, da sich die Zeit der Erwerbsarbeit verringert, die Zeit der Care-Arbeit sich aber nicht gleichbedeutend erhöht. Diese Zuteilung kann so in der Beziehung entstehen, weil der Mann sich weigert, etwas im Haushalt zu tun. Davon ist aber nicht auszugehen, wenn ihr euch für ein gleichberechtigtes Modell entscheidet. Dennoch kommt es zu diesem Phänomen. Woran liegt das? Krabbelgruppen, Babyschwimmen, Kitas, Schulen, die eigene Familie und der eigene Freundeskreis sehen hauptsächlich die Mutter als Verantwortliche für alle Dinge rund um die Care-Arbeit. Sie wird nach Geschenkideen gefragt, angerufen, wenn das Kind krank ist, und angesprochen, um am Vormittag bei Festvorbereitungen in der Kita zu helfen. Väter werden in unserer Gesellschaft oft ausgeblendet. Das führt zu einer Überlastung von Müttern und ihrem Wunsch, doch das Ernährer-Hausfrauen-Modell umzusetzen, weil sie sich dann wenigstens nicht mehr zwischen Erwerbs- und Care-Arbeit zerreißen müssen.

Emotionale Konsequenzen des Ernährer-Hausfrauen-Modells

Was hat dieser Unterpunkt nun in einem Finanzratgeber zu suchen? Nun, er wirkt sich indirekt auf deine Finanzen aus. Denn die emotionale Belastung führt zur Scheidung jeder dritten Ehe (und was das finanziell bedeutet, haben wir ja bereits im Hochzeitskapitel angerissen) und nicht das Geld. Ihr zieht nicht mehr an einem Strang, fühlt euch unfair behandelt, seid frustriert, weil kaum ein Bedürfnis erfüllt wird. Ihr streitet euch nur noch, weil ihr nicht mehr auf einen Nenner kommt. Das sind alles Dinge, die in einer sonst harmonischen Beziehung zu einer Scheidung führen können. Die Trennung wiederum wirkt sich (sehr) stark auf deine finanzielle Situation aus, wie du gerade eben gelesen hast.

Das emotionale Problem am Ernährer-Hausfrauen-Modell entsteht durch den dahinterstehenden Automatismus. Die Alternativen scheinen zu kompliziert und mit so vielen anderen Hürden versehen, dass dafür keine Zeit ist: »Wir wollten es eigentlich anders machen, aber wussten einfach nicht, wie.« Diese Aussage hören oder lesen wir viel zu häufig. In den nächsten Schritten erfährst du alles, was du brauchst, um diesen Satz selbst nicht sagen zu müssen.

Im Autopiloten trefft ihr keine bewussten Entscheidungen. Zumindest keine, die in die Tiefe gehen. Was will ich? Wieso will ich es? Wie erreichen wir das am besten? Was ist dafür zu tun? All die Fragen bleiben auf der Strecke. Als Resultat bleiben wichtige Bedürfnisse unerkannt oder werden verdrängt. Das führt zu Frust, Unwohlsein und Demotivation. Wie wäre es stattdessen mit erfüllten Bedürfnissen? Beispielsweise dein Wissen im Beruf einzusetzen, Projekte zu gestalten, ein Hobby zu besitzen? Nicht nur als Mama wahrgenommen zu werden? Eine Beziehung zu deinen Kindern aufzubauen? Dich nicht fremd im eigenen Haus zu fühlen? Zeit für eure Beziehung zu haben? Mehr als nur »Gute Nacht« und »Guten Morgen« zu deiner Familie zu sagen? Ihr wisst selbst: Es gibt tausend weitere Gründe.

Vätern fehlt oftmals – nachdem die Karriereleiter erklommen wurde – die Beziehung und der Zugang zu den eigenen Kindern. In all den Jahren haben wir noch keinen Vater gehört, der gesagt hat: »Boah, hätte ich doch mal mehr gearbeitet und weniger Zeit mit meinen Kindern verbracht.« Alle sagen, dass sie es bereuen, so wenig Zeit mit ihrem Nachwuchs verbracht zu haben, als dieser noch kleiner war. Doch diese Erkenntnis tritt erst ein, wenn der eigene (finanzielle) Stress nachlässt. Dadurch, dass die Frau zu Hause alles managen muss, fehlen dem Vater die nötigen Einblicke. Trägt er die finanzielle Last des Einkommens allein, so trägt die Mutter die emotionale und organisatorische Last allein. Fällt eine Person aus, ist der Schaden für die Familie enorm. Da reicht bereits eine Grippe der Mutter aus, die dafür sorgt, dass sie einen Tag nicht aus dem Bett kann, damit das gesamte Familiensystem in sich zusammenbricht. Es ist ein hoher Preis für alle Familienmitglieder, den sie emotional und finanziell zahlen müssen, um das Ernährer-Hausfrauen-Modell umzusetzen – und fast jede Familie bezahlt ihn.

Nun aber genug der schlechten Neuigkeiten. Lass uns lieber schauen, wie es anders gehen kann. Wie ihr eine bewusste Entscheidung trefft und dem Autopiloten samt Ernährer-Hausfrauen-Modell den Stinkefinger zeigt. Das geht nicht von heute auf morgen und braucht etwas Planungszeit. Doch es lohnt sich für dich, deinen Lieblingsmenschen, eure Beziehung und für euer Kind.

Schritt 2: Was sind deine Bedürfnisse und die deines Lieblingsmenschen?

Im Mai besuchten wir eine befreundete Familie im Norden Deutschlands. Statt des Autos nutzten wir die Bahn, da unsere Kinder Bahnfahrten lieben und ihnen im Auto schnell langweilig wird. Wie das manchmal so ist, wurden aus sechs Stunden Fahrt fast neun Stunden und auf dem letzten Stück war unser Zug so überfüllt, dass unser Jüngster und ich (Mike) uns vor einer Tür niederließen, dort aßen und spielten. Uns gegenüber saß ein Mann – vermutlich Anfang 40 -, der das Gespräch suchte. Er erzählte, wie wertvoll diese Zeit sei, wenn die Kinder noch so klein sind, und dass ich diese nutzen solle, um bei ihnen zu sein. Als ich dies bejahte und von meiner dreijährigen Elternzeit erzählte, wurde er wehmütig. Er habe diese Zeit nicht gehabt, sei immer in der Arbeit gewesen, beruflich viel gereist und habe seine Kinder nur abends ganz kurz oder für ein paar Stunden am Wochenende gesehen. Er habe all die ersten Momente verpasst und jetzt – zehn Jahre später – seine Arbeit anders ausgerichtet, um die Beziehung zu seinen Kindern zu verbessern. Er meinte, dass er das schon viel früher hätte tun sollen, aber irgendwie brauchten sie das Geld und es blieb auch keine Zeit übrig, um zu überlegen, wie es hätte anders gehen können. Könnte er jedoch die Zeit zurückdrehen, würde er sich gerne mehr mit seiner Familie als mit seiner Arbeit beschäftigen. Er wirkte traurig über die verlorene Zeit und dankbar, es doch noch rechtzeitig bemerkt zu haben.

Geschichten wie diese bekomme gerade ich als Mann von anderen Männern häufig erzählt. Sie alle haben gemein, dass ihre Kinder bereits ein paar Jahre alt sind und die Folgen ihres Fernbleibens spürbar werden. Marielle hört hingegen die andere Seite. Erst gestern telefonierte sie mit einer Freundin, die sich bereits Jahre vor der eigentlichen Kinderplanung große Gedanken und Sorgen um ihre private und berufliche Zukunft macht, weil sie zwar gerne Mama, aber nicht ausschließlich Mama sein will. Oder die Mütter, die ihr berichten, dass sie gar nicht wissen, wie sie an den Punkt gekommen sind, nur noch Mutter zu sein, und alles andere, wie selbstverständlich, aufgegeben haben. All den Geschichten liegt zugrunde, dass die Menschen nicht über ihre Bedürfnisse nachgedacht und diese mit ihrem Lieblingsmenschen geteilt haben. Es ging im Blindflug in den Mainstream der Rollenverteilung. Dabei hatten sie allesamt darauf keine Lust.

Es lohnt sich unbedingt, über eure Bedürfnisse *vor* der Schwangerschaft zu sprechen. Seid ihr bereits weiter, dann lohnt es sich, lieber heute als morgen darüber zu sprechen. Zwei Dinge erschweren diese Gespräche und sorgen dafür, dass du mit deinem Lieblingsmenschen erst gar nicht in den Austausch kommst. Oder dass der Austausch so oberflächlich ist, dass auf die Bedürfnisse und Wünsche gar nicht eingegangen werden kann.

Erstens sind Bedürfnisse nicht offensichtlich. Du wirst sie nur kennen, wenn du dich mit ihnen beschäftigst. Selbst das kann sehr unterschiedlich aussehen. Wir erleben es in unserer Elternzeitplanungs-Masterclass, dass die Teilnehmer*innen berichten, ihre Bedürfnisse gut zu kennen. Nach der letzten Übung sind sie aber baff, dass es da noch mehr gab. Zweitens magst du denken, dass du deinen Lieblingsmenschen sehr gut kennst. Schließlich verbringt ihr sehr viel Zeit und redet offen miteinander. Doch das ist ein Trugschluss. Wie viele andere Dinge fallen Bedürfnisse hinten runter, wenn es stressiger wird und Prioritäten klarer gesetzt werden müssen. Beispielsweise gehört die Date-Night zu den ersten Dingen, die gestrichen werden, wenn es zusätzliche Arbeitstermine gibt. Wieso? Ist die gut laufende Beziehung weniger wert als der Job, den du im Zweifel noch nicht mal sonderlich leiden kannst? Nein? Und dennoch schaffen es die wenigsten Paare, die neu in unsere Community kommen, sich einmal in der Woche für zwei Stunden zu verabreden. In unserem Newsletter DonnerstagsDate verschicken wir wöchentlich eine Date-Idee: sei es Spazierengehen, eine Bucketlist erstellen oder sich gegenseitig zeichnen. Die Ideen sind simpel und schnell umzusetzen. Zumindest sobald ihr eure Beziehung als Priorität wahrnehmt. Deshalb bekommen wir sogar Fotos von ersten Date-Nights geschickt, weil Paare es nach drei Jahren zum ersten Mal geschafft haben, sich allein und ungestört zu treffen. Das ist dann ein besonders schöner Moment für uns und macht uns gleichzeitig etwas traurig – denn drei Jahre ohne Zweisamkeit ist einfach echt zu lang.

Diese Date-Nights dienen auch dem Austausch über eure Bedürfnisse, Wünsche, Vorstellungen, Ängste, Herausforderungen, Gefühle und was euch sonst noch alles beschäftigt. Fehlt die Date-Night, fehlt auch der Raum sich auszutauschen und weiter kennenzulernen. Dadurch kommt es zu unerfüllten Bedürfnissen, die bei dem langen Zeitraum einer Elternzeit zu starker Unzufriedenheit führen können. Erst wenn ihr euch austauscht, Fragen stellt oder Vermutungen äußert, könnt ihr herausfinden, ob ihr richtigliegt. Bei uns war das nicht anders.

Mike dachte zuerst über Kinder nach und erzählte mir davon. Ich war geschockt, sagte »Nein. Jetzt nicht« und verbrachte ein paar schlaflose Nächte. Erst auf unserer nächsten Date-Night erzählte ich Mike, dass ich Angst um meine Karriere hatte, dass ich aber auch Zeit mit meinen Kindern verbringen will. Dass ich nicht weiß, ob ich das alles allein hinbekomme. Mike war überrascht. Die Gedanken kannte er nicht und entsprachen nicht seinem Plan. Er wollte nämlich mindestens die Hälfte der Zeit zu Hause mit seinem Nachwuchs verbringen. Das wiederum war eine große Überraschung für mich, obwohl ich wusste, dass er seit einem Jahrzehnt mit Kindern zusammenarbeitete, aber nicht davon ausging, dass er zu Hause bleiben würde. Hätten wir den Austausch nicht gewagt, dann wären wir entweder kinderlos oder würden ebenfalls unzufrieden in einem Modell feststecken, das wir beide nicht gewollt haben.

Natürlich ist das an dieser Stelle stark verkürzt dargestellt und die Gespräche gingen in Wirklichkeit über mehrere Wochen bis Monate, aber das können wir hier nicht alles erzählen. Ist auch nicht so spannend. Viel spannender ist unser Vorgehen. Denn das kannst du mit deinem Lieblingsmenschen kopieren, um selbst herauszufinden, was euch wichtig ist.

Dein Lebensrad – wie zufrieden bist du jetzt und was erwartest du in der Zukunft?

Übung

Als Einstieg bietet sich das Lebensrad an, eine Darstellung davon findet ihr im QR-Code am Ende des Buches. Innerhalb weniger Minuten hast du einen Überblick deines Zufriedenheitslevels in acht verschiedenen Lebensbereichen. Die Lebensbereiche legst du selbst fest und bewertest dann durch das Ausmalen der Balken, wie zufrieden du im jeweiligen Teil deines Lebens bist. Bist du höchst zufrieden, malst du bis zum Rand. Bist du maximal unzufrieden, malst du nichts aus. Einmal im Kreis durch alle Lebensbereiche gewandert, siehst du, wo du dir Veränderungen wünschst. Eben überall dort, wo du nicht bis zum Rand gemalt hast.

Damit ist die erste Runde beendet. Male dir das Lebensrad erneut auf. Im zweiten Durchgang betrachtest du dein Leben nach der Geburt deines Kindes. Aus der Perspektive, wie du dir dein späteres Leben heute vorstellst. Mit all deinen Erwartungen, Hoffnungen und Befürchtungen. Schreibe deine zukünftigen Lebensbereiche auf – die können sich von den heutigen unterscheiden. Und male die Balken aus, um deine Zufriedenheit mit diesem Teil deines Lebens auszudrücken. Auch hier werden sich in manchen Bereichen Lücken auftun, wo du heute schon vermutest, dass du nicht zufrieden sein wirst. Das ist okay, dass das so ist. Es ist sogar sehr gut, denn es erleichtert dir den nächsten Schritt.

Als Nächstes betrachtest du all die Lebensbereiche, in denen du vollständig zufrieden bist. Dabei stellst du dir die Frage: »Was sind die Punkte, weswegen ich in ________ so zufrieden bin?« und listest alles auf, was dir in den Kopf kommt. Stichpunkte reichen und du kannst es später ausformulieren.

Beispielsweise könnte Nelia bei Geld antworten: »Weil mein Notgroschen inzwischen aus sechs Monatsgehältern besteht.«

Danach nimmst du dir alle anderen Bereiche vor und stellst dir zwei Fragen. Einmal die, die du schon kennst: »Welche Punkte tragen in ___________ zu meiner Zufriedenheit bei?« und eine zweite Frage: »Was wünsche ich mir in ________ um vollständig zufrieden zu sein?«

Vielleicht geht's dir wie Marielle und du hast Angst um deine gerade begonnene Karriere. Du siehst sie schon am Nagel hängen und schreibst deswegen: »... bereits früher wieder mit ein paar Stunden in meinen Job zurückkehren und dann kontinuierlich aufstocken kann.«

Inzwischen dürftest du zwei Listen haben. Die erste Liste besteht aus Dingen, die zu deiner Zufriedenheit beitragen, und die zweite Liste aus Punkten, die bisher unerfüllt blieben. Bevor du mit den Listen weiterarbeitest, kannst du sie noch sortieren. Was von den Aussagen ist dir im ersten Impuls am wichtigsten? Was am unwichtigsten? Dadurch kannst du im nächsten Schritt zuerst mit den Punkten arbeiten, die dir am wichtigsten sind.

Deine Bedürfnisse – wie findest du heraus, was dir wichtig ist?

Die vor dir liegenden Listen enthalten viele Veränderungen oder Bestätigungen für dein Leben. In den meisten Fällen werden es Lösungsansätze sein, wie das frühere Nach-Hause-Kommen. Doch das sind noch nicht deine Bedürfnisse. Mit etwas Glück kratzen sie an der Oberfläche. Was verbirgt sich denn hinter den Aussagen, Veränderungswünschen und Lösungsansätzen?

Um das herauszufinden, stellst du dir die Frage: »Wieso ist mir wichtig, dass ich …?« und findest darauf fünf Antworten.

Mit unserem Beispiel gefüllt, würde Nelia sich die Frage stellen: »Wieso ist es mir wichtig, dass mein Notgroschen inzwischen aus sechs Monatsgehältern besteht?«

Dabei fallen Nelia folgende Antworten ein: »Weil …

- ich abgesichert sein will.«
- ich niemand anderen um Geld fragen muss oder möchte.«
- ich die Freiheit haben will, kündigen zu können, ohne was Neues zu haben.«
- ich, wenn ich etwas wirklich haben möchte, es mir sofort kaufen kann, ohne über Monate zu sparen.«
- es damit nicht so schlimm ist, wenn ich an anderer Stelle Geld verliere.«

Fällt dir schon was auf? Das sind bereits Gründe, wieso sich Nelia für die Höhe ihres Notgroschens entschieden hat. Aus dem Lösungsansatz kommen wir mit dieser Frage also auf eine erste Bedürfnisebene. Nun kannst du weiterfragen. Erneut mit: »Wieso ist es mir wichtig, dass ich …?«

Nelia überlegt also, welche ihrer Antworten ihr am wichtigsten ist, und fragt sich: »Wieso ist es mir wichtig, dass ich die Freiheit habe, kündigen zu können, wenn mir mein Job nicht mehr gefällt, ohne was Neues zu haben?«

Dieses Mal kommt Nelia nur auf vier Antworten: »Weil ich …

- nicht in einer Situation bleiben will, die mich unglücklich macht.«
- nicht jemand anderem auf der Tasche liegen will und dann eher in dem schlechten Job bleiben würde.«

- nicht in der Bittstellerinnenposition gegenüber meinem Arbeitgeber sein will.«
- ich entspannt Bewerbungsgespräche führen will.«

Die Antworten sollten stets etwas Neues ergeben und keinen Zirkelschluss zu einer vorherigen Ebene darstellen.

Wenn du Lust hast, kannst du die Wieso-Frage noch ein bis drei weitere Male stellen. Jedes Mal erhältst du neue Einblicke in deine Bedürfnisse. Spätestens, wenn keine sinnvollen Antworten mehr herauskommen, solltest du aufhören.

Würde Nelia dies auch mit den Antworten aus der ersten Runde durchführen, würde sie höchstwahrscheinlich zu dem Schluss kommen, dass ihr ihre Unabhängigkeit sehr wichtig ist. Vor allem von ihrem Arbeitgeber und ihrem aktuellen Gehalt. Sie will nicht in die Situation kommen, wegen Geld etwas tun zu müssen oder andere Menschen nach einer Leihgabe zu fragen.

Auf diese Art arbeitest du dich von oben nach unten durch deine zwei Listen. Du wirst merken, dass du irgendwann keine neuen Erkenntnisse mehr gewinnst, weil jeder weitere Punkt auf deiner Liste nur eine Variation deiner vorherigen Punkte ist. Spätestens dann kannst du aufhören.

Dieser Prozess dauert etwas. Das ist nicht an einem Abend oder am Sonntagvormittag erledigt. Vermutlich brauchst du hier zwei, drei Termine, um in Ruhe alles durchzugehen. Danach weißt du zumindest über dich bestens Bescheid. Fehlt nur dein Lieblingsmensch.

Eure Bedürfnisse – wie tauscht ihr euch aus und versteht einander?

Lasst uns auch hier gleich das Wissen aus dem Buch anwenden. Zwar hast du dich jetzt intensiv mit deinen Bedürfnissen beschäftigt, aber dein Lieblingsmensch vielleicht noch nicht. Und oftmals ist der Gesprächseinstieg doch leichter, wenn es nicht direkt um einen selbst geht. Also weg von dir und deiner aktuellen Situation.

Ab in die Vergangenheit. Du kennst diesen Trick bereits aus den Geldgesprächen zu Beginn des Buches. Elternzeit und die Aufteilung von Care- und Erwerbsarbeit sind jedoch etwas prickelnder als Taschengeld. Zumindest in der Regel. Das ist völlig normal, denn an dieser Entscheidung und dem Gesprächsverlauf hängt jetzt viel mehr als zu Beginn eurer Beziehung. Es kann also auch in der Vergangenheit etwas holprig zugehen, nimm das wahr und mach weiter.

Drei Bereiche, über die ihr euch als Warm-up bei einem Spaziergang unterhalten könnt:

- Wie war das in deiner Familie mit der Care- und Erwerbsarbeit? Wie war die Aufteilung? Wurde über die Aufteilung gesprochen? Wie ging es dem jeweiligen Elternteil mit der Aufteilung? Was erzählen sie vielleicht heute darüber?
- Wurde im Elternhaus über Geld gesprochen? Welche Rolle spielte Geld in der Familie? Wie wurde damit umgegangen, wenn zu wenig vorhanden war? Welche Geldthemen wurden vor den Kindern besprochen? Wie wurde mit Geldfragen umgegangen?
- Welche Einstellung hast du dazu in deiner Kindheit und Jugend entwickelt? Wie denkst du über die Aufteilung deiner Eltern? Wie denkst du über den Umgang mit Geld?

Mit jedem Bereich nähert ihr euch der Gegenwart an und gewinnt dadurch Vertrauen und Sicherheit in eurem Gespräch. Fühlt ihr euch inzwischen wohl? Dann kanns weiter zu euren heutigen Bedürfnissen gehen.

Im Optimalfall haben dein Lieblingsmensch und du die Aufgabe mit dem Lebensrad und den Bedürfnissen parallel erledigt. Es kann aber auch sein, dass nur du etwas über dich herausgefunden hast und dein Lieblingsmensch bisher keine Lust hatte, sich damit zu beschäftigen (»Ist doch nur Hokuspokus und Gefühlsgedöns!«).

Im ersten Fall ist es leicht. Ihr verabredet euch zum gemeinsamen Austausch. Als Vorbereitung könnt ihr eure einzelnen Bedürfnisse auf jeweils eine Karte schreiben. Ja, eine Karte. Nicht zwei oder drei. Das ist wichtig, sonst werden der Austausch und das Priorisieren schwierig.

Ist alles vorbereitet, breitet ihr eure Karten auf dem Tisch aus. So, dass jede einzelne zu lesen ist. Dann gebt ihr euch ein paar Minuten, um die Kärtchen eures Lieblingsmenschen zu erkunden. Na, was hat dich überrascht? Wo möchtest du mehr wissen? Wo habt ihr dasselbe Bedürfnis? Wo unterscheidet ihr euch? Jetzt ist der richtige Zeitpunkt für diese Fragen und natürlich die Frage aller Fragen: »Was meinst du mit …?« Das macht ihr so lange, bis ihr das Gefühl habt, euch verstanden zu haben. Das klappt hervorragend mit der Frage: »Verstehe ich es richtig, dass du …?«

Ihr werdet in eurem Austausch bereits wahrnehmen, wie sich eure Beziehung weiterentwickelt und ihr andere Facetten voneinander kennenlernt.

Habt ihr alles verstanden und nachvollzogen, geht's ans Priorisieren. Welche eurer Bedürfnisse sind nicht verhandelbar? Diese kommen ganz nach oben. Dann wird es welche geben, die nicht eins zu eins erfüllt werden müssen, aber die auf jeden Fall beachtet werden sollen. Diese kommen in die Mitte. Und dann gibt es vielleicht noch Bedürfnisse, über die ihr euch freut, wenn sie erfüllt sind, die aber mehr einen Bonus darstellen. Die kommen ganz nach unten.

Et voilà. Nun wisst ihr, worauf ihr bei eurer weiteren Planung zu achten habt und auf welches Ziel ihr hinarbeitet.

Trifft eher die zweite Situation auf euch zu? Du bist vorbereitet, aber dein Lieblingsmensch hatte noch keine Lust. Dann verabredet ihr euch dennoch zum Austausch. Denn dein Lieblingsmensch sollte auf jeden Fall Interesse daran haben, was dir wichtig ist, und dies verstehen wollen, wenn ihr ein gemeinsames Kind wollt. Das Kind ist euer beider Verantwortung. Ist dein Lieblingsmensch selbst ohne Kind nicht bereit die Verantwortung zu übernehmen oder sich für deine Bedürfnisse zu interessieren, könnte es besser sein, die Kinderplanung nochmal zu überdenken.

Gehen wir mal davon aus, dass dein Lieblingsmensch Interesse an dir und deinen Bedürfnissen hat. Dann erstellst du ebenfalls die Karten und breitest sie auf dem Tisch aus. Du bittest deinen Lieblingsmenschen sie anzuschauen und gerne Fragen zu stellen. Einfach alles, was ihm in den Sinn kommt. Sind alle Fragen gestellt und beantwortet, bist du an der Reihe zu fragen: »Was ist dir wichtig?«, »Was möchtest du auf jeden Fall nach der Geburt weiterführen?«, »Womit würdest du gerne aufhören?«, »Was möchtest du gerne anders machen?« und so weiter. Das sind schwierige Fragen, auf die dein Lieblingsmensch vielleicht keine Antwort hat. Das ist okay. Erinnere dich in dem Moment, wie lange du dich mit dir beschäftigt hast. Verabredet euch zu einem neuen Termin in ein paar Tagen. Die Fragen sind gestellt, wurden gehört und werden in deinem Lieblingsmenschen weiterarbeiten. Vier, fünf Tage später wird es bereits neue Erkenntnisse geben. Vielleicht entsteht sogar so viel Neugier, dass nach deinem Vorgehen gefragt wird und du dein Wissen teilen kannst. Dann könnt ihr euch in ein, zwei Wochen mit allen Karten nochmal treffen und die obigen Schritte durchgehen.

Selbst wenn dein Lieblingsmensch sich weiterhin weigert, sich mit den eigenen Bedürfnissen zu beschäftigen, ist das nicht dein Problem. Du hast deine herausgefunden. Du hast deine kommuniziert. Und du wirst darauf achten, dass deine bei den weiteren Schritten beachtet werden. Irgendwann kommt die Erkenntnis, dass Dinge im Leben deines Lieblingsmenschen fehlen oder anders sein sollten. Das kann auch drei oder mehr Jahre nach der Geburt sein. Dann nehmt ihr euch zu diesem späteren Punkt in eurem Leben Zeit und führt dieses Mal die Übung gemeinsam durch.

Zwang bringt an dieser Stelle unnötigen Stress rein. Es kommt nichts Gescheites raus. Hinzu kommen Frust, Ärger und Wut. Am Ende seid ihr euch nur auf den Zeiger gegangen und du konntest deine Bedürfnisse nicht mal kommunizieren. Also einladen, geduldig sein und ein »Nein« akzeptieren. Ist ein »Nein« nicht zu tragen (z. B. bei der Verantwortungsübernahme fürs Kind), dann eine eigene Entscheidung fürs eigene Leben treffen. Die kann dann lauten: »Tschüss, ich such mir jemand anderes.« Und das ist okay. Lieber jetzt als mit einem einjährigen Kind. Oder kurz vor der Rente und der anstehenden Altersarmut.

Schritt 3: Was sind die wichtigsten Begriffe und wo findest du mehr?

Als Mike das erste Mal mehr über Elternzeit und Co. erfahren wollte, war er binnen fünf Minuten so frustriert, dass er den Laptop sofort wieder zuklappte. Es gab zwar Informationen in Hülle und Fülle, aber entweder war es nur oberflächlich dargestellt oder mit so vielen zusätzlichen Regeln versehen, dass ihm der Überblick fehlte. Zwar entdeckte er das Elterngeld- und Elternzeitgesetz des Bundesministeriums für Familien, Senioren, Frauen und Jugend, aber das ist über 160 Seiten lang. Und beinhaltet nun wirklich jeden möglichen Fall, den dieses Gesetz abzudecken versucht. Was er rausgefunden hatte, war, dass jeder Elternteil, der mit dem Kind in einem Haushalt wohnt und es betreut, Anspruch auf drei Jahre Elternzeit hat, also auf eine unbezahlte Freistellung von der angestellten Tätigkeit. Und dass beide Elternteile zusammen 14 Monate Elterngeld beziehen können. Aber nur, wenn beide mindestens zwei Monate Elterngeld nehmen, sonst gibt es nur zwölf Monate Elterngeld. Davon wiederum sind auf jeden Fall zwei Monate durch den Mutterschutz abgedeckt, während dessen es das volle Gehalt gibt. Das war der Moment, an dem Mike beschloss, den Laptop wieder zu schließen. Es folgten zwei Besuche auf Infoveranstaltungen mit Fragerunden, bis so langsam Licht ins

Dunkel kam und wir eine Chance sahen, unsere Elternzeit anders zu gestalten. In unseren Workshops erfahren wir, dass das bei den Paaren einer der Momente ist, bei dem sie sich bei uns melden, weil ihre Alternative ansonsten das Ernährer-Hausfrauen-Modell ist.

Auch wenn das eine ganz bittere Pille ist: Es bleibt dir und deinem Lieblingsmenschen nichts anderes übrig, als die Informationen zu Elternzeit und Elterngeld zu lesen und zu verstehen. Dieser Weg hält die ein oder andere Hürde bereit, denn auch im Familienportal sitzen keine Expert*innen zum Elterngeld. Sondern Personen, die aus einer Datenbank Wissen abrufen und dieses mitteilen, und zwar zu allen Verwaltungsleistungen – also auch zum Beispiel zum Umzug. An manchen Elterngeldstellen wird eine Vor-Ort-Beratung angeboten, findet beispielsweise in Hessen aber nur in sechs Städten statt.[22] Habt ihr die zuständige Elterngeldstelle irgendwann ermittelt und ruft dort an, um Unterstützung zu bekommen, werdet ihr leider enttäuscht. Zumindest, wenn etwas anderes gewünscht ist als das Ernährer-Hausfrauen-Modell.

Als wir bei unserem zweiten Kind nämlich Elterngeld Plus über drei Jahre beantragen wollten, überforderte es das System so, dass Marielle kurzerhand kein Elterngeld ausgezahlt wurde.

Leider ist unsere Erfahrung kein Einzelfall und zeigt, dass ein Verständnis für alternative Modelle kaum vorhanden ist. Also heißt es leider durchbeißen, oder ihr findet jemanden, mit dem ihr Schritt für Schritt eure persönliche Situation berücksichtigen könnt. Selbst dann könnt ihr mit Nachfragen der Elterngeldstelle rechnen.

Wir verstehen wirklich jede Person, die sagt, dass sie hier nicht durchsteigt, keine Zeit hat, sich damit ausführlich zu beschäftigen, und deshalb einfach das nimmt, was sie kennt. Denn beim Ernährer-Hausfrauen-Modell kann dann zumindest die Elterngeldstelle weiterhelfen.

Aber das kann ja auch nicht sein, dass die bürokratische Hürde so hoch ist, dass Frauen zum Kind und Männer in die Erwerbsarbeit getrieben werden. Also sprechen wir über die Basics: Was ist zu beachten und welches Wissen hilft euch auf jeden Fall weiter? Im Rahmen des Buches wird es leider nicht vollständig sein, aber es ist hoffentlich ein leicht verständlicher Einstieg in Elternzeit und Elterngeld. Für alle, die noch mehr darüber wissen wollen, ist ein Kurs bei uns das Richtige.

Elternzeit

- Gesetzlich geregelter Anspruch auf UNBEZAHLTE Freistellung von der Arbeit nach der Geburt eines Kindes.
- Kann nur von Arbeitnehmer*innen und Beamt*innen in Anspruch genommen werden. Selbstständige, Studierende und alle anderen bekommen keine Elternzeit.
- Keine Sorgen um den Arbeitsplatz: Während der Elternzeit darf euch nicht gekündigt werden und ihr habt danach Anspruch auf die alte oder eine gleichwertige Stelle.
- Können beide Eltern nehmen. Anzeige muss spätestens 7 Wochen vor Beginn schriftlich bei dem oder der Arbeitgeber*in eingereicht werden – mit der Angabe, wie lange sie dauern soll.
- Wer für die ersten beiden Jahre Elternzeit beantragt, kann danach noch ein drittes Jahr anhängen. Mit Zustimmung des Arbeitgebers oder der Arbeitgeberin kann dieses Jahr auch später genommen werden (bis maximal zum 8. Geburtstag!). Wer bereits zu Beginn nur ein Jahr beantragt, verzichtet auf den Anspruch auf Verlängerung (Arbeitgeber*in muss dann zustimmen).
- Zwei Jahre der Elternzeit können zwischen dem dritten und achten Lebensjahr des Kindes genommen werden. Der oder die Arbeitgeber*in muss dem nicht zustimmen.
- Bei Anzeige muss dem oder der Arbeitgeber*in mitgeteilt werden, ob und wie viel die Arbeitnehmerin oder der Arbeitnehmer während der Elternzeit arbeiten möchte. Eine Teilzeit-Erwerbs-

tätigkeit zwischen 15 Wochenstunden und 32 Wochenstunden ist zulässig. Gearbeitet werden kann auch bei einem oder einer anderen Arbeitgeber*in; die Zustimmung bei späterer Information oder bei Änderungen der beantragten Stundenzahl ist nötig. Arbeitnehmer*innen bestimmen dabei die Anzahl der Wochenstunden und die Wochentage, an denen gearbeitet wird, sowie die Uhrzeiten an den jeweiligen Tagen. Diese müssen mit den Arbeitgeber*innen vereinbar sein (z. B. während der Öffnungszeiten).

Elterngeld

- Eltern, die auf Zeit aus ihrem Beruf aussteigen, um ihre Kinder zu betreuen, können Elterngeld als staatliche Unterstützung erhalten. Es soll die finanziellen Einbußen abmildern, die durch die berufliche Auszeit entstehen. Die Höhe des Elterngeldes richtet sich nach dem vorherigen Einkommen der Eltern.
- Wird in Abhängigkeit der Lebensmonate ausgezahlt. Kommt das Kind am 15. April zur Welt, entspricht ein Monat stets dem 15. des Monats bis zum 14. des nächsten Monats. Dies muss beim Einreichen der Elternzeit unbedingt beachtet werden, da es ansonsten zu Kürzungen oder Rückzahlungen beim Elterngeld kommt!
- Elterngeld gibt es sowohl für Angestellte als auch für Selbstständige – lediglich die Berechnung unterscheidet sich.
- Das Elterngeld ist einkommensabhängig (~65 Prozent des Nettoeinkommens) und beträgt monatlich mindestens 300 Euro und höchstens 1800 Euro (Letzteres setzt etwa 2770 Euro netto im Durchschnitt der letzten 12 Monate voraus!).
- Als Paar könnt ihr maximal 25 200 Euro Elterngeld beziehen (vorausgesetzt, ihr seid beide im Maximalbezug von 1800 Euro), mindestens erhaltet ihr als Elternpaar 4200 Euro (wenn ihr beide nur den Mindestbetrag von 300 Euro erhaltet).
- Die Einkommensgrenze für das Elterngeld liegt bei 300 000 Euro

für ein Paar (Alleinerziehende: 250 000 Euro). Darüber müsst ihr selbstständig für eure Auszeit aufkommen.

- Die Basis für die Berechnung des Elterngeldes ist euer Einkommen in den zwölf Monaten vor der Geburt. Bei einer (ggf. zusätzlichen) Selbstständigkeit gilt das vorherige Kalenderjahr als Grundlage. Seit September 2021 kann eine geringfügige nebenberufliche Tätigkeit (max. 35 Euro / Monat) ausgeschlossen werden. Hierfür muss ein Antrag gestellt werden und anschließend gelten wie bei ausschließlich Angestellten die zwölf Monate vor der Geburt als Bemessungszeitraum.
- Elterngeld erhaltet ihr nur auf Antrag. Die Beantragung ist erst nach der Geburt möglich, da ihr den genauen Geburtstermin benötigt. Ihr solltet den Antrag in den ersten drei Monaten nach der Geburt versenden, denn Elterngeld wird nur drei Monate rückwirkend gezahlt – anschließend verfällt der Anspruch. Allerdings dauert die Bearbeitung teilweise mehrere Monate und somit empfiehlt es sich vorab zu überlegen, wie ihr die Zeit bis zur Auszahlung überbrücken könnt.
- Sozialabgaben: Auf das Elterngeld fallen keine Sozialversicherungsbeiträge an. Allerdings muss, wer privat versichert ist, dies auch bleiben und die Beiträge weiterbezahlen.
- Steuern: Auf das Elterngeld muss keine Steuer gezahlt werden. Allerdings wird es zum Gesamteinkommen hinzugezählt und unterliegt dann der Steuerprogression für das jeweilige Jahr.

Basiselterngeld

- Liegt bei etwa 65 Prozent des vorherigen Nettoeinkommens.
- Wird für maximal 14 Monate gezahlt, wenn nach der Geburt des Kindes die Arbeit unterbrochen oder reduziert wird. Ein Elternteil kann es mindestens zwei und höchstens zwölf Monate für sich in Anspruch nehmen; zwei weitere Monate (sogenannte Partnermonate) gibt es, wenn auch der andere Elternteil Eltern-

geld bezieht. Nimmt nur einer von beiden Elterngeld, gibt es nur zwölf Monate.
- Eltern frühgeborener Kinder erhalten seit September 2021 mehr Elterngeld: Sechs Wochen vor Termin gibt es einen Monat, acht Wochen davor zwei, zwölf Wochen drei und 16 Wochen vier Monate zusätzliches Basiselterngeld. Auch diese Monate dürfen in Elterngeld-Plus-Monate umgetauscht werden.
- Basiselterngeld wird ab dem ersten Euro Zuverdienst gekürzt.

Elterngeld Plus
- Die Höhe liegt bei der Hälfte eines Basiselterngeldmonats. Ein Elterngeldmonat = zwei Elterngeld-Plus-Monate.
- Richtet sich vorwiegend an Eltern, die nach der Geburt bald in den Beruf zurückkehren und in Teilzeit arbeiten möchten. Das Elterngeld Plus wird für den doppelten Zeitraum gezahlt.
- Elterngeld Plus wird gekürzt, wenn mehr als die Hälfte des vorherigen Nettogehaltes verdient wird. Durch die Steuerprogression gibt es also bereits bei der Hälfte der Arbeitsstunden Kürzungen im Elterngeld Plus. Auch spätere Gehaltserhöhungen können sich negativ auswirken.

Partnerschaftsbonus
- Dieselbe Höhe wie Elterngeld Plus (zwischen 150 und 900 Euro pro Elternteil).
- Will Eltern ermutigen, sich für eine symmetrisch-partnerschaftliche Zeitaufteilung zu entscheiden und damit den Wiedereinstieg in den Beruf, v. a. von Müttern, erleichtern: Wenn Mutter und Vater in vier aufeinanderfolgenden Monaten gleichzeitig zwischen 24 und 32 Wochenstunden arbeiten, bekommt jeder Elternteil vier zusätzliche Monatsbeträge Elterngeld Plus.
- Die Auszahlung des Elterngelds Plus wird in den meisten Fällen gekürzt, da mit den 24 Wochenstunden mehr als die Hälfte des vorherigen Nettoeinkommens verdient wird.

- Der Partnerschaftsbonus darf zu jeder Zeit nach dem Mutterschutz genommen werden. Nach dem 13. Lebensmonat darf keine Lücke zum vorherigen Elterngeldbezug eines beliebigen Elternteils vorhanden sein.

Mutterschaftsgeld

- Sechs Wochen vor und acht Wochen nach der Geburt wird Mutterschaftsgeld ausgezahlt. Gilt nur für Arbeitnehmerinnen. In dieser Zeit wird kein Elterngeld bezahlt. Der Elterngeldbezug wird automatisch um die Mutterschaftsgeldmonate gekürzt.
- Von der Krankenkasse werden bis zu 13 Euro / Tag (wie Krankengeld) und Arbeitgeberzuschuss (i. d. R. in der Höhe, dass das ursprüngliche Nettogehalt erreicht wird) bezahlt. Elterngeld entfällt also für die ersten zwei Monate, dafür gibt es Mutterschaftsgeld, was deutlich höher ist. Der Elterngeldbezug für die Mutter beginnt somit erst acht Wochen nach der Geburt (auf den Tag genau!).
- Die Beantragung des Mutterschaftsgeldes läuft über die Krankenkasse. Die Auszahlung des ersten Teilbetrags erfolgt i. d. R. etwa 50 Tage vor dem errechneten Geburtstermin, die Auszahlung des zweiten Teilbetrags nach der Geburt (auf Basis der Mitteilung des genauen Geburtstermins mit der Geburtsurkunde).

Kündigungsschutz hat nur die Mutter mit Beginn der Schwangerschaft. Auch rückwirkend, wenn sie sich der Schwangerschaft nicht bewusst war. Alle anderen erhalten den Kündigungsschutz erst acht Wochen vor Beginn der Elternzeit! Die Abgabefrist, um die Elternzeit anzuzeigen, endet sieben Wochen vor Beginn der Elternzeit. Wer also eine Kündigung befürchtet, der muss die Elternzeit innerhalb dieser einen Woche einreichen. Klingt doof, unfair und einengend? Ist es auch!

Nun kennt ihr die Grundlagen. Ihr wisst die relevanten Aspekte, um eure persönlichen Elternzeitmodelle zu entwerfen. Am besten legt ihr das Buch mit den Regeln geöffnet neben euch, wenn ihr zum nächsten Schritt übergeht.

Schritt 4: Wie entwerft ihr eure ersten Elternzeitmodelle?

Endlich geht's an die Umsetzung der Elternzeitmodelle. Bisher ging es nur darum zu verstehen, wieso die Elternzeit den größten Knackpunkt für eine Beziehung auf Augenhöhe, die finanzielle Abhängigkeit und die eigene Altersarmut darstellt, die eigenen Bedürfnisse zu entdecken und zu guter Letzt die Elternzeitvokabeln zu verstehen.

In diesem Schritt packt ihr alles zusammen und entwerft eure ersten Elternzeitmodelle. Eure Elternzeitmodelle zu entwerfen macht echt Spaß. Ihr gestaltet damit aktiv eure Zukunft. Und habt damit endgültig den Autopiloten aufgehalten. Dazu baut ihr euch ganz einfach euer eigenes Elternzeitmodellpuzzle. Um zu beginnen, braucht ihr Papier und bunte Stifte. Auf jeweils einen Zettel schreibt ihr Begriffe in je unterschiedlichen Farben:

- 2 × »Mutterschaftsgeld«
- 12 × »Basis Elterngeld«
- 24 × »Elterngeld Plus«
- 8 × »Partnerschaftsbonus«
- Bei Bedarf weitere leere Zettel für eure Arbeitsstunden

Fertig ist euer Elternzeitmodellpuzzle. Dann kanns ja losgehen. Ruft euch eure Bedürfnisse nochmal in Erinnerung. Und schiebt so lange die Zettel hin und her, bis ihr einen ersten Entwurf habt, mit dem ihr beide zufrieden seid. Checkt gegen, ob ihr alle Regeln eingehalten habt. Nehmt dafür dieses Buch zur Hand und geht die Regeln Punkt für Punkt durch. Achtet beim Hin-und-Her-Schieben darauf, dass ihr in Summe nicht über 14 Elterngeldmonate kommt. Dabei gilt 1 × Mutterschaftsgeld = 1 × Basis Elterngeld = 2 × Elterngeld Plus = 1 Monat.

Sieht alles gut aus? Super!

Fotografiert oder schreibt euren ersten Entwurf ab oder übertragt ihn in Excel. Nun mischt alle Zettel erneut und überlegt euch insgesamt drei bis fünf Modelle. So habt ihr eine Auswahl aus unterschiedlichen Varianten. Was ist euer Favorit? Welchen würdet ihr eher als Notlösung nehmen? Erstellt eine Rangliste, damit ihr wisst, wohin ihr wollt. Ab jetzt heißt es, eure Vorstellung in die Tat umzusetzen und etwaige Stolpersteine aus dem Weg zu räumen.

Schritt 5: Wie wirken sich eure Elternzeitmodelle auf eure Finanzen aus?

Geld scheint für Paare eine riesige Rolle bei der Planung der Elternzeit zu spielen. Wäre dies nicht so, würde es in den dazugehörigen Gesprächen viel seltener ums Geld gehen. Vergleiche das mal mit anderen Gesprächen über Beziehungsmeilensteine. Nach dem ersten Date fällt kaum die Aussage: »Wir haben uns aus finanziellen Gründen für dieses Restaurant entschieden!« oder beim Zusammenziehen: »Das war finanziell nicht anders möglich. Deshalb übernehme ich 90 Prozent der Miete« oder bei der Hochzeit: »Wir haben geheiratet, um das Ehegattensplitting endlich nutzen zu können, sonst hätten wir unseren Lebensunterhalt nicht mehr finanzieren können«. Sagt kaum jemand. Aber bei der Elternzeit tauchte es bisher in j-e-d-e-r Unterhaltung auf, die wir geführt oder aufgeschnappt haben. Ob während der Planung oder nach der Geburt im Rückbildungskurs, in der Krabbelgruppe, beim Babyschwimmen, auf dem Spielplatz oder beim Eltern-Kind-Turnen: überall die gleiche Leier. Geld könnte mit Leichtigkeit der größte Stolperstein genannt werden. Also räumen wir diesen als Nächstes aus dem Weg.

Ihr habt umso mehr Handlungsmöglichkeiten, je weiter ihr von der Geburt eures Kindes entfernt seid. Wollt ihr erst in einem oder zwei Jahren beginnen, schwanger zu werden, könnt ihr noch Beförderungen, Jobwechsel, Steuerklassenwechsel, Investitionen und vieles mehr anstreben, um euch finanziell zu entlasten. Kommt euer Kind in vier bis sechs Wochen zur Welt, dann stehen euch diese ganzen Dinge nicht mehr zur Verfügung, ihr habt aber immer noch viele Optionen zur Auswahl. Daher lohnt es sich, frühzeitig mit diesen Gedanken als Paar (!) zu beginnen. So oder so – es ist kein Geheimnis und das können wir auch nicht ändern: Als frischgebackene Eltern habt ihr sehr wahrscheinlich weniger Geld zur Verfügung als vorher. Doch ihr seid auf dem richtigen Weg, um mit der Situation besser klarzukommen.

Übung

Nehmt nun euer favorisiertes Elternzeitmodell zur Hand; dort seht ihr bereits, wann wer eine Form des Elterngeldes bekommt und wann wer wie viel arbeitet. Nun tragt ihr euer Einkommen für die jeweiligen Monate ein. Um eure individuelle Elterngeldhöhe zu berechnen, empfehlen wir euch den Elterngeldrechner des Familienportals des Bundes zu nutzen. Hier werden sowohl ein ausführlicher Rechner basierend auf deinen individuellen Gehaltsdaten sowie Rahmenbedingungen mit Planer-Funktion als auch ein Schnellrechner für einen ersten Überblick angeboten.[23] Die Zahlen sind aus unserer Erfahrung nicht zu 100 Prozent korrekt, da bei der finalen Elterngeldberechnung dann eben doch nochmal genauer auf eure Situation geschaut wird – allerdings wisst ihr so schon einmal, wie viel Geld ihr etwa erwarten könnt.

Nehmt nun euer Haushaltsbuch zur Hand und prüft, wie hoch im Schnitt eure Ausgaben pro Monat sind. Ihr habt noch kein Haushaltsbuch? Dann springt noch einmal zu Kapitel 2 und schaut euch zumindest die Ausgaben eurer letzten Monate an. Blickt der Wahrheit lieber früher als später ins Auge, denn früher könnt ihr noch etwas unternehmen.

Jetzt gibt es drei Szenarien:

1. Ihr werdet in jedem eurer Elternzeitmonate mehr Einnahmen haben, als ihr im Durchschnitt ausgebt.
2. Ihr habt Monate, in denen eure Ausgaben eure Einnahmen übersteigen werden. Aber eure Rücklage ist groß genug, um damit umgehen zu können.
3. Ihr könnt eure Ausgaben nicht mit euren Einnahmen decken und eure Rücklage reicht ebenfalls nicht aus, um den Unterschied zu begleichen.

Szenario 1

Alles paletti. Hier braucht ihr nichts weiter zu tun. Ihr könnt eure Elternzeit finanzieren.

Szenario 2

Ihr habt schon mal die Gewissheit, dass ihr eure Elternzeit theoretisch und auch praktisch bezahlen könnt. Um euer Wunschmodell umzusetzen, werdet ihr weiterhin finanziell solide aufgestellt sein. Eure Rücklage könnt ihr wieder auffüllen, wenn eure Einnahmen eure Ausgaben übertreffen.

Wenn ihr wollt, könnt ihr jedoch auch hier aktiv werden und einige der Tipps umsetzen, die wir beim dritten Szenario teilen.

Szenario 3

Glückwunsch auch zu dieser Erkenntnis. Heute zu wissen, dass euer Vorhaben noch nicht aufgeht, bewahrt euch vor späteren finanziellen Schwierigkeiten. Außerdem bekommt ihr die Gelegenheit, euch (nochmals) intensiv mit eurer Einkommenssituation, euren Ausgaben und euren Rücklagen zu beschäftigen. Ja, das klingt jetzt wie ein unrühmlicher Trostpreis, auf den ihr gerne verzichten würdet, aber die Situation ist, wie sie ist. Es ist nun an euch, sie zu ändern.

Rechnet zuerst aus, wie viel Geld euch konkret fehlt. Dazu geht ihr Monat für Monat durch und zieht von euren voraussichtlichen Einnahmen eure voraussichtlichen Ausgaben ab. Es kann Monate geben, bei denen ein Plus steht, und andere, bei denen ein Minus herauskommt. Nun rechnet ihr alles für den Zeitraum eurer Elternzeit zusammen. Mit dem Ergebnis rechnet ihr nun zwei verschiedene Dinge aus:

Erstens teilt ihr das Ergebnis durch die Anzahl der Monate eurer Elternzeit. Sieht eure Elternzeit beispielsweise vor, dass ihr zwölf Monate mit geringerem Gehalt auskommen müsst, also durch zwölf. Nun wisst ihr, was euch monatlich im Schnitt fehlt.

Zweitens zieht ihr von eurer Rücklage das Ergebnis ab. Damit wisst ihr, welcher Gesamtbetrag noch offen ist, wenn ihr eure Rücklage für eure Elternzeit verwenden würdet.

Mit diesem Wissen habt ihr nun mehrere Möglichkeiten zu handeln.

Erstens könnt ihr eure Ausgaben checken. Wie werden sich eure Ausgaben im Vergleich vor der Geburt zu nach der Geburt verändern? Ja, ein Baby kostet auch Geld, aber wie wir zuvor gesehen haben, in den ersten Lebensmonaten gar nicht so viel. Dazu nehmt ihr erneut euer Haushaltsbuch zur Hand. Ihr wisst bereits, wie viel ihr pro Kategorie in etwa durchschnittlich ausgebt – falls euch das nichts sagt, lohnt sich ein Blick in Kapitel 3 –, fügt neben diesen Zahlen eine weitere Spalte ein und schreibt auf, welche Veränderung ihr nach der Geburt erwartet. Wohnt ihr 20 Kilometer von eurem Arbeitsplatz entfernt und pendelt nicht mehr täglich hin und her, fallen Ausgaben für den ÖPNV oder das Auto weg. Habt ihr zuvor in der Mittagspause in der (teuren) Kantine gegessen oder den zweiten Coffee-to-go des Tages geholt, während ihr jetzt zu Hause mit Kind die Reste vom Vorabend esst und euren Kaffee selbst kocht, fallen auch diese Ausgaben weg. Auch Freizeitausgaben sinken nach der Geburt rapide. Sind wir vor unseren Kindern fast wöchentlich ins Theater, Kino oder zu anderen Events gegangen, können wir dies in den letzten vier Jahren an zwei Händen abzählen. Hinzu kommen Ausgaben, die vorher noch nicht da waren, beispielsweise für Windeln – etwa 25 Euro pro Monat.[24] So geht ihr Punkt für Punkt durch. Hat sich bereits etwas an eurem Ausgabendurchschnitt geändert? Rechnet damit erneut eure monatliche Differenz aus. Wie viel fehlt euch jetzt noch?

Eure Ausgaben können noch weiter gesenkt werden. Schaut euch eure Verträge an. Welche Abos und Mitgliedschaften nutzt ihr noch, welche könntet ihr jetzt schon kündigen und für welche werdet ihr nach der Geburt erstmal keine Zeit haben? Erneut dürfte sich die Differenz etwas verringert haben. Wie viel fehlt noch?

Zweitens könnt ihr an euren Einnahmen arbeiten. Das gelingt natürlich besser, wenn die Geburt eures Kindes noch weiter in der Zukunft liegt. Lest ihr diese Zeilen erst zwei Monate vor der Geburt, wird es unter Umständen schwer, noch etwas deutlich zu verändern. Bleibt dennoch dabei, denn vielleicht entsteht dadurch bei euch eine Idee, die wir gar nicht auf dem Schirm hatten. Wie könnt ihr euer Einkommen für und während der Elternzeit erhöhen?

Am naheliegendsten ist ein höheres Gehalt. Dadurch könnt ihr vor der Geburt mehr sparen und erhaltet nach der Geburt ein höheres Elterngeld. Arbeitgeber*innen kommen jedoch selten selbst um die Ecke und verkünden: »Ab heute bekommst du 10 Prozent mehr Geld.« Solche selbstständigen Anpassungen sind eher ein Inflationsausgleich in Höhe von eins bis zwei Prozent. Eigeninitiative ist gefordert. Du kannst beispielsweise eine Gehaltsverhandlung initiieren (bereite dich gut darauf vor!) oder geldwerte Vorteile oder eine Beteiligung des Arbeitgebers an den Betreuungskosten verhandeln. Viel Erfolg!

*Kurz bevor unser Juniorinvestor geboren wurde, wollten auch wir unsere Rücklage noch etwas auffrischen und fingen an, unser Sofa unterzuvermieten. Während unserer Flitterwochen waren wir per AirBnB durch die Gegend gereist. Das gefiel uns so gut, dass wir selbst ausprobieren wollten, ob wir Teile unserer Wohnung vermieten können. Nun hatten wir aber nur eine 67 qm große 3-Zimmer-Wohnung mit Minibad. Ein Gästezimmer herzurichten war unmöglich. Mit Schlafzimmer, Wohn-/Esszimmer und Arbeitszimmer (Studium, Beziehungsinvestor*innen und Home-Office) war die gesamte Fläche ausgenutzt. Zudem wohnten wir in einer Kleinstadt, in der nichts los ist, so dachten wir zumindest. Probieren geht über studieren, und so stellten wir auf der entsprechenden Plattform unser Sofa ein, damit andere Menschen dort übernachten konnten. Zu unserer Überraschung wurde das Angebot so gut angenommen, dass wir an vier von sieben Tagen in der Woche Besuch hatten. Unsere Rücklage füllte sich, wir lernten neue Menschen und so einiges über unseren Wohnort kennen. Vielleicht inspiriert euch die Geschichte, etwas Ähnliches zu finden.*

Je nach Elternzeitvorhaben und aktuellem Gehalt kann auch ein frühzeitiger Steuerklassenwechsel von 4/4 in 5/3 zu höherem Elterngeld führen. Dadurch, dass das Elterngeld am Netto (und nicht am Brutto) berechnet wird, kann es sich lohnen, das Netto zu erhöhen. Das klappt mit einem Steuerklassenwechsel für verheiratete Paare. Aber Vorsicht! Das Netto einer Person zu erhöhen, bedeutet das Netto der anderen Person zu verringern, was sich dann negativ auf das Elterngeld auswirkt. Es gibt nicht so viele Situationen, bei denen es praktikabel ist, vor allem, wenn ihr gleichberechtigt in Elternzeit gehen wollt. Sprecht dazu am besten mit einer Steuerberatung.

Ihr könnt euer Elterngeld auch erhöhen, indem ihr vor der Geburt einen Nebenjob annehmt. Das bietet sich vor allem dann an, wenn ihr aktuell in Teilzeit arbeitet. Und hat den Vorteil, dass ihr in eurem Hauptjob bei einer Teilzeittätigkeit während der Elternzeit (Elterngeld Plus) etwas mehr hinzuverdienen könnt, weil eure Bemessung vor der Geburt um den Minijob erhöht wurde.

Liest du diese Zeilen gerade und bist gedanklich noch weit weg von einer Schwangerschaft und der ganzen Elternzeitplanung, dann können auch Investitionen eine sehr frühzeitige Möglichkeit sein, dein Einkommen für die spätere Zeit zu erhöhen. Gerade Investitionen, die einen Cashflow generieren, führen zu einer angenehmen Entlastung während der Elternzeit. Aber sie brauchen Zeit. Marielle investiert, seit sie 18 Jahre alt ist. Mike hat etwa zwei Jahre nach unserem Kennenlernen begonnen. Zusammen sind wir seit 2014 an der Börse aktiv. Das hatte aber auf die Elternzeit bei unserem ersten Sohn ab 2018 keine große Auswirkung. Das Depot war noch zu klein und Mieteinnahmen gab es keine. Heute, während unserer zweiten Elternzeit, werden jedoch zwei Drittel unserer Ausgaben durch Einkünfte aus unseren Investitionen getragen. Denn wir erhalten fast jeden Monat Dividenden von unseren Aktieninvestitionen und erzielen regelmäßig monatliche Mieteinnahmen. Diese werden auch nicht auf das Elterngeld angerechnet oder davon abgezogen. Das ist eine sehr angenehme und komfortable Situation (auch wenn gleichzeitig natürlich die Kosten gestiegen sind, z. B. zahlen wir für die Wohnungen ja auch monatlich die Kredite ab). Wenn du die Möglichkeit hast (finanziell und zeitlich), dann empfiehlt es sich, mehr darüber zu lernen. Es gibt hervorragende Podcasts, YouTube-Kanäle und Bücher, mit denen du dich einarbeiten kannst. Wir haben unter dem QR-Code am Ende dieses Buches unsere Favoriten zusammengestellt.

Drittens könnt ihr vor der Geburt eure Rücklage erhöhen: Zum einen, indem ihr die Tipps aus der Ausgabenverkleinerung bereits heute anwendet und die Ersparnisse zur Seite legt. Zum andern, indem ihr einmalige Einnahmen erarbeitet und diese auf euer Elternzeitkonto packt.

Richtet für eure Elternzeit ein separates Elternzeitkonto ein. Dorthin könnt ihr einen Teil eurer Rücklage überweisen. Das Geld auf diesem Konto wird nicht angefasst, solange ihr nicht in Elternzeit seid. Komme, was wolle. Das Geld ist tabu. Das ist eure Rücklage für eure Zeit. Füllt sie so lange auf, bis eure Zeit gekommen ist, dann könnt ihr darauf zugreifen.

Auf das Konto können dann Sondereinnahmen eingezahlt werden. Je nachdem, wie viel Zeit ihr noch habt, könnt ihr sagen: »50 Prozent von allen zusätzlichen Einnahmen gehen auf das Elternzeitkonto.« Oder eben die Summe, die ihr ermöglichen könnt und die euch eurem Ziel näher bringt. Zusatzeinnahmen können ein ausgezahlter Bonus aus eurem Angestelltenjob sein, Geldgeschenke zum Geburtstag oder (Internet-)Flohmarktverkäufe sein. Aber auch eure verhandelte Gehaltserhöhung, eure Sofavermietung oder eure Ersparnis durch die Kündigung unnötiger Apps.

Wie viel fehlt euch noch, um euer Lieblingselternzeitmodell umsetzen zu können? Seid ihr zuversichtlich, dass ihr den Restbetrag auch noch überbrücken könnt? Oder ist die Lücke weiterhin zu groß?

Dann wird es vielleicht nicht euer Lieblingselternzeitmodell, aber ihr habt ja gegebenenfalls noch vier weitere Modelle, die euch zusagen. Vielleicht passt eines davon besser zu eurer aktuellen finanziellen Situation. Andernfalls heißt es nochmal ran an das Elternzeitpuzzle: Mit welchen (kleinen) Variationen erhaltet ihr mehr Geld? Ihr könntet beispielsweise die Basiselterngeldmonate in zwei Elterngeld-Plus-Monate splitten und dabei 18 Stunden arbeiten gehen. Ihr könntet in den Elternzeitmonaten ohne Elterngeldbezug bis zu 32 Stunden arbeiten oder, wenn das nicht reicht, in der Elternzeit pausieren und für einen begrenzten Zeitraum 40 Stunden arbeiten. Mal du, mal dein Lieblingsmensch. Habt ihr vielleicht noch Überstunden oder Urlaubsanspruch, den ihr vor Beginn der Elternzeit nehmen könnt?

Du siehst, dass es noch viele Stellschrauben gibt, um finanziell etwas zu verändern. Ihr kennt nun jede Menge Ansätze, um eure Situation zu verändern.

Es lohnt sich. Die Arbeit, die ihr hier investiert, lohnt sich doppelt, dreifach und zwanzigfach. Erinnere dich einfach an die Statistiken aus dem ersten Schritt. Die Arbeit lohnt sich für euch sowohl finanziell als auch emotional.

Schritt 6: Was ist noch alles bis zur Geburt und nach der Geburt zu regeln?

Herzlichen Glückwunsch. Habt ihr alle Schritte durch, haltet ihr nun euer Elternzeitmodell in Händen, mit dem ihr ins weitere Rennen geht. Erwartet ihr nun ein Kind, stehen noch die Gespräche mit euren Arbeitgeber*innen an, sofern ihr welche habt. Werdende Mütter haben bei den Gesprächen einen einzigen Vorteil gegenüber werdenden Vätern: Ihr Kündigungsschutz fängt mit Schwangerschaftsbeginn an. Sie haben also einen längeren Zeitraum für Verhandlungen und das Finden gemeinsamer Lösungen. Männer haben diesen Kündigungsschutz erst acht Wochen vor Beginn der Elternzeit (nicht vor Geburtstermin), müssen aber sieben Wochen vorher die Elternzeit anzeigen. Das bedeutet im Zweifel nur eine Woche Verhandlungszeit, wenn ihr ab dem Geburtstermin zu Hause bleiben wollt.

Wir hatten uns den schönsten Plan überlegt. Marielle würde die ersten sieben Monate zu Hause bleiben, Mike den ersten Monat nach der Geburt mit ihr und die letzten sechs Monate alleine übernehmen. Doch daraus wurde nichts. Als Mike seinem Arbeitgeber offenbarte, in Elternzeit zu gehen, reagierte der mit: »Oh, wir wollten eigentlich nächste Woche mit dir über eine Beförderung sprechen. Wir haben da eine Leitungsposition, für die du genau der Richtige wärst.« Das veränderte alles. Denn die Position war sehr attraktiv und der perfekte Entwicklungsschritt. Was nun? Halb freudig, halb geknickt, ging's mit der Info nach Hause. Wir überlegten, was wir nun tun soll-

*ten. Doch das Ernährer-Hausfrauen-Modell wählen? Aber das kam für uns nicht infrage. Mike wollte unbedingt Zeit mit seinem Sohn verbringen und Marielle wollte nicht nur Mama sein. Wir kamen zu keiner Lösung, beschlossen aber, dass Mike seinen Arbeitgeber nach seinen Bedürfnissen fragen sollte. Es stellte sich heraus, dass die Stelle im Aufbau war und Tätigkeiten das erste Mal ein halbes Jahr nach der Geburt relevant werden würden. Die könnten zu Beginn mit etwa 15 Wochenstunden abgedeckt werden, sich auf 30 Wochenstunden steigern und zwischendurch auch zwei Monate Pause beinhalten. Okay. Viele Infos. Aber immerhin wussten wir nun, was Mikes Arbeitgeber wichtig war. Marielle führte ein ähnliches Gespräch mit ihrer Arbeitgeberin. Mit den Infos kamen wir erneut zusammen und erstellten ein neues Modell, das weiterhin all unsere Bedürfnisse abdecken würde und die unserer Arbeitgeber*innen mit einbezog. Dies stieß auf Begeisterung. Der Prozess dauerte jedoch etwas über einen Monat. Wer also ein gutes Verhältnis zum Unternehmen hat oder bereits positive Beispiele aus der Abteilung kennt, kann sich hier als Mann etwas früher aus der Deckung wagen und das Gespräch suchen. Aber immer im Hinterkopf behalten, dass der Kündigungsschutz erst acht Wochen vor Beginn der Elternzeit greift. Sollte das Verhältnis bereits angespannt sein, ist die Elternzeitgestaltung eine Anzeige, kein Antrag. Ihr braucht also keine Zustimmung, sondern es wird so gemacht, wie ihr es sagt.*

Egal, wie euer Modell aussieht, solltet ihr euch über gegenseitige finanzielle Absicherung Gedanken machen. Das wird natürlich umso relevanter, je mehr das Familieneinkommen bei nur einer Person liegt. Ihr habt weiter vorne im Buch erfahren, in welche finanziellen Schieflagen der Wegfall des Hauptgehalts eure Familie führen kann. Wie sichert ihr das ab? Zum Beispiel könntet ihr eine kreuzweise Lebensversicherung oder eine Berufsunfähigkeitsversicherung wählen, das sprecht ihr am besten mit der Versicherungsvermittlerin oder dem Versicherungsvermittler eures Vertrauens ab. Alternativ könnt ihr auch ein familieninternes Gehalt für die Care-Arbeit einführen. Habt ihr das Ernährer-Hausfrauen-Modell mit getrennten Konten gewählt, könnte das so aussehen, dass der Mann die Hälfte seines Gehalts an seine Frau überweist und die beiden sich die gemeinsamen Ausgaben hälftig teilen. Wir haben neulich von einem Fall gelesen, wo der Mann für jedes Ausschlafen 150 Euro an seine Frau überweist. Da könntest du jetzt denken: *Boah. Alter. Ne, oder?* Tja, was sollen wir sagen, der Mann hat das Geld bereitwillig gezahlt.

Mal abgesehen von der Wahl des Krankenhauses, der Suche einer Hebamme und den Ärzt*innenbesuchen gibt es für unverheiratete Paare noch ein anderes wichtiges To-do, das auch finanzielle Auswirkungen hat: die Vaterschaftsanerkennung. Diese empfiehlt sich bereits vor der Geburt eintragen zu lassen und ist in diesem Fall kostenlos. Das hat mehrere Gründe:

Erstens wird der zweite Elternteil direkt in die Geburtsurkunde eingetragen und muss im Nachgang nicht noch einmal eine neue Vaterschaftsanerkennung in sämtlichen Ausführungen erstellen lassen.

Zweitens hat das Kind dadurch Anspruch auf ein Erbe sowie eine etwaige Waisenrente. Ja, es ist unwahrscheinlich, aber sollte der Papa zwischen Geburt und Vaterschaftsanerkennung versterben, bekommt das Kind nichts von ihm.

Drittens kann dann auch die Familienversicherung über den Vater genutzt werden. Beispielsweise, wenn eine Versicherung bei der Mutter nicht möglich, nicht gewünscht oder zu teuer wäre. (Es geht leider nur bei einem Elternteil.)

Sollte viertens der Mutter während der Geburt etwas zustoßen, wird das Kind zunächst in Obhut genommen, da es keinen rechtskräftigen Vormund hat. Denn die Vaterschaft bestätigt die Mutter. Kann sie dies nicht mehr tun, wird es kompliziert und (wie immer) teuer. Und das, obwohl der zweite Elternteil gerade andere Sorgen hat, als die Bürokratie aus dem Weg zu räumen.

Fünftens wird der Vater erst unterhaltspflichtig gegenüber dem Kind, wenn die Vaterschaft bereits anerkannt wurde. Seid ihr euch also unsicher, solltet ihr erst einen entsprechenden Test (nach der Geburt) machen und dann die Vaterschaftsanerkennung durchführen.

Puh. Ganz schön viel Gesprächsstoff, der auf werdende oder planende Eltern zukommt. Wir können es auch am Ende des Kapitels nur nochmal und nochmal und nochmal wiederholen. Dieser Meilenstein in einer Beziehung ist mit Abstand der Meilenstein mit den größten finanziellen und emotionalen Konsequenzen für dich, deinen Lieblingsmenschen und euren Nachwuchs. Das im Autopiloten auf die leichte Schulter zu nehmen, kann dich irgendwohin bringen, wo du niemals landen wolltest. Du hast nun das Werkzeug, um eine selbstbestimmte und gleichberechtigte Elternzeit mit deinem Lieblingsmenschen zu gestalten. Für weiteres Wissen scanne den QR-Code am Ende des Buches.

Care-Arbeit ist Arbeit und kostet Geld. Personen der Altersgruppe der 34-Jährigen verbringen täglich unterschiedlich viel Zeit mit Care-Arbeit, bei Männern sind es 2 Stunden und 31 Minuten, bei Frauen 5 Stunden und 18 Minuten. Der Gender Care Gap liegt daher bei 110,6 Prozent.[25] Das ist sehr viel Arbeits- und Lebenszeit, die in der Regel nicht entlohnt wird. Jetzt könntest du sagen, dass das natürlich daran liegt, dass die Frau weniger arbeitet und weniger verdient. Nicht ganz: Eine Studie aus den USA, die die Daten von über 6600 Paaren aus fast 20 Jahren untersuchte, ergab, dass Mütter unabhängig von ihrem relativen Einkommen mehr Hausarbeit leisten als die Väter. Im besten Fall, wenn beide etwa 50 Prozent zum Familieneinkommen beitragen, arbeiten Mütter sechs Stunden pro Woche mehr im Haushalt als Väter. Verdienen Mütter weniger als die Väter, leisten sie mehr Hausarbeit. Logisch, könntest du sagen. Aber was sagst du dazu: Verdienen Mütter mehr als die Väter, leisten sie dennoch mehr Hausarbeit. Das geht so weit, dass Mütter, die das gesamte Familieneinkommen tragen, über acht Stunden mehr Hausarbeit leisten als Väter, die kein eigenes Einkommen mehr besitzen. Im umgekehrten Fall leisten Mütter übrigens über zwölf Stunden mehr Hausarbeit als die Väter. Dieser Effekt wurde bei kinderlosen Paaren nicht beobachtet, dort sank die Stundenanzahl der Care-Arbeitszeit der Frauen, wenn sie mehr zum Familieneinkommen beitrugen.[26]

Lasst uns einmal gemeinsam durchrechnen, was die durchschnittliche Verteilung von Care-Arbeit, Gehalt, Arbeitszeit und Rentenpunkten für eine Ausgleichszahlung von (typischerweise) Mann an Frau bedeuten würde.

Der Unterschied in der Care-Arbeitszeit liegt bei 2 Stunden 48 Minuten pro Tag. Jeden Tag, inklusive Wochenende, Feiertagen, Krankheitstagen und Urlaubstagen. Das müsste unter beiden Elternteilen gleichermaßen aufgeteilt werden. Also müssten 1 Stunde und 24 Minuten pro Tag ausgeglichen werden. Der durchschnittliche Nettostundenlohn liegt bei 11,90 Euro (2000 Euro / 21 Tage / 8 Stunden). Das führt zu einer täglichen Zahlung von 16,67 Euro oder 6083,33 Euro pro Jahr.

Hinzu kommt nun die Aufteilung der nichtgetätigten Arbeitszeit. Denn – und das ist entscheidend – die in Vollzeit erwerbsarbeitende Person (fast immer der Vater) kann dies nur tun, weil die care-arbeitende Person (fast immer die Mutter) auf ihre Erwerbstätigkeit verzichtet und kostenlos (!) zu Hause für die gemeinsame Familie arbeitet. Mütter arbeiten durchschnittlich 18,2 Wochenstunden.[27] Väter hingegen arbeiten im Schnitt 40,7 Wochenstunden.[28] Rechnen wir auch hier kurz die Differenz aus (22,5 Stunden) und teilen sie auf beide Eltern auf, ergibt das 11,25 Wochenstunden, die auszugleichen sind. Das macht am Tag 2,25 Stunden oder 28,76 Euro. Pro Jahr werden bei einer 5-Tage-Woche üblicherweise 230 Arbeitstage angenommen.[29] Ergibt einen jährlichen Ausgleich von 6614,42 Euro.

Bleibt nun noch der Ausgleich für die verpassten Rentenpunkte. Bei einem Durchschnittsgehalt gibt es 1,0 Rentenpunkte pro Jahr.

Ein Rentenpunkt entspricht je Monat im Schnitt 35,77 Euro.[30] Ob eure Gehälter über oder unter dem Durchschnitt liegen, könnt ihr auf eurer Gehaltsabrechnung einsehen. Und bei der Rentenversicherung könnt ihr jederzeit den aktuellen Wert eines Rentenpunkts und übrigens auch euren persönlichen »Sammelstand« abfragen. 18,3 Wochenstunden entsprechen 45,75 Prozent Teilzeittätigkeit oder 0,4575 Rentenpunkten. Es fehlen also 0,5425 Rentenpunkte, die vollständig übernommen werden müssten. Das macht im Jahr 232,86 Euro.

Hast du schon zusammengezählt? Pro Jahr müsste für diese durchschnittliche Konstellation ein Ausgleich von 12 930,61 Euro geleistet werden. Und das bei einem Gehalt des Vaters von 24 000 Euro netto pro Jahr. Da würde über die Hälfte für den Ausgleich fällig. Danach könnten die gemeinsamen Ausgaben nach der bisher getroffenen Aufteilung (hälftig oder prozentual vom Einkommen) aufgeteilt werden.

Diese Zahlen sind so gut wie nie Bestandteil einer Diskussion oder von Gesprächen über die Elternzeit. Sie tauchen auch in der Öffentlichkeit nicht auf und damit existieren sie nicht. Aber innerhalb einer Familie braucht es ein finanzielles System, das alle Mitglieder gut versorgt und nicht gegenseitig ausspielt. Denn die Entscheidung für Kinder ist meist gemeinsam gefallen und sollte damit nicht allein das Problem der Frau sein. Daher legt diese Zahlen offen und sprecht darüber. Das Gespräch endet erst, wenn beide zufrieden sind und sich wohlfühlen. Und beginnt sofort von Neuem, wenn das nicht mehr der Fall ist.

Übrigens würde eine vollständige Trennung von Erwerbs- und Care-Arbeit zur Privatinsolvenz des Mannes im Ernährer-Hausfrauen-Modell führen. Ist die Frau für die gesamte Care-Arbeit zuständig (7 Stunden und 49 Minuten täglich) und geht keiner Erwerbsarbeit nach, während der Mann zu Hause nichts übernimmt und nur noch erwerbstätig ist, dann sind nach der obigen Vorgehensweise ein Ausgleich von 16 975,85 Euro für die Care-Arbeit,

11 267,32 Euro für die fehlende Erwerbsarbeit und 429,24 Euro für die Rentenpunkte fällig. Macht zusammen 28 672,41 Euro pro Jahr, die bei einem Gehalt von 24 000 Euro überwiesen werden müssten.

Da könntest du jetzt sagen: »Das ist doch Quatsch. Wer denkt sich bitte so einen Blödsinn aus?« Na ja. Die Rechnung ist schon richtig. Und sie zeigt vor allem eine Sache: Der Vater kann nur so lange in Vollzeit erwerbstätig sein, Karriere machen und ein Vermögen aufbauen, solange die Frau zu Hause bleibt und kostenlos für ihn (und die Gesellschaft) arbeitet. Rechnet ihr die geleisteten Arbeitsstunden und die Opportunitätskosten zusammen, kommen eben diese Beträge heraus. Da das System aktuell ist, wie es ist, und auch noch eine Weile braucht, um sich zu ändern, gibt es für dieses Dilemma nur eine Lösung, damit beide Elternteile auch nach der Geburt, im späteren Leben und in der Rente finanziell abgesichert sind: Ihr geht die vorherigen fünf Schritte gemeinsam gewissenhaft durch und erstellt einen gleichberechtigten Plan für eure Elternzeit und ergänzt etwaige Abweichungen davon durch Ausgleichszahlungen.

Solltet ihr die bisherigen Vorschläge unromantisch und so gar nicht familiär empfinden, könntet ihr auch einen (Ehe-)Vertrag aufsetzen und diesen Ausgleich für eine Trennung regeln. Denn ja, solange ihr zusammen seid, es keine Krise gibt und alle happy sind, tauchen auch keine Probleme auf. Ist das aber nicht mehr der Fall, kommt es direkt zum Worst-Case-Szenario. Solltet ihr bereits einen Ehevertrag haben, dann bietet sich der Kinderwunsch an, diesen erneut durchzugehen und gegebenenfalls zu überarbeiten. Vielleicht kommen durch den Nachwuchs neue Absprachen hinzu oder andere sollen geändert werden.

Was kostet ein Kind und wie könnt ihr euch das leisten?

Laut dem Statistischen Bundesamt geben Paare mit einem Kind im Schnitt 763 Euro pro Monat aus.[31] Das macht im Jahr 9156 Euro. Und bis zum 18. Lebensjahr ist die stolze Summe von 164 808 Euro erreicht. Natürlich kommen diese Ausgaben nicht direkt nach der Geburt auf die Eltern zu. Denn zu Beginn braucht das Baby nur passende Kleidung, Windeln, ein Tragetuch/Kinderwagen und wenn du nicht stillst, Fertignahrung. Der erste große Ausgabenblock beginnt mit der Kita oder der Tagesbetreuung, wobei die Ausgaben hier sehr stark vom Wohnort abhängig sind. Kitagebühren unterscheiden sich von Bundesland zu Bundesland und von Kommune zu Kommune, je nachdem, wer welche Förderung für angemessen hält oder welchen Stellenwert Kinder und Familie im Haushaltsplan erhalten. Ihr könntet also für 0 Euro einen Betreuungsplatz erhalten oder für deutlich über 500 Euro pro Monat. Frühzeitiges Informieren, wie es bei euch aussieht, lohnt sich, da ihr dadurch mehr Planungs- und Gestaltungssicherheit bekommt, als wenn ihr plötzlich die Gebührenordnung vor euch liegen habt. Mit Schuleintritt, vielfältiger Interessensentwicklung, Führerschein und allen anderen Meilensteinen eines heranwachsenden Menschen kommt ihr dann im Schnitt auf diese 763 Euro pro Monat in den ersten 18 Lebensjahren.

Ein Paar mit einem Kind, das genau in der Mitte der Einkommensverteilung liegt, verdient pro Monat 4142 Euro.[32] Dabei verdienen genau 50 Prozent der Bevölkerung mehr und 50 Prozent verdienen weniger. Knapp ein Fünftel des Nettoeinkommens muss für den Nachwuchs Monat für Monat für Monat übrig bleiben. Habt ihr bereits vor dem Kind am Ende des Monats bangen müssen, führen diese Ausgaben zu einem echten Schock. Mit weiteren anstehenden Mehrausgaben und den gleichzeitig niedrigen Einkünften aufgrund von reduzierten Arbeitszeiten kann dies sehr schnell zu einer hohen finanziellen Belastung führen. Das erklärt auch auf den ersten Blick den Glaubenssatz: »Das war für uns finanziell nicht anders drin.« Lösungsansätze, die präventiv wirken, hast du für diese Herausforderung bereits in der Elternzeitplanung und im Kapitel »Zusammenzug« kennengelernt: die 50-30-20-Regel, Haushaltsbuch führen und Budgets verwenden.

Nun gibt's aber auch Geld vom Staat fürs Kind: das Kindergeld. Das beträgt seit Januar 2023 für jedes Kind 250 Euro pro Monat. Bleiben wir bei unserem Beispiel, dass es sich um das erste Kind des Paares handelt.

Bis zum 18. Lebensjahr erhaltet ihr dafür also 50 000 Euro. Das ist immerhin fast ein Drittel eurer direkten Ausgaben, es bleibt immer noch die hohe Summe von 110 808 Euro an euch hängen.

Hinzu kommen die Opportunitätskosten durch geringere Arbeitsstunden, verpasste Beförderung und dadurch nichtgetätigte Investitionen. Auch der veränderte Lebensstil, den es ohne Kind nicht gebraucht oder gegeben hätte, kommt hinzu, beispielsweise das größere Auto, die größere Wohnung oder das Eigenheim. Nicht zuletzt kommen die gestiegenen Gesundheitskosten vor, während und nach der Schwangerschaft hinzu – denn nicht alles übernimmt die Krankenkasse.

Ausgaben – welche Möglichkeiten ihr bei der Erstausstattung und im Alltag habt

Die Erstausstattung beschäftigt viele Eltern. Dazu gehören Kleidung und Nahrung, für viele das Kinderzimmer und für andere noch eine Liste an Förderspielzeug direkt für den Start ins Leben.

Wir werden immer wieder gefragt: »Was müssen wir denn an Ausgaben einplanen?« In Deutschland geben werdende Eltern im Durchschnitt 1500 Euro bis 2000 Euro für die Erstausstattung aus, andere landen auch bei 5000 Euro und mehr. Übrigens können Frauen, die Leistungen vom Jobcenter beziehen, für die Erstausstattung und Umstandskleidung einen einmaligen Zuschuss bekommen. Dessen Höhe ist nicht festgelegt, liegt aber meist zwischen 750 Euro und 900 Euro.[33]

Zwei Fragen solltet ihr euch für die Erstausstattung stellen:

1. Was braucht unser Baby?
2. Was brauchen wir?

Mit dieser Unterteilung nehmt ihr euch jede Menge Stress hinsichtlich eures Budgets und der Suche nach den richtigen Dingen. Der allergrößte Teil eurer Anschaffungen ist für euch selbst. Euer Baby hat keine großen Ansprüche an materielle Dinge.

Grundsätzlich wird euer Baby vier Wünsche haben: Sicherheit, Nahrung, Hygiene und Schlafen. Schreit ein Baby, dann ist eines dieser Dinge nicht erfüllt. Es hat Angst, es hat Hunger, die Windel ist voll oder es ist müde. Was braucht also euer Baby, damit diese Wünsche erfüllt sind? Das kann je nach Geburtszeitpunkt und gesundheitlichem Zustand sehr unterschiedlich sein. In der Regel wünscht sich euer Baby, eng am Körper der Eltern zu sein. Dafür eignet sich ein Tragetuch, das gebraucht bei etwa 35 Euro liegt. Dazu noch Kleidung, die es secondhand auf dem Babyflohmarkt für die ersten 2 bis 3 Kleidergrößen für unter 50 Euro gibt. Und danach ist euer Baby bereits fertig ausgestattet.

Schlafen kann das Baby in eurem Bett. Handtücher habt ihr bereits. Baden könnt ihr das Baby mit klarem Wasser im Waschbecken. Nahrung gibt es aus der Brust oder aus der Flasche (letzteres kostet vermutlich etwas mehr als die zusätzliche Nahrung für die stillende Mutter). Wenn ihr ein Auto habt, ist noch ein Autositz Pflicht. Sofern die Situation eures Babys nicht noch etwas anderes verlangt, ist damit alles besorgt, was es braucht, um sich wohlzufühlen.

Die Liste an Dingen, die ihr eventuell benötigt, um euch als Eltern wohlzufühlen, kann um einiges länger sein: In unserem erweiterten Bekanntenkreis beginnt diese Liste bereits mit einem

Haus oder einer sehr viel größeren Wohnung. Dazu kommt ein größeres Auto oder gar ein Zweitwagen. Beides ist selten eine einmalige Ausgabe, sondern geht mit langen finanziellen Verpflichtungen einher, die die junge Familie in ihren Möglichkeiten einschränkt. Das ist okay, wenn ihr euch das überlegt habt und bewusst entscheidet. Wir erleben leider zu oft, dass Haus und Auto »eben dazugehören« und die Paare dann aber unglücklich sind, weil sie die Dinge, die sie eigentlich wollten, gar nicht mehr haben können – beispielsweise mehr Zeit als Familie.

Darüber hinaus können auch noch die folgenden Dinge auf der Liste stehen. Sie werden euch mit Sicherheit begegnen. Ihr werdet danach gefragt werden und Menschen wollen sie euch gegebenenfalls schenken:

Ein eigenes Kinderzimmer, das mit einer babyfreundlichen Farbe gestrichen und anschließend dekoriert wird. Da kommt dann die Wickelkommode mit Wickelauflage und Wärmestrahler, der Stubenwagen mit Mobile, der Kleider- und Spielschrank hinein. Der Spielschrank wird mit wahrnehmungsfördernden Spielen und Kuscheltieren gefüllt. Auf dem Boden liegt die Krabbeldecke. In der Steckdose steckt das Nachtlicht und das Babyphone mit Monitor. Neben der Wickelkommode steht der Windeleimer mit Deckel und Sonderantimiefbeuteln. Zur Babyhygiene gehören die Babybadetücher, die Babybadewanne, die weiche Babybürste, das Babybadeöl und der Babywaschlappen. Für unterwegs braucht es einen Kinderwagen und ein Reisebett. Sterilisator, Babykostwärmer, Schnuller, Stillkissen und Milchpumpe sind ebenfalls Teil der Liste.

Und das sind nur die ersten Dinge, die wir auf Erstaustattungslisten im Internet gefunden haben. Die Liste kann noch um einiges verlängert werden. Vielleicht hast du dich sogar beim Lesen gefragt: »Und was ist mit …?«

Wir möchten keinesfalls jemandem etwas absprechen oder euch ausreden, all diese Dinge zu kaufen. Es ist vollkommen okay, all das zu wollen, zu kaufen und zu genießen. Nur möchten wir euch den Druck nehmen, all diese Sachen kaufen zu m ü s s e n. Nur weil alle um euch herum das auch so machen, heißt das nicht, dass ihr das auch so machen müsst. Es geht anders.

Dabei hilft eben die Unterscheidung »Was braucht unser Baby und was brauchen wir?« Das entschleunigt, entfernt den Druck und lässt euch die Zeit intensiver genießen. Es ist kein Wettbewerb à la »Wer hat die schönste, neueste und beste Erstausstattung für den Nachwuchs?«.

Für den Hauskauf und das neue Auto gilt das Gleiche. Nur, weil alle um euch herum den Immobilienmarkt nach ihrem Traumhaus durchforsten und sich einen Zweitwagen hinstellen, heißt das nicht, dass ihr das auch machen müsst. Das mag für manche Menschen das Richtige sein. Und es kann für euch genau das Verkehrte sein. Autopilot aus – und sehr bewusst nachfragen, was euch wichtig ist.

Das Vorgehen und die Fragen könnt ihr im Anschluss auch auf die Alltagsausgaben übertragen. Auch hier ist die Spanne riesig. Daher empfiehlt es sich erneut, auf euer Baby zu hören und euch zu fragen: »Was braucht unser Baby und was brauchen wir?« Das nimmt ebenfalls Stress aus der Situation und schont euer Portemonnaie. Denn all die Sachen, die man haben m u s s, nur weil andere sie für wichtig halten, bleiben einfach im Verkaufsregal stehen.

Veränderte Ausgaben – passt euer Kontenmodell noch zu euch?

Spätestens mit der Hochzeit habt ihr begonnen, eine langfristige Perspektive für eure gemeinsamen Finanzen zu entwickeln. Am besten habt ihr dafür bereits ein gemeinsames Rücklagenkonto angelegt. Mit dem Nachwuchs verändert sich jedoch euer Ausgabenverhalten erneut. Ihr werdet deutlich weniger alleinige Ausgaben haben. Parallel verändern sich auch eure Einkünfte. Die veränderte Situation kann daher neue Bedürfnisse hervorbringen oder vorhandene Bedürfnisse können neue Formen annehmen. Das sind eindeutige Anzeichen, um über eure Finanzen zu sprechen. Das könnt ihr entweder deutlich vor der Geburt machen oder nachdem ihr euch im neuen Alltag zurechtgefunden habt. Bitte versucht das nicht zwischen schlaflosen Nächten, vollen Windeln oder kurzen Wachphasen. Da seid ihr nicht konzentriert und es kommt nicht das heraus, was ihr euch eigentlich wünscht.

Einige Zeit nach der Geburt unseres ersten Sohnes haben wir entschieden, dass wir keine eigenen Einkünfte mehr haben, sondern ein Familieneinkommen. Erneut wollten wir es einfach haben: keine komplizierten Rechnungen, kein regelmäßiges Anpassen. Stattdessen wollten wir Klarheit, wem was gehört, uns fair behandelt fühlen und eine hohe Transparenz in unseren Finanzen.

Für das Familieneinkommen entschieden wir uns, weil sich unsere Entscheidungen gegenseitig beeinflussten. Blieb Marielle in Elternzeit mit Elterngeld zu Hause, würde sie auf knapp 40 Prozent ihres Einkommens verzichten. Nur, weil sie dies tat, konnte Mike weiterhin sein volles Gehalt verdienen. Als dann Marielle wieder arbeiten ging, konnte sie das nur tun, weil Mike zu Hause blieb und wiederum auf knapp 40 Prozent seines Gehaltes verzichtete. Außerdem hatten wir ein Elternzeitmodell, das viele Wechsel beinhaltete und wir dadurch eine Art Endabrechnung nach den drei Jahren hätten erstellen müssen. Das fanden wir beide nervig und unnötig kompliziert. Zudem konnten wir eben nur noch Geld durch die Unterstützung unseres Lieblingsmenschen verdienen. Also entschieden wir uns, alle Einkünfte – egal aus welcher Quelle – auf unser Gemeinschaftskonto eingehen zu lassen. Eine Grafik dazu findet ihr auf Seite 247. Von dort bezahlten wir nahezu alle Ausgaben. Dennoch wollten wir nicht auf unsere persönlichen Konten verzichten. Sie geben uns auch in der Ehe und mit Kindern einen zusätzlichen Freiraum und Unabhängig-

keit. Wir brauchten also noch einen Weg, das Geld, das am Ende des Monats übrigblieb, zu verteilen.

Bereits durch die Hochzeit hatten wir ein gemeinsames Rücklagenkonto, was auch weiterhin befüllt werden sollte. Zusätzlich brauchten wir inzwischen Rücklagen für Immobilien und einen Topf, in dem wir Geld für weitere Investitionen ansparen wollten. Das sollte nicht alles auf einem Konto geschehen. Heraus kam dann dieses Modell:

Das Geld, das am Monatsende noch auf dem Konto verbleibt, teilen wir in verschiedene Töpfe auf. Ein Viertel des Geldes geht an unsere persönlichen Konten (pro Person 12,5 Prozent). Jeweils ein Fünftel fließt in unsere Investitions- und Immobilienrücklage. Und 35 Prozent legen wir in unsere allgemeine Rücklage. Damit haben wir für uns alle Ausgabenblöcke abgedeckt, sichern uns gegen zukünftige (unerwartete) Ausgaben ab und füllen monatlich unsere Investitionskasse. Wenn einen Monat weniger übrigbleibt, legen wir weniger zurück. Dafür füllen sich die Rücklagenkonten mehr in den Monaten, in denen wir gemeinsam mehr verdienen. Durch die feste Regel ist jedoch sichergestellt, dass Rücklagen niemals vergessen werden.

Ihr könnt das mit einzelnen Konten, wie Unter- oder Tagesgeldkonten, abbilden oder ihr dokumentiert die »Kontostände« in einer Excel-Datei.

Für den Moment ist es das perfekte Modell für uns, da es alle Bedürfnisse deckt. Überlegt euch also, welche Bedürfnisse sich bei euch verändert haben und welche hinzugekommen sind. Tauscht euch dann über eure Erkenntnisse aus, packt sie alle auf den Tisch und brainstormt nach möglichen Lösungen.

Dabei wird es einige grundlegende Entscheidungen geben:

1. Wie seht ihr eure Gehälter an? Sind sie eine Teamleistung oder eine Einzelleistung?
2. Wie seht ihr weitere Einkünfte an? Sind sie eine Teamleistung oder eine Einzelleistung?

3. Sind sie eine Teamleistung, wie wollt ihr dies am besten abbilden?
4. Sind sie eine Einzelleistung, wie sichert ihr euch finanziell zusammen und gegenseitig ab (z. B. Rente, Arbeitslosigkeit)?
5. Gibt es Bereiche, für die ihr separat Rücklagen bilden wollt?
6. Möchtet ihr ein singuläres Rücklagenkonto oder für jeden Bereich ein separates?
7. Wie möchtet ihr diese Rücklagen füllen?
8. Zu welchen Anteilen gehören euch jeweils die Rücklagen?
9. Wie geht ihr mit den zukünftigen Alltagsausgaben um? Von welchem Konto werden diese bezahlt? Wer übernimmt welchen Anteil?
10. Wie geht ihr mit der Erstausstattung und zukünftigen Anschaffungen um?

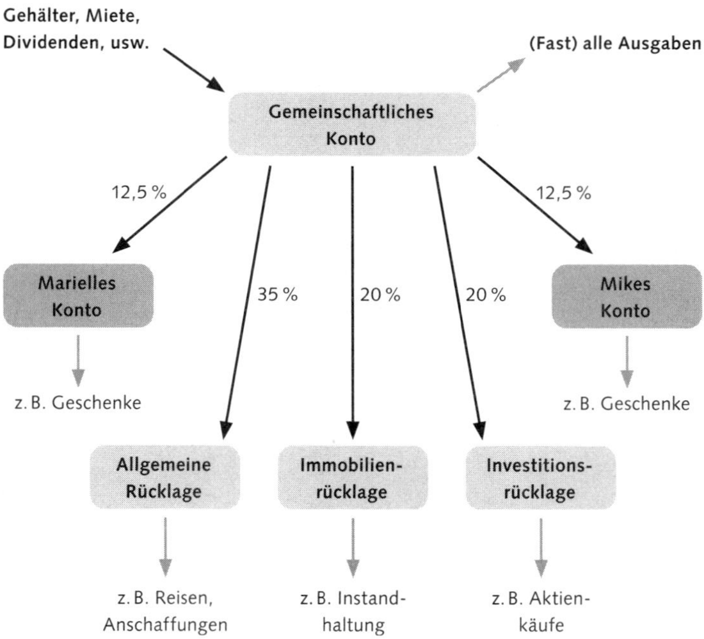

Nachwuchs zu bekommen, wirbelt euren Alltag ganz schön durcheinander. Das spiegelt sich auch in veränderten Ausgaben und Einnahmen wider. Daher von uns noch einmal die klare Empfehlung, den Autopiloten auszuschalten und bewusst über die neue Situation zu sprechen. Auf die Art findet ihr eine Lösung, mit der ihr zufrieden seid. (Zumindest bis die nächste Veränderung ansteht.)

ELTERN WERDEN – AUF EINEN BLICK

Diese drei Fragen empfehlen wir euch bei der Kinderplanung zu besprechen:

- Was bedeutet die gemeinsame Entscheidung für ein Kind für unsere gemeinsamen und individuellen Finanzen?
- Wie stellen wir uns unser Familienmodell im ersten Jahr mit Kind und auch darüber hinaus vor und wie finanzieren wir dies?
- Wollen wir unsere Finanzorganisation umstellen oder funktionieren unser bisheriges Kontenmodell und unsere bisherigen finanziellen Verpflichtungen auch weiterhin mit dem vermutlich geringeren Familieneinkommen über mehrere Jahre hinweg?

Diese drei Dinge setzt ihr am besten während eurer Kinderplanung um:

- Ausrechnen, wie viel weniger Geld euch im ersten Jahr und auch mit eurem anvisierten Familienmodell im Anschluss zur Verfügung stehen wird, und wie ihr diese Zeit finanziell überbrücken könnt.
- Genau überlegen, wo eure Prioritäten liegen – was benötigt ihr wirklich für euch, für das Kind und für eure glückliche Beziehung und an welchen Stellen könnt ihr easy einsparen?
- Eure Finanzen und eure zukünftige Erwerbs- und Carearbeitszeiten-Planung über das erste Babyjahr hinausdenken.

EIGENHEIM – TRÄUME VERWIRKLICHEN & WIE DAS HAUS NICHT ZUM GEFÄNGNIS WIRD

*Die Vorstellung hat schon etwas. Einfach die Tür zum Garten aufmachen, die Kinder raus zum Spielen schicken und selbst in Ruhe zu Ende frühstücken. Oder Sonntagfrüh nicht ständig »psssscht!«, sagen müssen, weil die Nacht mal wieder um sechs Uhr zu Ende war, jetzt Spiel- und Tobezeit für den Vier- und den Einjährigen ansteht und die Nachbar*innen aus der Wohnung darunter aber noch schlafen wollen. Wir haben lange über ein Haus nachgedacht und tun es noch immer. Schließlich sehen wir die Vorteile eines eigenen Hauses bei Marielles Mutter fast jedes Wochenende. Bei uns in der Innenstadt müssen wir uns erst alle anziehen, Windeln, Feuchttücher, Trinken, Essen, Ersatzkleidung und Spielsachen einpacken, dann fast fünfzehn Minuten gehen, bevor wir endlich auf einem einigermaßen schönen Spielplatz angekommen sind. Am Wochenende bei Oma ist das alles nicht nötig. Da wird nur noch gerufen: »Ich geh raus, Bobbycar fahren!« und wir können mit einem »Okay« antworten. Fertig. Ruhe. Zumindest für die nächsten paar Minuten. Wir müssen dafür nicht einmal aufstehen. Gestern war es sogar so, dass beide Kinder allein in den Garten gingen und dort über eine halbe Stunde zufrieden mit Dreirad und Bobbycar gespielt haben. Marielle konnte währenddessen unseren Workshop zum Thema Elternzeitplanung halten und ich hatte tatsächlich die Gelegenheit, in mein Buch zu schauen – natürlich mit einem Ohr bei den Kindern und jederzeit zum Aufsprung bereit. Aber ich konnte mein Glück kaum fassen. Undenkbar in unserer Wohnung im dritten Stock, auch wenn wir einen wunderbar großen Balkon haben.*

Trotzdem haben wir uns bisher gegen ein Haus als Eigenheim ent-

schieden. Stattdessen haben wir 2019 eine Wohnung in der Innenstadt Hanaus gekauft und suchen nun nach einem passenden Haus in der Nähe einer möglichen Schule für unsere Söhne, wo wir zur Miete wohnen können. Wieso wir uns für diesen Weg entschieden haben, obwohl das Eigenheim landläufig als beste Altersvorsorge gilt? Und ob und unter welchen Voraussetzungen für euch ein Eigenheim infrage kommt? Darüber sprechen wir in diesem Kapitel.

Das Eigenheim ist die beste Altersvorsorge

Aber ist es das wirklich? Zumindest glauben 65 Prozent der Menschen, dass das Eigenheim einen wichtigen Beitrag zur eigenen Altersvorsorge leistet, drei Viertel sogar, wenn wir nur die Personen betrachten, die bauen wollen. Hinzu kommt die Meinung, dass das Eigentum langfristig günstiger ist (55 Prozent und 66 Prozent). Und knapp die Hälfte ist der Ansicht, dass das Eigenheim im Vergleich zu anderen Geldanlagen am sichersten ist.[1] Auch der Wunsch in der Bevölkerung, in den eigenen vier Wänden zu wohnen, ist nach wie vor groß. Obwohl die Zahl in den letzten Jahren rückläufig ist, wünschten sich im Jahr 2022 weiterhin 68 Prozent, ein eigenes Zuhause zu besitzen.[2]

Aber wie finden wir denn nun heraus, ob ein Eigenheim die beste Altersvorsorge oder in Wirklichkeit eine finanzielle Belastung darstellt? So wie bei den Elternzeitmodellen auch: Wir rechnen es durch. Die Vorgehensweise könnt ihr dann nutzen, um für eure Wohnsituation zu einer Entscheidung zu kommen.

Dazu treffen wir zunächst ein paar Annahmen. Erneut nutzen wir dafür die Durchschnittswerte für ganz Deutschland. Für deinen Wohnort müsstest du die entsprechenden Anpassungen vornehmen. Denn ein Haus in Stolberg in Mecklenburg-Vorpommern kostet 783 Euro pro Quadratmeter, wohingegen ihr in München 11 729 Euro pro Quadratmeter bezahlen müsst. Für unser Durchschnittseigenheim mit 150 Quadratmeter Fläche ist das eine Preisspanne von 117 450 Euro bis 1 759 350 Euro.

Hier sind unsere Grundannahmen für alle weiteren Berechnungen:

- Wohnfläche Eigenheim: 150 Quadratmeter[3]
- Preis pro Quadratmeter fürs Eigenheim: 2190 Euro[4]
- Kaufpreis gesamt: 329 000 Euro
- Zinssatz für den Kredit: 3 Prozent pro Jahr
- Anfängliche Tilgungsrate: 2 Prozent pro Jahr
- Zinspreisbindung: 10 Jahre
- Darlehenshöhe: 298 000 Euro
- Eigenkapital: etwa 20 Prozent des Kaufpreises (66 000 Euro)
- Durchschnittsalter des Eigenheims beim Kauf: 40 Jahre[5]
- Sanierungskosten pro Quadratmeter: 425 Euro[6] = 63 750 Euro)
- Nebenkosten fürs Eigenheim pro Quadratmeter: 4 Euro[7]
- Rücklage fürs Eigenheim pro Quadratmeter: 1 Euro[8]
- Mietpreis fürs Eigenheim pro Quadratmeter: 8,97 Euro[9]
- Nebenkosten bei Miete im Eigenheim pro Quadratmeter: 2,17 Euro[10]+ 0,74 Euro Stromkosten für eine vierköpfige Familie[11]
- Alter beim Kauf: 30 Jahre
- Alter beim Tod: 80 Jahre[12]

Wir vergleichen auf den nächsten Seiten den Kauf und die Miete eines Eigenheims. Dabei kann und wird es keine pauschale Antwort geben. Es hängt stark vom gewählten Zeithorizont ab. Sollte es für immer sein oder nur für eine befristete Zeit? Das muss gar nicht bis ins Detail geplant sein. Es muss auch nicht final sein. Doch genau das spielte auch bei uns in der Entscheidung eine wichtige Rolle. Zu Beginn stand die Frage, ob wir bis an unser Lebensende, vermutlich die nächsten 50 Jahre, dort wohnen wollten? Oder bis wir in Rente gehen würden? Was ungefähr in 37 Jahren der Fall sein wird. Oder nur, bis unsere Kinder erwachsen sind und ausziehen – vielleicht in 20 Jahren?

Zum Vergleich interessieren uns die monatlichen Ausgaben, die wir bei einem Kauf oder der Miete erwarten können.

Für den Kauf betrachten wir sechs Ausgabenbereiche:
1. Kreditrate
2. Abschreibung des eingebrachten Eigenkapitals beim Kauf
3. Abschreibung der Kaufnebenkosten
4. Abschreibung der Sanierungskosten vor dem Einzug
5. Laufende Nebenkosten
6. Rücklagen für zukünftige Reparaturen, Renovierungen oder Sanierungen

Zur Berechnung der Kreditrate haben wir einen gängigen Baufinanzierungsrechner genutzt und unsere Grundannahmen eingetragen.[13] Heraus kam eine monatliche Zahlung an die Bank in Höhe von 1256,57 Euro für die ersten zehn Jahre. Danach verbleibt allerdings eine Restschuld von über 200 000 Euro. Nun müssten wir eine Anschlussfinanzierung tätigen und somit einen erneuten Darlehensvertrag abschließen. Da wir nicht wissen, ob die Zinsen in zehn Jahren erneut bei 0,8 Prozent oder bei 6,7 Prozent liegen, belassen wir alles so, wie es ist. Und erfahren aus dem Rechner, dass es 30 Jahre und drei Monate dauert, den Kredit abzuzahlen. Ist das Eigenheim mit der aktuellen Rate erst nach mehr als 30 Jahren abgezahlt, gilt es zu entscheiden, ob ihr die Zinsbindung ebenfalls für 30 Jahre vereinbart oder ein kürzerer Zeitraum ausreicht. Es gilt abzuwägen, ob der Fremdkapitalzins wohl steigt oder fällt.

Wir können bereits bei der ersten Finanzierung einen Vertrag über 15, 20 oder gar 30 Jahre abschließen. Typischerweise sind jedoch die Finanzierungszinsen der Banken bei längeren Laufzeiten deutlich schlechter – denn ihr könnt somit verlässlicher kalkulieren und die Bank geht ein größeres Risiko ein, dass sich die Zinsen gegebenenfalls zu ihren Gunsten verändern und sie dann aber keinen Neuvertrag mit euch schließen können.

Zinspreisbindung
Die Zinspreisbindung ist der Zeitraum, auf den sich die Darlehensnehmenden mit der darlehensgebenden Bank auf einen fest vereinbarten Zinssatz einigen. Aktuelle Marktzinsveränderungen haben in diesem Zeitraum keinen Einfluss auf die Zinshöhe. Die Zinspreisbindung ist besonders für Kredite mit sehr langer Laufzeit wichtig. Nach 10 Jahren besteht in Deutschland ein Sonderkündigungsrecht für Darlehensverträge – einseitig für die Kreditnehmenden.

Aufgrund des Sonderkündigungsrechts nach 10 Jahren entscheiden sich die meisten Menschen bei einer Finanzierung für 10 oder 15 Jahre Zins- und Vertragsbindung. Vorausgesetzt, die Zinshöhe unterscheidet sich kaum, bietet es sich an, den aktuellen Zinssatz für 15 Jahre zu sichern und nach 10 Jahren zu evaluieren, ob die Sonderkündigung sinnvoll ist, weil dann der Zinssatz vielleicht günstiger geworden ist, oder die ursprüngliche Vereinbarung beibehalten werden soll, weil der Zins gestiegen ist. Nach 10 Jahren kann eine Immobilie außerdem steuerfrei verkauft werden (es fällt nach aktueller Gesetzgebung keine Besteuerung des Gewinns an – denn die sogenannte Spekulationsfrist für Immobilien endet). Das ist ein weiterer Grund, weswegen sich viele Menschen für einen Kreditvertrag mit einer Laufzeit von 10 Jahren entscheiden, da sie nach diesem Zeitraum neu evaluieren können und wollen, wie es mit der Immobilie weitergeht.

Die Abschreibung des Eigenkapitals nehmen wir linear und für die Dauer der Nutzung vor. Bei unserem potenziellen Kauf bringen wir 66 000 Euro ein. Das sind bei 50 Jahren Nutzung des Hauses 110 Euro pro Monat. Bei 37 Jahren sind es 148,65 Euro. Auf 20 Jahre gesehen, sind es 275 Euro monatlich. Dieses Geld berücksichtigen wir, um die tatsächlichen jährlichen Kosten des Hauses zu beurteilen.

Selbiges Vorgehen wählen wir auch bei den Kaufnebenkosten, die sich auf 34 775 Euro belaufen. Diese Summe hat uns der verwendete Darlehensrechner genannt. Davon werden die Vermittlung (Makler*in), die Kaufabwicklung (Notar*in) und die Steuer (Finanzamt) bezahlt. Auf 50 Jahre gerechnet, kommen monatlich 57,96 Euro zusammen. 78,32 Euro ergeben eine Dauer von 37 Jahren. Und bei 20 Jahren sind es 144,90 Euro pro Monat.

Und ein letztes Mal schreiben wir auch die Sanierungskosten, die vor dem Einzug notwendig werden würden, über die Nutzungsdauer ab. Diese betragen in Summe 63 750 Euro. Und führen zu monatlichen Beträgen von 106,25 Euro (50 Jahre), 143,48 Euro (37 Jahre) und 265,63 Euro (20 Jahre).

Tabelle 1: Was euch der Hauskauf monatlich (ohne Nebenkosten) kostet:

	20 Jahre Wohnzeit	**37 Jahre Wohnzeit**	**50 Jahre Wohnzeit**
Darlehenstilgung in den ersten 10 Jahren	1256,57 €	1256,57 €	1256,57 €
Abschreibung auf eingebrachtes Kapital	275,00 €	148,65 €	110,00 €
Abschreibung der Kaufnebenkosten	144,90 €	78,32 €	57,96 €
Abschreibung Sanierungskosten	265,63 €	143,48 €	106,25 €
Monatliche Gesamtkosten	**1942,10 €**	**1626,72 €**	**1530,78 €**

Nun bleiben noch die Nebenkosten für Heizung, Strom, Wasser, Müllgebühren, Abwassergebühren und so weiter mit vier Euro pro Quadratmeter (600 Euro pro Monat zu Beginn) und die Rücklage mit einem Euro pro Quadratmeter (150 Euro pro Monat zu Beginn). Die Rücklage solltet ihr deshalb bilden, um bei Reparaturen oder größeren Sanierungen Geld direkt verfügbar zu haben. Den Betrag dafür erhöhen wir alle zwei Jahre um zwei Prozent, um der Inflation und den damit gestiegenen Preisen gerecht zu werden.

Nun schauen wir uns im Vergleich die beiden Ausgabenblöcke, die im Falle der Miete anfallen, an:

1. Für die Miete multiplizieren wir 8,97 Euro pro Quadratmeter mit den 150 Quadratmetern des Hauses und kommen auf 1350 Euro pro Monat. Diesen Betrag erhöhen wir ebenfalls alle zwei Jahre um zwei Prozent.
2. Gleiches gilt für die Nebenkosten, die mit 2,17 Euro pro Quadratmeter angesetzt sind. Als Ergebnis kommen 325,50 pro Monat zur Miete hinzu. Auch die Nebenkosten schwanken stark je nach Gebäudeart, Energieklassifikation, Energieträger und so weiter. Daher nehmen wir auch hier den Durchschnitt aus den Angaben des Mieterbundes.
3. In der Angabe des Mieterbundes sind noch keine Stromkosten enthalten. Daher berechnen wir diese separat und gehen auch hier vom Durchschnittsverbrauch eines 4-Personen-Haushaltes in unserem 150 m^2-Haus aus. Bei 3900 kWh im Jahr landen wir bei einem Strompreis von 34 Cent pro kWh bei 1326 Euro im Jahr.[14] Verteilen wir dies auf 12 Monate und die Wohnfläche, kommen zu den Nebenkosten weitere 0,74 Cent pro Quadratmeter hinzu.

Abschreibungen

Abschreibungen verteilen einmalige Kostenblöcke auf die Nutzungsdauer des Gegenstands oder der Immobilie. Sie sind vor allem relevant für die steuerliche Betrachtung und um Einmaleffekte entsprechend der tatsächlichen Nutzungsdauer über die Jahre zu verteilen.

Die Nebenkosten für unser Beispielhaus liegen also bei monatlich 436,50 Euro und damit eine ganze Ecke niedriger als beim Eigenheim. Dies liegt daran, dass ein*e Eigentümer*in nicht alle Nebenkosten auf die Mieter*innen umlegen kann und somit einen Teil der Kosten übernimmt.

Tabelle 2: Was das Haus monatlich (zu Beginn) kostet:

	Kaufen	Mieten
Kaufkosten / Mietpreis	1530,78–1942,10 €	1350,00 €
Nebenkosten	600,00 €	436,50 €
Rücklagen	150,00 €	
Monatliche Gesamtkosten	**2280,78 – 2692,10 €**	**1786,50 €**

Abschließend solltet ihr noch folgende Aspekte einplanen, die wir in der Rechnung nicht berücksichtigen konnten:

- Einrichtung: Wir gehen davon aus, dass diese ähnlich viel kostet, unabhängig, ob ihr kauft oder mietet.
- Kostenoptimierungen bei Versicherungen: Kauft ihr das Haus, braucht ihr eine Gebäudeversicherung (etwa 100–150 Euro pro Jahr)[15] und eine Haus- und Grundbesitzhaftpflicht (je nach Haus zwischen 25 und 65 Euro pro Jahr).[16] Diese Kosten sind pauschal in den oben genannten Eigenheim-Nebenkosten enthalten. Sie können nur teilweise auf die Mieter*innen umgelegt werden, gleichzeitig liegt die Verantwortung für den Abschluss der Versicherungen (und die Entscheidung, welcher genaue Tarif gewählt wird) bei den Eigentümer*innen. Um Unterstützung bei der Auswahl der passenden Versicherung zu bekommen und diese dann entsprechend einzukalkulieren, empfehlen wir, euch an Versicherungsfachleute zu wenden.
- Steuerliche Vor- und Nachteile, die sich aus dem Kauf oder der Miete ergeben, haben wir ebenfalls nicht berücksichtigt. Diese werden tatsächlich erst spannend, wenn ihr Teile eures mög-

lichen Eigentums vermietet – über Immobilien als Kapitalanlage schreiben wir später noch einmal am Rande. Beim Thema Eigenheim und Steuerersparnisse möchten wir ebenfalls an Steuerberater*innen verweisen, die Expert*innen dafür sind.

- Zukünftige Sanierungs- oder Instandhaltungsmaßnahmen: Diese betreffen nur den Kauf einer Immobilie, weil ihr dies bei der Miete nicht selbst übernehmen würdet.

Diese Dinge hier im Einzelnen auszuführen, würde an dieser Stelle zu komplex werden. Zudem gibt es bereits hervorragende Bücher, die sich nur mit dieser Thematik befassen und gerne für mehr Wissen gelesen werden können. Eine Leseliste findet ihr im QR-Code am Ende dieses Buches.

Monatliche Ausgaben im jeweiligen Kalenderjahr

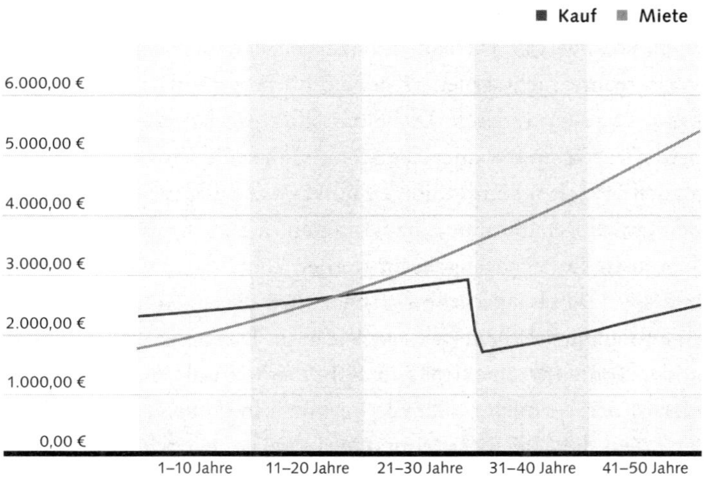

Für unsere Fragestellung reicht es erstmal aus, die direkten Ausgaben, die mit dem Kauf oder der Miete eines Eigenheims verbunden sind, zu betrachten. Und diese hängen stark davon ab, was eure Idee vom Eigenheim ist, sprich wie lange ihr dort leben möchtet.

Wir wollen bis an unser Lebensende in unserem Eigenheim wohnen (50 Jahre)

Gehen wir von der durchschnittlichen Lebenserwartung aus, dann hätten wir als 30-jährige Käufer*innen bis zu unserem Lebensende noch etwa 50 Jahre Zeit, unser Haus zu genießen. Natürlich kann bis dahin noch viel passieren: Frühzeitiger Tod oder Trennung würden diesen Plan hinfällig machen. Daher lohnt es sich auch, anschließend die kürzeren Szenarien zu betrachten. Natürlich kann es aber auch sein, dass man noch länger lebt.

Richten wir zunächst den Blick auf die Gesamtsumme, die in dieser Zeit in das Eigenheim geflossen ist. Beim Kauf sind es etwa 1,43 Millionen Euro; würden wir uns für die Miete entscheiden, etwa 1,85 Millionen Euro. Riesige Summen, nicht wahr? Für den durchschnittlichen Monat bedeutet dies eine Ausgabe von 2386,24 Euro (Kauf) und 3279,86 Euro (Miete). Damit hätte der Kauf gewonnen, oder?

Ja, solange das Dach nicht neu gedeckt, die Heizungs- oder Wasserrohre nicht erneuert oder die Energieeffizienz nicht verbessert werden müssen. Das kann fällig werden, wenn der Staat neue Gesetze erlässt oder das Material marode wird. Ein Haus ist aktuell im Schnitt zum Kaufzeitpunkt etwa 40 Jahre alt.[17] Da können einige Reparaturen hinzukommen, die auch nicht durch die angesetzte Rücklage abgedeckt werden können. Da wir aber nicht in die Zukunft blicken können, haben wir diesen Anteil nur durch eine monatliche Rücklage berücksichtigt. Das Risiko besteht dennoch. Wohnt ihr zur Miete, müsst ihr diesen Punkt nicht beachten, hier ist der Vermieter oder die Vermieterin dafür verantwortlich. Jetzt liegt die Miete im Rennen leicht vorne, je nachdem, wie ihr die einzelnen Risiken einschätzt. Also unentschieden? Mal sehen.

Die monatlichen Zahlungen unterscheiden sich nämlich stark im zeitlichen Verlauf. In den ersten Jahren – wo das Geld durch Elternzeit und Co. ohnehin knapp ist – ist es deutlich günstiger, zur Miete zu wohnen. 1786,50 Euro fallen im Monat an. Hingegen kommen beim Kauf stolze 2280,78 Euro zusammen. Davon sind beim Kauf knapp 275 Euro Abschreibungen vom eingebrachten Eigenkapital, von den Kaufnebenkosten und von der Sanierung. 31 Jahre lang ist der Kauf des Eigenheims monatlich teurer. Im 31. Jahr erreichen die Ausgaben ihren Höhepunkt und ihr müsstet mit 2944,59 Euro rechnen – der Inflation sei Dank. Erst dann ist der Kredit abgezahlt und die monatliche Belastung fällt auf knapp 1753,51 Euro. Diesen Effekt gibt es bei der Miete nicht, die erhöht sich hingegen stetig und kommt im letzten Lebensjahr auf etwa 5400 Euro im Monat.

Wenn ihr davon ausgehen könnt, dass ihr später mehr Geld zur Verfügung habt, könntet ihr euch weiterhin für die Miete entscheiden. Mit der Vermutung, dass es im Alter eher knapp wird und ihr die höheren Ausgaben jetzt eher schultern könnt, liegt der Kauf wieder vorn. Das heißt aber dennoch, dass ihr davon ausgehen müsst, im Alter noch alle Reparaturen durchführen oder zumindest delegieren und damit überwachen zu können. Außerdem darf man nicht außer Acht lassen, dass das Eigenheim selbst einen Wert hat. Da wir nicht in die Zukunft blicken können, betrachten wir die Daten der Vergangenheit und nehmen an, dass der Verlauf in Zukunft ähnlich aussehen könnte. Die Daten stammen vom Globalization and Monetary Policy Institute der Federal Reserve Bank of Dallas.[18] Der Blick 50 Jahre in die Vergangenheit zeigt, wie stabil die Immobilienpreise von 1995 bis 2011 waren, die Preissteigerung lag ungefähr bei null Prozent. Erst seit dem Jahr 2011 steigen die Immobilienpreise kontinuierlich an. Würden wir die Inflation von der Preissteigerung im Zeitraum von 1975 bis 2022 abziehen, ergäbe sich eine jährliche Rendite von etwa 0,75 Prozent. Da wir bei den Nebenkosten, der Rücklage und der Miete die Inflation hinzugerechnet haben, nehmen wir für die Wertsteigerung des Hauses 2,88 Prozent pro Jahr an. Das Haus, das im Jahr 2023 für 329 000 Euro gekauft wurde, könnte in 50 Jahren etwa 1,25 Millionen Euro wert sein. Zieht ihr von den Gesamtausgaben für das

Haus den Wert des Hauses ab, weil ihr davon ausgeht, das Haus dann zu diesem Preis verkaufen zu können, bleibt ein Minus von 181 629,88 Euro übrig. In 50 Jahren hätte uns das Haus also monatlich 302,72 Euro gekostet. Das ist auf den ersten Blick deutlich besser als 3000 Euro für die Miete, setzt aber natürlich den Verkauf zum genannten Preis nach 50 Jahren voraus.

Möchtet ihr bis ans Lebensende in eurem Eigenheim wohnen, dann habt ihr einige Fragen zu beantworten:

1. Welches Risiko ist uns lieber? Möchten wir für Schäden, Sanierung und Instandhaltung verantwortlich sein? Wollen wir uns im Zweifel ein neues Haus suchen?
2. Wie wird sich unser Einkommen entwickeln? Haben wir heute monatlich mehr Geld zur Verfügung oder eher später in unserem Leben, wenn wir in Rente gehen?
3. Können und möchten wir zu Beginn eine so hohe Ausgabe

Monatliche Ausgaben im jeweiligen Kalenderjahr

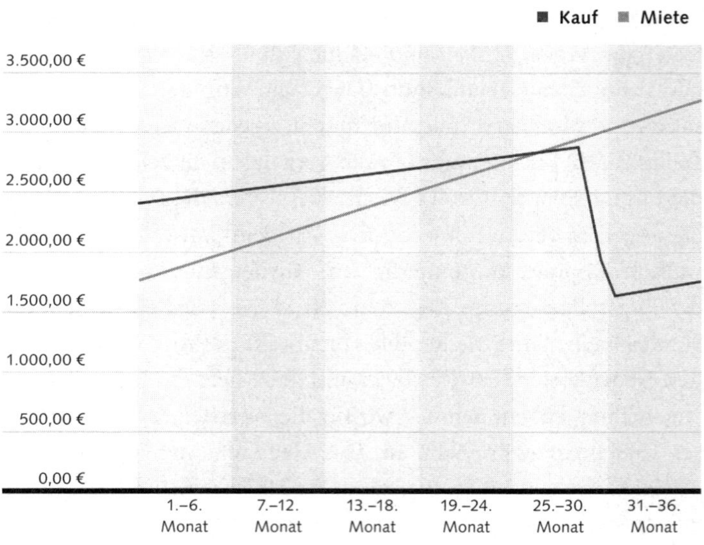

tätigen? Schließlich müssen in diesem Beispiel beim Kauf fast 165 000 Euro (Summe aus Kaufnebenkosten, eingebrachtem Eigenkapital und Sanierungskosten) auf den Tisch gelegt werden.

4. Möchten wir das Haus vererben? Wollen wir es abwohnen oder jedes Jahr die nötigen Investitionen tätigen?
5. Schaffen wir es, die monatliche Ersparnis beim Mieten an der Börse zu investieren? Oder tendieren wir dazu, sie durch Konsum zu verpulvern?

Das sind keine einfachen Fragen. Sie lassen sich nicht mal so nebenher beantworten, sondern sind grundsätzlicher Natur. Änderungen sind zwar möglich, aber ziehen finanzielle Konsequenzen nach sich, wie wir gleich in den anderen zwei Szenarien sehen werden. Nehmt euch also ausreichend Zeit, um eine gemeinsame (!) Entscheidung zu treffen, wie ihr gemeinsam leben möchtet.

Wir wollen bis zur Rente in unserem Eigenheim wohnen (37 Jahre)

Im zweiten Gedankengang überlegten wir, unser Eigenheim mit Renteneintritt zu verkaufen und uns eine kleinere Wohnung zu suchen. Wir bräuchten dann nicht mehr so viel Platz und wollten unsere Rente lieber mit Reisen und Aktivitäten auskosten, solange es eben noch ginge. So hätten wir noch selbst etwas von der Preissteigerung der Immobilie.

Beginnen wir erneut mit der Gesamtsumme, die für 37 Jahre Eigenheim notwendig wäre. Entscheiden wir uns für den Kauf, müssten wir bis zu diesem Zeitpunkt bereits etwas über eine Million Euro bezahlen. Das ist deutlich weniger als bei einer Nutzung von 50 Jahren, weil wir 13 Jahre weniger Nebenkosten und Rücklagen zu zahlen hätten. Bei der Miete würden wir ebenfalls etwas über einer Million Euro liegen. Das macht sich auch in der monatlichen Belastung bemerkbar: 2404,45 Euro (Kauf) zu 2478,54 Euro (Miete).

Ein knapper Sieg fürs Eigenheim gegenüber dem Miethaus? Dabei ist der Vorsprung von etwa 900 Euro bei den monatlichen Ausgaben auf unter 75 Euro gesunken. Die Miethöhe ändert sich ebenfalls im zeitlichen Verlauf. Im ersten Jahr beträgt der Unterschied pro Jahr sogar 600 Euro (2377,12 Euro beim Kauf und 1786,50 Euro bei der Miete). Der Anstieg beim Kauf ist dieses Mal etwas niedriger, da die Inflation der letzten 37 Jahre nur bei jährlich 1,74 Prozent liegt.[19] In der Spitze kostet das gekaufte Haus über 2800 Euro pro Monat.

Bleibt der Blick auf den Wiederverkaufswert des Eigenheims: Dazu ziehen wir erneut den Datensatz zur Preisentwicklung deutscher Immobilien heran und stellen fest, dass in den letzten 37 Jahren diese jährlich im Schnitt um 2,55 Prozent gestiegen sind. Nehmen wir auch hier diesen Vergangenheitswert, werden aus den 329 000 Euro etwas weniger als 835 000 Euro. Abzüglich der Ausgaben für das Haus bleibt ein monatlicher Verlust von 429,12 Euro

Monatliche Ausgaben im Verlauf von 20 Jahren

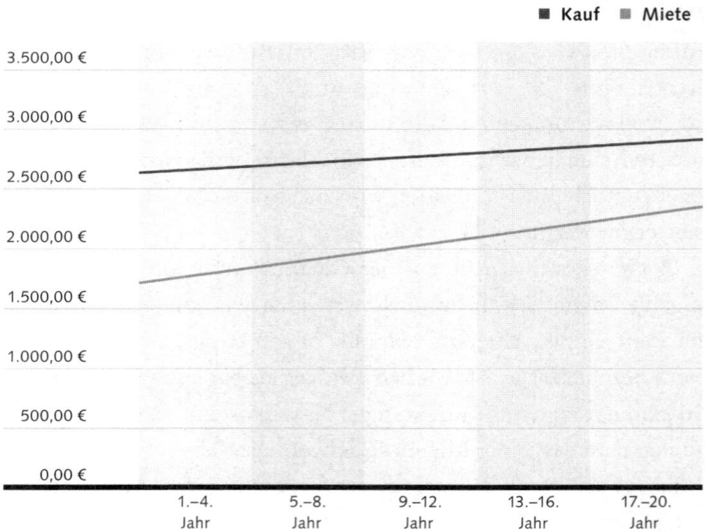

übrig. Das ist deutlich weniger als die über 2500 Euro pro Jahr für die Miete. Im Gegensatz zum Entwurf, bis zum Lebensende im Eigenheim zu bleiben, könntet ihr mit 835 000 Euro zum Rentenbeginn noch jede Menge anfangen. Es fallen zwar auch Nebenkosten an, aber deutlich weniger als beim Kauf, da der Verkauf einer eigengenutzten Immobilie nach so einem langen Zeitraum (aktuell) steuerfrei ist. Die Gesetzeslage kann sich bis in 37 Jahren natürlich ändern.

Der Vorteil liegt also im abbezahlten Eigenheim und der damit verbundenen zwangsläufigen Sparrate. Was wäre aber, wenn ihr zur Miete wohnt, aber auch hier die monatlichen Ersparnisse an der Börse in einen ETF-Sparplan auf den MSCI World Index investieren würdet? Vorab: Das Ergebnis kann sich sehen lassen. Wenn ihr hierzu mehr wissen wollt, springt auf Seite 275 zu den Alternativen.

Wir wollen in unserem Eigenheim wohnen, bis die Kinder ausziehen (20 Jahre)

Als dritte Option ziehen wir in Erwägung, bereits nach 20 Jahren unser Eigenheim zu verkaufen. Bis dahin sind die Kinder hoffentlich aus dem Haus. Wenn nicht, wird das das Signal an die Kids sein, sich was Eigenes zu suchen. Außerdem läuft dort zum zweiten Mal die Zinspreisbindung aus (vorausgesetzt, es wurden zwei Mal Zehnjahresverträge geschlossen), das Haus könnte ohne Strafzinsen verkauft und der Kredit entsprechend abbezahlt werden.

Insgesamt würdet ihr im Falle eines Kaufs knapp 675 000 Euro für die 20 Jahre Wohnzeit bezahlen. Bei der Miete wären es nur 495 000 Euro. Auf den Monat heruntergerechnet macht das einen Unterschied von 800 Euro. Denn beim Kauf werden 2806,67 Euro und bei der Miete nur 2059,43 Euro monatlich fällig. Dabei verringern sich die beschriebenen Risiken noch weiter, da der Zeitraum deutlich gesunken ist. Dass die Monatsbeträge im Vergleich zu den 50 Jahren beziehungsweise 37 Jahren eher gering ausfallen, hat auch noch einen zweiten Grund. In den letzten 20 Jahren betrug die durchschnittliche jährliche Inflation nur 1,47 Prozent. Das liegt vor allem an den Jahren nach der Finanzkrise, in denen die Inflation recht niedrig lag.

Setzt ihr die Hoffnung in die Preissteigerung, dann steht da (erneut basierend auf der Vergangenheit) ein Plus von 3,37 Prozent pro Jahr. Das ergibt knapp 640 000 Euro. Es bleibt noch die Restschuld bei der Bank, die davon abgezogen werden muss. Denn nach 20 Jahren ist das Haus noch nicht abgezahlt und die Restschuld muss von der Einnahme des Verkaufspreises gezahlt werden. Diese beträgt laut Tilgungsplan noch fast 123 000 Euro,[20] bleibt also noch ein Betrag von 516 000 Euro übrig. Das ist eine phänomenale Preissteigerung für eine Immobilie und liegt vor allem am Boom der 10er-Jahre. Wir stellen stark infrage, ob sich diese Wertentwicklung die nächsten 20 Jahre fortsetzen lässt. Das drückt auch die monatlichen Ausgaben im Schnitt. Es bleiben nur noch 656,55 Euro zu leisten, deutlich weniger als die monatliche Mietbelastung.

Auch hier wirkt das Eigenheim als ein Zwangssparschwein. Durch die Kreditrate werden monatlich etwas über 1200 Euro zur Seite gelegt. Würdet ihr das auch ohne den Vertrag mit der Bank hinbekommen? Wenn euch hier interessiert, wie sich die Zahlen im Vergleich zum ETF-Sparplan verhalten, blättert mal vor auf Seite 275.

Die zentralen Fragen bei diesem Lebensweg lauten:

- Welches Risiko gehen wir lieber ein? Das Risiko des Kaufens oder des Mietens?
- Schaffen wir es, selbst zu sparen, oder wollen wir das Zwangssparen durch die Bank?
- Was wollen wir mit dem frei gewordenen Kapital aus dem Erlös des Eigenheims anfangen? Wie viel Zeit wollen wir in Recherche, Verkauf und Kauf investieren?

Zu beachten ist ebenfalls, dass es Regionen gibt, die immer mehr Menschen verlassen und somit sich auch der Immobilienpreis reduziert. In den Ballungsgebieten wie München, Frankfurt am Main oder Hamburg, die durch ständigen Zuzug geprägt sind, steigen jedoch die Preise weitaus mehr an. Ob das auch in Zukunft so ist oder durch Home-Office und bessere und günstigere Infrastruktur die Menschen wieder in ländliche Regionen ziehen, bleibt abzuwarten.

Tabelle 3: Was das Haus mit dem Kaufpreis von 329 000 € einmal wert sein kann und was euch das Haus bei einem Verkauf nach x Jahren tatsächlich gekostet hat:

	Nach 20 Jahren	**Nach 37 Jahren**	**Nach 50 Jahren**
Mit jährlicher Wertsteigerung von 2,93 Prozent	638 760,00 € (abzüglich 122 732,46 € Restschuld)	834 946,79 €	1 280 000,00 €
Gesamtausgaben über Nutzungszeitraum	157 572,75 €	232 628,95 €	153 337,25 €
Monatliche tatsächliche Kosten bei angenommenem Verkauf zum jeweiligen Preis nach Zeitraum	656,55 €	523,94 €	302,72 €

Tabelle 4: Was euch das Haus im Durchschnitt monatlich kostet (ohne Berücksichtigung des Wiederverkaufswertes):

	Mieten, 20 Jahre	**Kaufen, 20 Jahre**	**Mieten, 37 Jahre**	**Kaufen, 37 Jahre**	**Mieten, 50 Jahre**	**Kaufen, 50 Jahre**
Monatliche Belastung	2059,43 €	2806,67 €	2478,54 €	2404,45 €	3279,86 €	2386,24 €

Kaufen oder mieten – welcher Schritt ist richtig?

Das Eigenheim ist keine Investition. Auch wenn das Bankberater*innen und hübsche Plakatwerbung gerne behaupten. Mit etwas Glück ist es auf lange Sicht ein Nullsummenspiel. Ihr steckt etwa genauso viel in die Immobilie hinein, wie ihr am Ende herausbekommt. Das mag in Ordnung sein, wenn ihr in dem Haus ein Zuhause bis an euer Lebensende sehen wollt, aber von einer Investition in dem Sinne kann man nicht sprechen. Auch im Alter habt ihr dadurch nicht mehr Geld zur Verfügung. Aber ist es denn vielleicht eine Altersvorsorge? Ihr hättet zwar keinen Gewinn und das Geld ist gebunden, aber ihr zahlt später auch weniger dafür. Verkauft ihr es, habt ihr das Geld gespart und könnt von dem Verkaufswert die Rente aufbessern, auch, wenn es ein Minusgeschäft war. Schafft ihr es nicht selbst zu sparen und würdet das Geld ansonsten für die neuesten Sneaker ausgeben, könnt ihr vom Zwangssparen profitieren. Eine gesicherte Altersvorsorge wird es dadurch immer noch nicht. Denn das Risiko einer Trennung bleibt bestehen. Wir erinnern uns: 33 Prozent lassen sich im Schnitt nach 15 Jahren scheiden. 300 000 Euro, die auf dem Konto oder im Aktiendepot liegen, sind schnell aufgeteilt. Bei einer Immobilie geht das nicht so leicht, ist das Geld doch nicht verfügbar und der Wert des Hauses unbekannt. Eine Auszahlung ist schwierig, wer hat schon 150 000 Euro auf dem Tagesgeldkonto rumliegen? Im Zweifel müsst ihr das Haus nun verkaufen, auch wenn du oder dein (ehemaliger) Lieblingsmensch darin wohnen bleiben will. Spätestens hier endet die Vorstellung der Altersvorsorge. Im schlimmsten Fall wird durch das Eigenheim sogar das restliche Vermögen aufgebraucht, denn anstatt 150 000 Euro zu erhalten, zahlt ihr drauf, damit das Haus verkauft wird und ihr euch scheiden lassen könnt. Einige Gedanken zur Aufteilung von Vermögen hast du auch im Hochzeits-Kapitel bei der Option einer Scheidung gelesen. Denn gerade mit Immobilienbesitz gibt es dann vielleicht doch noch einmal mehr zu regeln – ob mit oder ohne Hochzeit –, da das Grundbuch nicht alle Lebensentscheidungen abbildet.

Manchmal wäre es schon schön, wenn einfach jemand sagen würde: »Mach das und dann hast du garantiert die beste Entscheidung getroffen.« Das ist bei finanziellen Entscheidungen leider nicht der Fall. Es ist stets ein Abwägen von Vor- und Nachteilen und ein Abgleich mit den eigenen Bedürfnissen. Und genau das ist auch jetzt eure Aufgabe:

- Wie steht ihr zu den Risiken, die euch beim Kaufen oder Mieten eines Eigenheims bevorstehen?
- Wie gut schätzt ihr den Wiederverkaufswert eures potenziellen Eigenheims ein?
- Wollt ihr lieber selbst sparen und anlegen oder wollt ihr lieber über einen Kredit zum Sparen gezwungen sein?
- Hättet ihr gerne die Gesamtsumme ausgezahlt? Oder wäre es euch lieber, ihr könntet nur so viel eurer Investition verkaufen, dass ihr durch das nächste Jahr kommt?

Selbst wenn auf sehr lange Sicht der Kauf eines Eigenheims günstiger kommen sollte als die Miete, bleibt also die Frage, ob es zu eurer Lebensplanung und zu eurer jetzigen Situation passt.

Wie wichtig ist euch Flexibilität? Ein Haus zur Miete lässt sich innerhalb von ein paar Monaten kündigen und hat kaum Einfluss auf eure Investitions- und Altersvorsorgestrategie. Plötzlich ein Haus wegen eines Jobwechsels zu verkaufen oder weil ihr lieber drei Dörfer weiterziehen wollt, weil dort die Schule, Freund*innen und bessere Infrastruktur vorhanden sind, ist mit enormem Aufwand verbunden und wirkt sich (erheblich) auf eure Investitions- und eure Altersvorsorgepläne aus.

Hinweis: Bei allen Rechnungen verwenden wir durchschnittliche Zahlen aus der Vergangenheit, um in die Zukunft zu blicken. Doch weder wir noch du noch dein Lieblingsmensch noch sonst jemand weiß, wie sich die Zukunft genau entwickeln wird. Es sind Prognosen und die sind vage. Sie geben euch eine Idee, was zu berücksichtigen ist und wie es sich entwickeln *könnte*! Das bedeutet auch, dass es ganz anders kommen kann. Zahlt ihr bei der Miete pro Monat nur 100 Euro weniger, vervielfachen sich eure Depotstände. Werden aber keine 7,4 Prozent Rendite am Aktienmarkt, sondern nur 5 Prozent erreicht, verringern sie sich deutlich. Wir haben mit zwei Prozent Inflationsanpassung pro Jahr gerechnet. Es kann sein, dass wir in den nächsten 20 Jahren aber eine durchschnittliche Preissteigerung von vier Prozent sehen. Gleiches gilt für den Bauzins. Als wir mit unserem Rechenbeispiel begonnen haben, lag er noch bei etwas über drei Prozent, dann bei 3,5 Prozent, im Oktober 2022 fanden wir bereits Angaben um die vier Prozent Zinsen pro Jahr. Wenn du jetzt das Buch in deinen Händen hältst, kann es schon wieder ganz anders aussehen.

Was du aus diesem Kapitel aber mitnehmen kannst, ist die gedankliche Abwägung zwischen Kaufen und Mieten. Was das für eure Familie bedeutet und dass es sich lohnt, dies alles einmal durchzurechnen.

Alternativen zu »kaufen oder mieten« – wie eine Investitionsstrategie alles verändern kann

Mit den obigen Überlegungen haben wir von einem Hauskauf abgesehen. Finanziell wäre es eine zu große Belastung gewesen, vor allem, weil wir unsere Elternzeit nicht aufs Geld, sondern auf die gemeinsame Zeit ausrichten wollten. Aber was ist mit unserer Vorstellung, im Garten zu frühstücken, die Kids einfach vor die Tür schicken zu können und morgens nicht ständig mit »Psssch« hinter ihnen herzulaufen? Müssen wir den Gedanken begraben? Nein. Wir haben dann doch gekauft. Aber kein Haus am Stadtrand, sondern eine großzügige Wohnung in der Hanauer Innenstadt. Marielle entdeckte zufällig ein Sanierungsprojekt in einer sehr frühen Phase. Der Bauträger war gerade erst dabei, sich am Markt zu etablieren, und so gab es einen großen Abschlag auf den Preis der Wohnung. Durch den günstigeren Preis haben wir eine geringere Kreditrate und bei unserem Auszug die Möglichkeit, mit einem Gewinn zu verkaufen oder die Wohnung als Kapitalanlage zu vermieten. Dieses Vorgehen inspirierte auch unser befreundetes Ehepaar Regine und Rudi, die im letzten Jahr ein eigenes Haus kauften. Der Keller des Hauses ist ausgebaut und beherbergt bereits ein fertiges Gästezimmer. Das Dachgeschoss ist erschlossen und kann durch einen Ausbau in eine abgetrennte Wohnung umgewandelt werden. Damit besitzen die beiden zwei zusätzliche Möglichkeiten, mit ihrem Haus Geld zu verdienen, um die finanzielle Belastung der Kreditrate zu reduzieren, ihre Elternzeit ebenfalls mehr an ihren Bedürfnissen und weniger am Geld auszurichten und nicht nur von einer Einkommensquelle, also ihrem Gehalt, abhängig zu sein.

Du merkst, es gibt einige Chancen, eine riesige und lang anhaltende Ausgabe wie den Hauskauf doch noch in eine solide Investition zu verwandeln. Dazu zählt auch der bereits vorgeschlagene Weg, lieber zur Miete zu wohnen und die Ersparnisse gegenüber dem Hauskauf in ein breitgestreutes Depot zu legen.

Hingegen hat sich ein weiteres Paar, Zora und Robin, dazu entschieden, all seine Rücklagen beim Kauf seines Hauses aufzubrauchen. Da die Kreditrate bei einer 90-Prozent-Finanzierung über den finanziellen Möglichkeiten der beiden gelegen hätte, haben sie zu 60 Prozent finanziert. Den Rest ihres Ersparten verwendeten sie für Sanierungen, Reparaturen und ihre Einrichtung. Das Haus hatten sie sich gekauft, weil sie sich als Familie mehr Platz wünschten. Das schlug sich auch in einem größeren Zweitwagen nieder. Sie entschieden sich für das Ernährer-Hausfrauen-Modell und müssen all die neuen Verpflichtungen von Robins Gehalt bezahlen. Wie groß der Druck wurde, merkten sie in der Coronakrise, als sein Gehalt durch Kurzarbeit plötzlich zusammenschrumpfte. Das reichte nicht mehr, um den aufgebauten Lebensstil zu finanzieren.

Sie standen vor der bitteren Entscheidung, ihr erst vor vier Jahren erworbenes Haus wieder verkaufen zu müssen und in eine Wohnung zur Miete zu ziehen oder doch noch irgendwoher Geld zu bekommen. Zora und Robin sind keine vermögenden Menschen, auch wenn es erst so klingen mag. Sein Gehalt lag bei etwa 2000 Euro netto, ihr Gehalt war vor der Elternzeit ähnlich. Ihre Rücklagen hatten sie sich durch fünfzehn Jahre eisernes Sparen aufgebaut. Nun sitzen sie auf einem Schuldenberg (Hauskredit, Autoleasing) und ihre einzige Einnahmequelle, sein Gehalt, bricht weg. Was tun in einer solchen Situation?

Was es für Ideen gibt, um den Traum vom Eigenheim umzusetzen und nicht in einem Albtraum enden zu lassen, besprechen wir jetzt.

Seid ihr gerade in einer ähnlichen Situation wie Zora und Robin, dann sind schnell gute Ideen gefragt, wie ihr nun das Beste daraus machen könnt – bevor ihr alles verkauft und von vorne beginnt. Einfacher ist es natürlich, wenn ihr solche Risiken schon bei der Planung berücksichtigt, so wie Regine und Rudi vorgegangen sind. Bereits vor dem Kauf überlegten sie sich, wie sie sich durch das Haus finanziell weiter absichern konnten. Dass das eine gute Entscheidung war, wurde ihnen vor allem in dem Moment bewusst, als während der allgemeinen Vorauszahlungserhöhung für Strom- und Gaspreise der Brief vor ihnen lag, aus dem hervorging, dass sie statt 300 Euro nun knapp 900 Euro pro Monat überweisen sollten. Diese Erhöhung hätte für Zora und Robin endgültig das Aus fürs Haus bedeutet, wenn sie nicht vorher angefangen hätten zu handeln. Also was tun?

(Unter-)Vermieten

Wir haben ja schon erzählt, dass wir in unserer alten Wohnung bereits unser Sofa als Schlafgelegenheit untervermietet hatten und unser damals frischgebackener Juniorinvestor den abwechslungsreichen Besuch genauso großartig fand wie wir. Als wir dann die Neubau-

wohnung in sehr guter Lage und zu günstigen Konditionen fanden, kamen uns zuerst die Möglichkeiten in den Kopf, die wir mit der Wohnung hätten. Klar, zum Wohnen wäre sie perfekt. Geräumig, offen und genug Platz für ein viertes Familienmitglied gab es auch. Wir hatten das Glück, die Wohnung so früh im Bauprozess zu erwerben, dass wir die Raumaufteilung mitbestimmen und das zusätzliche Gästezimmer zur späteren Vermietung einplanen konnten. Jetzt vermieten wir das Zimmer mit dem zugehörigen Bad mehr als die Hälfte des Monats und müssen so nur noch weniger als zehn Prozent unserer monatlichen Kreditrate selbst aufbringen. Klar, wir bereiten auch das Gästezimmer für die jeweiligen Übernachtungsgäste vor und haben auch an vielen Abenden weniger Privatsphäre – weil unsere Gäste eben auch in unserer Küche kochen und sich dabei gerne mit uns unterhalten. Doch wir mögen das – vielleicht ihr ja auch.

*Wir lassen uns auch die Möglichkeit offen, das Büro zu einem weiteren Gästezimmer umzufunktionieren. Damit könnten wir beispielsweise auf die gestiegenen Energiepreise und die allgemeine Inflation reagieren und uns finanziell weiter absichern. Es mag vielleicht extrem klingen, mit so vielen wechselnden Menschen den Wohnraum zu teilen, aber es ist eine sehr charmante Möglichkeit, unseren Kindern den Wert der offenen Tür (jede*r ist willkommen) weiterzugeben, spannende Menschen und Geschichten kennenzulernen und uns damit finanziell zu entlasten.*

Auch die Lage, die vollständige Vermietungsmöglichkeit (wenn wir wieder ausziehen wollen würden) und der hoffentlich steigende Wiederverkaufswert waren wichtige Bestandteile bei der Entscheidung, die Wohnung zu kaufen. Also informierten wir uns, zu welchem Preis wir die Wohnung vermieten könnten, wenn wir in ein paar Jahren doch lieber in ein kleines Häuschen ziehen würden. Ergebnis: Die potenziellen Mieteinnahmen könnten die Kreditrate und die Nebenkosten tragen.

Solche Überlegungen können auch beim Hauskauf getätigt werden. Neben einem Gästezimmer könntet ihr eine Einliegerwohnung im Keller oder im Dach einrichten, die ihr vermieten könnt. Neben den Mieteinnahmen ergeben sich auch steuerliche Vorteile, da dieser Teil des Hauses dann nicht der Eigennutzung unterliegt, sondern als Kapitalanlage gilt.

Etwas größer gedacht, wäre statt eines Einfamilienhauses ein Zwei- oder Dreifamilienhaus eine Option. Das bedeutet aber, dass ihr mehr Eigenkapital benötigt, um ein solches Haus kaufen zu können. Regina und Rudi nutzten, wie oben beschrieben, eine Zwischenlösung. Das Haus hatte nur eine funktionstüchtige Wohnung plus einen ausgebauten Keller. Das Dachgeschoss war noch im Rohbau, aber über das Treppenhaus leicht zu betreten. Weil noch sehr viele Arbeiten am Haus zu tätigen waren, war der Preis entsprechend niedrig. Beide verspüren keinen Druck, das gesamte Haus sofort fertigzustellen, sondern sehen es als mittelfristiges Projekt an. Mit dem ausgebauten Keller konnten sie mit ihrem Einzug auch die Vermietung beginnen. So haben sie zum Preis eines Einfamilienhauses ein Zweifamilienhaus bekommen. Zwei Jahre dauerte ihre Suche. Es scheint sich gelohnt zu haben.

Steuerliche Vorteile einer Kapitalanlage vs. Eigennutzung
Kauft ihr eine Immobilie und vermietet diese, könnt ihr die Kreditzinsen in eurer Steuererklärung absetzen. Außerdem werden Teile der Anschaffungs- und Renovierungskosten steuerlich anerkannt. Bei der eigengenutzten Immobilie ist dies nicht möglich (bei Teilvermietungen funktioniert es für den entsprechenden Anteil der Wohnung, der vermietet ist).

Zwar könnt ihr in eurem bestehenden Haus nicht einfach so eine weitere Wohnung herzaubern, aber ihr könnt überlegen, welche

Räume denn aktuell aktiv genutzt werden oder ob es im Keller- und Dachbereich gewisse Ausbaumöglichkeiten gibt, die sich für Gäste oder Mieter*innen eignen. Beispielsweise ist euer Haus für vier Familienmitglieder ausgerichtet und alle sollen ein eigenes Zimmer bekommen. Aktuell wohnt ihr dort erst zu dritt und euer zweites Kind wünscht ihr euch erst in den nächsten zwei bis drei Jahren. In dieser Zeit könntet ihr das überschüssige Kinderzimmer als Gästezimmer vermieten.

Dazu gibt es weitere Räume in eurem Haus, die ihr anderen Menschen zur Verfügung stellen könnt. Habt ihr beispielsweise kein Auto, aber eure Wohnung hat eine Garage, dann lässt sich auch diese untervermieten. Habt ihr zu viel Lagerfläche, könntet ihr eurer Nachbarschaft anbieten, Dinge bei euch abzustellen, und ihr vermietet den Kubikmeter Lagerfläche pro Monat.

Robin und Zora entscheiden sich für diese Variante und vermieten das zweite Kinderzimmer unter. Sie wollen zwar ein zweites Kind, aber bis es so weit ist, dauert es noch eine Weile. Aktuell dient das Zimmer nur als Rumpelkammer für allen möglichen Krimskrams. Das Zeug wird auf dem nächsten Flohmarkt und im Internet verkauft. Mit einem Schlafsofa, einer Kommode und einer Leseecke wird daraus schnell ein wohnliches Zimmer. Sind gerade keine Gäste da, können sie es selbst als Rückzugsort oder für ihre Freund*innen nutzen. Die zusätzlichen Einnahmen entspannen ihre finanzielle Situation und sie können wieder etwas ruhiger schlafen.

Mieten und in ETFs investieren

Entscheidet ihr euch fürs Mieten, spart ihr gerade zu Beginn die hohen Ausgaben für den Kauf, die Kaufnebenkosten und die Sanierung oder eventuelle Umbauten. Dieses Geld könnt ihr für Investitionen in ETFs nutzen.

Da ihr monatlich deutlich mehr spart, als wenn ihr 50 Jahre in der Immobilie wohnen würdet, erhöht sich die Sparrate. Das Ergebnis kann sich sehen lassen. Nach 30 Jahren liegen im Depot 450 000 Euro. Davon könnt ihr Geld entnehmen und für die Mietkosten aufwenden, um die Differenz der niedrigeren Ausgaben durch den Kauf des Eigenheims auszugleichen. Das bedeutet in unserem Beispiel, dass ihr im 31. Wohnjahr etwa 20 000 Euro für euer Eigenheim aufwenden müsstet und etwa 36 000 Euro für euer Miethaus. Die 16 000 Euro, die sich als Differenz ergeben, würdet ihr nach unserer Rechnung durch den Verkauf von ETF-Anteilen finanzieren. Nach 37 Jahren – also zum Zeitpunkt des Verkaufs des Eigenheims – befinden sich im Depot 665 000 Euro. (Allerdings fallen hier beim Verkauf noch Steuern an, was aktuell maximal 26,175 Prozent sind.) Hier ist ebenfalls keine zeitaufwendige Verkaufsabwicklung notwendig und der Depotwert kann sich auch die nächsten Jahre bis zur Rente weiter nach oben bewegen (natürlich auch nach unten). Beim Hausverkauf müsstet ihr euch zudem erst informieren, was ihr mit so viel Geld auf dem Konto nun anfangen wollt. Dieses Problem hättet ihr in der Miet-plus-Depot-Variante nicht, denn ihr könntet bei Bedarf Anteile verkaufen und nicht sofort das gesamte Depot. Aber ihr braucht eben die Disziplin diese Investitionen zu tätigen. Tut ihr das nicht, steht ihr mit deutlich weniger da. Beim gekauften Eigenheim übernimmt diesen Zwang die Bank – denn die monatliche Tilgung baut vollautomatisch euer Vermögen auf. Außerdem kann es auch sein, dass das Eigenheim nicht (sofort) verkauft werden kann. Dann bleibt das gesamte Geld in der Immobilie stecken, da es nicht möglich ist, nur auf einen kleinen Betrag zuzugreifen. Das spricht für den ETF-Sparplan, denn selbst wenn zu diesem Zeitpunkt die Aktienpreise fallen, können beispielsweise Anteile im Wert von 4000 Euro verkauft werden, um damit eine schöne Reise zu machen. Mit diesem Vorgehen ist es auch möglich, ab dem 30. Wohnjahr »mietfrei« zu leben – also die gesamte Miete aus dem Depot zu zahlen. Euer Depot hätte dann voraussichtlich einen Wert von 370 000 Euro (statt 665 000 Euro) nach 37 Jahren.

Vergleicht ihr dieses Prinzip mit der Idee, das Haus nach 20 Jahren zu verkaufen, sieht die Rechnung so aus, wie wenn wie ihr die monatliche Ersparnis in einen ETF-Sparplan in den MSCI World Index investieren würdet. Nach 20 Jahren würden in dem Depot Anteile im Wert von 435 000 Euro liegen. Auch hier hättet ihr alle Vorteile, beispielsweise nur gezielt Beträge zu entnehmen. Wollt ihr nicht weiter investieren, sondern bis zur Rente lieber mehr konsumieren und das gesamte Gehalt aufbrauchen, könnt ihr eure Anteile im Depot liegen lassen. Schaut ihr zum Renteneintritt mit 64 Jahren wieder in das Depot, dann liegen dort vermutlich knapp 1 200 000 Euro.

Das setzt natürlich voraus, dass ihr euch kein größeres Haus mietet, als ihr es euch gekauft hättet, weil euer finanzieller Spielraum nun höher ist. Es kann auch sein, dass ein Kauf ausgeschlossen ist, weil eure finanzielle Situation dies nicht hergibt und ihr deswegen zur Miete wohnen wollt. Die Gründe können vielfältig sein. Beispielsweise bist du gerade in Elternzeit und die Bank gibt euch deshalb keinen Kredit. Oder eure Rücklagen wurden wegen anderer Ereignisse bereits aufgebraucht oder ihr hattet gar nicht erst die Chance, genügend Rücklagen aufzubauen. Dann steht auch nicht die Differenz zwischen den anfänglichen höheren Ausgaben für den Hauskauf und den anfänglich niedrigeren Ausgaben für die Miete zur Verfügung. Um dennoch in ETFs investieren zu können, gäbe es in diesen Fällen die Möglichkeit, eine Wohnung oder ein Haus mit geringerer Miete zu suchen und diesen Unterschied zu investieren. Oder aber durch einen Untermietvertrag (vorher mit der Vermieterin oder dem Vermieter absprechen) zusätzliches Einkommen zu erwirtschaften und dieses dann zu investieren.

Mieten und in eine Kapitalanlage investieren

Statt ein Eigenheim zu kaufen, könntet ihr euer Eigenkapital verwenden, um eine kleinere Wohnung zu erwerben und selbst zur Miete in einem gemütlichen Haus zu wohnen. Erwirtschaftet die

Wohnung von Beginn an einen kleinen Überschuss, senkt sich damit auch eure Mietlast. Richtig spannend wird diese Überlegung, wenn die Wohnung bereits euren eigenen Vorstellungen entspricht. Dann könntet ihr diese für euch selbst nutzen, sobald die Kinder aus dem Haus sind. Denn dann verkleinert sich vielleicht euer Platzbedarf oder ihr habt keine Lust mehr, so viel Fläche sauber zu halten, oder ihr möchtet wieder näher am Komfort einer Innenstadt leben. In der Zeit, in der ihr den Platzbedarf eines Hauses habt, können in der Wohnung Mieter*innen leben. Die Einnahmen decken den Kredit und die laufenden Kosten der kleineren Wohnung. Entschließt ihr euch nach 30 Jahren in die Wohnung zu ziehen, ist sie bereits abgezahlt und ihr genießt die niedrigen Wohnraumkosten, ohne euch um ein riesiges Haus kümmern zu müssen.

Zwischenfazit

Für euch bedeutet es, vor dem Kauf genau zu überlegen, was ihr mit der Immobilie in Zukunft machen könnt. Eignet sie sich zum Wiederverkauf oder sinken die Einwohnerzahlen in eurer Gegend stetig und Häuser stehen leer? Welche Möglichkeiten gibt es, mit der Immobilie Geld zu verdienen? Gästezimmer, Einliegerwohnung oder Mehrfamilienhaus? Ihr könntet auch einen Arbeitsplatz einrichten und diesen an Selbstständige oder Arbeitnehmer*innen im Home-Office vermieten. Das macht beispielsweise Marielles Tante. Ihr Nachbar hat kleine Kinder und keinen Rückzugsort zum Arbeiten. Er mietet nun dauerhaft ihr Arbeitszimmer, kann dieses zu bestimmten Uhrzeiten nutzen und geht in seiner Pause oder nach Arbeitsende einfach nur über den Flur zu seiner Wohnung. Sein Arbeitgeber bezuschusst ihm auch noch die Mietzahlungen an Marielles Tante – Win, Win, Win! Wenn ihr mietet, was habt ihr mit dem Geld vor, das ihr nun nicht für den Kauf eines Eigenheims benötigt? Soll es eurem Konsum zugeführt werden oder dient es als Investitionskapital und damit eurem Vermögensaufbau?

Das sind Entscheidungen, die euch beide betreffen. Also Schuhe an und raus mit euch. Das Erstgespräch findet wie immer am besten draußen oder an eurem Wohlfühlort statt. Um herauszufinden, welche finanziellen Auswirkungen eure Vorstellung hat, geht's dann an den Schreibtisch. Rechnet es euch durch, wägt verschiedene Möglichkeiten miteinander ab und entscheidet euch dann für die, die am besten zu euch passt.

Zora und Robin waren bereits mittendrin im Schlamassel. Was hätten die beiden schon bei der Planung ihres Hauskaufs anders machen können? Und wie verteilen sie die Eigentumsverhältnisse an der Immobilie? Über die Antworten auf diese Fragen sprechen wir nun im zweiten Teil dieses Kapitels.

Wie viel Haus könnt ihr euch eigentlich leisten?

Diese Frage wird doch ohnehin während des Kaufvorgangs beantwortet, oder nicht? Schließlich muss bei der Finanzierung eine Selbstauskunft über Einnahmen, Ausgaben und Vermögensstand abgegeben werden. Wer regelmäßig ein Haushaltsbuch führt, hat diese Auskunft übrigens binnen zehn Minuten ausgefüllt. Zudem muss ein Nachweis über vergangene Einkünfte (z. B. Gehaltsabrechnung) und Jobstatus (z. B. unbefristeter Arbeitsvertrag) erbracht werden. Auf dieser Basis ermittelt die Bank, ob ein Kredit über die gewünschte Summe gewährt werden kann und wenn ja, wie hoch die Darlehenszinsen sein werden.

Aus den Objektdaten eures Finanzierungswunsches und eurer finanziellen Situation ergibt sich ein Zinssatz. Der Darlehenszins hängt sowohl von dem aktuellen Marktzins (von der Europäischen Zentralbank vorgegeben) als auch von den individuellen Risikobewertungen der jeweiligen Bank ab. Sie beurteilt also eure Gesamtsituation basierend auf den abgefragten Informationen und bietet darauf basierend einen entsprechenden Zins an. Da jede Bank hier etwas andere Kriterien ansetzt oder verschiedene Risiken unterschiedlich bewertet, werdet ihr bei jeder Bank einen etwas anderen Zinssatz angeboten bekommen.

Die Bank prüft also sehr genau, bis zu welcher Summe ihr euch einen Kredit leisten könnt und welches Risiko sie als Darlehensgeberin dabei eingeht. Dabei wird sogar ein Sicherheitspuffer eingerechnet, sprich neben den Zins- und Tilgungszahlungen sowie euren sonstigen Ausgaben muss eine Sparrate von eurem Einkommen übrig bleiben. Ansonsten seid ihr nicht kreditwürdig und das Eigenheim hat sich in diesem Moment erledigt.

Wieso solltet ihr euch nun auch noch selbst fragen, wie viel Haus ihr euch leisten könnt? Die Bank prüft eure aktuelle Situation sehr genau und erhebt dazu Daten aus der Vergangenheit. Für die Zukunft stellt sie allerdings keine Fragen. Ihr selbst könnt viel besser in die Zukunft blicken, wenn ihr eure Beziehungsvision anschaut. Dem widmen wir das Abschlusskapitel. Freu dich schon mal drauf, das wird großartig. Kauft ihr das Eigenheim, weil ihr bald Nachwuchs erwartet, dann kennt ihr inzwischen eure zukünftige Einkommenssituation. Sollt ihr nun euren Eigenheimkauf als zwei Hauptverdiener*innen planen oder lieber mit Gehaltsausfällen aufgrund von vorgesehenen Auszeiten rechnen? Wie sieht es mit sonstigen Gehaltsminderungen durch Krankheit, Kurzarbeit oder Arbeitslosigkeit aus? Was ist, wenn du plötzlich die Kreditrate allein tragen musst? Hast du dann noch genügend Geld für Lebensmittel?

Das ist aber nicht das einzige Risiko. Ein Annuitätendarlehen wird meist über zehn Jahre abgeschlossen. In dieser Zeit bleibt der Zinssatz gleich. Habt ihr im Jahr 2015 ein Finanzierungsangebot angenommen, dann lag der Zinssatz um 1,30 Prozent.[21] Das führt für unser obiges Beispiel bei einem Kaufpreis von 329 000 Euro zu einer monatlichen Kreditrate von 819,50 Euro. Zur Erinnerung, die 3,0 Prozent Zinsen, die wir angenommen haben, bedeuteten eine monatliche Belastung von 1256,57 Euro. In der bisherigen Spitze waren wir im Jahr 2022 sogar bei 4,04 Prozent, was monatlich 1499,93 Euro bedeutet.[22] Kurz vor der Finanzkrise im Jahr 2008 wurden noch 5,30 Prozent pro Jahr verlangt.[23] Das wären dann 1812,83 Euro pro Monat. Würden wir in zwei Jahren (2025) aufgrund der aktuellen wirtschaftlichen Lage wieder auf diesem Niveau ankommen, dann müssten alle, die 2015 ihre Kreditverträge abgeschlossen haben, nun zu deutlich teureren Konditionen verlängern. Darauf wird bei der Erstfinanzierung bereits hingewiesen. Bei uns stand beispielweise drin, dass die Bank von einem Zinssatz in Höhe von vier Prozent für die Anschlussfinanzierung ausgeht. Das wäre bei unserem Wohnungskauf eine Verfünffachung der Zinsen. Würden wir uns das nicht leisten können, müssten wir die Wohnung verkaufen, um die Restschuld begleichen zu können. Für unser Rechenbeispiel würde sich eine Restschuld nach zehn Jahren von etwas über 220 000 Euro ergeben, was bei 4 Prozent Zinsen eine monatliche Tilgung von 1131,05 Euro bedeuten würde. Verglichen mit dem Niveau aus 2015 wäre das eine monatliche Steigerung von über 300 Euro, trotz geringerer Schulden. Ungünstig. Was also tun?

Der erste Schritt ist bereits getan: Das Risiko ist bekannt. Jetzt könnt ihr damit rechnen und entsprechende Vorkehrungen treffen. Das bedeutet nicht, dass das Risiko auf null geht, sondern nur, dass ihr es besser einschätzen, reduzieren und beobachten könnt.

Im zweiten Schritt nehmen wir mal wieder das Haushaltsbuch zur Hand. Wir erinnern uns an Thorben und Alex, die im dritten Kapitel die 50-30-20-Regel kennenlernten. Vor dem Hauskauf ist ein hervorragender Zeitpunkt, die Einhaltung dieser Regel erneut zu überprüfen.

Angenommen, Thorben und Alex nehmen zusammen 4000 Euro netto ein. Dann liegt ihr Budget für ihren Lebensunterhalt gemäß der Regel bei 2000 Euro netto. Wie hoch darf dann ihre Kreditrate sein, damit sie noch all die anderen Dinge aus der Kategorie sorglos bezahlen können? Als Orientierung könnt ihr etwa 35 Prozent bis maximal 50 Prozent ansetzen. Das wären bei diesem Beispiel etwa 700 Euro bis 1000 Euro pro Monat. Da sich die beiden Kinder wünschen, lohnt es sich, den Gehaltsausfall bereits zu berücksichtigen. Im Schnitt rechnen die beiden mit etwa 2800 Euro netto für zwei Jahre Eltenzeit, bevor ihr Familieneinkommen wieder steigt. Die Empfehlung angewendet, dürfte die Kreditrate nun nur noch bei 490 Euro bis 700 Euro liegen. Damit wissen Thorben und Alex bereits, dass sie mit einer monatlichen Belastung von 700 Euro im Vollverdienst sehr angenehm leben könnten und bei Gehaltsausfällen etwas zurückhalten müssten. Je weiter sie sich Ausgaben in Höhe von 1000 Euro pro Monat annähern, desto herausfordernder wird die Zeit mit den Gehaltseinbußen. Wird die Regel verletzt und die Kreditrate liegt eher bei über 1300 Euro, wird's kritisch. Das Risiko ist so hoch, dass die finanzielle Verantwortung im Ernährer-Hausfrauen-Modell dem Vater leicht über den Kopf wachsen kann. Er arbeitet nur noch, um wohnen zu können, kann aber nicht mehr wohnen, weil er nur noch arbeiten geht.

Neben der Höhe eurer Kreditrate ist noch wichtig, wie viel Eigenkapital ihr hinzugeben könnt und vor allem wollt. Für die Bank als Kreditgeber ist Eigenkapital wichtig. Früher wurden um die 40 Prozent des Kaufpreises erwartet, zwischendurch reichten auch mal 10 bis 20 Prozent. Von eurem Vermögen müssen außerdem die Kaufnebenkosten bezahlt werden, die ihr mit zehn Prozent veranschlagen könnt. Dann seid ihr auf der sicheren Seite.

Wollt ihr also ein Haus zu einem Preis von 300 000 Euro kaufen, dann will die Bank mindestens 30 000 Euro sehen, lieber sind ihr 60 000 Euro und am liebsten wären ihr 120 000 Euro. Hinzu kommen 30 000 Euro Kaufnebenkosten, die ihr auf jeden Fall selbst tragen müsst. Je nach Bank und wirtschaftlicher Situation braucht ihr also zwischen 60 000 Euro und 150 000 Euro auf eurem Konto, um das Haus kaufen zu können. Das bedeutet im Umkehrschluss, dass der Kaufpreis das Doppelte bis Fünffache eures Eigenkapitals betragen kann. Was sagt eure Vermögensaufstellung? Wie viel Kapital habt ihr zur Verfügung? Könnt ihr dafür nicht einfach euer

Haushaltsbuch öffnen, geht zurück in Kapitel 3, um herauszufinden, wie ihr euer Vermögen berechnet.

Macht bitte nicht den Fehler und rechnet euch euer Vermögen schön. Wenn nach dem Hauskauf keine Rücklagen oder noch schlimmer kein Notgroschen mehr verfügbar sind, braucht nur euer Auto und eure Waschmaschine den Geist aufzugeben und ihr befindet euch in großen finanziellen Schwierigkeiten. Der Notgroschen und ein Anteil aus der Rücklage bleibt immer unangetastet – eben für den Notfall.

Jetzt kennt ihr die beiden wichtigen Komponenten: die Höhe eures Eigenkapitals und die monatliche Kreditrate, bestehend aus Zins- und Tilgungszahlungen. Als Nächstes geht ihr ins Internet und gebt in eine Suchmaschine »Darlehensrechner« ein. Dort gebt ihr den Kaufpreis ein. Dafür nehmt ihr euer Eigenkapital und multipliziert es mit dreieinhalb, das liegt in der Mitte des oben beschriebenen Budgetspielraums.

Schauen wir uns das einmal am Beispiel von Thorben und Alex an. Die beiden haben in ihrer Vermögensaufstellung herausgefunden, dass sie insgesamt 100 000 Euro zur Verfügung haben, davon möchten sie jeweils drei Monatsgehälter als Notgroschen behalten. Bleiben also noch ungefähr 85 000 Euro übrig. Auch ihre Rücklage wollen sie nicht vollständig aufbrauchen, sodass sie mit 75 000 Euro rechnen möchten. Multiplizieren sie das mit dem Faktor dreieinhalb, kommen sie auf 262 500 Euro. Ungefähr 26 000 Euro müssen sie noch für die Kaufnebenkosten zur Seite legen. Also können sie der Bank 49 000 Euro als Eigenkapital anbieten. Damit kämen sie bei aktuell drei Prozent Zinsen pro Jahr auf eine Darlehensrate von 1086,98 Euro, was deutlich über ihrem Spielraum von den vorhin errechneten 700 Euro bis 1000 Euro pro Monat liegt. Sie haben jetzt die Möglichkeit, noch mehr Eigenkapital hinzuzugeben und ihre Rücklage aufzubrauchen. Dann würde die monatliche Rate auf immerhin 995,67 Euro sinken. So wirklich wohl fühlen sie sich aber nicht damit, was bedeutet, dass sie mit dem Kaufpreis der Immobilie heruntergehen müssten. Nach ein paar Rechenbeispielen stellen sie fest, dass sie bei einem Kaufpreis von maximal 205 000 Euro für ihr zukünftiges Zuhause bei einer Darlehensrate von 742,46 Euro herauskommen würden, ohne dabei ihre Rücklage anfassen zu müssen. Damit kennen Thorben und Alex nun ihren Preisbereich, innerhalb dessen sie nach einer geeigneten Immobilie suchen können. Dieser liegt zwischen 205 000 Euro und 262 000 Euro, wobei Letzteres bereits größere finanzielle Einschränkungen bedeuten würde und somit die maximale Schmerzgrenze der beiden darstellt.

Das mag jetzt bitter klingen und sich schmerzvoll anfühlen. Denn ein Eigenheim wird eher selten als eine wirtschaftliche Entscheidung gesehen, ist es doch das neue Zuhause, der Ort, wo ihr als Familie glücklich sein wollt. Wo ihr mit Familie und Freund*innen ausgelassen feiert, euch liebt, euch streitet und wieder versöhnt. Der Ort, in den ihr so viel Zeit und Liebe steckt, damit er schön aussieht, sich gemütlich anfühlt und wo ihr nach einem stressigen Tag ankommen könnt. Und jetzt stellt ihr im Zweifel fest, dass die (gemeinsame) finanzielle Situation das gar nicht hergibt. Das ist wirklich ärgerlich, bedeutet aber leider, dass ihr entweder Abstriche von eurem Traum »Eigenheim« macht, doch lieber zur Miete wohnt und eure finanzielle Situation verbessert oder bewusst in Kauf nehmt, dass euch das alles irgendwann auf die Füße fällt.

Wer bekommt wie viel vom Eigenheim?

Vor dieser Frage standen auch Thorben und Alex. Ihr Plan: Jeweils 50 Prozent sollten ins Grundbuch eingetragen werden. Sie würden beide in dem Haus wohnen, sie würden beide das Darlehen abzahlen, sie würden beide Reparaturen und Sanierungen für das Haus tragen: Sie wollten sich das Eigentum teilen. Auch beim ersten Banktermin waren sie noch zuversichtlich, dass es klappen würde. Mit jedem weiteren Gespräch sank jedoch die Hoffnung. Alex hatte in der Vergangenheit deutlich weniger Geld zur Seite gelegt und besaß entsprechend nur einen geringen Teil des nötigen Eigenkapitals. Drei Viertel der Summe würde hingegen Thorben einbringen. Statt 50:50 würde das nach den Vermögensverhältnissen eher eine Verteilung von 80:20 für Thorben bedeuten. Doch die Tilgung und die Zinsen wollten sie auf jeden Fall 50:50 aufteilen und nicht 80:20 – ebenso die Handwerkskosten oder sonstigen Ausgaben. Ein echtes Dilemma, für das Thorben und Alex auch gar keine Lösung parat hatten. Sie einigten sich schlussendlich darauf, eine Verteilung von 70 Prozent und 30 Prozent im Grundbuch eintragen zu lassen. Aber so richtig gut fühlten sich beide nicht damit. Was tun?

Zunächst seid ihr sehr frei in eurer Aufteilung. Ihr könnt gemeinsam oder allein als Vertragspartner*in gegenüber der Bank auftreten und ihr könnt in das Grundbuch jede krumme Verteilung eintragen lassen. Das bietet viele Chancen und bedeutet gleichzeitig wieder jede Menge Austausch zwischen euch beiden.

Als wir noch nicht verheiratet waren, wollten wir unsere erste Immobilie als Kapitalanlage kaufen. Marielle hatte ein höheres Vermögen und einen unbefristeten Arbeitsvertrag. Mike hingegen war noch in seiner Probezeit und würde erst drei Monate später im unbefristeten Verhältnis ankommen. Probezeit ist eine rote Ampel bei Finanzierungsanfragen. Die Konditionen, falls es überhaupt welche gibt, steigen enorm an. Das führte dazu, dass uns geraten wurde zu warten oder dass das Darlehen von Marielle allein getragen werden sollte. Die dritte Option war, dass Mikes Arbeitgeber vorzeitig die Probezeit beendete. Warten war nun kein Problem für uns, es war die erste Anfrage und unser erster Versuch, ein Gefühl für den Immobilienmarkt und die damit verbundenen Prozesse zu bekommen. Gleichzeitig wollten wir aber flexibel bleiben, falls uns doch eine gute Gelegenheit unterkam. Keinesfalls wollten wir, dass Marielle als alleinige Vertragspartnerin auftritt und wir beide im Grundbuch stehen. Das hätte bei einer Trennung ein Horrorszenario ergeben. Also ging Mike zu seinem Arbeitgeber und fragte nach, ob sie nicht die Probezeit hiermit beenden könnten – und das konnten sie. Problem gelöst. Solche Herausforderungen können euch bei der Suche nach einem Eigenheim ebenfalls begegnen – da hilft nur Eigeninitiative oder Warten.

Kommt es für euch infrage, dass nur eine*r Kreditnehmer*in wird und ihr dennoch zu jeweils 50 Prozent im Grundbuch steht? Wenn ja, dann klärt das intern ebenfalls vertraglich. Denn was passiert, wenn nach fünf, zehn oder zwanzig Jahren die Beziehung endet und der Kredit noch abbezahlt werden muss? Allein ist er nicht bezahlbar, aber die zweite Person hat keine vertragliche Verpflichtung, die eigene Hälfte weiter zu übernehmen. Bei solchen Konstrukten wären wir extrem vorsichtig und raten definitiv davon ab. Falls ihr es also doch durchziehen wollt, sucht euch Unterstützung bei Rechtsanwält*innen und klärt mit ihnen gemeinsam, welche vertraglichen Optionen ihr habt.

Thorben und Alex bekommen jedoch nur zusammen einen Kredit, allein würde das jeweilige Einkommen und in Alex' Fall auch das Eigenkapital nicht ausreichen. Zu 75 000 Euro Eigenkapital könnte Alex gerade mal 15 000 Euro beisteuern. Der Rest käme von Thorben. Das ist viel Geld. Kein Wunder, dass sich beide dabei unwohl fühlen, die Eigentumsverhältnisse hälftig aufzuteilen. Wie könnten sie diese Differenz überbrücken?

Es stellt sich also die Frage, was für euch alles als Eigenkapital zählt. Ist dein Lieblingsmensch besonders handwerklich begabt und kann die Sanierung und Renovierung (fast) vollständig selbst erledigen, könntet ihr auch dies als Eigenkapital ansehen. Es müssen keine Handwerker*innen bezahlt werden und auch die Materialausgaben sind günstiger. Außerdem könnt ihr über den Anteil an der Darlehensrate sprechen. Angenommen, die Aufteilung beim Eigenkapital ist 80 Prozent zu 20 Prozent, könntet ihr besprechen, die monatliche Zahlung umgekehrt zu gewichten, bis das fehlende Eigenkapital eingebracht wurde. Das dauert ein paar Jahre und ist durchaus mit Unsicherheiten verbunden. Trennung, Arbeitslosigkeit, Kurzarbeit, Krankheit oder Tod können hier einen Strich durch die Rechnung machen. Das ergibt auch wenig Sinn, wenn das Paar sein Einkommen als Familieneinkommen und nicht mehr als persönliches Einkommen wahrnimmt.

In so einem Fall könnt ihr die Rücklage für die Altersvorsorge anschauen. Beispielsweise haben Thorben und Alex, die ihr Einkommen zusammengelegt haben, jeweils einen ETF-Sparplan über 200 Euro laufen. Bis das Eigenkapital ausgeglichen ist, könntet ihr die Zahlung der insgesamt 400 Euro über die 80:20-Verteilung anpassen, also zum Beispiel 320 Euro für Thorben und 80 Euro für Alex. Auch eine solche Regelung trägt das Risiko der Trennung, denn nach fünf Jahren wäre gerade mal ein Drittel abgezahlt, es bleiben noch über 20 000 Euro offen. Um Streit zu vermeiden ist auch hier eine vertragliche Regelung unumgänglich.

Der Eigenkapitalunterschied kann auch mit geplanten Auszeiten verrechnet werden: Plant das Paar eine Familie zu gründen, kommt es zu Gehaltsausfällen. Je nach Wahl des Elternzeitmodells und Aufteilung der Care-Arbeit fällt dies sehr einseitig aus. Im Ernährer-Hausfrauen-Modell könntet ihr die zu erbringende Care-Arbeit als Eigenkapital ansehen und damit hälftig im Grundbuch stehen, aber nur einseitig das Eigenkapital einbringen oder die Darlehensrate bezahlen.

Puh, denkt ihr euch nun sicher, so viele Argumente. Ja, völlig richtig, diese Komplexität macht es so spannend, eine Lösung zu finden, die sich für beide fair anfühlt. Und damit bleibt nichts anderes übrig, als alle Eventualitäten zu besprechen. Auszuhandeln, was sich fair anfühlt, was die eigenen Bedürfnisse sind, was ihr euch für eure Beziehung und Familie wünscht und wie eure eigene konkrete Lösung aussehen kann, ohne dabei die finanzielle Absicherung in der Zukunft außer Acht zu lassen. Dafür gibt es keine Formel. Aber wenn ihr klar wisst, was ihr wollt, zum Beispiel, dass beide im Grundbuch stehen, könnt ihr gemeinsam eine Lösung finden! Zu guter Letzt: Neben Kindern ist das Eigenheim die größte finanzielle Entscheidung, die im Laufe einer Beziehung getroffen wird. Das solltet ihr keinesfalls auf die leichte Schulter nehmen und voller Naivität sagen: »Aber wir lieben uns doch, da braucht es keinen Vertrag. Unnötiges Misstrauen macht nur die Beziehung kaputt.« Sagt euch lieber: »Wir lieben uns so sehr, dass wir uns auch für die Zukunft das Allerbeste wünschen, egal was mit uns oder unserer Beziehung geschieht. Deshalb halten wir das heute vertraglich fest.«

EIGENHEIM – AUF EINEN BLICK

Diese vier Fragen helfen euch bei der Entscheidung für bzw. gegen ein Eigenheim:

- Wie lange möchten wir an einem bestimmten Ort leben? Wie flexibel möchten wir umziehen können?
- In welchen Lebensphasen erwarten wir mehr zu verdienen – im Heute oder in der Zukunft – und wie passt das zu unserem Wohnwunsch?
- Wie viel Haus können wir uns leisten – sowohl zum Mieten als auch Kaufen?
- Wie möchten wir das Haus zukünftig nutzen, um damit ggf. Geld zu verdienen?

Diese drei Dinge in Bezug auf Geld solltet ihr vor einem Hauskauf auf jeden Fall tun:

- Ausrechnen, ob ihr euch die Rate auch noch beim Wegfall eines Gehaltes leisten könntet. Wenn ja, wie lange? Und wie lange könnt ihr die Rate begleichen, wenn beide Gehälter ausfallen?
- Besprechen, wie ihr das Haus nutzen wollt, wenn es einmal nicht mehr voller Kinder ist (oder bis es von Kindern belebt wird).
- Abwägen, welche Wünsche euch im Leben sonst noch wichtig sind und welches finanzielle Commitment diese erfordern, um sie zu leben.

KRANKHEIT UND TOD – WIE IHR EUCH DARÜBER HINAUS ABSICHERT

Während unserer Weihnachtsvorbereitungen nach der Geburt unseres Juniorinvestors im Jahr 2018 kam die Nachricht, dass es meiner (Mikes) Oma schlecht gehe und sie ins Krankenhaus gebracht wurde. Bereits die letzten Spieleabende hatte sie ausfallen lassen, weil sie nicht mehr genügend Kraft für den Trubel und den Weg hatte. Da ihre Schmerzen zu groß waren, kam sie vom Krankenhaus direkt auf die Palliativstation und dort wartete sie auf einen Platz in einem Hospiz. Die Plätze sind rar gesät, aber eine Rückkehr in ihre eigenen vier Wände war ausgeschlossen. Durch etwas Glück erhielt sie zu Beginn des neuen Jahres einen Platz in einem Hospiz. Es sollte sich herausstellen, dass ihr letztes großes Ziel ihr eigener Geburtstag im März war, bei dem sie ihre engste Familie ein letztes Mal um sich versammelte und sich von ihr verabschiedete. Die Nacht darauf verstarb sie im Schlaf.

Meine Mutter führte in dieser Zeit viele Gespräche über ihre Hinterlassenschaft mit ihr. Über Bankzugänge, Versicherungen und ihr Testament. Während meine Oma stets beteuerte, dass alles an einem Ort gesammelt sei und meine Mutter sich keine Sorgen zu machen brauche, stellte sich im Nachgang heraus, dass die Unterlagen fehlerhaft und unvollständig waren. Dass meine Oma bei schwindenden Kräften sich darum nicht mehr kümmern wollte, ist mehr als nachvollziehbar. Als mein Opa noch lebte, hatte er sich um all die Dinge gekümmert. Doch er ist bereits im Jahr 2006 verstorben und seitdem wurde der entsprechende Ordner nur sporadisch gepflegt. Einzig die Vollmacht zum Girokonto hatte meine Mutter erhalten, weil sie hin und wieder Einkäufe oder Geldabhebungen für meine Oma tätigen sollte.

Nach dem Tod meiner Oma hatte meine Mutter eine riesige Liste an bürokratischen Erledigungen vor sich, die sie aufgrund mangelnder Zugänge und Vollmachten aber erst mal nicht abarbeiten konnte. Immer wieder musste sie Fristen und Formulare abwarten, um dann die nächste Rechnung wie die der Bestatterin zu bezahlen. Das begann bei der Vorbereitung der Beerdigung, ging über die Auflösung der Wohnung und endete bei Profilen in den sozialen Medien. Da alle Onlinezugänge fehlten, ist meine Oma auch drei Jahre nach ihrem Tod noch auf Facebook und Co. vertreten. Jedes Jahr erhalte ich hier die Pushnachricht, dass ich ihr doch zum Geburtstag gratulieren könne. So dauerte es über zwei Monate, bis zumindest der Offlineteil ihrer Angelegenheiten geregelt war, wir Abschied von einem geliebten Menschen nehmen konnten und meine Mutter Zeit hatte, all das zu verarbeiten.

Ganz anders sah es bei Marielles Papa aus, als dieser durch einen Unfall völlig unerwartet während seines Besuchs in Neuseeland ums Leben kam. Er wurde nur 44 Jahre und hinterließ seine Frau mit drei minderjährigen Kindern. Was dies für ihre Familie bedeutete – auch in finanzieller Hinsicht –, darüber wird Marielle etwas später erzählen.

Uns passiert schon nichts, wir sind noch jung und gesund

Hast du das Buch von vorne nach hinten gelesen oder warst zumindest schon im Ehekapitel, dann kommt dir diese Aussage bekannt vor. Denn auch bei der Hochzeit gab es den Glaubenssatz bereits, nur in leicht abgewandelter Form. Er lautete: »Wir lieben uns doch, da braucht's keinen Vertrag!« Damals wie jetzt wird damit vom eigentlichen Thema abgelenkt. In beiden Fällen geht es nicht darum, sich nicht mehr lieben zu wollen oder die feste Erwartung zu haben, in einen tödlichen Unfall verwickelt zu sein.

Liebt ihr euch, schließt ihr einen Ehevertrag nicht ab, um euch gegenseitig auszubeuten oder vor der Ausbeutung abzusichern, sondern um euch heute zu einigen, was es bedeutet, auch in Zukunft wohlwollend und wertschätzend miteinander umzugehen und etwaige Dritte (Kinder, Mieter*innen, Arbeitnehmer*innen) zu schützen.

Sich mit der Zeit während einer schweren Krankheit oder nach einem (plötzlichen) Tod zu beschäftigten, heißt also nicht, permanent über Krankheit und Tod zu sprechen. Vielmehr wird über das Leben während der Krankheit und nach dem Tod gesprochen. Was möchtest du für dich selbst während einer Krankheit? Was möchtest du, wenn du schwerverletzt ins Krankenhaus eingeliefert wirst? Welche Maßnahmen sollen durchgeführt werden? Und bis zu welchem Grad? Was soll nach dem Tod passieren? Wie soll die Beerdigung aussehen? Wie ist der Lieblingsmensch finanziell abgesichert? Wie werden auch die Kinder weiter versorgt? Was soll mit dem eigenen Vermögen passieren? Wie schafft ihr es, dass der Lieblingsmensch alleinerziehend Arbeit und Familie meistern kann?

Aber ist die Einstellung »Mir passiert schon nichts, deshalb kümmere ich mich nicht drum« nun wirklich in unserer Gesellschaft vertreten? Die Deutsche Bank hat zumindest zum Testament im Jahr 2018 eine repräsentative Umfrage durchführen lassen. Zwar steigt der Anteil der Menschen, die ein Testament abschließen, an, jedoch liegt er nur bei 39 Prozent. Nur fünf Prozent sagen bewusst, dass sie kein Testament planen. Und dann gibt es die 56 Prozent in der Mitte, davon 36 Prozent, die zumindest schon mal drüber nachgedacht haben, 11 Prozent, die sich noch keine Gedanken gemacht haben, und 9 Prozent, die nicht antworten wollten.[1] Zwei von drei Menschen stehen also ohne Testament da. Bei den unter 50-jährigen Personen sind es sogar 85 Prozent, die kein Testament besitzen. Erst im Rentenalter besitzt über die Hälfte der befragten Personen (58 Prozent) ein Testament. Tatsächlich machen junge (und gesunde) Menschen nur einen kleinen Prozentsatz der jährlich Versterbenden aus. Von allen Todesfällen in den letzten drei Jahren waren gerade mal drei Prozent unter 50 Jahre alt. Zwischen 50 Jahre und 65 Jahre waren es etwa 11 Prozent. Die übrigen 86 Prozent sind älter als 65 Jahre.[2] Nun sind das aber nur Momentaufnahmen und es sagt noch nichts über die Lebenswahrscheinlichkeit für die kommenden Jahre aus. Der Statistiker Dr. Nathan Yau entwarf mit den verfügbaren Daten für die USA ein statistisches Modell, um zu berechnen, wie hoch die Wahrscheinlichkeit ist, in den nächsten Jahren zu sterben. Den Rechner findet ihr im Internet und wir haben ihn für eine 30 Jahre alte Frau und einen 30 Jahre alten Mann durchlaufen lassen. Das Ergebnis siehst du über den QR-Code.[3]

Bis zum 50. Lebensjahr zu versterben, liegt also bei etwa vier bis fünf Prozent. Die Wahrscheinlichkeit, dass du in den nächsten 30 bis 39 Jahren verstirbst, liegt irgendwo bei 9 Prozent bis 16 Prozent. Das sieht schon nicht so rosig aus. Kannst du da weiterhin recht locker sagen: »Na ja, da kümmere ich mich dann ab dem 50. Lebensjahr drum«? Schiebst du es dennoch vor dir her, obwohl du genau weißt, wie sinnvoll es ist? In vielen Fällen mag es auch gar nicht nötig sein. Bist du Single und trägst keinerlei Verantwortung für andere Menschen in der Familie, ist es finanziell nicht entscheidend, was nach deinem Tod passiert. Dann besteht auch kein konkreter Handlungsbedarf.

Wie soll jedoch der Umgang aussehen, wenn du noch am Leben bist, aber keine eigene Entscheidung mehr treffen kannst, beispielsweise weil du im Koma liegst oder stark dement bist? Ist es dann okay, dass ein Gericht einen Vormund bestellt, der ab da medizinische Entscheidungen (über Leben und Tod) trifft? Oder willst du lieber doch im gesunden Zustand selbst die Entscheidung für dich treffen?

Menschen können nicht mit Wahrscheinlichkeiten umgehen, sondern entscheiden schnell auf Basis ihrer Emotionen oder kurzen Überschlagsrechnungen.[4] Das ist besonders in Gefahrensituationen und im Alltag äußerst hilfreich, denn du willst innerhalb von Sekundenbruchteilen in Sicherheit sein und nicht über jedes Detail nachdenken. Aber wenn es um Finanzen geht, dann stört dieser Mechanismus. Aus dem Hochzeitskapitel kennen wir bereits das Lottobeispiel: Sieben Millionen Menschen spielen Lotto bei einer Jackpotwahrscheinlichkeit von 0,00000715 Prozent,[5] aber nur gut fünf Millionen Menschen haben eine Vorsorgevollmacht abgeschlossen[6] und gerade mal 4,6 Millionen der unter 50-jährigen Menschen in Deutschland haben ein Testament.[7] Für eine 30-jährige Person ist die Wahrscheinlichkeit, bis 50 zu sterben, über 400 000 mal höher, als im Lotto zu gewinnen. Aber sich mit dem Tod zu beschäftigen und darüber nachzudenken, wie es für Familie und Angehörige danach weitergeht, ist eben viel unangenehmer, als sich ein paar Millionen Euro auf dem Konto vorzustellen.

Deshalb ist – gerade bei langjährigen Beziehungen oder wenn ihr Kinder habt – der Perspektivwechsel so wichtig. Ihr könnt auf das Leid während der Krankheit und auf den Moment des Todes und die anschließende Trauer blicken. Doch das hemmt. Wer will sich schon mit dem eigenen Tod oder dem des Lieblingsmenschen beschäftigen? (So gut wie) niemand! Auch wir nicht. Aber was wäre, wenn ihr euch damit beschäftigt, dass es dem Lieblingsmenschen oder den Kindern bis an ihr Lebensende gut geht und ihr heute alles dafür getan habt, dass dies auch so eintritt, unabhängig davon, was mit dir selbst passiert? Willst du, dass es den Menschen, die du liebst, möglichst lange gut geht? Wir gehen fest davon aus!

Mikes Opa war 2006 bereits schwer krank, als seine Großeltern beschlossen, in ein betreutes Wohnen umzuziehen. Dass er überhaupt noch am Leben war, war erstaunlich, da sich in seinem gesamten

Körper Metastasen gebildet hatten. Es gab kaum noch ein Organ, das nicht befallen war. Umso bemerkenswerter, dass er diesen Umzug so sehr forcierte. Wer schon mal umgezogen ist, weiß, wie anstrengend das ist. Nur wenige Wochen nach dem Umzug verstarb Mikes Opa. Wie groß muss der Wunsch gewesen sein, seine deutlich jüngere Frau in Sicherheit zu bringen, zu wissen, dass sie gut aufgehoben ist, dass er diese Strapazen in diesem körperlichen Zustand aushielt, nur um ein paar Wochen danach zu versterben?

Mit dieser Motivation blicken wir nun auf die drei Bereiche, die sinnvoll sind, in eurer Beziehung anzusprechen, euch darüber auszutauschen und sie gemeinsam umzusetzen:

1. Erben und Erbschaftssteuer
2. Zugänge und Vollmachten
3. Versicherungen

Erben und Erbschaftssteuer

An dieser Stelle wird es Zeit, von bereits angekündigtem Beispiel meines Vaters zu erzählen (Marielle), der 2008 verstorben ist. Zu dem Zeitpunkt waren meine Eltern – beide Beamte des gehobenen Verwaltungsdienstes – seit fast 18 Jahren verheiratet. Meine jüngeren Brüder waren 14 und 9 Jahre alt. Ich selbst war gerade 16 geworden und verbrachte mein Auslandsschuljahr in Neuseeland. Meine Familie besuchte mich nach einigen Monaten für einige Wochen. Während dieses Besuches blickte mein Papa während eines Morgenlaufes (er war passionierter Jogger) aufgrund des Linksverkehrs beim Überqueren einer Landstraße in die falsche Richtung und lief direkt vor ein Auto. Er verstarb wenige Stunden später und so war meine Mutter mit 43 Jahren plötzlich Witwe und alleinerziehend mit drei minderjährigen Kindern. Noch dazu am anderen Ende der Welt. Zeit für Trauer blieb wenig, denn es gab vieles zu organisieren.

Meine Eltern hatten kein Testament und auch keinen Erbvertrag aufgesetzt. Für meinen Vater galten also die gesetzlichen Regelungen zur Erbfolge und meine Mutter musste sich als Ehefrau um die Umsetzung kümmern. Zurück in Deutschland begann dies mit der Beantragung eines Erbscheins (was übrigens auch einige Zeit in Anspruch nahm – denn erst einmal musste die englischsprachige neuseeländische Sterbeurkunde ins Deutsche übersetzt und beglaubigt werden).

Die gesetzliche Erbfolge besagte, dass das gesamte Vermögen zur Hälfte an meine Mutter und zur anderen Hälfte an uns drei Kinder gehen würde. Mit dem Aktiendepot meines Vaters war dies einfach – es musste nichts verkauft werden, sondern meine Mutter verteilte alle Aktienbestände einfach auf unsere drei Kinderdepots und beließ den Rest im Gemeinschaftsdepot, das sie dann auf sich allein umschreiben ließ. Das gemeinsame Girokonto und Tagesgeldkonten, auf denen die beiden für verschiedene Ziele sparten, wurden auf meine Mutter umgeschrieben. Auch hier achtete die Bank darauf, dass alle Bestände gemäß der Erbfolge (50 Prozent an meine Mutter und die anderen 50 Prozent an uns Kinder) verteilt wurden.

*Außerdem gehörten meinen Eltern zwei Eigentumswohnungen zu jeweils 50 Prozent – beide wurden vermietet. Auch das war einfach aufzuteilen: Ab sofort gehörten meiner Mutter 75 Prozent der Wohnungen und das restliche Viertel wurde in unserer Erbengemeinschaft zu jeweils 1/12 auf uns drei Kinder verteilt. Um die Verwaltung und Abwicklung mit den Mieter*innen kümmerte sich weiterhin meine Mutter. Im Grundbuch standen nun auch wir Kinder. Offiziell waren wir nun auch Vermieter*in und meine Mutter musste daher ab sofort eine jährliche Einkommenssteuererklärung für uns Kinder machen – auch wenn die Mieteinnahmen in der Praxis einfach weiterhin auf das Konto meiner Mutter liefen.*

Mit dem Haus meiner Eltern, in dem wir als Familie lebten, war es etwas kniffliger. Denn es gehörte meinem Vater zu 3/4 und meiner Mutter zu 1/4. Sie hatten sich damals für diese Verteilung entschieden, da mein Vater Eigenkapital eingebracht hatte und meine Mutter kaum etwas beisteuern konnte. Das Haus war zu seinem Todeszeit-

punkt gerade ein paar Jahre komplett abgezahlt. Die 3/4 meines Vaters wurden also aufgeteilt: Die Hälfte wurde an meine Mutter und die andere Hälfte an uns drei Kinder verteilt. Somit erhielt meine Mutter 3/8 seines Hausanteils und wir Kinder jeweils 1/8. Meiner Mutter gehörten fortan 5/8, während sie zeitgleich für die Verwaltung unserer Anteile zuständig war, da wir alle noch minderjährig waren. Dies bedeutete für sie nun, eine jährliche zusätzliche Steuererklärung für die Erbengemeinschaft zu erstellen. Außerdem musste das Grundbuch entsprechend angepasst werden. Theoretisch könnten wir drei Kinder heute, wo wir alle volljährig sind und nicht mehr zu Hause leben, eine Mietzahlung von ihr für unsere Anteile am Haus fordern.

Die Aufteilung all dieser Vermögenswerte beanspruchte mehrere Wochen beziehungsweise Monate, in einer Phase, in der meine Mutter noch so viel anderes in ihrem Leben neu zu sortieren und uns Kinder in der Trauer zu begleiten hatte. Glücklicherweise lagen die Vermögenswerte insgesamt wenigstens noch unter den Erbschaftssteuerfreibeträgen, sodass meiner Mutter diese Bürokratie erspart blieb. Doch das wollte sie mit zunehmendem Wertzuwachs der Immobilien im letzten Jahrzehnt nicht noch einmal riskieren und so stand ein Termin über all die Jahre fest:

Als mein jüngster Bruder 18 Jahre alt wurde (9 Jahre nach dem Tod meines Vaters!), vereinbarte meine Mutter sofort einen Notartermin – denn sie wollte endlich die Erbengemeinschaft für die Immobilien und so die jährlich wiederkehrende Bürokratie auflösen. Sie hatte inzwischen allein noch eine weitere Wohnung gekauft und so veranstalteten wir beim Notar nun ein munteres Hin-und-her-Schenken, sodass am Ende jedem Kind eine Wohnung gehörte und nur das Haus in der Erbengemeinschaft verblieb. Mit diesem Termin sorgte sie auch dafür, dass wir in hoffentlich ferner Zukunft weniger unklare Verhältnisse und Bürokratie vor uns haben, als wir es bei meinem Vater hatten.

Aber was hätten meine Eltern denn gemeinsam zu Lebzeiten mei-

nes Vaters besser vorbereiten können? Welche gesetzlichen Regelungen sollten wir für uns anpassen, um nicht im schlimmsten Fall in unserer Generation eine ähnliche Situation zu erleben?

Seid ihr verheiratet, damit im Güterstand der Zugewinngemeinschaft (was ihr automatisch seid, wenn ihr nichts anderes vereinbart habt) und habt Kinder, dann vererbt ihr euch gegenseitig die Hälfte des Erbes und der Rest geht gleichmäßig an eure Kinder. Sollten diese selbst Kinder haben und bereits verstorben sein, dann geht der Anteil weiter an die Enkel und so fort. Gibt es keine direkten Nachkommen der verstorbenen Person, aber noch Eltern oder Großeltern oder Nachkommen von diesen, erhalten diese ein Viertel und die Ehepartnerin oder der Ehepartner drei Viertel des Erbes. Erst wenn es keine Nachkommen der Großeltern mehr gibt, bekommt der Ehepartner oder die Ehepartnerin das gesamte Erbe. Eine Einschränkung gibt es dabei noch: Sollte etwas anderes als der Güterstand der Zugewinngemeinschaft vereinbart sein, kann sich das Erbe um ein Viertel verschieben, weg von den Eheleuten hin zu den (Groß-)Eltern.[8]

Seid ihr in einer eingetragenen Lebenspartnerschaft, gelten dieselben Regeln. Lebt ihr jedoch in einer Beziehung, ohne geheiratet zu haben, geht das gesamte Erbe an die Kinder, Eltern oder Großeltern, ohne dass der Lieblingsmensch davon etwas sieht. Dann braucht ihr ein Testament oder einen Erbvertrag. Auch wenn jemand aus dem Freundeskreis, ein Bonuskind des Lieblingsmenschen oder eine bestimmte (ehrenamtliche) Organisation einen Teil erben soll, braucht es eine entsprechende Vereinbarung. Auch wenn ihr euch gegenseitig als Alleinerb*in einsetzen möchtet, braucht ihr ein sogenanntes Berliner Testament. Dies verhindert aber nicht, dass der Pflichtanteil von Abkömmlingen oder Verwandten der zweiten oder dritten Ordnung eingefordert werden kann. Der Pflichtanteil umfasst die Hälfte der gesetzlichen Vorgabe.[9]

Unterschied Testament und Erbvertrag

Ein Testament ist ein einseitiges Dokument, das jederzeit geändert werden kann, ohne dass der / die Begünstigte informiert wird.

Ein Erbvertrag wird von beiden unterzeichnet und ist somit nicht ohne Kenntnisnahme änderbar oder zurückzunehmen.

Klingt alles sehr theoretisch und furchtbar kompliziert? Deshalb schauen wir uns einmal an, was dies für uns bedeutet. Würde Mike aufgrund einer Krankheit, eines Unfalls oder aus sonstigen Gründen jetzt versterben, wären unsere Kinder noch sehr klein und könnten ihr Vermögen nicht selbst verwalten. Nehmen wir folgendes Szenario an: Mikes Vermögen (das auf seinen Namen angelegt ist) beträgt zum Zeitpunkt seines Todes 200 000 Euro. Durch die gesetzliche Erbfolge erbt Marielle 100 000 Euro und unsere Kinder jeweils 50 000 Euro. Durch das Aufsetzen eines Berliner Testaments, also dass in Mikes Todesfall Marielle die Alleinerbin wäre (und umgekehrt), würde sie zunächst die gesamten 200 000 Euro durch das Testament erben. Unsere Kinder könnten allerdings ihren Pflichtanteil einfordern, der ist halb so hoch wie die gesetzliche Regelung. Würden die Kinder darauf bestehen, müsste Marielle ihnen jeweils 25 000 Euro auszahlen.

Nun ist es aber so, dass Mikes Vermögen nicht auf dem Tagesgeldkonto liegt, sondern zu großen Teilen durch das Eigenheim zustande kommt und durch Schulden gemindert wird:

200 000 € (Anteil am Haus) – 70 000 € (Anteil an Restschulden) +
40 000 € (Aktiendepot) + 12 000 € (Bausparvertrag) +
18 000 € (Tagesgeldkonto) = 200 000 €

Sonderregelung fürs Vererben von Wohnimmobilien
Für bis zum Tod selbst genutzte Immobilien gilt beim Vererben unter Ehegatten oder an die Kinder, dass diese steuerfrei vererbt werden können. Wichtigste Voraussetzung hierfür ist, dass die Immobilie auch von der Erbin oder dem Erben für mindestens weitere 10 Jahre selbst genutzt wird. Ausnahmen von der Selbstnutzung darf es nur aus zwingenden Gründen (z. B. Krankenhausaufenthalt) geben. Bei Kindern darf die Wohnfläche der Immobilie zusätzlich nicht mehr als 200 Quadratmeter groß sein.

Würden die Kinder ihren Pflichtteil einfordern, könnte Marielle diesen aktuell gar nicht bezahlen, da das Vermögen in Sachwerten wie dem Eigenheim oder den Unternehmensanteilen liegt. Hier kann nun eine Stundung beantragt werden, sodass der Pflichtteil erst zu einem späteren Zeitpunkt ausgezahlt wird. Wann das ist, ist nicht festgeschrieben, sondern hängt von Situation und Gericht ab. Im erzwungenen Zahlungsfall müsste Marielle also beispielsweise Aktien aus Mikes Depot verkaufen und das Tagesgeldkonto leeren, um die Kinder auszahlen zu können. Ferner hätten wir per Testament festlegen können, dass unser Haus nicht verkauft werden darf, solange die hinterbliebene Person weiter darin wohnt, um einen Erbteil auszubezahlen. Dadurch würde die Auszahlung des Erbes ebenfalls gestundet werden. Damit stellt ihr im Streitfall sicher, dass das Dach über dem Kopf und die finanzielle Lage stabil bleiben. Es gilt also einiges zu regeln für den Fall, dass ein Lieblingsmensch verstirbt. Die passenden Fragen haben wir hier noch mal für euch zusammengefasst:

- Passt für euch die gesetzliche Erbreihenfolge?
- Falls nein, möchtet ihr euch gegenseitig als Alleinerb*in einsetzen?
- Wollt ihr oder eine*r von euch weitere Menschen oder Organi-

sationen ins Testament integrieren? Beispielsweise das Kind des Lieblingsmenschen aus erster Ehe, den Sportverein oder bei nicht verheirateten Paaren und ohne eingetragene Partnerschaft sich gegenseitig?
- Wollt ihr bestimmte Vermögenswerte vor dem Verkauf schützen, um das Erbe nicht auszahlen zu müssen? Beispielsweise das Eigenheim von der Teilung ausschließen, solange der Lieblingsmensch darin wohnt.
- Wollt ihr ein eigenhändiges Testament oder ein öffentliches Testament (notariell beglaubigt)?
- Wollt ihr jemanden enterben? Die Hürden sind sehr hoch und sollten mittels juristischer Beratung geklärt werden.
- Wollt ihr Ersatzerb*innen bestimmen, falls ein*e Erb*in vor euch stirbt?
- Wollt ihr eine*n Testamentsvollstrecker*in einsetzen, um die Anordnungen des Testaments ausführen und damit euren Letzten Willen in die Tat umsetzen zu lassen?
- Wollt ihr, dass bestimmte Gegenstände spezifischen Personen vererbt werden?

All die Fragen kannst du dir auch stellen, wenn du gerade Single bist, aber für Paare (gerade mit Kindern) erreichen sie ein anderes Niveau. Hier braucht es eine gemeinsame Vorstellung und eine gemeinsame Regelung für den Fall der Fälle, um die hinterbliebenen Personen finanziell abzusichern und die Bürokratie zu verringern.

Habt ihr so weit alles besprochen, seid ihr gut aufgestellt, falls einem Lieblingsmenschen etwas passiert. Was ist aber, wenn Marielle nun zwei Wochen nach Mikes Tod einen schweren Verkehrsunfall erleiden und an den Folgen sterben würde?

Der Erbprozess ist bis dahin noch nicht abgewickelt, das Testament noch nicht verlesen und wir sind auch nicht aufgrund desselben Ereignisses ums Leben gekommen. Sprich, es würde erst die gesetzliche Erbfolge von Mike an Marielle und seine Kinder erfolgen. Und dann die gesetzliche Erbfolge von Marielle an ihre Kinder. Das ist sehr zeitaufwendig, erfordert bei minderjährigen Erben einen zusätzlichen Vormund und kostet ab einem gewissen Vermögen auch einfach einen Haufen Geld (in Form von Erbschaftssteuer), kann aber umgangen werden, indem ihr in das Testament einen Satz wie »Sollten wir beide gleichzeitig oder in einem Abstand von maximal zwei Monaten versterben, so gilt folgende Erbfolge: …« integriert.[10] Bitte sucht euch für die genaue Formulierung eures Testaments juristische Beratung, sodass dies auch vor Gericht standhalten kann, besprecht dort diese Situation und welche Möglichkeiten euch zur Verfügung stehen.

Jedoch ist damit noch nicht die wichtigste aller Fragen geklärt: Was passiert mit unseren Kindern, sollten wir beide versterben?

Diese Frage haben wir uns gestellt, als wir Eltern wurden. Wir wollten diese Entscheidung keinesfalls dem Gericht überlassen, sondern selbst bestimmen, wer der Vormund unserer Kinder werden soll. Das Gericht selbst würde bei Verwandten, beispielsweise den Großeltern, Tanten oder Onkel der Kinder nach einem passenden Vormund schauen, diese befragen und dann eine Entscheidung treffen. In unserem Fall wollten wir aber, dass ein sehr gut befreundetes Ehepaar, das ein Kind im ähnlichen Alter wie unsere Söhne hat, die Vormundschaft übernimmt, sollten wir beide vorzeitig versterben. Sollte der ausgewählte Vormund die Aufgabe nicht ausführen können, könntet ihr sogar noch einen Ersatzvormund bestimmen. In diesem Fall haben wir mit unserer Anwältin ein Dokument aufgesetzt, das von uns und dem befreundeten Paar unterschrieben wurde und von dem die entsprechenden Kopien vorliegen.

Egal, wer der Vormund der Kinder werden würde – dieser ist dann auch verantwortlich für die Finanzen und damit das Erbe der Kinder, bis diese volljährig sind. Wer soll sich also um eure Kinder kümmern, solltet ihr beide versterben? Und wie sieht eure Erbreihenfolge aus, solltet ihr kurze Zeit nacheinander sterben?

Bei der Verteilung des Erbes sollten auch die Grenzen für die Erbschaftssteuer berücksichtigt werden. Je nach Verwandtschafts- oder Beziehungsgrad stehen unterschiedliche Freibeträge zur Verfügung. Eheleute und eingetragene Lebenspartnerschaften dürfen sich 500 000 Euro steuerfrei vererben. An die Kinder können 400 000 Euro ohne Steuern vererbt werden. Enkelkinder müssen über 200 000 Euro Steuern zahlen und die eigenen Eltern erhalten immerhin noch 100 000 Euro steuerfrei. Alle übrigen Verwandtschafts- und Beziehungsverhältnisse können maximal 20 000 Euro erben, ohne Steuern zahlen zu müssen.

Wichtig: Die Erbschaftssteuer hängt sehr eng mit der Schenkungssteuer zusammen. Es gelten dieselben Freibeträge, und das für jedes Personenverhältnis nur einmal in 10 Jahren. Verschenkt also eine Person 300 000 Euro an sein Kind, verstirbt weniger als 10 Jahre später und vererbt dann noch einmal 300 000 Euro an dasselbe Kind – dann müssen 200 000 Euro davon versteuert werden.

Unterschied eigenhändiges und öffentliches Testament

Das eigenhändige Testament kann ohne notarielle Beglaubigung erstellt werden. Voraussetzung für die Gültigkeit ist, dass es von einem der Eheleute handschriftlich vom ersten bis zum letzten Wort lesbar verfasst wurde. Und dass bei den Unterschriften der vollständige Name (Vor- und Nachname) sowie der Ort und das Datum vorhanden sind. Ein eigenhändiges Testament sollte alle paar Jahre erneuert werden, damit dies aktuell bleibt.

Das öffentliche Testament wird notariell beglaubigt. Hier findet eine vorherige Beratung statt und das Testament wird beim Amtsgericht verwahrt und im Todesfall an die Erb*innen versendet. Hierbei entstehen Gebühren für die Beglaubigung und die Verwahrung.

Im Fall meines Vaters ist glücklicherweise keine Erbschaftssteuer angefallen. In diesem Fall war es sogar gut, dass wir als Erbengemeinschaft geerbt haben. Ein Berliner Testament hätte mit den drei Immobilien und dem Aktienvermögen vermutlich eine knappe Überschreitung des Steuerfreibetrags für meine Mutter bedeutet. Durch die Aufteilung des Vermögens lagen wir alle unter den Freigrenzen.

Wären meine Eltern allerdings nicht verheiratet gewesen und hätten auch kein Testament gehabt, dann hätte meine Mutter gar nichts geerbt, sondern wir drei Kinder hätten alles bekommen. Das Eigenheim, in dem meine Mutter mit uns lebte, hätte also in Zukunft weiterhin zu ¼ ihr gehört und jedem Kind jeweils ein weiteres Viertel. Der Bestand auf den gemeinsamen Konten hätte zur Hälfte auf unsere Kinderkonten wandern müssen und auch die Aktienbestände wären vollständig auf meine Brüder und mich aufgeteilt worden.

Aber ist das nicht okay? Schließlich erben wir ohnehin irgendwann alles. Doch in der Situation meiner Mutter, die zu diesem Zeitpunkt (zwar zu guten Bedingungen) bereits seit 16 Jahren nicht mehr Vollzeit, sondern maximal Teilzeit gearbeitet hatte und selbst kein großes Vermögen mit in die Beziehung gebracht hat, wäre die finanzielle Herausforderung deutlich größer geworden. Und aufgrund der geringeren Erbschaftssteuerfreibeträge für Kinder hätte es für uns Kinder eng werden können, dass wir vielleicht doch steuerpflichtig geworden wären. Ist die Steuerzahlung nicht in Barmitteln verfügbar, dann müssen Unternehmensanteile (Aktien) oder im schlimmsten Fall das Haus verkauft werden, um die Steuer zahlen zu können.

Noch einmal zurück zu uns und unserer potenziellen Erbfolge: Angenommen, Mike hat mittels eines Testaments festgelegt, dass Marielle Alleinerbin für seine Hausanteile und das Aktiendepot sein soll. Die Kinder sollen das restliche Vermögen erhalten. Die Gesamtsumme umfasst weiterhin 200 000 Euro. Dann sieht es wie folgt aus: Marielle erbt also die 130 000 Euro des Hauswertes und die 40 000 Euro des Aktiendepots. Bleiben für die Kinder jeweils 15 000 Euro übrig. Ihr jeweiliger Pflichtanteil ist aber 1/8 der Erbmasse (1/4 für die Kinder geteilt durch zwei Kinder) und somit 25 000 Euro pro Kind.

Das bedeutet, dass Marielle verpflichtet ist, ihren Kindern jeweils weitere 10 000 Euro auszubezahlen. Leider weicht an der Stelle die Theorie von der Praxis ab. Minderjährige Kinder (ganz zu schweigen von so kleinen wie unseren) haben noch gar kein Wissen, dass ihnen dieser Pflichtanteil zusteht. Es braucht also eine externe Person, die dafür sorgt, dass dies auch so umgesetzt wird. Das Finanzamt bei der Erbschaftssteuererklärung oder das Jugendamt sollte prüfen, dass die Kinder nicht benachteiligt werden.

Ohne Hochzeit, ohne Kinder, aber dafür mit Testament würde es für Marielle bereits teuer werden. Vorausgesetzt, es sind keine anderen Pflichterb*innen mehr am Leben, würde Marielle die gesamten 200 000 Euro von Mike erben. Unverheiratet liegt die Freigrenze allerdings bei 20 000 Euro. (Nein, hier fehlt keine Null.) Das bedeutet, dass sie 180 000 Euro versteuern müsste. Da der Großteil des Erbes aus dem Wert des Eigenheims und des Aktiendepots besteht, ist fraglich, ob Marielle die Steuern bezahlen könnte oder auch hier Unternehmensanteile verkaufen müsste.

Du merkst, dass das gar nicht so einfach ist. In den verschiedenen Fällen sind der Lieblingsmensch und etwaige Kinder unterschiedlich gut abgesichert, müssen unterschiedlich Steuern zahlen und unterschiedlich viel Bürokratie überwinden. Es lohnt sich also auch aus diesen Gesichtspunkten, auf das Testament zu blicken.

Gehe folgende Schritte durch und nimm am besten deinen Lieblingsmenschen gleich mit, um ein passendes Testament aufsetzen zu können:

1. Beantworte die obigen Fragen.
2. Entscheidet, was passiert, solltet ihr zur selben Zeit oder kurz nacheinander versterben.
3. Prüfe, ob Steuerfreigrenzen überschritten werden und ob dies

zu einer finanziellen Belastung werden würde. Dabei geht es nicht darum, Steuern zu sparen, sondern mögliche Zwangsverkäufe von Eigentum aufgrund der Steuerlast zu verhindern.
4. Verfasse dein Testament – im besten Fall verfasst ihr beide euer Testament – entweder eigenhändig oder mit notarieller Beglaubigung.

Eine Sache noch zum Schluss. Die Freigrenzen können sich im Laufe der Jahre verschieben. Lass dich am besten – egal, wann du dich für ein Testament entscheidest – steuerlich und/oder juristisch beraten, ob deine Vorstellungen (noch) umsetzbar sind. Gesetze ändern sich und es wäre ärgerlich, wenn dein oder euer Letzter Wille aufgrund eines Formfehlers nicht umgesetzt wird.

Zugänge und Vollmachten

Mein Vater verstarb im Mai 2008 und im September 2008 erreichte die damalige Finanzkrise ihren Höhepunkt. Bis zu seinem Tod kümmerte sich ausschließlich er um das Aktiendepot der Familie. Das Passwort zum Depot änderte er kurz vor der Abreise nach Neuseeland noch einmal und sagte es meiner Mutter zwischen Tür und Angel. Im Nachgang sollte sich herausstellen, dass das ein großes Glück war. Denn ohne das Passwort hätte meine Mutter sich erst einmal um einen Passwort-Reset kümmern müssen, inklusive Nachweis ihrer Zugangsberechtigung. Dinge, die in solchen Lebensphasen und gleichzeitig Krisenzeiten an den Börsen eine Menge Geld verbrennen können und vor allem Nerven kosten, die man nicht hat. Denn die Bürokratie nach einem Tod – besonders einem Unfalltod – dauert. Hätte meine Mutter beispielsweise keinen Zugang zum gemeinsamen Rücklagenkonto gehabt oder erst lange herumsuchen müssen, wären vermutlich einige Rechnungen lange liegen geblieben. Und Rechnungen gibt es nach so einem Tod viele.

Zwar steht in jedem Brief und jeder Mail, dass PINs und private Kontodaten persönlich zu verwahren sind und keinesfalls mit einer anderen Person geteilt werden sollten, aber das ist nur ein Teil der Wahrheit. Zunächst ist diese Aussage völlig richtig und mit diesen Daten sollte äußerst sensibel umgegangen werden. Doch einen Zugang sicherzustellen, gehört auch zur finanziellen Absicherung des Lieblingsmenschen und der Kinder. Meinen Eltern ging es finanziell einigermaßen gut und sie hatten mit den Beamtenverhältnissen gute Rahmenbedingungen, sie haben auch in Sachen Gleichberechtigung viel richtig gemacht, aber den meisten geht es finanziell nicht so gut wie meiner Mutter nach dem Tod meines Vaters.

Das Nettoeinkommen von verheirateten Frauen zwischen 30 Jahren und 50 Jahren liegt für 63 Prozent bei weniger als 1000 Euro netto im Monat. 19 Prozent haben sogar gar kein eigenes Einkommen. Und wäre das nicht schlimm genug, verdienen nur sechs Prozent (!) mehr als 2000 Euro netto pro Monat.[11] Gehörst du also zu diesen sechs Prozent, ist das ein absoluter Glücksfall für dich, um mit einer Tragödie wie einem Todesfall finanziell umgehen zu können. Die Mehrheit würde ohne einen Kontozugriff vor gravierenden finanziellen Schwierigkeiten stehen, während sie die Trauer um ihren Lieblingsmenschen bewältigen muss.

Was ist zu tun?

Erstens legt ihr einen Ordner an, in dem die wichtigsten Zugänge zu Geld und Informationen sowie die wichtigsten Dokumente wie Urkunden, Impf- oder Reisepässe (in Kopie) hinterlegt sind. Dieser Ordner kann in einem Bankschließfach, in einem häuslichen Tresor oder an einem vertrauenswürdigen Ort aufbewahrt werden. Im digitalen Zeitalter wäre auch eine sichere Cloud mit digitalem Tresor extra für sensible Dokumente denkbar. Dann muss nur der Zugang zu diesem Ordner sichergestellt werden.

Zweitens können Vollmachten zu (wichtigen) Konten und Depots erteilt werden. Damit ist sichergestellt, dass auch nach deinem Tod jemand an das Geld kommen und dieses verwalten kann.

Drittens könnt ihr für gemeinsame Geldbestände (wie Notgroschen, Rücklage) ein gemeinsames Konto einrichten, auf das beide Zugriff haben.

Nun kann es sein, dass ihr erst frisch zusammen seid oder gerade zusammengezogen seid und die Zeit noch nicht reif ist, solche sensiblen Daten und Zugänge mit dem Lieblingsmenschen zu teilen. Dann gibt es aber eine andere Vertrauensperson, die entweder im schlimmsten Fall Zugang zum Ordner hat oder eine Vollmacht besitzt. Bei Marielle ist dies beispielsweise in einigen Bereichen neben Mike bis heute ihre Mutter. Mike hat hingegen keine Vollmachten verteilt, sondern sichergestellt, dass Marielle Zugang zu allen Login-Daten erhält, sollte ihm etwas passieren. Es kann aber genauso gut die beste Freundin oder der beste Freund sein. Eben jemand, dem du zu 100 Prozent vertraust.

Vollmachten sind besonders wichtig für unverheiratete Paare. Denn im Zweifel bekommt ihr sonst gar keinen Zugriff, was bei verheirateten Paaren mit Nachweis dann doch nochmal leichter machbar ist. Aber auch dann dauert es in der Regel, bis die offiziellen Sterbedokumente und im schlimmsten Fall auch der Erbschein ausgestellt sind, mehrere Wochen.

Neben Kontovollmachten gibt es auch noch die allgemeine Vorsorgevollmacht. Mit dieser stellst du sicher, dass dein Wille weiter durchgesetzt wird, auch wenn du nicht mehr in der Lage bist, diesen zu äußern, beispielsweise aufgrund eines Komas oder einer Demenz. Setzt du keine Vorsorgevollmacht auf, dann bestimmt das Gericht eine*n Betreuer*in – also gegebenenfalls eine fremde Person –, die zukünftig über deine Gesundheit, deinen Aufenthaltsort, Behördenangelegenheiten, dein Vermögen und deine Post entscheidet sowie deine Vertretung vor Gericht übernimmt.

Es kann sein, dass das für dich in Ordnung ist, wenn all diese Dinge von einer dir unbekannten Person übernommen werden, vielleicht aber auch nicht. Dann kümmerst du dich am besten mit deinem Lieblingsmenschen darum. Es wird den Punkt in eurer

Beziehung geben, ab dem ihr euch als Notfallkontakt angebt. Sprich, du bist die erste Person, die angerufen wird, wenn deinem Lieblingsmenschen etwas zustößt, und umgekehrt. Ohne Vorsorgevollmacht kann dein Lieblingsmensch keine medizinischen Entscheidungen in deinem Sinne treffen, sondern muss dabei zusehen, wie Ärzt*innen und/oder ein*e gerichtlich bestellte*r Betreuer*in diese Entscheidungen übernehmen

Auch hier gilt, dass du die Vorsorgevollmacht jemand anderem zukommen lassen kannst, solltest du deinen Lieblingsmenschen (noch) nicht dafür einsetzen wollen.

Du findest die passenden Vordrucke beim Bundesministerium für Justiz oder du folgst einfach dem QR-Code am Ende des Buches.

Versicherungen

Nun sind wir keine Versicherungsvermittler*innen und werden hier auch kein Produkt verkaufen oder empfehlen. Allerdings braucht es in diesem Kapitel den dringenden Hinweis, dass Versicherungen dafür da sind, ein Worst-Case-Szenario abzudecken.

Bei allen Versicherungen gilt, dass ihr sie hoffentlich niemals in Anspruch nehmen müsst, aber wenn es doch dazu kommt, sie das Leben deutlich erleichtern. An dieser Stelle geht ein herzlicher Dank an Bastian Kunkel von »Versicherungen mit Kopf« , der Versicherungen leicht und verständlich erklärt. Er brachte es in unserem Interview treffend auf den Punkt, indem er sagte, dass es auf diese zwei Fragen ankommt:

1. Kann ich einen potenziellen Schaden bezahlen? Wenn nein, ist es sinnvoll, über eine Versicherung nachzudenken.
2. Will ich einen potenziellen Schaden bezahlen? Wenn nein, ist es sinnvoll, über eine Versicherung nachzudenken.

Das trifft auch bei Krankheit und Tod zu. Beispielsweise könnte durch eine chronische Erkrankung oder einen Unfall eine Berufsunfähigkeit eintreten. Könnt ihr die restlichen Lebensjahre nicht durchfinanzieren oder möchtet ihr dies nicht, ist es sinnvoll, sich über eine Berufsunfähigkeitsversicherung zu informieren. Damit ist auch schon klar, dass diese auch für Bürojobs sinnvoll sein kann. Zwar mag die Gefahr dort augenscheinlich nicht so groß sein, aber möglicherweise kannst du auch im Büro nicht mehr arbeiten.

Diese Überlegungen gelten auch für andere Versicherungsformen, die dann teilweise den Lieblingsmenschen als begünstigte Person einsetzen (können), sollte der oder die Versicherungsnehmer*in versterben:

- Sterbegeldversicherung: Übernimmt im Todesfall die Bestattungskosten (Durchschnitt: 4500 Euro).[12]
- Unfallsversicherung: Zahlt eine vereinbarte Summe im Fall eines Unfalls (auch wenn dieser zum Tod führt, allerdings nicht bei natürlichem Tod).
- Kapitallebensversicherung: Typisches Altersvorsorgeprodukt unserer Elterngeneration, denn hier wird das eingezahlte Kapital verzinst und am Ende der Laufzeit ausgezahlt, wenn der Versicherungsfall (=Tod) nicht vorher eintritt. Im Todesfall wird die vereinbarte Summe sofort an die Erb*innen gezahlt.
- Risikolebensversicherung: Hier erfolgt nur eine Auszahlung, sollte es tatsächlich während der Laufzeit zum Tod kommen. Ist also kein Sparprodukt, sondern ein reines Versicherungsprodukt.

Warum könnte eine Lebensversicherung trotz schlechter Zinsen nun Sinn machen?

Typischerweise bei größeren Meilensteinen (Haus bauen, Kind kriegen, etc.) macht es Sinn, darüber nachzudenken, ob ihr die Arbeitskraft oder das Leben absichern möchtet. Denn sollte euer Lieblingsmensch versterben und damit sein Einkommen wegfallen, dieses aber dringend benötigt werden, muss der Hinterbliebene im Zweifel das gemeinsame Haus verkaufen oder mehr Stunden arbeiten (obwohl gerade jetzt die Kinder eigentlich den Elternteil besonders brauchen), um den Kredit allein tilgen oder auch einfach die Lebenshaltungskosten decken zu können. Wir erinnern uns an die Einkommensverteilung von verheirateten Frauen. Erleidet der Mann einen schweren Unfall und kann nicht mehr weiterarbeiten, führt dies zu einer finanziellen Katastrophe für die Familie, unabhängig davon, ob der Mann lebenslang berufsunfähig ist oder sogar verstirbt.

Die Risikolebensversicherung deckt meist eine Summe von drei bis fünf Jahresgehältern der Person ab. Damit kommt erst einmal Ruhe rein und ihr könnt euch als nun kleinere Familie neu finden und ausrichten, ohne direkt den Druck des Geldverdienens im Nacken zu haben.

Zurück zu meinen Eltern: Als mein Vater verstarb, hatte er zwei Lebensversicherungen. Eine hatte er direkt zum Studienbeginn abgeschlossen und schnell wieder stillgelegt. Die andere schloss er ab, um die Familie abzusichern, als sich meine Eltern 1991 für den Hauskauf entschieden. Sie wurde nach dem Tod nach wenigen Wochen an meine Mutter ausgezahlt. Bei der anderen stellte die Versicherungsgesellschaft sehr viele Nachfragen – unter anderem musste meine Mutter nachweisen, dass es sich tatsächlich um einen Unfalltod und keinen Suizid handelte. Hierfür forderte sie den Polizeibericht aus Neuseeland an und musste viele Fragen beantworten, die zum damaligen Zeitpunkt sehr schmerzhaft waren. Nach vielen Wochen und Monaten dann endlich die Mitteilung: Die Versicherung würde zahlen! Ganze 2000 Euro. Doch an dieser Stelle fiel dann auf: Die Zahlung würde nicht an meine Mutter, sondern an die Eltern meines Vaters gehen. Denn in der alten Versicherung waren diese noch als Begünstigte eingetragen. Meine Mutter hatte also all die bürokratische und mentale Arbeit gemacht, sich mit der Versicherung herumgestritten, um am Ende auch noch die Kontoverbindung der Schwiegereltern weitergeben zu dürfen.

Du merkst, dass das dahinterliegende Beziehungsthema erneut die finanzielle Absicherung betrifft. Versicherungen können davon ein Baustein sein, ob ihr euch dafür entscheidet, liegt bei euch. Auch hier solltet ihr euch mit einem Versicherungsexperten oder einer Versicherungsexpertin austauschen. Wichtig zu beachten ist, dass die Person auf Honorarbasis arbeitet und nicht durch den Verkauf eines bestimmten Produkts eine Provision erhält.

Von der langen Bank auf die Umgesetzt-Liste

Zum Schluss des Kapitels nochmal die Ermutigung, euch mit dem »Danach« zu beschäftigen, der Zeit nach dem Unfall, der Zeit nach der Diagnose einer (chronischen) Krankheit, der Zeit nach dem Tod.

Dabei hilft es, den Glaubenssatz »Wir sind noch jung und gesund, uns passiert schon nichts« umzuwandeln. Hier ein Vorschlag, der eher zur Umsetzung führt und dem unliebsamen Thema etwas mehr Romantik verleiht:

Wenn es passiert, sind wir vorbereitet und können die schönen Zeiten in Erinnerung behalten und ohne Geldsorgen in den neuen Lebensabschnitt starten. Denn das ist für beide gut zu wissen: dass die Hinterbliebenen trauern, aber auch weiterleben können.

Macht euch Gedanken, wie ihr euch absichern wollt. Egal, mit welcher Kombination aus Versicherungen, Sparplänen, Vorsorgeprodukten, Vollmachten und Testamenten. Was ihr wählt, hängt davon ab, was euch wichtig ist, und das könnt nur ihr herausfinden. Gemeinsam. Vielleicht mal wieder bei einem sonntäglichen Spaziergang.

KRANKHEIT UND TOD – AUF EINEN BLICK

Um über den Tod ins Gespräch zu kommen, beginnt mit diesen fünf Fragen:

- Ist schon einmal jemand in deinem Umfeld plötzlich verstorben und wie hast du die engsten Angehörigen in den Wochen danach erlebt?
- Was wünschst du dir für dich selbst, solltest du keine (medizinischen) Entscheidungen mehr treffen können?
- Welche Absicherung wünschst du dir selbst für den Fall, dass dir etwas zustößt?
- Sind wir zufrieden mit der gesetzlichen Erbfolge und Erbregelung oder wollen wir daran Änderungen vornehmen?
- Falls ihr Kinder habt: Wie wollen wir unsere Kinder über unseren Tod hinaus finanziell (und sozial) absichern?

Seid ihr schon eine ganze Weile zusammen, plant die Zukunft miteinander und möchtet den Todesfall (besonders finanziell) schon heute vordenken, dann sind das die ersten Schritte:

- Erstellt einen Notfallordner – egal ob analog oder digital – und gebt euch gegenseitig einen Zugang zu wichtigen Informationen.
- Vergebt Konten- und Vorsorgevollmachten sowie gegebenenfalls eine Patientenverfügung.
- Erarbeitet ein Testament, hinterlegt dieses rechtssicher und teilt eure Wünsche idealerweise bereits heute miteinander.

RENTENEINTRITT – NICHTS TUN & GELD AUSGEBEN

Bisher kam Mike noch nicht in den Genuss, seinen Rentenbescheid in Händen zu halten. Zwar ist er inzwischen über 30 Jahre alt und hat auch mehr als fünf Jahre gearbeitet, jedoch kam ihm seine Elternzeit dazwischen. Die wird recht unzuverlässig von der deutschen Rentenversicherung erfasst, sodass er bei der nachfolgenden Geschichte gar nicht so recht mitreden kann. Durch mein duales Studium hatte ich bereits mit Mitte 20 meinen ersten Rentenbescheid im Briefkasten liegen. Ich wusste zwar schon vorher, dass der Blick auf die Zahlen ernüchternd sein würde, aber es dann schwarz auf weiß gedruckt zu sehen, ist doch noch mal ein anderes Gefühl. Von dem, was mir in meiner Rente demnach zusteht, könnte ich nicht meinen bisherigen Lebensstil fortführen, dabei lebe ich sicherlich nicht verschwenderisch. Ich bin sehr darauf bedacht, mein Geld sinnvoll auszugeben, den Rest zu sparen und zu investieren. Obwohl ich sehr gerne Geld für Dinge ausgebe, die ich mag, habe ich in meiner Familie und meinem Freundeskreis den Ruf eines Sparbrötchens, was wohl daran liegt, dass ich lange recherchiere und Preise vergleiche, bevor ich mir etwas kaufe. Und dennoch würde die Rente, die da in diesem Bescheid steht, nicht ausreichen. Nun habe ich durch mein duales Studium sehr früh angefangen in die Rentenkasse Geld einzuzahlen. Bei Mike sieht das weitaus schlimmer aus. Er hat zehn Jahre studiert und dabei als selbstständiger Trainer gearbeitet. Einzahlungen in die Rentenkasse kamen nur durch Pflichtpraktika und seine kurzweiligen Aushilfsjobs als Jugendlicher zustande. Damit wir nicht bis ins hohe Alter arbeiten müssen, brauchen wir also eine andere Lösung, als auf die staatliche Rente zu hoffen. Aber um hier eine Lösung zu finden, brauchen wir erstmal ein paar mehr Informationen. Welche Risiken gibt es für uns als Paar, wenn wir uns nicht um unsere Altersvorsorge kümmern? Was ist das jeweilige alleinige Risiko? Was ist die Rentenlücke und wie hoch ist diese? Was können wir tun, um die Lücke zu schließen? Damit beschäftigen wir uns auf den nächsten Seiten ausführlich.

Wir haben doch später unsere Rente, wozu vorsorgen?

Unter der Voraussetzung, dass ihr genügend Jahre gearbeitet und in die Rentenversicherung eingezahlt habt, wird es (vermutlich) eine Rente geben. Doch diese hat nichts mit dem aktuellen Gehalt oder dem aktuellen Lebensstandard zu tun. Bei Familien wird es doppelt kritisch, wenn ihr berücksichtigt, wie stark sich die Arbeitszeiten und damit die Einkommen von Frauen und Männern unterscheiden, was sich dann wieder auf die Rente auswirkt.

Das Rentenniveau liegt im Jahr 2023 in etwa bei 50,4 Prozent.[1] Das Rentenniveau ist das Verhältnis zwischen einer Rente auf Basis von 45 Beitragsjahren bei durchschnittlichem Einkommen. Und zwar vor Steuern. Klingt kompliziert? Ist es auch. Lass es uns daher für diesen Durchschnitt einmal durchrechnen.

Nehmen wir an, du verdienst in deinen 45 Beitragsjahren im Schnitt 3100 Euro brutto. Davon müsstest du 619,23 Euro für Sozialabgaben (Renten-, Arbeitslosen-, Kranken- und Pflegeversicherung) leisten. Bleiben also gerundet 2480 Euro übrig. Bei deinem Renteneintritt könntest du dich bei diesem Verdienst über eine Rente von 1250,30 Euro freuen. Diese müsstest du versteuern, nun bleiben noch 1185,45 Euro. Zumindest im Jahr 2023. In diesem Fall hast du in der Rente also tatsächlich weniger als die Hälfte monatlich zur Verfügung.

Wie wäre es mit einem kleinen Zeitsprung ins Jahr 2035? Nun, da liegt das Rentenniveau nur noch bei 45,8 Prozent.[2] Verdienst du im Schnitt also 3100 Euro, dann bleibt an Rente vor Steuern ein monatlicher Betrag von 1135,84 Euro übrig. Nach Steuern landen nur noch 1095,89 Euro auf dem Konto. Zu Arbeitszeiten wurden deinem Konto noch 2053,77 Euro nach Steuern gutgeschrieben. Hast du bis dahin nicht anderweitig vorgesorgt oder eine Sparquote von mindestens 47 Prozent im Monat, dann hast du mit der Rente ein riesiges finanzielles Problem. Wie es mit der Rente im Jahr 2055 aussieht, wenn unsere Generation ins Rentenalter kommt, ist noch ungewiss.

Ihr steht also bereits vor riesigen finanziellen Schwierigkeiten, wenn beide Lieblingsmenschen gleichberechtigt 45 Beitragsjahre für die Rente zusammenbekommen haben und dabei durchschnittlich verdienten. Aber – und das wissen wir bereits aus den vorherigen Statistiken – so ist es ja nicht. Verheiratete Frauen und insbesondere Mütter arbeiten viel, viel, viel weniger und verdienen viel, viel, viel weniger Geld. Zudem sind die Rentenpunkte durch die Beitragsbemessungsgrenze gedeckelt.[3] Ihr könnt also Versäumnisse aus frühen Jahren (beispielsweise wegen Elternzeiten und/ oder Teilzeitarbeit) nicht durch sehr hohe Verdienste in späteren Jahren ausgleichen. Und deshalb liegt die durchschnittliche Rente (vor Sozialabgaben und Steuern) für Frauen bei 856,05 Euro und bei 1203,53 Euro für Männer im Jahr 2021.[4] Das ist der sogenannte Gender Pension Gap: Frauen erhalten im Schnitt 39 Prozent weniger Rente als Männer. Da klingen die 18 Prozent Gender Pay Gap doch direkt wie ein Viersterneresort.

Trotz dieser vielen Zahlen sind wir noch nicht am Ende mit dem Rentendrama. Stellen wir uns einmal ein Durchschnittsrentnerpaar im Jahr 2021 vor. Es ist verheiratet und wird gemeinsam veranlagt (die Norm, außer ihr entscheidet euch bewusst dagegen). Dann hat dieses Paar 2059,58 Rente laut Bescheid. Davon werden nun 213,17 Euro Kranken- und Pflegeversicherung sowie 0 Euro

Steuern abgezogen. Bleiben im Monat 1846,41 Euro übrig.[5] Klingt wenig?

Wenden wir doch darauf die 50-30-20 Regel an. Dann müsste das Paar mit 923,21 Euro seinen Lebensunterhalt bestreiten. Abzüglich Essen, Rundfunkbeiträgen und weiteren Versicherungen bleiben für die Miete maximal 600 Euro zur Verfügung. Aber auch nur, wenn es zu den glücklichen Zweidritteln der Ehen gehört, die nicht geschieden werden. Bei dem anderen Drittel steht die Frau nun mit durchschnittlich unter 900 Euro da und der Mann immerhin mit 1200 Euro. Abzüglich der Sozialabgaben und Steuern bleiben für die Durchschnittsfrau im Alter noch 806,85 Euro und für den Durchschnittsmann noch 1075,21 Euro übrig. Nach unserer Regel hätte sie also etwas mehr als 400 Euro für ihren Lebensunterhalt (und das bedeutet nicht nur die Miete!).

Habt ihr euch bei der Eheschließung für die Zugewinngemeinschaft entschieden, werden der Vermögenszuwachs und die Rentenansprüche nach der Eheschließung geteilt. Na, dann ist doch alles paletti. Die Frau ist die große Nutznießerin! Falsch. Denn hier gibt es drei Dinge zu beachten.

Erstens gilt der Versorgungsausgleich nur für Paare, die verheiratet waren. Unverheiratete erhalten keinen Ausgleich und stehen unter Umständen noch viel schlechter da.

Zweitens ergibt diese Argumentation höchstens Sinn, wenn die Scheidung erst mit dem Renteneintritt eingereicht wird. So findet nach der Scheidung keine weitere Ansammlung von Rentenpunkten statt. Aber selbst dann stehen beide deutlich schlechter da, als wenn sie zusammenbleiben würden, da Vermögen und Rentenanspruch zwar geteilt werden, durch die Scheidung allerdings Vermögen verloren geht. Auch die Synergieeffekte des gemeinsamen Haushalts verschwinden und so müssen am Ende beide mit sehr wenig zurechtkommen. Schließlich lässt sich von 2000 Euro als Paar im Monat noch besser leben als mit 1000 Euro als Single.

Drittens dauert die durchschnittliche Ehe, wie du inzwischen weißt, knapp 15 Jahre bis zur Scheidung. Ihr wärt also zwischen 45 und 50 Jahre alt, wenn eure Ehe am wahrscheinlichsten wieder geschieden wird. Also fehlen noch fast 20 Jahre bis zum Renteneintritt, für diese Zeit findet kein Ausgleich statt. Und das ist genau der Punkt, an dem es für Frauen so bitter wird. Denn 94 Prozent der verheirateten Frauen verdienen weniger als das Durchschnittseinkommen.[6] Das liegt an Teilzeitarbeit & Co. In 88 Prozent der Fälle wohnen nach der Trennung die Kinder bei den Müttern, welche dadurch Care-Arbeit haben und mehr finanzielle Mittel aufbringen müssen, aber weiterhin deutlich weniger Erwerbsarbeit leisten als Väter. Lediglich ein Drittel der alleinerziehenden Mütter arbeitet in Vollzeit.[7] Allein durch den niedrigeren bezahlten Arbeitsumfang erwerben Frauen geringere Rentenansprüche, obwohl sie der Doppelbelastung aus Care- und Erwerbsarbeit ausgesetzt sind, während sich der Mann (noch besser) auf seine Karriere konzentrieren kann.

Selbstverständlich ist das nicht in allen Fällen so, es gibt ja auch die zwölf Prozent der alleinerziehenden Väter und die Familien, die ein gleichberechtigtes Modell auch in der Trennung umsetzen können, aber für die allermeisten entsteht an dieser Stelle die Altersarmut, was du am Unterschied der Rentenhöhe sehen kannst. Noch dazu müssen sich Frauen mit Kindern ein Drittel häufiger bewerben als Frauen ohne Kinder, bei identischer (!) Bewerbung, um auf die gleiche Anzahl an Jobinterviews zu kommen. Bei Männern war hingegen völlig egal, ob sie ein Kind hatten oder nicht.[8] Die Liste an Herausforderungen könnte noch seitenlang weitergehen, aber das soll an der Stelle gar nicht der Fokus sein. Wenn du mehr zu der ungleichen Behandlung und den Felsbrocken wissen willst, die Frauen aus dem Weg räumen müssen, um auf dem männlichen Niveau anzukommen, empfehlen wir wärmstens das Buch von Alexandra Zykunov, ›Wir sind doch alle längst gleichberechtigt!‹. Ihr findet das ungerecht? Dann wäre jetzt erneut ein sehr guter Zeitpunkt, um über einen Ehevertrag nachzudenken, denn auch dieser kann für die Altersvorsorge höchste Relevanz haben.

Wie sich der Gender Pay Gap auf den Lebensabend auswirkt, zeigt auch eine Studie der Uni Köln im Auftrag des Bundesministeriums für Familie, Senioren, Frauen und Jugend: Bei den über 80-jährigen Menschen in Deutschland liegt jede vierte Frau (26,1 Prozent) unter der Armutsgrenze. Bei Männern sind es »nur« 16,9 Prozent, wobei die Quote der Gesamtbevölkerung bei 14,8 Prozent liegt. Und wir müssen hier noch einen draufsetzen. Vorhin haben wir berichtet, dass jede fünfte verheiratete Frau kein eigenes Einkommen hat. Bei den über 80-jährigen Frauen gaben fast 5 Prozent an, nie erwerbstätig gewesen zu sein. Über die Hälfte dieser Frauen (51,8 Prozent) liegen unter der Armutsgrenze. Nun könntest du wieder sagen: »Selbst dran schuld!«, aber so einfach ist es nicht. Denn das Ernährer-Hausfrauen-Modell schlägt auch hier voll zu. Gerade mal 0,7 Prozent der Männer haben angegeben, nie erwerbstätig gewesen zu sein. Frauen machen damit 86,7 Prozent aller Personen aus, die nie erwerbstätig waren.[9]

Die staatliche Rentenvorsorge reicht vorne und hinten nicht aus – das steht übrigens auch im Rentenbescheid, den du ab deinem 27. Lebensjahr bei mindestens fünf erreichten Beitragsjahren zur gesetzlichen Rentenversicherung einmal jährlich zugeschickt bekommst:

> »**Zusätzlicher Vorsorgebedarf:**
> Da die Renten im Vergleich zu den Löhnen künftig geringer steigen werden und sich somit die spätere Lücke zwischen Rente und Erwerbseinkommen vergrößert, wird eine zusätzliche Absicherung für das Alter wichtiger (»Versorgungslücke«). Bei der ergänzenden Altersvorsorge sollten Sie – wie bei Ihrer zu erwartenden Rente – den Kaufkraftverlust beachten.«

Ihr müsst also selbst vorsorgen, um im Alter ausreichend Geld zur Verfügung zu haben, und dabei den Kaufkraftverlust, also die Inflation, berücksichtigen. Im Rentenbescheid stehen auch folgende Sätze:

»Sollten bis zum Rentenbeginn Beiträge wie im Durchschnitt der letzten fünf Kalenderjahre gezahlt werden, bekämen Sie ohne Berücksichtigung von Rentenanpassungen von uns eine monatliche Rente von 1820,39 Euro. [...]
Beträgt der jährliche Anpassungssatz 1 Prozent, so ergäbe sich eine monatliche Rente von etwa 2630 Euro. Bei einem jährlichen Anpassungssatz von 2 Prozent ergäbe sich eine monatliche Rente von 3780 Euro.«

Klingt doch mega, oder? Allerdings nur, bis ihr die Inflation hinzunehmt. Mit einem Inflationsrechner lässt sich das leicht ausrechnen: Bei einer angestrebten Inflation von zwei Prozent pro Jahr und einem Renteneintritt in 37 Jahren (also für die heute 30-jährigen Menschen mit dann 67 Jahren) verringert sich die Kaufkraft um knapp 52 Prozent. Die zukünftigen 2630 Euro entsprächen heutigen 1264 Euro und die 3780 Euro entsprächen 1817 Euro (also weniger als im oben angekündigten Rentenanspruch).

Befeuert wird dies durch das Ernährer-Hausfrauen-Modell, was auf diese lange Sicht finanziell völlig versagt. Aber was tun?

Rentenlücke berechnen – was euch zum Leben fehlt

Auch wenn noch vierzig, fünfunddreißig oder zwanzig Jahre Zeit bleiben, bis ihr in Rente geht, ist heute der richtige Moment, sich mit dieser Zeit zu beschäftigen. Je mehr Zeit noch vor euch liegt, desto einfacher ist es, die Rentenlücke zu schließen. Vorhin haben wir gesehen, dass voraussichtlich knapp 50 Prozent des aktuellen Gehaltes wegfallen werden. Aber mit welcher Höhe der Rentenlücke kannst du tatsächlich rechnen?

Um eure Rentenlücke zu berechnen, braucht ihr zwei Informationen. Erstens: Wie hoch wird eure Rente später einmal sein; zweitens: Wie hoch soll eure Wunschrente ausfallen?

Wie hoch eure Rente einmal sein wird, könnt ihr eurem Rentenbescheid entnehmen. Falls ihr für Kaufkraftverluste und Gehaltserhöhungen sowie Sozial- und Steuerabgaben eine Orientierung haben möchtet, könnt ihr mit Rentenrechnern arbeiten. Wir haben für die Rechnungen in diesem Buch mit den Rechnern von Finanzfluss gearbeitet.[10]

Was ihr zum Leben benötigt, könnt ihr eurem Haushaltsbuch entnehmen. Dort könnt ihr sehen, wie viel ihr im Schnitt pro Monat ausgebt. Damit hättet ihr euren Mindestbetrag. Alternativ könnt ihr euer aktuelles Nettoeinkommen verwenden oder ihr legt einen beliebigen Betrag fest, mit dem ihr eure Vorhaben im Alter umsetzen könnt. Ob eure Wunschrente unterhalb eures aktuell verfügbaren Monatsbudgets liegt oder sogar darüber, entscheidet ihr. Denn den Lebensabend könnt ihr natürlich sehr unterschiedlich planen. Manch einer möchte im Alter sechs Monate des Jahres in Asien verbringen, andere möchten viele kulturelle Veranstaltungen besuchen und manche Menschen brauchen vielleicht auch aufgrund von Krankheiten oder Ähnlichem einfach zunehmend mehr Geld.

Eure Rentenlücke ergibt sich durch eure Wunschvorstellung minus eurer voraussichtlichen Rente. Lasst uns im Folgenden mit unserem eng befreundeten Paar Amir und Malena (Namen geändert) weiterrechnen – denn die beiden haben ihre Rentenlücke bereits wie folgt berechnet: 2500 Euro (Wunschrente) minus 1680 Euro (tatsächliche Rente laut aktuellem Bescheid) ergibt eine Lücke von monatlich 820 Euro. Die gilt es nun zu schließen.

Kapitalbedarf bis ans Lebensende oder »Wie alt wollen wir werden?«

Die 820 Euro im Monat sagen erstmal nicht so viel aus. Geht ihr mit 67 Jahren in Rente und sterbt mit 68 Jahren, dann hättet ihr gerade mal 10 000 Euro ansparen müssen. Was ist aber, wenn ihr von 85 Jahren Lebenserwartung ausgeht?

Dann heißt es, 18 Jahre zu überbrücken oder in Geld ausgedrückt: knapp 180 000 Euro. Lebt ihr unerwartet fünf Jahre länger, sind es schon 226 000 Euro. Seid ihr ehrgeizig und wollt die 100 Jahre erreichen, benötigt ihr 325 000 Euro. Es ist also alles andere als ratsam, eure Rente knapp zu berechnen. Fünf Jahre länger zu leben sind in diesem Beispiel fast 50 000 Euro mehr benötigtes Kapital, um die 2500 Euro pro Monat halten zu können. Und hier haben wir noch keine Inflation oder erhöhten Kostenbedarf aufgrund von Pflegeausgaben einberechnet. Die Inflation verstärkt den Kapitalbedarf zusätzlich und auch den Zuwachs für jedes Jahr, das ihr länger lebt.

Ihr benötigt also einen ordentlichen Puffer, um nicht plötzlich mit 83 Jahren auf ein leeres Konto zu blicken. Daher rechnet ihr bei der Berechnung der Lebensjahre großzügig drauf. Wollt ihr 90 Jahre alt werden, berechnet lieber für 100 Lebensjahre das benötigte Kapital.

Monatliche Sparrate bis zum Renteneintritt

Auf eurem Papier steht nun eine sechsstellige Summe, die sich durchaus weit, weit weg anfühlt, wenn ihr sie so anseht. Die Frage ist nun, wie viel Geld ihr zur Seite legen müsstet, um diese Summe zum Renteneintritt zur Verfügung zu haben?

Bleiben wir bei der Rentenlücke von 820 Euro und nehmen an, dass dein Lieblingsmensch mit 85 Jahren und du mit 100 Jahren Lebensdauer rechnest. Schauen wir uns also an, wie viel Geld du und dein Lieblingsmensch zur Seite legen müsstet, je nachdem, wann ihr mit der Altersvorsorge beginnt.

Du beginnst mit 45 Jahren, deine Rentenlücke schließen zu wollen. Du brauchst bis zu deinem 67. Geburtstag nun 325 000 Euro, damit du bis zu deinem 100. Geburtstag jeden Monat 2500 Euro zur Verfügung hast. Bisher hast du nichts angespart. Dir fehlt also die vollständige Summe und du hast dafür noch 22 Jahre Zeit. Das bedeutet, dass du ab sofort jeden Monat 1231 Euro zur Seite legen musst. Reicht dein Gehalt dafür überhaupt aus? Hättest du mit

30 Jahren begonnen, dann hättest du pro Monat nur 732 Euro sparen müssen. Und wärst du bereits mit 20 Jahren auf die Idee gekommen, wären es nur noch 576 Euro pro Monat gewesen. Bei deinem Lieblingsmenschen, der mit einer Lebenserwartung von 85 Jahren rechnet und 180 000 Euro benötigt, ergeben sich die Sparraten von 682 Euro (mit 45 Jahren), 406 Euro (mit 30 Jahren) und 319 Euro (mit 20 Jahren).

Gerechnet wurde jeweils das Endkapital durch die Anzahl der Jahre bis zur Rente und geteilt durch zwölf Monate pro Jahr.

	180 000 Euro	**325 000 Euro**
Monatliche Sparrate, bei Start mit 20 Jahren	319 Euro	576 Euro
Monatliche Sparrate, bei Start mit 30 Jahren	406 Euro	732 Euro
Monatliche Sparrate, bei Start mit 45 Jahren	682 Euro	1231 Euro

Doch wie soll das bei einem Nettogehalt von 2500 Euro klappen? Und wie erst bei 1500 Euro oder weniger? Selbst bei Einhaltung der 50-30-20-Regel würden im Monat gerade mal 500 Euro übrig bleiben, um diese zu investieren. Also braucht ihr eine Möglichkeit, weniger pro Monat sparen zu müssen und trotzdem nach all den Jahren auf dieselbe Summe zu kommen.

Diese Möglichkeit nennt sich Investieren. Ihr braucht also eine Geldanlage, die Zinsen zahlt oder eine Wertsteigerung hat. Wir haben bereits von ETF-Sparplänen gesprochen, also der indirekten Investition in Unternehmen über einen Indexfonds. Hier könnt ihr breit gestreut in die Weltwirtschaft investieren und eine Wertsteigerung von etwa sieben Prozent pro Jahr erwarten.[11] Dabei profitiert ihr vom Zinseszinseffekt, wenn ihr die Zinsen (automatisch) reinvestiert. Nehmen wir an, ihr wollt eure Rentenlücke vollständig auf diese Art schließen:

Du müsstest unter denselben Bedingungen wie zuvor nur noch 533 Euro (mit 45 Jahren), 163 Euro (mit 30 Jahren) oder 80 Euro (mit 20 Jahren) sparen. Bei deinem Lieblingsmenschen würde es noch viel weniger werden. Monatlich gespart werden müssten nur noch 295 Euro (mit 45 Jahren), 91 Euro (mit 30 Jahren) und 44 Euro (mit 20 Jahren).

	180 000 Euro	**325 000 Euro**
Monatliche Sparrate, bei Start mit 20 Jahren	44 Euro	80 Euro
Monatliche Sparrate, bei Start mit 30 Jahren	91 Euro	163 Euro
Monatliche Sparrate, bei Start mit 45 Jahren	295 Euro	533 Euro

Klingt doch gleich viel sympathischer, oder?

Wäre da nicht die Inflation …

Alle bisherigen Rechnungen sind ohne Inflation getätigt worden. Wir haben uns also den heutigen Stand angeschaut, aber nicht darüber nachgedacht, was mit dem Geld in den nächsten Jahrzehnten passiert. Dabei spielen sie eine entscheidende Rolle. Sie erhöhen einerseits den Kapitalbedarf, denn 180 000 Euro heute sind viel mehr wert als 180 000 Euro in 37 Jahren. Andererseits schrumpfen sie die Sparrate. Was das für das benötigte Kapital bei einer jährlichen Inflation von zwei Prozent bedeutet, haben wir in dieser Tabelle zusammengefasst:

	Die Kaufkraft von 180 000 Euro	**325 000 Euro**
entsprechen in 22 Jahren, wenn du jetzt 45 bist	278 276 Euro	502 443 Euro
entsprechen in 37 Jahren, wenn du jetzt 30 bist	374 523 Euro	676 223 Euro
entsprechen in 47 Jahren, wenn du jetzt 20 bist	456 542 Euro	824 312 Euro

Ihr könnt mit einem Inflationsrechner leicht den zukünftigen Preis herausfinden. Dazu müsst ihr den Ursprungsbetrag (in unserem Fall 180 000 Euro), die angenommene Inflationsrate (hier 2 Prozent) und den Zeitraum eingeben. Damit wisst ihr, wie hoch euer Kapitalbedarf zum Renteneintritt ist, und könnt eure Sparraten ausrechnen.

Würdest du ohne Zinsen oder Rendite dein Geld zurücklegen, müsstest du je nach Beispiel bis zu 2800 Euro pro Monat sparen. Das ist nicht umsetzbar. Wir brauchen also den Zinseszinseffekt und rechnen deshalb erneut die monatlichen Sparraten mit den neuen Zielsummen aus. Dazu verwenden wir die bereits bekannten 7,4 Prozent Rendite pro Jahr aus dem Immobilienkapitel.

Beginnst du mit 45 Jahren das Sparen, müsstest du monatlich 782 Euro zur Seite legen. Fängst du mit 30 Jahren an, dann sind es 308 Euro im Monat. Und startest du mit 20 Jahren, müsstest du 177 Euro zur Seite legen. Bei deinem Lieblingsmenschen wären es jeweils 434 Euro, 171 Euro und 98 Euro.

	180 000 Euro	325 000 Euro
Monatliche Sparrate, bei Start mit 20 Jahren	98 Euro	177 Euro
Monatliche Sparrate, bei Start mit 30 Jahren	171 Euro	308 Euro
Monatliche Sparrate, bei Start mit 45 Jahren	434 Euro	782 Euro

Das sind keine Peanuts, sondern ordentliche Summen. Das benötigt Disziplin und Geduld, um überhaupt dort anzukommen, wo ihr im Alter gerne wärt. Jeder Cent mehr investiert, bedeutet einen etwas entspannteren oder etwas früheren Lebensabend.

Die Rentenlücke als Paar gemeinsam schließen

Niemand würde sagen: »Ich freue mich darauf, im Alter mit meinem Lieblingsmenschen Flaschen sammeln zu gehen, um über die Runden zu kommen.« Aber genau das ist die Gefahr, wenn du dich nicht mit deinem Lieblingsmenschen über die Altersvorsorge unterhältst. Das beginnt bei dem viel erwähnten Ehevertrag, den Regelungen zur Kinderbetreuung und der Care-Arbeit und endet beim Testament, der Vorsorgevollmacht, der Patientenverfügung und der gegenseitigen finanziellen Absicherung im Krankheits- und Todesfall. Der fehlende Baustein ist die finanzielle Vorsorge, wenn ihr glücklich und zufrieden zusammen den Lebensabend genießen möchtet. Wir haben gerade sehr ausführlich beschrieben, wieso dies nötig ist. Dazu gibt es verschiedene Möglichkeiten, die wir an dieser Stelle zwar nennen, aber nicht erklären können. Denn a) würde es den Umfang des Buchs schnell verdoppeln und b) gibt es dazu andere Expert*innen, mit denen du dich besser direkt unterhältst. Ganz kurz anreißen möchten wir hier nur folgende drei Varianten:

Betriebliche Altersvorsorge

Ein Teil des Gehaltes kann in eine betriebliche Altersvorsorge umgewandelt werden. Theoretisch habt ihr als Arbeitnehmer*in Anspruch auf diese Umwandlung.[12] In der Praxis klemmt es oftmals noch. Wäre aber auch eine Möglichkeit, bei der nächsten Verhandlung oder dem nächsten Jobinterview so das Gehalt zu erhöhen. Je nach betrieblicher Vorsorge fallen unterschiedlich hohe Gebühren an.

Private Altersvorsorge mit staatlicher Förderung

Hierunter fallen Produkte wie die Riester- oder Rüruprente. Eingezahlte Beiträge werden zusätzlich vom Staat gefördert. Beispielsweise verringert sich die Einzahlungshöhe bei der Riesterrente, wenn ihr Eltern werdet. Gleichzeitig sind die Produkte mit Gebühren belegt, die einen Teil der Wertsteigerung absorbieren.

Private Altersvorsorge durch Investitionen

Als Drittes könntet ihr auch alles selbst in die Hand nehmen und durch Investitionen die Rentenlücke schließen. Als Investitionen eignen sich besonders gut Immobilien als Kapitalanlage oder Unternehmensanteile, da bei beidem ein Wert dahintersteht, der über die Zeit gesteigert werden kann. Immobilien sind grundsätzlich mit mehr Aufwand und initialen Ausgaben verbunden, da beim Kauf neben Steuern auch Ausgaben für die notarielle Beglaubigung des Kaufvertrages, den Eintrag ins Grundbuch und die Vermittlung entstehen (können). Das ist beim Kauf von Unternehmensanteilen einfacher, dort entstehen Ausgaben zwar auch durch eine Provision und bei Fonds durch eine Gebühr, aber die lässt sich entweder umgehen (Aktionssparpläne) oder stark reduzieren (ETF-Sparpläne).

Wie ihr genau investieren könnt, was es für technische Kenntnisse benötigt, was für Strategien es gibt und wann etwas ein guter oder schlechter Kauf ist, werden wir hier nicht thematisieren. Dafür gibt es sehr viele gute Finanzbücher, YouTube-Kanäle und Blogs, die sich ausschließlich damit beschäftigen. Dafür werden wir jetzt besprechen, was zu beachten ist, solltet ihr zusammen investieren wollen. Und das tut ihr, sobald ihr für eure Ehe den Güterstand der Zugewinngemeinschaft gewählt habt. Dann ist's nämlich auch egal, ob ihr ein persönliches oder gemeinsames Depot habt.

Risiken und wieso es sich als Paar lohnt, gemeinsam zu investieren

Investieren ist eine gute Sache. Sei es in Bildung, ins eigene Unternehmen, in fremde Unternehmen, in Immobilien oder andere Dinge. Ohne Investition ist ein Vermögensaufbau nicht möglich. Und wenn ein Vermögen vorhanden ist, wird es ohne Investitionen (und das passende Finanzmanagement) unmöglich sein, es zu erhalten. Dennoch gibt es Risiken, welche unter anderem dafür verantwortlich sind, dass es überhaupt eine Rendite gibt.

Kauft ihr Aktien (also Unternehmensanteile), dann kann das Unternehmen insolvent gehen (siehe Air Berlin), Gesetze brechen (siehe Wirecard), pfuschen (siehe VW), unternehmerische Fehlentscheidungen treffen (siehe Bayer), einer Naturkatastrophe oder politischen Entscheidungen zum Opfer fallen (siehe RWE). Obwohl der Aktienkurs in der Vergangenheit langfristig immer gestiegen ist, kann es solche Ausfälle geben. Kauft ihr Immobilien, können Leerstände, Mietausfälle, Verwüstungen, politische Entscheidungen (z.B. ein gewisser Energiestandard), Naturkatastrophen oder eine Pandemie zu Wert- und Einnahmenminderungen führen. Das eigene Unternehmen kann ebenfalls all diesen Kräften unterliegen, woraus die Insolvenz folgen kann. Risiko ist also vorhanden, und weil ihr es tragen würdet, bekommt ihr auch mehr vom Anteil des Gewinns ab. Denn ohne die Risikobereitschaft gäbe es all die Dinge, die wir heute in unserem Leben schätzen und gebrauchen, gar nicht. Deshalb ist es auch wichtig, dass du mit deinem Lieblingsmenschen ins Gespräch kommst. Weil es eben nicht immer nur nach oben geht und Geld nicht immer nur mehr wird. Es kann auch runtergehen und es kann lang und andauernd runtergehen. Investiert ihr gemeinsam, sitzt ihr beide in diesem Boot. Habt ihr geheiratet und seid im Güterstand der Zugewinngemeinschaft, sitzt ihr beide in diesem Boot. Lebt ihr seit Längerem zusammen, befindet ihr euch in einem eheähnlichen Zustand und haftet füreinander. Auch da sitzt ihr im selben Boot. Zu sagen: »Das interessiert mich nicht. Das macht schon mein Lieblingsmensch«, ist daher grob fahrlässig. Viel zu groß können die Auswirkungen auf das eigene Leben und die eigene Zukunft sein.

Klingt jetzt schrecklicher, als es ist, denn Investitionen sind, wie gesagt, eine gute Sache. Sie brauchen nur ein paar Regeln, damit eure Beziehung auch eine Krise oder eine Investitionsfehlentscheidung übersteht. Investitionen bieten jedoch eine Reihe von Vorteilen im echten Leben und nicht nur auf dem Papier. Ja, statistisch gesehen, geht's langfristig an der Börse immer nach oben. Zumindest in der Vergangenheit war das so. Dann blickt ihr ins Depot und seht da »+22,90 Prozent« stehen. Manch eine Person mag davon schon mega motiviert sein. Mike beispielsweise findet so was toll. Sein Wettkampfgen, das ihn schon im Sport so weit gebracht hat, wird hier voll angesprochen. Da noch optimieren, hier noch was lesen, dort reflektieren. Mich (Marielle) motiviert das nur minimal. Steht da ein Plus, ist es fein. Steht da ein kleineres Plus, ist es auch okay. Diese Zahl ist also nicht die Motivation, wieso ihr euch nun mit Geschäftsberichten, Immobilienanzeigen und dem ganzen Steuerkram beschäftigt. Was ist es dann?

Als wir 2014 unser gemeinsames Depot eröffneten, war uns noch nicht bewusst, für was das mal gut sein sollte. Wir wollten es, um Vermögen aufzubauen. Aber Vermögen wofür? Reisen wäre super. Mehr Unabhängigkeit vom Arbeitsmarkt wäre auch ganz nett. Und natürlich für die Rente vorsorgen, aber das war noch so weit weg. Marielle war gerade mal 22 Jahre jung, ich selbst noch nicht mal 28. Das war zwei Jahre vor dem Ende meines Studiums und meinem offiziellen Eintritt in den Arbeitsmarkt. Bis dahin hatte ich also noch nichts in die Rentenversicherung eingezahlt und somit auch keinen Anlass, über eine zukünftige Rentenhöhe nachzudenken. Es sollte auch noch zwei weitere Jahre dauern, bis wir unser Depot mit Aktien befüllten. Immer noch mehr um des Geldes willen und nicht wegen eines höheren Zieles. Heute wissen wir, wieso wir damals damit anfingen. Aufgrund unserer Investitionen (Unternehmensanteile & Immobilien) konnten wir bei der Geburt unseres zweiten Sohnes im Jahr 2021 mit gutem Gewissen drei Jahre Elternzeit ohne Teilzeitarbeit einreichen. Wir hatten die Freiheit gewonnen, für drei Jahre aus dem Erwerbsleben auszuscheiden und in dieser Zeit von unseren Investitionserträgen (Dividenden und Mieteinnahmen) zu leben. Zwar würden wir in den drei Jahren kaum etwas zurücklegen können und müssten höchstwahrscheinlich unsere Rücklagen ein bisschen anknabbern, aber wir hatten die Chance frei zu wählen. Dadurch waren wir in dieser Zeit zusätzlich in der glücklichen Lage, aus dem Blogprojekt »Beziehungsinvestoren« das Unternehmen »Bezie-

*hungsinvestor*innen« aufbauen zu können, ohne uns um unsere privaten Finanzen Sorgen machen zu müssen. Im Rückblick war das die größte Motivation, gemeinsam Investitionen zu tätigen und uns mit den Finanzen zu beschäftigen: die flexible Einteilung unserer Zeit und die Freiheit, uns jederzeit für unsere Familie entscheiden zu können. Deshalb war es auch so wichtig, dass wir diesen Weg zusammen als Paar gingen. Allein hätte das nicht funktioniert. Das wäre dann keine Erleichterung für unsere Beziehung geworden, hätte uns als Familie nicht so viel Zeit gegeben. Stattdessen eher Stress, weil es zu einem Ungleichgewicht in unserer Beziehung geführt hätte – mit einer Person, die sich ihre Zeit frei einteilen kann, und der anderen Person, die jetzt davon profitiert oder eben weiter schuften gehen muss (auch im Alter), weil das Geld fehlt. Allein losgehen ist okay, aber irgendwann braucht es den Punkt, wo es ein gemeinsamer Weg des Vermögensaufbaus wird. Daher gibt's ein paar Dinge zu klären, über die wir nun sprechen werden.*

Gemeinsam für die Zukunft investieren

Je nachdem, wo ihr gerade in eurer Beziehung angekommen seid, wird es unterschiedliche Dinge zu klären geben. Im bisherigen Verlauf habt ihr die einzelnen finanziellen Meilensteine bereits kennengelernt. Die Altersrente stellt nun den Abschluss dar. Doch sich darum zu kümmern, beginnt nicht erst mit 65 Jahren, sondern hoffentlich bereits mit dem ersten Ausbildungsgehalt. Daher kann es auch nicht *die* Fragen geben, die ihr nun für eure Altersvorsorge beantworten könnt, sondern es gibt zunächst ein paar grundsätzliche Entscheidungen, und die hängen eben davon ab, wie ihr gerade eure Beziehung seht. Hinzu kommt, dass ihr, sobald ihr ein paar Jahre zusammenlebt, euch juristisch in einem eheähnlichen Zustand befindet und finanziell füreinander verantwortlich seid (z. B. bei Arbeitslosigkeit oder Privatinsolvenz).

Um für das Alter (gemeinsam) vorzusorgen und die finanzielle Verantwortung füreinander zu übernehmen, gilt es über folgende Meilensteine nachzudenken, zu entscheiden und sie umzusetzen:

1. Wollt ihr (teilweise) eure Ausgaben zusammenlegen? Sprecht über ein gemeinsames Ausgabenkonto.
2. Wollt ihr (teilweise) eure Einnahmen zusammenlegen? Sprecht über ein Gemeinschaftskonto mit Geldein- und -ausgängen.
3. Wollt ihr (teilweise) euer Geld gemeinsam verwalten? Führt ein gemeinsames Haushaltsbuch.
4. Wollt ihr (teilweise) euer Geld gemeinsam investieren, sei es durch Bildungsangebote, Unternehmensanteile, Immobilien oder Ähnliches?
5. Wollt ihr neben der finanziellen Verantwortung auch die finanziellen Vorteile einer langjährigen Beziehung nutzen? Also heiraten oder die Lebenspartnerschaft eintragen lassen?
6. Wollt ihr über eure Beziehung hinaus euch und gegebenenfalls eure Kinder und andere dritte Personen finanziell absichern? Setzt einen persönlichen Ehevertrag auf.
7. Wollt ihr euer Leben und gegebenenfalls das eurer Kinder und anderer dritter Personen finanziell absichern? Richtet Testament, Vollmachten und Patientenverfügungen ein.

Hast du das Buch von vorne bis hierhin gelesen, ist das alles nicht neu für dich. Die Punkte auf einen Blick zu sehen, zeigt aber auch, dass sie miteinander zusammenhängen. Beispielsweise braucht ihr nicht über gemeinsame Investitionen nachzudenken, wenn ihr nicht mal einen Überblick eure gemeinsamen Finanzen habt. Ohne zu wissen, was vorhanden ist und übrigbleibt, braucht's auch kein Depot. Ihr könnt keine finanzielle Verantwortung füreinander übernehmen (auch, wenn ihr es gesetzlich müsst), wenn ihr gar nicht wisst, worin sie besteht. Ihr könnt auch gar nicht mehr allein investieren, wenn ihr geheiratet habt, keinen persönlichen Ehevertrag abgeschlossen habt und euch im Güterstand der Zugewinngemeinschaft befindet.

Mit Blick auf die Rente und all die Dinge, die zur (Alters-)Vorsorge zu tun sind, sind diese sieben Entscheidungen die Basis. Das ist nicht alles beim ersten Date relevant, auch nicht in der ersten gemeinsamen Wohnung. Aber spätestens mit der Hochzeit oder dem Kind stehen alle sieben Punkte auf dem Plan und brauchen eine Entscheidung. Ansonsten liegen sie nur rum und bereiten euch genau dann Ärger, wenn ihr ihn am wenigsten gebrauchen könnt.

All diese Punkte benötigen Absprachen zwischen euch. Du und dein Lieblingsmensch habt unterschiedliche Vorstellungen, ein abweichendes Verständnis, einfach eine andere Perspektive auf die Dinge. Ihr könnt nicht erwarten, dass das einfach schon so übereinstimmt, wie wir ganz am Anfang des Buches bereits gesehen haben. Sechs der sieben Entscheidungen haben wir in vorherigen Kapiteln besprochen, jetzt beschäftigen wir uns noch mit den Investitionen. Hier benötigt ihr gemeinsame Regeln. Das erhöht die Transparenz, beide wissen, auf was sie sich einlassen, beide sind in der Verantwortung. Das rettet in einer Krise im Zweifel eure Beziehung – egal, ob ihr investiert habt oder nicht.

Gemeinsam investieren – worauf ist zu achten?

Bevor wir nach etwa vier Jahren Beziehung unser gemeinsames Depot eröffneten, war der Gedanke: »Wir interessieren uns ohnehin für dieselben Unternehmen, Mike hat nicht so viel Geld zum Investieren, und wir könnten Gebühren sparen, wenn wir nicht doppelt kaufen.« Dass das als gemeinsame Grundlage nicht ausreichte, merkten wir prompt, als es um den ersten Kauf ging. Ein Vorschlag war schnell gemacht, jedoch fehlte die Einigkeit darüber, wann gekauft werden sollte, und vor allem, wann wieder verkauft. Zwar gab es eine recht große Menge an Unternehmen, für die wir uns beide interessierten, unsere Herangehensweise war jedoch eine andere. Mike war damals noch auf der Suche nach einer passenden Strategie, probierte viel aus und kam mit immer anderen Ideen um die Ecke. Ich (Marielle) hatte bis zu dem Zeitpunkt mehr aus dem Bauch heraus entschieden. Meine Überlegung war eher, welche Unternehmen mir im Alltag häufig begegnen, beziehungsweise welche Produkte ich selbst sehr gerne nutze, und kaufte entsprechend Anteile an den Unternehmen, ohne jemals verkaufen zu wollen. Mike hingegen wollte verkaufen. Wir brauchten also mehr als den Gedanken, Gebühren zu sparen. Eine gemeinsame Strategie musste her.

In den darauffolgenden Diskussionen kristallisierte sich eine erste Frage heraus, die wir beantworten mussten, bevor wir gemeinsam in ein Unternehmen investieren würden:

Was ist unser gemeinsames Ziel?

Bevor ihr ein gemeinsames Depot eröffnet, überlegt euch, was ihr damit vorhabt. Welchem Zweck soll es dienen? Beispielsweise die Rentenlücke zu schließen, finanziell unabhängig vom Arbeitsmarkt zu werden, jedes Jahr an allen Urlaubstagen verreisen zu können, ein Sabbatical einzulegen, mit der Zeit die Arbeitsstunden reduzieren zu können oder etwas ganz anderes? Denn von eurem Ziel hängt stark ab, wie ihr euer gemeinsames Depot füllt und was in euren jeweiligen persönlichen Depots verbleiben soll.

*Wir hatten für uns entschieden, dass wir gemeinsam Vermögen aufbauen wollen, um all die Reisen zu tätigen, die uns in den Sinn kamen, um all die Projekte umsetzen zu können, die wir uns ausmalten, um möglichst viel Zeit miteinander, unseren Familien und unseren Freund*innen verbringen zu können. Das sollte unser gemeinsames Depot ermöglichen.*

Was für uns keinesfalls dazugehörte, war eine gemeinsame Altersvorsorge über den Vermögensaufbau hinaus. Das mag erstmal widersprüchlich klingen, ergänzt sich bei näherem Hinsehen aber sehr gut: Würden wir bis an unser Lebensende zusammenbleiben, würde unser aufgebautes Vermögen auch unsere Rente finanzieren.

Denn unser klares Ziel war es damals, vor unserem 40. Geburtstag nicht mehr auf ein Einkommen durch eine Gehaltszahlung angewiesen zu sein. Würden wir uns jedoch trennen, bräuchten wir eine finanzielle Absicherung, die uns im Alter weiterträgt und die wir auch aus der Zugewinngemeinschaft ausschließen wollten. Deshalb läuft eine Art »Lifeline« – Menschen über 30 kennen das noch vom Domino Day – parallel weiter, die uns unabhängig von unserem gemeinsamen Erfolg individuell absichert. Damit ist auch schon klar, welche Frage wir uns außerdem stellten:

Wie stellen wir sicher, dass wir auch bei getrennten Wegen finanziell vorgesorgt haben?

Diese Lifeline spielt uns in beiden Szenarien in die Karten. Sollten wir uns trennen, haben wir eine separate Altersvorsorge, die vor der Scheidung geschützt und unabhängig vom aktuellen Einkommen weitergeführt wird. Dazu gleich mehr. Bleiben wir zusammen, wird es uns im Alter noch besser gehen, da wir außer dem aufgebauten Vermögen zusätzlich unsere privaten Altersvorsorgen haben. Für uns ist das ein Gewinn-Gewinn.

Das kann bei euch genauso aussehen oder auch ganz anders. Beispielsweise könntet ihr euch dazu entscheiden, die Altersvorsorge und den Vermögensaufbau in einem Depot aufzubauen und euch durch euren Ehevertrag abzusichern. Vielleicht indem festgelegt wird, dass im Falle einer Scheidung die Unternehmensanteile zunächst auf die individuellen Depots aufgeteilt werden sollen und dass der Teil zur Altersvorsorge aus dem Depot nicht herhalten darf, um Ausgleichszahlungen zu tätigen. Oder ihr könntet sagen, dass euch das alles zu viel Aufwand ist, euch ein bis zwei ETFs heraussuchen, diese 30 Jahre lang besparen und 50:50 teilen.

Nun noch einmal zurück zu der Aussage, dass die Altersvorsorge unabhängig vom Einkommen fortgeführt werden sollte. Weiter oben habt ihr eure Rentenlücke berechnet und herausgefunden, wie viel ihr im Monat in etwa investieren oder, sollte es mal wieder ordentliche Zinsen auf ein Tagesgeldkonto geben, dort ansparen solltet. Nun kann es aber sein, dass gerade durch Elternzeit das Einkommen einseitig nicht ausreicht, um die Investitions- oder Sparrate aufrechtzuerhalten. Da wir unser Einkommen als Familieneinkommen ansehen, wurde auch bei einseitigen Einkommensausfällen die Altersvorsorge weiterhin von unserem Gemeinschaftskonto aufgestockt. Es ist also aktuell egal, dass nur Marielle Elterngeld bekommt und Mike kein eigenes Einkommen besitzt. Auch seine Altersvorsorge wird dadurch weiter befüllt. Ist das bei euch auch der Fall? Wunderbar. Ist es nicht der Fall, aber ihr habt euch für eine gleichberechtigte Auszeit entschieden? Dann wird die Altersvorsorge mal ausschließlich von dir und dann von deinem Lieblingsmenschen gefüllt. Wunderbar. Ist auch das nicht der Fall und du übernimmst die gesamte unbezahlte Care-Arbeit und dein Lieblingsmensch die gesamte bezahlte Erwerbsarbeit, dann steht jetzt ein Gespräch für euch an, sollten doch beide Altersvorsorgen weitergeführt werden. Sind eure Rollen anders verteilt, gilt es dasselbe Gespräch zu führen. Denn der Lieblingsmensch (oder du selbst) kann nur Geld durch Erwerbsarbeit verdienen, weil der andere Part zu Hause ist und sich um die Kids und den Haushalt kümmert. Es ist sehr wichtig, dass deine private Altersvorsorge oder die deines Lieblingsmenschen auch in diesem Fall ununterbrochen weiterläuft.

Als wir das alles geklärt hatten, ging es uns schon viel besser und wir waren bereit, die erste Aktie zu kaufen. Oder doch nicht? Mike hatte deutlich weniger Geld zur Verfügung als ich. Während meine Positionen zwischen 1500 Euro und 3000 Euro lagen, hatte er gerade mal die Chance, etwa 250 Euro bis 500 Euro beizusteuern. In dieser Phase unserer Beziehung daraus eine 50:50-Aufteilung zu machen, fühlte sich für uns beide nicht stimmig an. Gleichzeitig wird das im Gemeinschaftsdepot nicht angezeigt. Da steht nur: Investiertes Kapital = 2978,73 Euro. Keine Spur davon, wem was gehörte. Daraus ergab sich die Frage:

Wenn wir gemeinsam investieren, wem gehören davon wie viele Anteile und wie halten wir es fest?

Zum ersten Teil dieser Frage, also wie man die Frage nach Anteilen beantworten kann, haben wir bereits im Kapitel zum Eigenheimkauf einige Optionen genannt. Die Gestaltungsmöglichkeiten und Gespräche fürs Eigenheim lassen sich bei den Anteilen auch auf Kapitalanlagen übertragen. Bei Immobilien ist das anschließende Festhalten eurer Entscheidung jedoch sehr simpel, es wird ins Grundbuch eingetragen und kann auch hinterher nicht diskutiert werden. Für eine Änderung bedarf es eines neuen Konsenses inklusive notarieller Beglaubigung.

Bei Aktien ist das jedoch etwas anderes. Beim Kauf werden lediglich ein Einstandswert und danach ein aktueller Buchwert angezeigt, also wie viel die Anteile wert wären, würdet ihr sie nun verkaufen. Möchtet ihr, unabhängig von eurem eingebrachten Vermögen, nicht alles hälftig teilen, braucht ihr eine Dokumentation. Wir entschieden uns für die Excel-Tabelle, in der wir unsere jeweiligen Anteile an einem Unternehmen aufschrieben und anhand welcher wir Dividendenzahlungen aufteilen konnten. Das mag komisch klingen, wenn ihr schon jahrelang zusammen seid und von einem Familieneinkommen ausgeht. Im Jahr 2015 waren wir jedoch noch nicht an dem Punkt und wollten es lieber trennen. Das änderte sich mit der Zeit. Zuerst entschieden wir, dass Dividendenzahlungen unabhängig von den eigenen Anteilen uns beiden gehören sollten. Später beschlossen wir, dass das Geld in unserer Investitionsrücklage ebenfalls hälftig aufgeteilt werden sollte, egal, wer wie viel dazu beisteuerte. Aktien, die wir heute kaufen, gehören uns zu gleichen Teilen. Das war aber ein Prozess von gut sechs Jahren. Das Wichtige für euch ist, dass eure Vorgänge nachvollziehbar bleiben. Werden die Käufe und Verkäufe an einer Stelle intransparent und ihr wisst gar nicht mehr, wie ihr etwas aufgeteilt habt, wird's kompliziert. Dann kannst du oder dein Lieblingsmensch sich leicht betrogen, unfair behandelt oder nicht abgeholt fühlen. Mit klaren Absprachen und einer transparenten Dokumentation lässt sich das vermeiden.

Bleibt nur noch die Frage nach dem Wie:

Wie wollen wir in Unternehmen investieren?

Das genaue Wie, also die Strategie, werden wir in diesem Buch leider nicht besprechen können. Zu groß ist die Auswahl und jede Strategie wäre ein einzelnes Buch – beziehungsweise es gibt genügend Bücher, die sich mit nur einer Strategie beschäftigen und diese erklären. Scannt gerne den QR-Code und schaut euch die Buchempfehlungen an.

Für eure Beziehung bedeutet das Wie jedoch auch, eine klare Absprache über das Vorgehen beim Investieren zu haben. Einfach so aus dem Bauch heraus Geld in die Hand zu nehmen und damit Unternehmensanteile zu kaufen, wird schwierig, wenn die Investition in die Hose geht. Wieso? Weil es beim Aktienhandel keine hundertprozentige Entscheidungsgrundlage gibt, sondern nur Vermutungen. Bitte versteh uns nicht falsch, das Bauchgefühl ist sehr hilfreich in Kombination mit einer ordentlichen Entscheidungsgrundlage. Entspricht ein Unternehmen beispielsweise all euren Voraussetzungen und theoretisch spricht alles für einen Kauf, aber du hast ein mulmiges Gefühl bei der Sache, kann es sehr ratsam sein, die Finger von der Aktie zu lassen. Und damit kommen wir auch schon zur wichtigsten Regel beim gemeinsamen Investieren:

Bei einer gemeinsamen Investition müssen stets beide zustimmen. Lehnt eine Person ab, wird die Investition nicht gemeinsam getätigt.

Dabei sind Überredungsversuche keinesfalls erlaubt. Du kannst natürlich deine Argumente vorbringen, doch Dinge wie »Vertrau mir!«, »Klar klappt das!« oder »Bisher waren meine Entscheidungen doch auch immer richtig!« sind untersagt. Das hat nichts mit der Investition, sondern nur was mit dem eigenen Ego zu tun. Entweder sind beide an Bord oder du oder dein Lieblingsmensch tätigt die Investition eben allein.

Stellt euch vor, das Ganze geht schief: Zu viel Geld geht verloren, eure Altersvorsorge wird aufs Spiel gesetzt – und dabei bleibt der Lieblingsmensch außen vor. Das ist ein Moment, von dem sich eine Beziehung nur schwer erholen kann, weil so viel Vertrauen missbraucht wurde und gleichzeitig die Konsequenz des Verlustes so schwer wiegt. Seid ihr alle Fragen durchgegangen, habt alle Entscheidungen getroffen? Dann seid ihr nun bereit, gemeinsam zu investieren. Ihr kennt euer Ziel, ihr kennt euer Vorgehen und ihr habt eine Möglichkeit festgelegt, eure Handlungen auch in fünf Jahren noch nachvollziehen zu können.

Yippie! Damit habt ihr eurer Rentenlücke den Kampf angesagt.

Ihr habt kein Geld übrig, um für die Zukunft zu planen

Ausbildungsgehalt, Arbeitslosigkeit, Elternzeit, Niedriglohnsektor in einer Metropole, pflegebedürftige Angehörige und viele weitere Gründe können dazu führen, dass am Ende des Monats kein Geld mehr übrig ist. Im Jahr 2019 betraf das etwa ein Drittel der in Deutschland lebenden Menschen. Der Hauptgrund, den über 60 Prozent angaben, war, dass sie nicht genug verdienen. Nur etwa 10 Prozent sahen die Schuld in unnötigem Konsum.[13] Durch die hohe Inflation im Jahr 2022 wird sich die Lage nicht entspannt haben, da Haushalte bei einer Inflation von 8 Prozent im Jahr ein Monatsgehalt weniger zur Verfügung haben als noch im Jahr zuvor. Was könnt ihr tun, wenn ihr euch in dieser Situation befindet?

Lesen, lernen und euch weiterbilden. Allein und gemeinsam. In euch selbst zu investieren ist die beste Investition, die ihr in eurem Leben tätigen könnt. Dazu braucht es kaum Geld und selbst Zeit ist nicht viel nötig. Mit einem Büchereiausweis habt ihr für ein paar Euro im Jahr Zugang zu Hunderten, wenn nicht sogar Tausenden Büchern. Dieser wird sogar bezuschusst. Mit eurem Smartphone oder Laptop habt ihr Zugang zu Millionen Blogartikeln, YouTube-Videos und Podcasts. Die Welt ist voll von Wissen für wenig Geld. Liest du eine Seite pro Tag, hast du am Ende des Jahres ein Sachbuch gelesen. Schaffst du zwei Seiten am Tag, sind es bereits zwei Bücher. Bei drei Seiten sind es schon drei Bücher. Nun einfach beim Essen mit dem Lieblingsmenschen über die Inhalte sprechen: fertig ist eure Fortbildungsroutine. Mit der Zeit setzt eine Aufwärtsspirale ein, denn mehr Wissen führt zu mehr Geld, führt zu mehr Zeit, führt zu mehr Wissen, führt zu mehr Geld, führt zu mehr Zeit …

Irgendwann seid ihr in der Lage, im Quartal zehn Euro zur Seite zu legen. Mit diesen zehn Euro könnt ihr euer Depot eröffnen, einen ETF heraussuchen, euren Sparplan einrichten und die erste Investition an der Börse tätigen. Aus den 10 Euro werden 15 Euro und dann 30 Euro. Jetzt könnt ihr schon jeden Monat zehn Euro investieren, dann 20 Euro und dann 50 Euro. Ihr könnt auch schon mit einem Euro pro Monat anfangen. Das sind zwölf Euro im Jahr. Davon werdet ihr nicht reich, aber damit lernt ihr fast alles, was es zu lernen gibt, damit verschafft ihr euch zunehmend mehr finanziellen Spielraum und damit habt ihr eine reelle Chance, doch noch reich zu werden.

Es wird kein Zuckerschlecken. Es wird Phasen geben, wo ihr alles hinwerfen wollt und keine Lust mehr habt, euch mit dem Mist zu beschäftigen. Ärger, Frust und Wut können jederzeit aus dem Nichts auftauchen. Nur hart zu arbeiten reicht meistens nicht aus, sondern es ist auch noch eine ordentliche Portion Glück gefragt und strukturelle Schwierigkeiten stehen im Weg. Es wäre schön, wenn es so nicht wäre, aber so ist es momentan. Macht euch bei solchen Gedanken bitte klar, dass das der Weg ist, der die höchsten Erfolgsaussichten hat. Keine Lotterie. Keine Gewinnspiele. Keine

Hoffnung auf ein großzügiges Erbe. Keine Hoffnung in die Politik, die das zeitnah alles zu euren Gunsten ändert. Die einzige Chance ist zu lernen und anzuwenden. Mit Minischritten geht's los. Und ihr seid auf dem richtigen Weg.

RENTENEINTRITT – AUF EINEN BLICK

Mit diesen drei Fragen beginnt ihr das Gespräch über eure Rentenzeit:

- An welchem Ort wollen wir unseren Lebensabend genießen und was bedeutet dies für unsere Alltagsausgaben im Vergleich zu den vergangenen Jahren?
- Wie viel weniger Geld wird uns durch die Altersrente zur Verfügung stehen und was bedeutet das für unsere Rentenlücke?
- Wie schließen wir unsere Rentenlücke und welche Risiken sind wir dafür bereit einzugehen?

Diese drei Dinge in Bezug auf Geld solltet ihr vor dem Renteneintritt auf jeden Fall tun:

- Eure persönliche Rentenlücke berechnen – idealerweise mit einem Best- und einem Worst-Case-Szenario im Hinblick auf die Inflation und Zinsentwicklung.
- Euren individuellen Versicherungsverlauf bei der deutschen Rentenversicherung anfordern, prüfen und eventuell korrigieren lassen.
- Besprechen, wie euer Alltag im Alter aussieht und wo ihr ihn verbringen wollt, sodass ihr diesen Wunsch gemeinsam finanziell vorbereiten könnt.

BEZIEHUNGSVISION – WAS ERWARTET IHR VON EUREM GEMEINSAMEN LEBEN?

Eine Beziehungsvision – was soll das nun wieder sein, denkt ihr euch sicher. Ganz konkret heißt das: Wisst ihr, wie eure Beziehung in fünf Jahren aussieht? In fünfundzwanzig Jahren oder gar in fünfzig Jahren? Hast du das Buch nicht nur gelesen, sondern dich aktiv mit deinem Lieblingsmenschen über die bisherigen Fragen ausgetauscht, dann hast du jetzt zumindest eine rudimentäre Idee in deinem Kopf. Aber das sind bisher nur vage Vorstellungen von den größten Meilensteinen wie Eltern zu werden, ein Haus zu kaufen, zu heiraten oder in Rente zu gehen. Das ist nützlich, keine Frage – hat mit einer Beziehungsvision aber nur am Rande etwas zu tun. Die Vorstellungen sind vielmehr Puzzleteile, die mit vielen anderen Teilen ein großes Bild ergeben. Was bedeutet es also, eine Beziehungsvision zu haben?

Im Grunde zeigt euch eure Beziehungsvision, wohin ihr gehen, euch entwickeln und was ihr erreichen möchtet. Sie ist sozusagen eine ausführliche Zielformulierung, die beschreibt, wie ihr euch eure Beziehung vorstellt, was euch in eurer Beziehung wichtig ist und nach welchen Werten ihr eure Beziehung leben wollt. Vielleicht denkst du jetzt, dass du keine Ziele haben willst, denn die nerven dich ohnehin schon auf der Arbeit, wenn du im nächsten Entwicklungsgespräch wieder erzählen sollst, was du dir vorgenommen hast, um dich dann daran messen zu lassen. Nun, lass es uns mal so ausdrücken: Hättest du im Leben keine Ziele, könntest du niemals eine eigene Entscheidung treffen. Du würdest einfach im Fluss der gesellschaftlichen Erwartung mitschwimmen, ohne jemals etwas für dich zu bestimmen. Ohne das Ziel, eine gleichberechtigte Beziehung zu führen, würdest du das machen, was »alle« anderen auch machen. Ohne das Ziel, im Alter finanziell abgesichert zu sein, würdest du niemals privat vorsorgen und dich mit der Börse beschäftigen. Stattdessen würden andere für dich entscheiden, wie eine gute Altersvorsorge aussieht. Nämlich fleißig in die Rentenversicherung einzahlen, vielleicht eine Riester- und Betriebsrente abschließen, weil dir das bei der Unterschrift deines Arbeitsvertrages von der HR-Abteilung ans Herz gelegt wurde. Und dann hattest du bereits Glück. Ohne das Ziel, keine Kinder zu bekommen, würdest du einfach ein Kind bekommen. *Denn das ist das, was man macht, wenn man um die 30 Jahre alt ist.* Ohne das Ziel, zur Arbeit zu fahren, wenn du morgens in die Bahn steigst, würdest du einfach stundenlang hin und her pendeln, ohne jemals zu wissen, wann du aussteigen sollst. Auch deine Urlaubsplanung würde ohne eine (Ziel-)Vorstellung keinen Millimeter nach vorne gehen. Außer, eine andere Person trifft erneut für dich die Entscheidung. Statt dein Leben selbst zu leben, würdest du ohne Ziele dein Leben von anderen Menschen leben lassen. Keine Ahnung, wie es dir bei dem Gedanken geht, aber uns läuft es eiskalt den Rücken runter.

Aber in Beziehungen ist es gang und gäbe, sich treiben zu lassen. Das gesamte Buch ist voll mit diesen Beispielen, in denen der Autopilot die Entscheidungen für euch als Paar, für eure Beziehung, übernimmt. Fremdgesteuert geht ihr durch die wichtigsten Entscheidungen eures Lebens und den Alltag, dem ausgeliefert, was ihr bisher erlebt, erfahren und gelernt habt, ohne es zu ändern. Entspricht das nicht der Vorstellung von deiner Beziehung (oder deinem Leben), dann heißt es, den Autopiloten abstellen und eine eigene Vision entwickeln.

Eure Beziehungsvision hat gleich zwei grandiose Eigenschaften. Sie ist Ziel und Landkarte zugleich. Durch eure Vision wisst ihr, wo ihr hinwollt, was euch in eurer Beziehung wichtig ist, was die

To-Dos und was die Don'ts sind, was ihr erreichen und wie ihr zusammenleben wollt. Durch eure Vision wisst ihr auch, ob ihr noch auf dem richtigen Weg seid, ihr könnt es auf der Landkarte prüfen. Umwege durch falsches Abbiegen gehören dazu, schließlich könnt ihr nicht dauerhaft einen Blick auf die Landkarte haben. Aber der prüfende Blick ist immer wieder hilfreich: am Anfang vielleicht einmal im Monat, dann einmal im Quartal und später einmal im Jahr. Verhalten wir uns noch entsprechend unserer Beziehungsvision? Sind wir irgendwo falsch abgebogen? Hat sich an unserer Vision etwas geändert? Dieses Prüfen und darüber Sprechen ist wichtig, sonst ändert sich euer Ziel. Ist euch das zu abstrakt? Wie wäre es mit diesem Beispiel: Ihr wohnt in München und plant einen Städtetrip nach Hamburg. Auf halbem Weg erfährt dein Lieblingsmensch, dass ein Familienmitglied aus Berlin einen schweren Unfall hatte und nun Hilfe benötigt. Statt über die veränderte Situation zu reden und das Ziel anzupassen, fahrt ihr weiter nach Hamburg. Dort warten ein paar unschöne Tage auf euch, denn dein Lieblingsmensch ist mit den Gedanken ganz woanders, ist leicht gereizt und es kommt daher immer wieder zu Streitereien. Obwohl ihr an eurem Ziel angekommen seid, ist niemand wirklich zufrieden. Es braucht also das Ziel und die Landkarte sowie die regelmäßige Überprüfung, ob beides noch übereinstimmt. »Ist ja alles schön und gut«, magst du jetzt denken, »aber wieso sollte ich mich darum kümmern? Am Ende des Tages ist es doch einfach nur noch mehr Arbeit.«

Ja, erstmal ist es mehr Arbeit. Aber recht schnell wird es euer Leben (und eure Finanzen bzw. Geldgespräche) erleichtern. Eure Beziehungsvision braucht Zeit. Manche Paare verteilen den Prozess über mehrere Monate und planen dafür pro Woche eine halbe bis eine Stunde ein. Andere blocken dafür ein ganzes Wochenende. Wieder andere verbinden es mit ihrem Urlaub. Wieso es sich lohnt, diese Zeit zu investieren, zeigen die folgenden Beispiele.

Als Marielle und ich uns kennenlernten, hatten wir ein unter-

schiedliches Grundverständnis von Geld und wie wir damit umgehen wollten. Während Marielle bereits früh lernte, ihr Geld zu investieren, für Dinge einzusetzen, die ihr wichtig waren, und sparsam zu leben, lernte ich, dass ich über die Runden kommen muss, aber Geld nicht so wichtig ist, Hauptsache, ich mache das, was mir Freude bereitet. Marielles Eltern waren verbeamtet, wodurch sie großen Wert auf finanzielle Sicherheit legte. Meine Mutter wagte den Schritt in die Selbstständigkeit, weshalb ich großen Wert auf Entscheidungsfreiheit legte. Damit wuchsen wir in völlig unterschiedlichen Geldhaushalten auf und übernahmen entgegengesetzte Werte von unseren Eltern. Das zeigte sich an allen möglichen Stellen. Marielle wollte die Gemeinschaftsausgaben bei unserem Zusammenzug fair aufteilen, für mich hätte es auch Pi mal Daumen gepasst. Marielle suchte sich ein duales Studium, in dem sie direkt Geld verdiente, während ich nach vier Semestern mein Mathe- und Physikstudium hinschmiss, mit der Psychologie begann, später noch Sportwissenschaften hinzunahm und insgesamt zehn Jahre an der Uni lernte und als selbstständiger Trainer etwas hinzuverdiente. Marielle strebte direkt den Berufseinstieg und ein unbefristetes Arbeitsverhältnis an, während ich mich dagegen sträubte und lieber meine Selbstständigkeit weiter ausgebaut hätte. Marielle investierte in Aktien, schaute regelmäßig in ihre Konten und hatte dadurch stets Geld für ihre Aktivitäten. Ich hangelte mich hingegen von Monat zu Monat, interessierte mich erst für mein Konto, als kein Geld mehr drauf war, und musste bei Urlauben absagen, da ich sonst die nächste Miete nicht hätte bezahlen können. Und so kam es, wie es kommen musste, wir gerieten immer wieder aneinander. Sei es bei der Aufteilung der Gemeinschaftsausgaben, der Bezahlung eines gemeinsamen Urlaubs oder der Kinderplanung. Unsere Perspektiven über Geld gingen so weit auseinander, dass Marielle sogar überlegte, die Beziehung zu beenden, da sie keine Zukunft sah und dies in einem fulminanten: »Wenn du Kinder haben willst, dann beende endlich dein Studium und organisier dir einen unbefristeten Arbeitsvertrag, ansonsten wird das nichts mit mir«, ausdrückte.

Bäm. Das hat gesessen. Du kannst dir vorstellen, wie es uns dabei ging. Wir waren beide frustriert, beide wütend und fühlten uns beide nicht verstanden. Du ahnst es schon. Zu diesem Zeitpunkt hatten wir noch keine Ahnung, wie wir uns unsere Beziehung vorstellten. Wir lebten in den Tag hinein. Klar planten wir hier und da einen Ausflug, ein Familienevent oder einen Urlaub, aber das hat nur am Rande etwas mit einer Beziehungsvision zu tun. Kurzum: Wir hatten keine Ahnung, wie wir unsere Beziehung führen wollten. Lange haben wir unsere Beziehung wie einen Flickenteppich behandelt. Mein Job war zu unsicher, deshalb sollte ich in eine Festanstellung. Die Gebühren für mein Depot waren zu hoch, also gab's ein Gemeinschaftsdepot. Marielle wollte in einen Urlaub, den ich mir nicht leisten konnte, also lud sie mich ein. Ich wollte Papa werden, Marielle ihre Karriere nicht direkt wieder beenden – also taten wir nichts. Es war ein Drehen an einzelnen Schrauben, das uns nicht nach vorne brachte. Für jedes Problem, das wir lösten oder ignorierten, kamen neue auf uns zu. Dadurch wurde unsere Beziehung Stück für Stück instabiler. Sie fing an zu bröseln. Und das tat uns beiden weh. Denn wir liebten unsere Beziehung, da wir uns durch sie so viel wohler fühlten, so viel selbstbewusster waren und so viel mehr Dinge erlebten, als wir allein erlebt hätten. Im Grunde waren wir schon damals das perfekte Team, aber uns fehlte das Ziel. Und das hätte uns fast das Beste vermasselt, was wir bis heute gefunden haben: unsere Beziehung. Im Dezember 2015 fanden wir endlich den Schlüssel dazu, dass sich alles ändern sollte. Was passierte also, dass wir sieben Jahre später in den Genuss kommen, dieses Buch zu schreiben?

Damals setzten wir uns erstmals hin, schufen Kategorien wie Finanzen, Familie und Freizeit und überlegten uns Ziele. Aber das hast du bestimmt schon in vielen Ratgebern gelesen und damit wollen wir dich auch gar nicht langweilen. Stattdessen verraten wir dir, wie wir es heute machen. Wie wir heute unsere Beziehungsvision leben und wie du es uns mit deinem Lieblingsmenschen ganz einfach nachmachen kannst. Es ist eine Schritt-für-Schritt-Anleitung, die ihr schnell am Abend durchgelesen habt, aber unmöglich mal eben so nebenher oder in einem halben Tag umsetzen könnt. Ihr braucht dafür Zeit. Entweder häppchenweise über einen längeren Zeitraum oder aber am Stück während eures nächsten Urlaubs. Die Übung, die jetzt folgt, wird die beste Investition in eure Beziehung sein, die ihr jemals tätigen werdet.

Schritt 1: Wir wollen eine Beziehungsvision!

Bevor es losgehen kann, braucht es von dir und deinem Lieblingsmenschen den Willen, eure Beziehungsvision zu erstellen und dann zu leben. Alle weiteren Schritte ergeben keinen Sinn, wenn eine Person mitgeschleift oder ständig überredet werden muss. Das heißt nicht, dass ihr gleichermaßen begeistert sein müsst, nur dass ihr zu Beginn beide willens seid, euch darauf einzulassen. Das bedeutet, dass ihr eure Beziehung zur Priorität macht.

Es gibt hier keine Abkürzung. Keinen Hokuspokus. Keine schnelle Technik, mit der ihr sofort erfolgreich in eurer Beziehung seid. Sie selbstbestimmt gestaltet. Gemeinsam ein Vermögen aufbaut. Der Weg dorthin ist die bewusste Entscheidung, dass eure Beziehung Priorität hat. Wenn eure Beziehung ständig hinter allen anderen Sachen wie Karriere, Freundes- und Familienkreis steht, dann habt ihr nie Zeit, euch um eure Beziehung zu kümmern, eure Meilensteine nach euren Wünschen zu planen. Ihr werdet dafür immer zu beschäftigt sein. Das erleben wir in unserer Community jedes Mal, wenn wir über die Date-Night sprechen. Nachrichten wie die von Jana sind keine Seltenheit:

Seit über drei Jahren hatten wir keine Date-Night mehr. Ständig ist irgendwas anderes. Wir haben es sogar schon mit einem geblockten Termin im Kalender versucht, aber dann kam doch der Anruf dazwischen, dass es noch ein wichtiges Afterworkevent gibt.

In Wahrheit kam in Janas Beziehung aber nie etwas dazwischen.

Für sie und ihren Freund waren andere Dinge eben wichtiger. Ihre Beziehung kam an letzter Stelle. Deshalb wurde die Date-Night auch immer und immer wieder verschoben, bis sie zu der Erkenntnis kamen, dass sie in über drei Jahren kein einziges Date mehr miteinander gehabt hatten. Da hilft auch keine Terminplanungstechnik. Die Zeit kann noch so oft geblockt und das Restaurant noch so oft reserviert werden, wenn die Beziehung irgendwo an hinterster Stelle steht, wird das Treffen doch wieder verschoben.

Bevor ihr also mit eurer Beziehungsvision startet, geht sicher, dass ihr beide dahintersteht. Dass eure Beziehung zu euren Top-Prioritäten zählt und ihr deshalb Lust habt, sie zu gestalten. Testet es mit eurer Date-Night. Vereinbart in den nächsten vier Wochen vier Dates. Zwei planst du, zwei plant dein Lieblingsmensch. Alle vier finden statt. Besteht ihr die Herausforderung? Dann geht's weiter zum nächsten Schritt.

Schritt 2: Wir lernen uns zuzuhören!

Alle Dates geschafft? Wir wetten, dass eure Beziehung jetzt schon eine andere Qualität hat als noch vor vier Wochen. Vielleicht habt ihr euch sogar schon über Dinge ausgetauscht, die ihr seit Monaten vor euch herschiebt. Wie liefen die Gespräche? Hattest du das Gefühl, dass du von deinem Lieblingsmenschen gehört wurdest? Und andersherum? Vielleicht kennst du auch dieses Gefühl, zwar alles zu erzählen, was dir wichtig ist, aber irgendwie kommt es bei deinem Lieblingsmenschen nicht an. Du erhältst zwar Antworten wie »Ich verstehe dich!«, aber insgeheim denkst du dir: »Nichts hast du verstanden!« Diese Form des Zuhörens hat viele Facetten. Hier ein paar Beispiele: »Ah, verstehe. An deiner Stelle würde ich …«, »Oh ja, das kenne ich. Bei mir war das so: …« oder »Okay. Meinst du nicht, dass du dich etwas anstellst? Du musst einfach nur …« Alle drei Aussagen geben zu verstehen, dass das, was gerade gehört wurde, auch verstanden wurde. Akustisch. Doch tatsächlich fühlst du dich dadurch überhaupt nicht verstanden. Aber wie würde es anders aussehen?

Würdest du dich verstanden fühlen, wenn du das Gefühl hättest, dass die andere Person deine Perspektive einnehmen kann? Also durch deine Augen auf die Situation blickt? Dass die andere Person deine Gefühlslage nachempfinden kann und deine Aussagen erstmal einfach als deine Meinung aufnimmt?

Das zu lernen, dauert ein Weilchen. Denn die meisten haben nicht gelernt, wirklich zuzuhören. In der Schule, in der Ausbildung und auf zu vielen Weiterbildungsseminaren bekamen wir eher beigebracht vorzutäuschen, dass wir zuhören. Du sollst Blickkontakt halten, nicken oder ab und an ein »Ja« fallen lassen, am besten die Körperhaltung des Referenten oder der Referentin spiegeln und dich ein bisschen vorbeugen. Das vermittele allen das Gefühl, dass du zuhörst. Hey, die Leute, die das erzählen, haben ihre Hausaufgaben gemacht. Denn all die Dinge vermitteln tatsächlich das Gefühl, dass du zuhörst. Viel wichtiger ist aber, wirklich zuzuhören und zu verstehen, was dein Lieblingsmensch gerade ausdrücken will, Stephen R. Covey nennt es »verstehendes Zuhören«. Statt nur den Anschein zu geben zuzuhören, geht es darum, deinen Lieblingsmenschen zu verstehen. Covey beschreibt dabei vier Stufen des verstehenden Zuhörens. In der ersten Stufe wiederholst du in deinem Kopf die Aussagen deines Lieblingsmenschen. Hörst du »Mir ist es wichtig, genügend Geld auf dem Konto zu haben«, dann antwortest du: »Dir ist wichtig, genügend Geld auf dem Konto zu haben.« In der nächsten Stufe wiederholst du das Gesagte in deinen eigenen Worten. Bleiben wir beim Beispiel »Mir ist es wichtig, genügend Geld auf dem Konto zu haben«, so antwortest du: »Du hast gerne ein paar Rücklagen auf dem Konto.« Dein Lieblingsmensch bestätigt das vermutlich kurz. Das klappt deutlich besser in der dritten Stufe. Nun konzentrierst du dich rein auf die Gefühle, die in der Aussage deines Lieblingsmenschen stecken. Bei

»Mir ist es wichtig, genügend Geld auf dem Konto zu haben« könntest du antworten: »Geld gibt dir also eine gewisse Sicherheit.« Wie würdest du reagieren, wenn dir jemand eine solche Rückmeldung geben würde? Offensichtlich hat die Person ja nicht nur zugehört, sondern auch verstanden, wieso es dir wichtig ist, genügend Geld auf dem Konto zu haben. Das baut Vertrauen zwischen dir und deinem Lieblingsmenschen auf. Eine Wohlfühlatmosphäre entsteht und dein Lieblingsmensch kann sich weiter öffnen. Ab dieser Stufe seid ihr bereit, den nächsten Schritt zu gehen. Dennoch wollen wir euch auch die vierte Stufe nicht vorenthalten, nämlich die erkannten Gefühle mit der erkannten Herausforderung zu kombinieren. Hörst du: »Mir ist es wichtig, genügend Geld auf dem Konto zu haben«, könntest du in dieser Stufe antworten: »Du fühlst dich also sicher, wenn du genügend Rücklagen hast, um beispielsweise auch spontane Ausgaben tätigen zu können, jederzeit deinen Job zu verlassen, wenn er dir nicht guttut, oder gegen Kurzarbeit abgesichert zu sein.« Egal, ob du mit deiner Aussage richtigliegst oder völlig daneben: Dein Lieblingsmensch spürt, dass du dir allergrößte Mühe gibst, die Aussage zu verstehen. Das erzeugt sehr viel Vertrauen. Nach dieser Rückmeldung kann dein Lieblingsmensch deine Aussage bestätigen oder korrigieren. Ihr wisst in diesem Moment beide, ob ihr von demselben Thema sprecht oder weiter nach dem passenden Verständnis sucht.

Auch wenn ihr schon an dieser Stelle eurer Beziehungsvision nur noch die vierte Stufe des verstehenden Zuhörens leben würdet, hätte eure Beziehung dauerhaft einen riesigen Qualitätszuwachs. Statt auf der eigenen Perspektive zu beharren, könnt ihr es von nun an hinbekommen, eine gemeinsame Perspektive – egal, wie schwer das Thema auch sein mag – zu entwickeln.

Es ist ein fortwährender Prozess, und vermutlich werdet ihr euer Leben lang damit beschäftigt sein, die Stufen drei und vier zu verinnerlichen. So lange müsst ihr zum Glück nicht warten, um zum nächsten Schritt überzugehen.

Eure Aufgabe, bevor ihr weitergeht: Führt ein Gespräch über ein beliebiges Thema – vielleicht eines, das in der Vergangenheit zu Diskussionen geführt hat – und wendet das eben Gelernte an. Schafft ihr es, euch gegenseitig zu verstehen? Ihr müsst dabei nicht derselben Meinung sein. Es geht nur ums Verstehen. Sobald ihr beide das Gefühl habt, dass der jeweilige Lieblingsmensch euch verstanden hat, geht's weiter zum dritten Schritt.

Schritt 3: Das sind unsere Werte!

Kennst du deine Werte? Die Dinge, die dir wichtig sind? Für uns waren sie lange Zeit ein Geheimnis. Wir konnten sie nicht benennen. Es gab nur die eine Sache, vielleicht zwei, die immer wiederkehrend waren. Bei Marielle war es die Sicherheit. Bei mir die Freiheit. Das zog sich durch alle Lebensbereiche durch, wie ein roter Faden. Du kannst dir vorstellen, dass das nicht immer glattlief. Sicherheit und Freiheit stehen sich oftmals gegenüber, auch wenn sie manchmal Hand in Hand gehen. Am meisten spürten wir es bei unserer wiederkehrenden Diskussion über ein Angestelltenverhältnis. Marielle war es super wichtig, dass ich einen unbefristeten Arbeitsvertrag bekam, regelmäßig in die Rentenkasse einzahlte und mit dem Geld meinen Lebensunterhalt (und hoffentlich auch noch etwas darüber hinaus) bestreiten konnte. Es war ihr sogar so wichtig, dass sie davon unsere Familienplanung, ja sogar den Fortbestand unserer Beziehung abhängig machte. Mir war das egal. Ich wollte tun und lassen, was ich wollte. Und wenn ich Lust hätte, noch zwei Fächer zu studieren, dann wollte ich noch zwei Fächer studieren. So kam es, dass ich aus lauter Freiheitsdrang mich auch noch je ein Semester in Jura und BWL setzte. Mit Mathe, Physik, Sportwissenschaften und Psychologie hatte ich bereits reichlich Auswahl. Marielle fand die Aktion hingegen gar nicht lustig. Wurden wir im Freundeskreis oder später in Interviews gefragt, was wir aneinander schätzten, so gab ich stets an, dass Marielle mir meinen Freiraum ließ und dass sie sogar akzeptierte, dass wir zu Beginn in unterschiedlichen Betten schliefen, damit ich zur Ruhe finden konnte. Marielle fand es eher bemerkenswert, dass ich ihr den Rücken stärkte, ihr alles zutraute, sie in ihren Entscheidungen unterstützte und sie sich dadurch sicher fühlte. Interessant, wie alles durch die Brille dieser beiden Werte betrachtet wurde. Damals war es für Marielle noch unvorstellbar, jemals selbstständig zu sein und kein regelmäßiges Einkommen zu haben. Und ich hätte mir nie träumen lassen, dass ich mal akribisch Haushaltsbuch führen und meine Finanzen so gut im Blick haben würde. Heute sind Sicherheit und Freiheit weiterhin Teil unseres Wertesystems, aber sie stehen nicht mehr an erster Stelle und es sind auch nicht die einzigen Werte, an denen wir alles bemessen. Wie kam diese Veränderung zustande?

Während meines Studiums lernte ich, dass unser Wertesystem durch unsere eigenen Erfahrungen und durch die Erzählungen anderer Menschen geformt wird. Viele kleine Puzzleteile setzen sich über Jahre und Jahrzehnte zusammen und ergeben irgendwann eine riesige Landkarte mit Werten. Je nach Ort und Situation können andere Werte wichtig sein. Manchen Menschen ist eine ordentlich geführte Buchhaltung im Arbeitskontext sehr wichtig. Zu Hause wissen sie dann nicht mal, wie viel Geld sich auf dem Konto befindet. Oder sie studieren BWL, beschäftigen sich mit wirtschaftlichen Zusammenhängen, arbeiten in einer Bank und vernachlässigen ihre privaten Finanzen stark. Werte können sich aber auch wie ein roter Faden durch alle Lebensbereiche durchziehen, wie es unser Beispiel zur Sicherheit und Freiheit gezeigt hat. Jedoch lernte ich, dass Werte meist keine bewusste Entscheidung sind, sondern wir lernen sie unbewusst, beispielsweise durch wiederkehrendes Verhalten unserer Eltern, Lehrkräfte oder fiktiver Figuren aus Büchern oder dem Fernsehen. Das führt dazu, dass wir irgendwann auf Dinge (sehr) emotional reagieren, ohne zu wissen, wieso. In diesen Moment entspricht etwas entweder sehr unseren Werten oder es geht uns völlig gegen den Strich. Deine zehn höchsten Werte könnten zum Beispiel so aussehen:

1. Sicherheit
2. Liebe
3. Abenteuer
4. Fairness
5. Offenheit
6. Verschwiegenheit
7. Großzügigkeit
8. Humor
9. Unabhängigkeit
10. Hingabe

Aber das kann ja gar nicht sein, denkst du nun, es gibt zu viele Widersprüche! Als wir das erste Mal unsere Werte aufschrieben, sah es in etwa genau so aus. Sicherheit und Abenteuer waren auch bei Marielle unter den Top 3 – und widersprechen sich. Das führt zu einem ständigen inneren Konflikt. Entscheidest du dich nun für die sichere Variante oder für die, die mehr Abenteuer verspricht? Auch Offenheit und Verschwiegenheit sowie Unabhängigkeit und Hingabe stehen im Widerspruch. Jetzt stell dir vor, dass dein Lieblingsmensch diese Werte aufschreibt:

1. Freiheit
2. Loyalität
3. Pflichtgefühl
4. Nachhaltigkeit
5. Glaubwürdigkeit
6. Großzügigkeit
7. Sparsamkeit
8. Zuversicht
9. Ordnungssinn
10. Höflichkeit

Das steht nicht nur im Widerspruch zu sich selbst, sondern auch im Widerspruch zu deinen Werten. Während dir Offenheit und Unabhängigkeit wichtig sind, achtet dein Lieblingsmensch auf Loyalität und Pflichtgefühl. Wenn du jetzt völlig den Faden verloren hast, dann war das nicht anders zu erwarten. Die Werte wirken, als wären sie zusammengewürfelt. Du wirst aber mehr inneren Frieden verspüren, wenn du deine Werte sortierst und selbst bestimmst, was dir wichtig ist. Gleiches gilt auch für eure Beziehung. Sie wird harmonischer, wenn ihr eure Werte aufeinander abstimmt. Die folgende Aufgabe bedarf etwas Übung und ihr könnt sie gerne zu Beginn alle paar Monate wiederholen, um zu testen, welche Werte wirklich für euch die richtigen sind.

Als Erstes schreibt ihr getrennt voneinander eure aktuellen Werte auf ein Blatt Papier. Die müssen noch nicht geordnet sein, Hauptsache, ihr nehmt alles auf, was euch jeweils wichtig ist. Um das leichter herauszufinden, denkt an Situationen, in denen ihr (sehr) emotional wart. Je emotionaler ihr reagiert habt, desto wichtiger war euch die Sache, die dahintersteht. Beispielsweise mussten wir den Reisepass unseres Sohnes aktualisieren. Marielle telefonierte zwei Mal mit dem zuständigen Amt, ließ sich einen Termin geben, checkte am Empfang ein, wartete fast eine Stunde, um dann gesagt zu bekommen, ohne die Vollmacht oder die Anwesenheit ihres Mannes erhalte sie keinen neuen Reisepass. Sowas bringt mich persönlich auf die Palme. Es gab drei Punkte, an denen die Formalien (2 × Telefon, 1 × Empfang) erklärt und geprüft wurden, aber auf dieses Detail wurde kein einziges Mal hingewiesen und damit ihre Zeit verschwendet. Die Zeit anderer Menschen zu verschwenden ist für mich ein Anti-Wert. Positiv formuliert, ist es mir sehr wichtig, respektvoll mit meiner Lebenszeit und der von anderen Menschen umzugehen. So könnt ihr euch Stück für Stück allen Werten nähern.

Sobald ihr alles gesammelt habt, ordnet ihr eure Liste. Was sind eure jeweiligen Top Ten? Fertig? Super. Jetzt beginnt der Spaß, denn als Drittes überlegt ihr euch, ob eure persönlichen Top Ten denn auch den Werten entsprechen, die ihr euch vorgestellt habt oder nach denen ihr auch gerne leben würdet. Bei uns war es nicht der Fall. Wir waren regelrecht geschockt von unserem Ergebnis. Also tauschten wir Werte aus, benannten eine neue Nummer 1 und fühlten uns mit jeder Veränderung wohler.

Nun überlegt ihr euch, welche Werte euch in eurer Beziehung wichtig sind. Was steht bei euch gemeinsam ganz oben? Wie fühlt sich das für euch an, eure gemeinsamen Werte vor euch auf dem

Papier zu sehen? Kneift es noch irgendwo, könnt ihr noch einmal darüber sprechen und sie ändern.

Seid ihr zufrieden, dann legt eine kurze Atempause ein und überlegt, bei welchem eurer Werte euch eure Finanzen unterstützen könnten. Wo helfen euch all die Sachen, die wir in den Meilensteinen besprochen haben, eure Werte zu leben? Beispielsweise eine gleichberechtigte Beziehung auch während der Elternzeit zu führen? Oder viel Zeit miteinander zu verbringen, weil euch Teilzeitgehälter mit oder ohne Kinder reichen? Die Welt zu erkunden, weil Sabbaticals oder besondere Urlaube dadurch möglich werden?

Und dann geht's auf zum nächsten Schritt und der ist sogar noch viel schöner, als eure Werte herauszufinden.

Schritt 4: So wollen wir miteinander umgehen!

»Du liebst mich gar nicht mehr!«, warf Ayleen ihrem Mann vor. »Natürlich liebe ich dich!«, entgegnete dieser empört. Aber Ayleen beharrte: »Gar nicht wahr. Die Liebe ist schon lange verflogen. Wann hast du mich das letzte Mal spontan umarmt?« Ayleens Mann dachte nach und tatsächlich, das war schon Monate her. Es war sehr stressig gewesen in letzter Zeit und für diese kleinen Gesten war keine Zeit mehr. Dennoch wollte er sich den Vorwurf nicht gefallen lassen: »Was hat das denn damit zu tun? Ich sage dir jeden Morgen, wenn wir uns verabschieden: ›Ich liebe dich‹, meistens auch nochmal abends vor dem Schlafengehen.« Für Ayleen waren das jedoch nur Worte, die nicht zählten. Für sie zeigte sich Liebe nur über die kleinen Berührungen über den Tag verteilt. Als ihr Mann damit aufhörte, fühlte sie sich nicht mehr geliebt.

Situationen wie diese erleben wir in unserer Arbeit mit Paaren immer wieder. Sie gehören sozusagen zum Standardprogramm: Ein wichtiger Wert wird nicht erfüllt. Und zwar nicht, weil ihn der

Lieblingsmensch nicht erfüllen will, sondern weil beide eine unterschiedliche Vorstellung davon haben, *wie* der Wert erfüllt werden soll. In unserem Beispiel fühlt Ayleen sich besonders geliebt, wenn ihr Mann sie spontan umarmt, an der Schulter streichelt oder ihre Hand nimmt. Ihr Mann hingegen drückt seine Liebe durch Worte aus, die Ayleen aber gar nicht wahrnimmt. Das war für die beiden ein echtes Problem, das zu einem handfesten Streit führte und beinahe in der Trennung endete. Gerade noch einmal Glück gehabt, dass sie sich vorher Hilfe suchten. Es wäre doch schade gewesen, die Beziehung aufgrund eines Missverständnisses zu beenden, oder?

Woran liegt das, dass wir Werte so unterschiedlich wahrnehmen? Werte, so wie sie nun auch auf eurer Liste stehen, sind erstmal nur Worthülsen. Abstrakte Wörter, denen du jede Menge zuschreiben kannst. Liebe, Wertschätzung, Respekt, Loyalität und all die anderen Werte können nicht so einfach beschrieben werden. Nehmen wir den Wert der Treue, über den in sozialen Medien sehr viel gezankt wird.

Für die einen bedeutet Treue, in einer monogamen Beziehung zu leben, und der Wert wird bereits verletzt, wenn der Lieblingsmensch eine andere Person attraktiv findet. Für andere ist Treue, wenn beide sich an getroffene Absprachen halten. In einer offenen Beziehung würden sogar Dates und Sex mit anderen Personen unter den Begriff Treue fallen, wenn dies den Absprachen entspricht. Es gibt sehr unterschiedliche Auffassungen von ein und demselben Begriff. Deshalb ist es so wichtig, darüber zu sprechen, was eure Werte für euch bedeuten. Sprich: Wie wollt ihr miteinander umgehen?

Dazu nehmt ihr eure Werteliste zur Hand und geht nun Wert für Wert durch. Stellt dabei jeweils die gleiche Frage, hier an drei Beispielwerten: »Wie fühlst du dich geliebt? Wie fühlst du dich respektiert? Wie fühlst du dich wertgeschätzt?«

Kombiniert diese Unterhaltung mit dem verstehenden Zuhören und versichert euch, dass ihr euren Lieblingsmenschen verstanden habt, sodass ihr eure Liebe, Wertschätzung, Offenheit, Loyalität oder jeden anderen Wert, der euch wichtig ist, auch zeigen könnt.

Einer unserer wichtigsten Werte in unserer Beziehung ist Loyalität. Für uns bedeutet dies, dass wir bei all unseren Entscheidungen unsere Beziehung mitdenken. Sei es, als wir Eltern wurden und uns frühzeitig Freiräume für wöchentliche Date-Nights geschaffen haben, dass wir in Unterhaltungen mit anderen Menschen stets füreinander einstehen und uns gegenseitig den Rücken stärken oder dass wir regelmäßig über unsere Beziehung, unsere Bedürfnisse und unsere Ziele sprechen. Gemeinschaft ist aktuell unser wichtigster Wert und wir betrachten jede größere Entscheidung durch diese Brille: Unsere Kinder haben eine gleichwertige Stimme in unserer Familie. Unsere Einnahmen gehören uns als Familie. Wir übernehmen Verantwortung für die Erfolge und Misserfolge anderer Familienmitglieder. Wir bauen ein gemeinsames Vermögen auf, sorgen dafür, dass wir zukünftig finanziell abgesichert sind, und treffen Vorkehrungen, dass das Gemeinschaftsgefühl auch unsere Beziehung (egal, ob Trennung oder Tod) überdauert. Was sich jetzt so leicht und schön liest, hat einige Wochen und Monate gedauert, bis wir wussten, was für uns Gemeinschaft bedeutet. Dafür mussten wir erst herausfinden, was Gemeinschaft für Marielle bedeutet, was sie für mich bedeutet, und konnten dann festlegen, was sie für uns gemeinsam bedeutet.

Das ist auch der letzte Teil dieses Schrittes. Jetzt, wo ihr bereits wisst, wie ihr miteinander umgehen wollt, wisst, wie ihr euch eure Werte erfüllen könnt, könnt ihr eure gemeinsamen Werte betrachten und überlegen, wann sie für euch, in eurer Beziehung und nach außen erfüllt sind.

Trefft euch in einem Vierteljahr wieder und überlegt, was sich verändert hat, seitdem ihr diese Erkenntnisse erarbeitet habt. Wie hat sich eure Beziehung entwickelt? Wie fühlen sich eure Werte an? Werden sie erfüllt? Wenn ihr diese Fragen beantwortet habt, könnt ihr zum fünften Schritt weitergehen.

Schritt 5: Das sind unsere Aufgaben!

In jeder Beziehung gibt es Aufgaben, die aufgeteilt werden können. Das trifft nicht nur auf werdende Eltern zu, wobei dort der Mental Load in ungeahnte Sphären anwächst. Bereits vorher gibt es jede Menge Dinge, die zu erledigen sind und auf beide Schultern verteilt werden können. Beispielsweise die Planung der Dates, die Vorbereitung des ersten Urlaubs oder die Suche nach einer passenden Wohnung. Zwar werdet ihr in dieser Phase vermutlich noch keine Beziehungsvision erstellen, aber über die Aufgaben könnt ihr dennoch sprechen.

Uns über unsere Aufgaben auszutauschen, ist mittlerweile zur Routine geworden. Im Großen schauen wir uns die Verteilung etwa einmal im Jahr an. Erfahrungsgemäß haben sich die Aufgabenblöcke in der Zeit so stark verschoben, dass wir eine Neuausrichtung benötigen. Im Kleinen betrachten wir unsere Aufgaben sogar wöchentlich. Ist das nicht etwas übertrieben? Sicherlich nicht, denn Mental Load ist unsichtbar. Irgendwann wird es zu viel, du kannst gar nicht mehr hinterherkommen, egal wie gut du priorisierst und wie effektiv du arbeitest. Arbeit bleibt liegen, der Druck steigt und in deinem Kopf beginnt es umherzuschwirren von gefühlt tausenden offenen Aufgaben, die du alle besser gestern erledigt hättest.

Normalerweise tauschen wir uns jede Woche über unsere Aufgaben aus. Doch durch die Schließzeit der Kita des Großen, die Eingewöhnung des Kleinen und das Buchprojekt ist das hinten runtergefallen. Denn unsere Prioritäten waren eigentlich klar und Platz für andere Aufgaben gab es die letzten Wochen nicht. Das führte aber dazu, dass wir uns plötzlich am Esstisch wiederfanden, uns beide an-

schauten und feststellten, dass wir echt fertig aussahen. Da machten sich Zweifel breit: Würden wir das Buch rechtzeitig fertigstellen? Würde es überhaupt Erfolg bringen? Wie sollen wir das Shooting für das Cover kurzfristig organisieren? Wie sieht's mit unserer Unternehmensgründung aus? Werden wir es jemals schaffen, unser Unternehmen zum Erfolg zu bringen? Wieso machen wir das eigentlich alles? Wäre es nicht besser aufzuhören, unsere Elternzeit zu managen und danach wieder in die Erwerbsarbeit bei unseren Arbeitgebern einzusteigen? Dann kamen die ganzen privaten Dinge noch obendrauf: Die Eingewöhnung des Kleinen muss schnell klappen, sonst haben wir noch weniger Zeit. Unsere Kinder brauchen uns gerade mehr als sonst, weil der nächste Entwicklungsschub kommt. Wir hatten in letzter Zeit auch keine Date-Night mehr, weil die Betreuung geschlossen hatte. Das Babyschwimmen wollten wir kündigen und hatten die letzte Frist bereits verpasst. Die Liste im Haushalt wird täglich länger. Wir sehen uns kaum noch. Wann hatten wir uns das letzte Mal länger als ein paar Sekunden im Arm? Das ist alles viel zu viel, wie sollen wir das nur jemals hinbekommen?

Obwohl wir uns täglich mit diesen Themen beschäftigen, tappen wir immer mal wieder in diese Falle. Einfach, weil es die äußeren Gegebenheiten nicht anders zulassen und wir froh sind, überhaupt die wichtigsten Aufgaben zu managen. Als wir jedenfalls in unserer Trübsal am Tisch saßen, fiel es uns wie Schuppen von den Augen: Wir jonglieren schon wieder zu viele Aufgaben, Deadlines und Fragestellungen in unserem Kopf. Stopp! Also sind wir einen Schritt zurückgetreten, haben alle Aufgaben aufgeschrieben und untereinander verteilt. Machen wir das wöchentlich, bleibt uns diese mentale Überforderung glücklicherweise erspart.

Und mal ganz ehrlich: Für jedes noch so kleine oder unwichtige Projekt im Job gibt es regelmäßige (wenn nicht sogar wöchentliche) Meetings zur Projektsteuerung, zur Abstimmung und Verteilung von Aufgaben. Im beruflichen Kontext würde kein Team über Wochen und Monate einfach so vor sich hinarbeiten, ohne sich darüber auszutauschen. Zumindest kein Team, das irgendwie vorankommen und die vorhandenen Ressourcen sinnvoll nutzen möchte. Also ist ganz klar: Auch in der Familie – dem größten und komplexesten Projekt überhaupt – sind regelmäßige Abstimmungsmeetings nicht nur hilfreich, sondern unbedingt notwendig!

Wie gehen wir vor?

In unserer Küche hängt ein Whiteboard an der Wand, auf das wir im Laufe der Woche alle Aufgaben aufschreiben, die uns einfallen oder uns zugetragen werden, die wir aber nicht direkt erledigen können oder wollen. An einem Tag der Woche, bei uns ist es der Mittwoch, gibt es einen fixen Zeitrahmen, in dem wir uns ausschließlich um die offenen Aufgaben kümmern. Auf dem Whiteboard steht alles Mögliche drauf, wie den Termin zum Reifenwechsel zu vereinbaren, Geburtstagseinladungen zu basteln, Kartons aus dem Bad zu entfernen, eine wichtige Überweisung zu tätigen, Essensplan für die kommende Woche zu erstellen, Steuererklärung vorzubereiten, das Bett neu zu beziehen, Bilder für die Wand auszusuchen, auszudrucken und aufzuhängen und jede Menge mehr. Was erledigt ist, wird weggewischt. Alle Aufgaben einer Woche werden in derselben Farbe geschrieben. Alle Aufgaben der nächsten Woche in einer anderen Farbe. So wissen wir, welche Aufgaben bereits seit längerer Zeit dortstehen. Diese sind dann entweder so dringend geworden, dass wir sie als Erstes erledigen, oder uns ist aufgefallen, dass sie so unwichtig sind, dass wir sie streichen. So sorgen wir dafür, dass niemand von uns mental überlastet wird und die Aufgaben sich gleichmäßig verteilen. Dieses Vorgehen ist nun das Werkzeug, um euren Plan umzusetzen.

Den Plan für die großen Dinge entwerft ihr im Rahmen eurer Beziehungsvision und aktualisiert ihn anschließend jährlich. Während es an den wöchentlichen Orgatagen eher um den »Kleinkram« geht, besprecht ihr in eurer jährlichen Aufgabenverteilung die großen Themen. Hilfreich ist auch hier erst einmal eine Liste anzufertigen, was allgemein ist und was speziell in diesem Jahr für Aufgaben auf euch warten. Allgemein könnten die Vorbereitung von Geburtstagen, die Steuererklärung, das Haushaltsbuch, Haushaltsbereiche, Kinderkranktage, Reparaturen, die Urlaubsplanung und so weiter sein. Eben Projekte, die das ganze Jahr über wiederkehren und auch im nächsten Jahr erneut eine Rolle spielen werden. Speziell in einem Jahr könnte ein Beziehungsmeilenstein wie die Vorbereitung eures Zusammenzugs, eurer Hochzeit oder eurer Elternzeit sein. Es könnte aber auch ein Umzug, ein Jobwechsel oder ein anstehender Autokauf sein. Eben Dinge, die nicht jedes Jahr stattfinden, einmalige oder seltene Projekte. Habt ihr alles aufgelistet, geht es an die Verteilung.

Ihr könntet nun jedes Projekt einer Person zuweisen und festlegen, dass die Person alles darin zu erledigen hat, die volle Verantwortung trägt und jede Entscheidung trifft. Es mag Projekte geben, die so geführt werden, aber klappt das wirklich bei mehreren Teammitgliedern wie in einer Beziehung? Daher bevorzugen wir den Teamgedanken. Wer die Projektleitung innehat, ist dafür verantwortlich, das Projekt im Blick zu behalten. Steht eine nächste Entscheidung an? Gibt es aktuelle Aufgaben innerhalb des Projekts? Welche Termine stehen an? Wann tauscht ihr euch dazu das nächste Mal aus? Die anfallenden Aufgaben können dann wiederum von beiden erledigt werden und auch die Entscheidungen können gemeinsam getroffen werden.

Manche Projekte sind so groß, dass kaum noch Zeit übrig bleibt, sich um andere Dinge zu kümmern. Beispielsweise die Vorbereitung einer Hochzeit. Das allein alles im Blick zu haben, ist kaum möglich, wenn du parallel erwerbstätig bist, den Haushalt schmeißt und dich gegebenenfalls um Kinder oder andere Familienangehörige kümmerst. Hier hilft eine kleinere Einteilung in Unterprojekte wie Catering, Locationsuche, Einladungen oder den Ablauf.

Als letzten Punkt könnt ihr in diesem Schritt auch schon überlegen, wer von euch welche zukünftigen Aufgaben übernimmt.

Das offensichtlichste Beispiel wäre hier die Verteilung von Care- und Erwerbsarbeit bei einem Kinderwunsch. Dadurch könnt ihr früh sicherstellen, dass ihr die gleiche Vision von eurem Zusammenleben und eurer Aufgabenverteilung habt. Denn auch in diesem Schritt gilt: Es geht erst weiter, wenn ihr beide zufrieden seid und zu 100 Prozent hinter eurer Vision stehen könnt. Noch ein Tipp: Gibt es Aufgaben, die ihr beide unter keinen Umständen übernehmen wollt, überlegt, ob ihr sie einer anderen Person geben könnt (und sie dafür bezahlt).

Schritt 6: Das wollen wir erreichen!

Gleich vorweg: Hierbei gibt es kein Aber-für-uns-ist-das-niemals-möglich-deshalb-schreibe-ich-es-erst-gar-nicht-auf-Gefasel. Solltet ihr so vorgehen, dann würde dieser Schritt heißen »Das können wir erreichen!«. Er heißt aber: »Das wollen wir erreichen!«. Dieser kleine Unterschied hat in unserer Beziehung auch immer wieder zu Diskussionen geführt. Ich (Mike) hatte früh gelernt mir große, fast schon unerreichbare Ziele zu setzen. Wohl wissend, dass ich mich über Teilerfolge bereits ausgiebig freuen kann. Ein monetäres Ziel macht es besonders deutlich. Du könntest festlegen, dass du in zehn Jahren eine Million Euro besitzen willst. Aktuell befindet sich auf deinem Konto aber nur ein Betrag von etwas über 3000 Euro. Utopisch? Wäre es nicht viel sinnvoller, sich ein erreichbares Ziel zu stecken? In dem Fall würdest du das aktuelle Nettojahresgehalt als Basis heranziehen, meinetwegen 25 000 Euro. Dann würdest du die 20 Prozent der 50-30-20-Regel anwenden und somit 5000 Euro investieren. Über zehn Jahre hinweg mit einer jährlichen Rendite von acht Prozent könntest du dir als realistisches Ziel setzen, 80 000 Euro auf dem Konto zu haben. Aber 80 000 Euro hättest du auch beisammen, wenn du nur 0,8 Prozent des Eine-Million-Euro-Ziels erreichst. Du hättest aber den Vorteil, dass du ganz anders denken und handeln würdest. Mit dem Ziel, in zehn Jahren Millionär*in zu sein: Wie oft würdest du dein Gehalt verhandeln? Wie oft würdest du davor mit deinem Lieblingsmenschen für die Verhandlung trainieren? Wie bereit wärst du, ein professionelles Verhandlungstraining zu absolvieren? Wie hoch wäre deine Bereitschaft, den Job für ein besseres Angebot zu wechseln? Wie hoch wäre deine Bereitschaft zu investieren, dich in Aktien und Immobilien einzulesen? Und wie sähe all das aus, wenn du dir nur die realistischen 80 000 Euro als Ziel setzen würdest? Achtet sehr stark auf diese Unterscheidung in eurer Beziehungsvision.

Was wollt ihr erreichen?

Überlegt zuvor, welche Kategorien es für euch gibt. Das macht es leichter, über eure Ziele und Träume nachzudenken. Beispielsweise könnten es die Kategorien Beziehung, Familie, Finanzen, Hobbys, Bucketlisten, Ehrenamt, Politik oder Gesellschaft sein.

Schreibt jeweils oben auf ein leeres Blatt eine eurer Kategorien. Drittelt jedes Blatt mit drei waagerechten Strichen. Ins obere Drittel kommen Ziele für die nächsten fünf Jahre. Ins mittlere Drittel Ziele für die nächsten 25 Jahre. Und ins untere Drittel Ziele für die nächsten 50 Jahre. Stellt den Timer auf fünf Minuten und beginnt alles herunterzuschreiben, was euch einfällt. Nach fünf Minuten nehmt ihr das nächste Blatt. Das macht ihr so lange, bis ihr jede Kategorie jeweils einmal in der Hand hattet. Nun geht ihr Kategorie für Kategorie, Zeithorizont für Zeithorizont und Ziel für Ziel durch und entscheidet, ob es stehen bleiben oder gestrichen werden soll. Dabei werden Ziele niemals gestrichen, weil ihr denkt, dass ihr es ohnehin nicht erreichen könnt. Es sollten dort aber nur noch Dinge stehen, mit denen ihr euch beide identifizieren könnt. Denen ihr beide zustimmt und auf die ihr Lust habt. Hast du oder hat dein Lieblingsmensch an einer Stelle Zweifel, dann sprecht nochmal drüber und streicht es gegebenenfalls. Sind danach pro Kategorie und Zeithorizont noch mehr als drei Ziele übrig, ordnet sie nach Priorität. Was ist euch am wichtigsten? Was ist am unwichtigsten? Und dann streicht ihr alles, was nach der dritten Position kommt. Wenn ihr es noch konkreter haben wollt, streicht alles, was nach der ersten Position kommt.

Überlegt euch auch, welche Rolle Geld bei euren Zielen spielt. Nur, weil es kein Ziel gibt, das lautet: »Wir wollen eine Million Euro verdienen«, heißt das nicht, dass euch Geld unwichtig ist. Beispielsweise könnte ein Ziel beinhalten, dass ihr möglichst viel Zeit miteinander verbringen und dabei viele coole Erlebnisse sammeln wollt. Das hat sehr viel mit Geld zu tun. Denn erstens könnt ihr nur Zeit verwenden, die ihr nicht braucht, um Geld zu verdienen, um euren Lebensunterhalt zu bestreiten. Zweitens müssen die Erlebnisse irgendwie bezahlt werden. Selbst ein romantischer Sonnenuntergang an eurem Lieblingssee ist mit Geld verbunden. Geld, um dort hinzukommen. Geld, um etwas zu essen zu haben. Geld, um etwas zu trinken. Geld für die Decke. Geld für den Heimweg.

Zwischen den Jahren schauen wir uns diese Liste jedes Jahr genau an. Welche Ziele sind noch aktuell? Wie weit sind wir gekommen? Wollen wir ein Ziel austauschen? Welches Ziel haben wir erreicht? Was gibt's zu feiern? Was haben wir gelernt?

Und weil's so wichtig ist, betonen wir es nochmal: Es ist egal, wie weit ihr auf dem Weg zu eurem Ziel gekommen seid. Mike hatte sich zum Ziel gesetzt, das erfolgreichste Kindersachbuch im Jahr 2020 zu veröffentlichen. Das ist es nicht geworden. Aber »Mein Geld, dein Geld« wurde mit dem EMYS als Kindersachbuch des Monats Februar 2021 ausgezeichnet und kratzt bald an der 10 000er Verkaufsmarke. Fast 10 000 Kinder haben einen Lernzugang zu Geld erhalten. Wie geil ist das denn? Ob er das wohl erreicht hätte, wenn er sich zum Ziel gesetzt hätte, nur die 3000 Exemplare zu verkaufen, die für die erste Auflage gedruckt wurden? Wohl kaum.

Seid mutig, verfasst großartige Ziele für eure Beziehung!

Schritt 7: Das ist unsere Beziehungsvision!

Wenn ihr bis zu diesem Schritt gekommen seid, eure gemeinsamen Werte erkannt habt und wisst, wie ihr diese erfüllt, dann habt ihr gemeinsame Ziele und eine sehr klare Vorstellung von eurer Beziehung heute und in der Zukunft, und ihr kennt eure Aufgaben und wisst, wie ihr diese verteilen wollt. Zudem habt ihr sehr viel übereinander und voneinander gelernt und habt erfahren, wie es sich anfühlt, gehört und verstanden zu werden. Dazu schon jetzt herzlichen Glückwunsch. Ihr habt alle Grundsteine für eure Beziehungsvision und damit eure gemeinsame Zukunft gelegt.

Aktuell sind diese Grundsteine aber auf vielen kleinen oder großen Zetteln verteilt. Sie wurden zusammengestrichen, neu geschrieben oder auf der Seite wurde nur klein etwas hinzugekritzelt. So könnt ihr euch das unmöglich in die Wohnung hängen oder gar in einem Vierteljahr noch nachvollziehen, was ihr mit all dem gemeint habt.

Was ist also zu tun? Fasst all eure Erkenntnisse und Beschlüsse zusammen und schreibt sie noch einmal ordentlich auf – so, dass ihr sie auch in einem Jahr noch nachvollziehen könnt. Haltet ihr eure Beziehungsvision in Händen, fehlt nur noch eure Unterschrift, eure eigene und gegenseitige Verpflichtung, eure Beziehungsvision als Priorität zu sehen und nach ihr zu handeln. Vielleicht habt ihr sogar Lust, ein »Visionboard« zu gestalten und dies prominent in eurer Wohnung aufzuhängen, sodass ihr eure Vision immer vor Augen habt. Wie fühlt es sich an? Wie stolz seid ihr auf euer Werk? Wie sehr freut ihr euch auf die Umsetzung? Besiegelt es mit einer kleinen Feier und dann auf zum achten Schritt.

Schritt 8: Wir setzen unsere Beziehungsvision um!

Und zum Schluss: Weg von der Theorie – rein in die Praxis. Eure Beziehungsvision hängt mittlerweile am Kühlschrank, im Schlafzimmer oder an der Wohnungstür. Wir haben unsere zu unserem Whiteboard gehängt. Da schauen wir mehrfach die Woche drauf, sie ist gut sichtbar und wir können bei unseren Orgameetings unsere Beziehungsvision als Grundlage für (knifflige) Entscheidungen heranziehen.

Das ist auch schon die geheime Superpower eurer Beziehungsvision. Jedes Mal, wenn Entscheidungen in eurer Beziehung oder solche, die eure Beziehung beeinflussen würden, zu treffen sind, nehmt ihr eure Vision als Entscheidungsgrundlage. Denkt daran: Sie ist Ziel und Landkarte in einem. Ihr habt als Ziel, nur noch 30 Stunden pro Woche arbeiten zu gehen und damit ausreichend Geld zu verdienen, um mehr Zeit für gemeinsame Erlebnisse zu haben? Schaut auf eure Beziehungsvision, wenn Karriereentscheidungen anstehen, sie zeigt euch den Weg, sodass ihr auch da ankommt, wo ihr hinwollt.

Schafft ihr es, eure Beziehungsvision in eure Entscheidungsfindung einfließen zu lassen, sie als Guideline für eure Tagesaufgaben zu nehmen, euch nach ihr zu verhalten und nach ihr zu handeln, dann habt ihr den Schritt in ein selbstbestimmtes Leben geschafft. Es sind nicht mehr länger die anderen, die darüber bestimmen, welchen Lebensweg ihr gehen solltet. Keine Hochzeit, nur weil es von anderen erwartet wird, sondern, weil ihr sie selbst wählt. Keine Kinder, nur weil man das mit 30 Jahren so macht, sondern weil ihr gerne Kinder hättet. Kein Ernährer-Hausfrauen-Modell, weil das die einzige Variante ist, die eure Arbeitgeber*innen akzeptieren, sondern weil ihr eure Familie, eure Elternzeit nach euren Vorstellungen wählt. Keine Riesterrente mehr, weil das irgendein*e Provisionsberater*in so gesagt hat, sondern weil es zu eurem Konzept der Altersvorsorge passt. Keine staubigen Traditionen bei eurer Hochzeit, weil man das halt so macht, sondern ein Tag, der exakt euren Wünschen und Vorstellungen entspricht. Und vor allem keine Beziehung, die genauso gestaltet ist, wie sich die Gesellschaft eine Beziehung vorstellt, sondern exakt so, wie ihr eure Beziehung gerne leben möchtet. Bunt. Persönlich. Selbstbestimmt. Und mit Geld als »Möglichmacher« anstatt als »Hemmschuh«.

Schritt 9: Wir reflektieren unsere Beziehungsvision!

Reflektieren heißt, sich in Ruhe Zeit nehmen, Abstand gewinnen, die Dinge wirken lassen und dann einige Fragen stellen. Wir machen das sehr gerne zwischen den Jahren. Außer faul auf dem Sofa rumzuliegen, ein Buch zu lesen und die letzten Plätzchen zu mümmeln, haben wir in dieser Zeit nichts vor. Seit unsere Kinder auf der Welt sind, ist es natürlich nicht mehr so ruhig, aber da wir in der Zeit auch gerne bei unseren Eltern sind, finden wir dann doch unsere ruhigen Momente. Am wichtigsten ist jedoch, dass wir in dieser Zeit losgelöst von unserem Alltag sind und damit den nötigen Abstand gewinnen. Passend dafür kann auch der abendliche Spaziergang sein, bei dem die ersten zehn Minuten die Seele baumelt und ihr danach ins Gespräch einsteigt. Für unsere Reflexion verwenden wir gerne diese fünf Fragen:

1. Wie viel Zeit haben wir uns im letzten Jahr für die Dinge genommen, die uns in unserer Beziehungsvision besonders wichtig sind?
2. Was hat sich für uns im letzten Jahr verwandelt und was haben wir selbst dazu beigetragen?
3. Wann und bei was haben wir im letzten Jahr unsere Komfortzone verlassen und wie hat sich das angefühlt?
4. Was haben wir im letzten Jahr losgelassen, was uns bis dahin vielleicht belastet hat?
5. Welche Erfolge haben wir im letzten Jahr gefeiert?

Diese fünf Fragen könnt ihr auf eure gesamte Beziehungsvision anwenden und auch einzelne Bereiche näher anschauen. Beispielsweise könnt ihr beim Punkt »Was wollen wir erreichen?« für jedes aufgeschriebene Ziel alle fünf Fragen beantworten. Dadurch könnt ihr steuern, wie detailliert ihr über das letzte Jahr nachdenken wollt. Seid ihr alle Fragen mindestens einmal durchgegangen, habt ihr schon wieder sehr viel gelernt und neue Erfahrungen gesammelt, die ihr für das kommende Jahr nutzen könnt. Und auch dafür stellen wir uns jedes Jahr fünf Fragen:

1. Von was wollen wir im nächsten Jahr mehr machen?
2. Was wollen wir im nächsten Jahr sein lassen?
3. Wenn es nur eine Sache gäbe, die wir im nächsten Jahr umsetzen oder erreichen könnten, was wäre das?
4. Welche Meilensteine wollen wir im nächsten Jahr erleben?
5. Wie sieht das nächste Jahr aus, wenn wir am 31.12. darauf zurückblicken?

Auch bei diesen Fragen könnt ihr unterschiedlich stark in eure Beziehungsvision zoomen. Ergeben sich daraus Erkenntnisse, dass ihr Teile eurer Beziehungsvision streichen, ergänzen oder umformulieren wollt, dann tut das. Verfasst sie neu, unterschreibt die geänderte Fassung und hängt sie wieder in eure Wohnung. Wir lieben diesen Prozess und laden dich deshalb ein, es ebenfalls auszuprobieren.

Was eure Beziehungsvision mit eurem Geld zu tun hat – und umgekehrt

Ihr habt in diesem Buch sehr viel über Geld gelernt: Wie ihr darüber sprechen könnt, wie ein fairer Umgang als Paar mit Finanzen gelingt und welche Möglichkeiten euch Geld eröffnet. Und hier führen wir das Geldthema mit eurer Beziehungsvision zusammen.

Habt ihr eure Beziehung zur Priorität gemacht und gelernt, euch zuzuhören – dann werden auch die Geldgespräche entspannter verlaufen. Kennst du deine eigenen Werte und die des Lieblingsmenschen, wird es viel leichter, den unterschiedlichen Umgang mit Geld zu verstehen und ein gemeinsames Vorgehen zu entwickeln.

Wisst ihr, was ihr erreichen möchtet und wer welche Aufgaben in eurer Partnerschaft übernimmt, könnt ihr gemeinsam entdecken, wie euch Geld dabei unterstützen kann, eure Ziele zu erreichen, oder umgekehrt, wie das gemeinsame Erreichen finanzieller Ziele eure Beziehung bereichern kann.

Natürlich hätten wir alle gerne mehr Geld, beneiden vielleicht auch andere Menschen, die vermeintlich niemals Geldsorgen haben. Doch wenn Geld in eurer Beziehung kein nerviges, unangenehmes Thema (mehr) ist, dann habt ihr so viel gewonnen. Geld ist dann euer Werkzeug, ein Mittel zu dem Zweck, dass ihr eure Beziehung so frei und selbstbestimmt leben könnt, wie ihr sie euch wünscht. Und genau das wünschen wir euch!

ANHANG

Zusätzliche Informationen zu den Inhalten dieses Buches und zu den Beziehungsinvestor*innen

An vielen Stellen in diesem Buch hast du einen Verweis auf einen QR-Code mit weiteren Informationen entdeckt. Jetzt kommt endlich dieser angekündigte QR-Code:

SCAN ME

Damit landest du auf folgender Website:

www.beziehungsinvestorinnen.de/extras-buch

Die Inhalte auf dieser Seite unterstützen dich, noch tiefer in die Themen dieses Buches einzutauchen. Zusätzlich findest du hier weitere Informationen, die dir exklusiv als Leser*in von ›Love & Money‹ zur Verfügung stehen.

Wenn du darüber hinaus das Gefühl hast, dass genau wir diejenigen sind, die dir beziehungsweise euch bei euren Finanzfragen des nächsten Beziehungsmeilensteins weiterhelfen können, dann schau doch gerne einmal all unsere Angebote an:

www.beziehungsinvestorinnen.de/visitenkarte

Neben Vorträgen und Workshops für Unternehmen kannst du bei uns auch Einzelcoaching buchen oder an einem unserer Onlinekurse (zur Elternzeitplanung oder zu Kinderfinanzen) teilnehmen.

Und wenn du einfach noch ein bisschen weiterstöbern und auf dem Laufenden gehalten werden möchtest, dann freuen wir uns, dich als Follower*in auf Instagram zu begrüßen:

@beziehungsinvestor_innen

Egal auf welchem Wege – wir freuen uns schon heute darauf, dich und deinen Lieblingsmenschen weiterhin zu begleiten und für mehr Liebe und Geld zu sorgen.

Viel Erfolg auf eurer Reise vom ersten Kuss bis zur ersten Million!

Herzliche Grüße
Marielle & Mike

Danksagung

Herzlichen Dank an all die Menschen, die uns bei ›Love & Money‹ unterstützt haben. Ohne euch wäre dieses Buch niemals entstanden.

Danke, liebe Kinder, für eure Geduld und euer Verständnis, dass Mama und Papa die letzten Wochen sehr viel mehr gearbeitet haben und weniger Zeit zum Spielen vorhanden war.

Danke, liebe Charlotte, für die Kontaktaufnahme, dein Vertrauen, das Vorantreiben unserer Wünsche sowie das allzeit vorhandene Gefühl, dass ›Love & Money‹ sehr vielen Menschen sehr viel geben wird.

Danke, liebe Madeleine, für die vielen Stunden, die du investiert hast, um noch eine Studie und noch eine Umfrage und noch eine Quelle zu finden.

Danke, liebe Carolin, liebe Steffi und liebe Laura, fürs Rückenfreihalten in unserem Tagesgeschäft, Feedbackgeben und Inspirationliefern.

Danke, liebe Interviewpartner*innen, für eure Bereitschaft, eure Geschichten so offen zu erzählen und uns in eure Beziehung hineinschauen zu lassen (und dies vor allem auch zu veröffentlichen).

Danke, liebe Christiane, danke, lieber Bastian, dass ihr uns mit eurer Expertise mit Rat und Tat zur Seite gestanden habt.

Danke, liebe Saem und liebe Ramona, für die moralische Unterstützung, das Korrekturlesen, Feedbackgeben und eure klaren Meinungsäußerungen.

Danke, liebe Eltern, für die jahrelange und unermüdliche Unterstützung, mit der wir es überhaupt erst geschafft haben, mit den Beziehungsinvestor*innen nach draußen zu gehen und zu wachsen.

Und Dankeschön, liebe*r Leser*in, dass du ›Love & Money‹ zum Leben erweckst und es all deinen Freund*innen, Kolleg*innen und Bekannten in die Hand drückst, damit sie es lesen.

Anmerkungen

Kennenlernen & die Rechnung selbst zahlen

1 Bundeszentrale für politische Bildung. https://www.bpb.de/kurz-knapp/hintergrund-aktuell/271712/gleichberechtigung-wird-gesetz/

2 https://www.bmfsfj.de/resource/blob/95318/f862872671bd6a52871511c264eeedfc/sinus-data.pdf

3 https://www.plan.de/rollenbilder-in-social-media.html

4 Hao Wu, Shanhong Luo, Annelise Klettner, Tyler White, Kate Albritton (2021): Gender Roles in the Millennium: Who Pays and Is Expected to Pay for Romantic Dates? Psychological Reports. Vol. 0(0) 1–21

5 David A. Frederick, Rossana Hertz (2015): Who Pays for Dates? Following Versus Challenging Gender Norms. SAGE Open

6 Hao Hao Wu et al.: a. a. O.

7 https://de.statista.com/statistik/daten/studie/861458/umfrage/umfrage-unter-singles-zum-bezahlen-der-rechnung-beim-dating-nach-geschlecht/

8 Alice M. Isen, Paula F. Levin (1972): Effect of feeling good on helping: cookies and kindness. Journal of personality and social psychology, 21(3), 384

9 Holger Schwaiger (2011): Schenken: Entwurf einer sozialen Morphologie aus Perspektive der Kommunikationstheorie. UVK

10 Christian Stegbauer (2011): Reziprozität: Einführung in soziale Formen der Gegenseitigkeit. VS Verlag für Sozialwissenschaften

11 Hao Wu et al.: a. a. O.

Zusammensein – mutig sein & über Geld reden

1 https://www.destatis.de/DE/Themen/Gesellschaft-Umwelt/Einkommen-Konsum-Lebensbedingungen/Konsumausgaben-Lebenshaltungskosten/Tabellen/liste-haushaltsgroesse.html#115412

2 Verhütungsverhalten Erwachsener. Ergebnisse der Repräsentativbefragung 2018 (sexualaufklaerung.de)

3 Kosten Verhütungsmittel (profamilia.de)

4 Hormonelle Verhütung: Rezeptpflicht und Kostenübernahme – familienplanung.de

5 https://www.postbank.de/unternehmen/medien/meldungen/2018/maerz/freundschaftsfalle-geld.html

6 https://de.statista.com/statistik/daten/studie/5235/umfrage/streit-in-partnerschaft-ueber-geld/
7 https://de.statista.com/statistik/daten/studie/815515/umfrage/umfrage-in-deutschland-zum-streitpunkt-geld-in-beziehungen/
8 https://www.businessinsider.de/wirtschaft/finanzen/geld-und-liebe-85-prozent-der-deutschen-wollen-ueber-die-finanzen-des-partners-bescheid-wissen-und-5-weitere-ratschlaege-die-ihr-kennen-solltet/
9 https://rightmart.de/arbeitsrecht/verschwiegenheitsklausel-gehalt

Zusammenziehen – 5 gravierende Fehler & wie ihr sie vermeidet

1 https://www.gesetze-im-internet.de/sgb_2/__7.html
2 https://de.statista.com/statistik/daten/studie/2699/umfrage/entwicklung-der-sparquote-privater-haushalte-seit-1991/
3 Claudia Hammond (2016): Erst denken, dann zahlen. Klett-Cotta.
4 https://de.statista.com/statistik/daten/studie/76211/umfrage/scheidungsquote-von-1960-bis-2008/
5 https://www.destatis.de/DE/Themen/Gesellschaft-Umwelt/Bevoelkerung/Eheschliessungen-Ehescheidungen-Lebenspartnerschaften/Tabellen/ehescheidungen-kinder.html;jsessionid=BD929F0F17D2048FF30143852A7D753D.live721

Heiraten – schlau sein & Verträge abschließen

1 https://www.gesetze-im-internet.de/bgb/BGB.pdf
2 https://www.destatis.de/DE/Themen/Querschnitt/Demografischer-Wandel/Hintergruende-Auswirkungen/demografie-ehen.html
3 https://bridebook.com/uk/article/bridebook-co-uk-marriage-report-2017
4 https://www.destatis.de/DE/Presse/Pressemitteilungen/2022/07/PD22_301_126.html;jsessionid=CF6D7C874EB55BD624D23528E8B6FA88.live721
5 https://de.statista.com/themen/130/lotto/
6 https://www.refinery29.com/de-de/verlobungsring-hochzeit-preis-geld-monatsgehalt
7 https://www.presseportal.de/pm/53082/5264012
8 https://de.statista.com/statistik/daten/studie/1325916/umfrage/umfrage-unter-brautpaaren-zu-den-kosten-ihrer-hochzeit/

9 https://de.statista.com/statistik/daten/studie/1020758/umfrage/umfrage-unter-deutschen-zu-kosten-einer-hochzeit/#statisticContainer
10 https://praxistipps.focus.de/heiraten-im-standesamt-kosten-und-ab lauf_125167
11 https://www.presseportal.de/pm/53082/5264012
12 https://www.hochzeitsportal24.de/blog/statistik-hochzeit/
13 https://www.buzer.de/gesetz/886/v149797-2008-01-01.htm
14 https://www.deutsche-rentenversicherung.de/DRV/DE/Rente/In-der-Rente/Hinterbliebenenrente/hinterbliebenenrente_node.html
15 https://www.debt.com/wp-content/uploads/2017/02/Experian-Money-and-Divorce.pdf
16 https://www.debt.com/wp-content/uploads/2017/02/Experian-Money-and-Divorce.pdf

Eltern werden – vorsorgen, unabhängig bleiben

1 https://www.zdf.de/dokumentation/zdfzeit/zdfzeit-laut-stark-gleich-berechtigt-1-100.html
2 https://www.wzb.eu/system/files/docs/sv/iuk/dr2018_Kap_02_0.pdf
3 https://www.duden.de/rechtschreibung/Vaetermonat
4 https://www.duden.de/rechtschreibung/Erwerbsarbeit
5 https://www.wzb.eu/system/files/docs/sv/iuk/dr2018_Kap_02_0.pdf
6 Regretting Parenthood – Ursachen und Demografie bereuter Elternschaft (2016). YouGovReports
7 https://www.eltern.de/familie-urlaub/familienpolitik/regretting-par enthood--ein-fuenftel-der-deutschen-wuerde-keine-kinder-mehr-bekommen-13146154.html
8 https://www.bmfsfj.de/resource/blob/163108/ceb1abd3901f50a0d c484d899881a223/familienreport-2020-familie-heute-daten-fakten-trends-data.pdf
9 Hao Wu et al: a. a. O.
10 https://www.destatis.de/DE/Themen/Gesellschaft-Umwelt/Soziales/Elterngeld/Publikationen/Downloads-Elterngeld/elterngeld-geburten-j-5229201189004.pdf?__blob=publicationFile
11 https://www.destatis.de/DE/Themen/Arbeit/Arbeitsmarkt/Qualitaet-Arbeit/Dimension-3/erwerbsbeteiligung-eltern.html
12 https://www.destatis.de/DE/Themen/Gesellschaft-Umwelt/Bevoelkerung/Haushalte-Familien/Publikationen/Downloads-Haushalte/lebenssituation-maenner-5122204179004.pdf?__blob=publicationFile
13 https://www.bmfsfj.de/resource/blob/186176/81ff4612aee448c7529f775e 60a66023/vaeterreport-update-2021-data.pdf

14 https://www.henrikkleven.com/uploads/3/7/3/1/37310663/klevenetal_aea-pp_2019.pdf

15 https://www.tagesschau.de/wirtschaft/verbraucher/rente-rentenbeginn-deutschland-101.html

16 https://www.destatis.de/Europa/DE/Thema/Bevoelkerung-Arbeit-Soziales/Bevoelkerung/Alter-bei-Geburt.html

17 https://www.iwkoeln.de/fileadmin/user_upload/HTML/2019/einkommensverteilung/index.html

18 https://www.demografie-portal.de/DE/Fakten/renteneintrittsalter.html

19 https://www.destatis.de/DE/Themen/Gesellschaft-Umwelt/Bevoelkerung/Sterbefaelle-Lebenserwartung/_inhalt.html

20 https://www.stern.de/wirtschaft/geld/scheidung-ueber-50---so-stark-stuerzen-frauen-finanziell-ab-8826900.html

21 https://de.statista.com/statistik/daten/studie/555566/umfrage/konsumausgaben-privater-haushalte-in-deutschland-nach-haushaltstyp/

22 https://rp-giessen.hessen.de/kontakte-und-adressen

23 https://familienportal.de/familienportal/rechner-antraege/elterngeldrechner

24 https://www.berliner-sparkasse.de/de/home/privatkunden/junge-kunden/we-are-family/was-kostet-ein-baby.html

25 https://www.bmfsfj.de/bmfsfj/themen/gleichstellung/gender-care-gap/indikator-fuer-die-gleichstellung/gender-care-gap-ein-indikator-fuer-die-gleichstellung-137294

26 https://journals.sagepub.com/doi/10.1177/09500170211069780

27 https://www.bib.bund.de/Publikation/2017/pdf/Arbeitszeit-neu-gedacht.pdf?__blob=publicationFile&v=4

28 https://www.bmfsfj.de/resource/blob/186176/81ff4612aee448c7529f775e60a66023/vaeterreport-update-2021-data.pdf

29 https://www.lto.de/juristen/rechner/arbeitstage-rechner/

30 https://www.deutsche-rentenversicherung.de/DRV/DE/Rente/Allgemeine-Informationen/Wie-wird-meine-Rente-berechnet/wie-wird-meine-rente-berechnet_node.html

31 https://www.destatis.de/DE/Presse/Pressemitteilungen/Zahl-der-Woche/2021/PD21_26_p002.html

32 https://www.arm-und-reich.de/alle-rechner/

33 https://praxistipps.focus.de/erstausstattung-fuers-baby-vom-jobcenter-alle-infos_136620

Eigenheim – Träume verwirklichen und wie das Haus nicht zum Gefängnis wird

1 https://www.interhyp.de/ueber-interhyp/presse/interhyp-wohntraum studie-stadt-land-frust-hohe-immobilienpreise-verlangen-kompromisse.html
2 https://www.interhyp.de/ueber-interhyp/presse/interhyp-wohntraum studie-stadt-land-frust-hohe-immobilienpreise-verlangen-kompromisse.html
3 https://www.destatis.de/DE/Presse/Pressemitteilungen/2021/02/PD21_N015_44.html
4 https://www.immowelt.de/immobilienpreise/deutschland/mietspiegel
5 https://www.asscompact.de/nachrichten/so-alt-sind-deutsche-h%C3%A4user-im-durchschnitt#prettyPhoto/0/
6 https://www.doozer.de/ratgeber/sanierungskosten/
7 https://www.drklein.de/laufende-nebenkosten-haus.html
8 https://www.vpb.de/tipp-der-woche.php?x=435
9 https://www.deutschlandatlas.bund.de/DE/Karten/Wie-wir-wohnen/040-Mieten.html#_bd9zd2azy
10 https://www.mieterbund.de/service/betriebskostenspiegel.html
11 https://www.wegatech.de/ratgeber/stromverbrauch-einfamilienhaus/
12 https://www.destatis.de/DE/Themen/Gesellschaft-Umwelt/Bevoelkerung/Sterbefaelle-Lebenserwartung/_inhalt.html
13 https://www.baufi24.de/baufinanzierung-rechner/darlehensrechner/#!
14 https://www.wegatech.de/ratgeber/stromverbrauch-einfamilienhaus
15 https://www.gv-vergleich.de/kosten/
16 https://www.yoursurance.de/heim-und-haus/haus-und-grundbesitzer haftpflicht/
17 https://www.asscompact.de/nachrichten/so-alt-sind-deutsche-h%C3%A4user-im-durchschnitt#prettyPhoto/0/
18 https://www.dallasfed.org/~/media/documents/institute/houseprice/hp2202.xlsx
19 https://www.laenderdaten.info/Europa/Deutschland/inflationsraten.php
20 https://www.baufi24.de/baufinanzierung-rechner/darlehensrechner/#!
21 https://www.interhyp.de/ratgeber/was-muss-ich-wissen/zinsen/zins-charts/
22 https://www.interhyp.de/ratgeber/was-muss-ich-wissen/zinsen/zins-charts/
23 https://www.interhyp.de/ratgeber/was-muss-ich-wissen/zinsen/zins-charts/

Krankheit und Tod – wie ihr euch darüber hinaus absichert

1 https://www.deutsche-bank.de/dam/deutschebank/de/shared/pdf/Studie_final.pdf
2 https://www.destatis.de/DE/Themen/Gesellschaft-Umwelt/Bevoelkerung/Sterbefaelle-Lebenserwartung/Tabellen/sonderauswertung-sterbefaelle-pdf.pdf?__blob=publicationFile
3 http://flowingdata.com/projects/2015/life/
4 Daniel Kahnemann (2011). Schnelles Denken, langsames Denken. Penguin Verlag
5 https://de.statista.com/themen/130/lotto/
6 https://de.statista.com/statistik/daten/studie/1295154/umfrage/gesamtanzahl-der-vorsorgevollmachten-und-anzahl-der-neueintragungen-in-deutschland/
7 https://www.bpb.de/kurz-knapp/zahlen-und-fakten/soziale-situation-in-deutschland/61538/bevoelkerung-nach-altersgruppen-und-geschlecht/
8 https://www.bmj.de/SharedDocs/Publikationen/DE/Erben_Vererben.pdf?__blob=publicationFile&v=40
9 https://www.bmj.de/SharedDocs/Publikationen/DE/Erben_Vererben.pdf?__blob=publicationFile&v=40
10 https://www.erbrecht-ratgeber.de/erbrecht/testament/katastrophenklausel.html
11 https://www.bmfsfj.de/resource/blob/94354/4c4555e44cdd10f2b6654df80c982c29/mitten-im-leben-wuensche-und-lebenswirklichkeiten-von-frauen-zwischen-30-und-50-jahren-data.pdf
12 https://www.t-online.de/finanzen/geld-vorsorge/familie-kinder/id_86519946/was-kostet-eine-bestattung-die-kosten-im-detail.html#was-kostet-eine-bestattung

Renteneintritt – nichts tun & Geld ausgeben

1 https://www.deutsche-rentenversicherung.de/DRV/DE/Rente/Allgemeine-Informationen/Wissenswertes-zur-Rente/FAQs/Rente/Rentenniveau/Rentenniveau_Liste.html#7cf2a72e-66ee-49e5-886f-2a3966e95b73
2 https://www.deutsche-rentenversicherung.de/DRV/DE/Rente/Allgemeine-Informationen/Wissenswertes-zur-Rente/FAQs/Rente/Rentenniveau/Rentenniveau_Liste.html#eaac65a6-13d5-4482-9653-fc03d3b174fb
3 https://www.deutsche-rentenversicherung.de/DRV/DE/Ueber-uns-und-Presse/Presse/Meldungen/2020/201222_beitragsbemessungsgrenze.html

4 https://www.tagesschau.de/wirtschaft/verbraucher/rente-rentenbeginn-deutschland-101.html

5 https://www.finanzrechner.org/sonstige-rechner/rentenbesteuerungsrechner/

6 https://www.bmfsfj.de/resource/blob/94354/4c4555e44cdd10f2b6654df80c982c29/mitten-im-leben-wuensche-und-lebenswirklichkeiten-von-frauen-zwischen-30-und-50-jahren-data.pdf

7 https://www.bmfsfj.de/resource/blob/184762/dccbbfc49afd-1fd4451625c01d61f96f/monitor-familienforschung-ausgabe-43-allein-oder-getrennterziehen-data.pdf

8 Lena Hipp (2019): Do hiring practises penalize women and benefit men for having children? Experimental evidence from Germany. In: Eurpoean Sociological Review. S. 1–15

9 https://ceres.uni-koeln.de/fileadmin/user_upload/Bilder/Dokumente/NRW80plus_D80plus/20211214_D80__Kurzbericht_Nummer_2-Einkommen_Hochaltrige_Dez2021.pdf

10 https://www.finanzfluss.de/rechner/rentenrechner/

11 https://www.dividendenadel.de/msci-world-renditedreieck/

12 https://www.deutsche-rentenversicherung.de/SharedDocs/Downloads/DE/Broschueren/national/betriebliche_altersversorgung.html

13 https://www.ing.de/binaries/content/assets/pdf/ueber-uns/presse/publikationen/ing-economic-analysis---iis-nicht-alle-sind-sparweltmeister.pdf